权威·前沿·原创

皮书系列为
"十二五""十三五""十四五"时期国家重点出版物出版专项规划项目

B

BLUE BOOK

智 库 成 果 出 版 与 传 播 平 台

体育彩票蓝皮书

BLUE BOOK OF SPORTS LOTTERY

中国体育彩票发展报告

（2024）

REPORT ON SPORTS LOTTERY IN CHINA（2024）

体育彩票发行 30 年

30 Years of Sports Lottery

名誉主编／高志丹
主　　编／周进强
副 主 编／张　弛　杨雪鸫　高　超

社会科学文献出版社
SOCIAL SCIENCES ACADEMIC PRESS（CHINA）

图书在版编目（CIP）数据

中国体育彩票发展报告.2024：体育彩票发行30年／
周进强主编；张弛，杨雪鸫，高超副主编. -- 北京：
社会科学文献出版社，2024.4
　（体育彩票蓝皮书）
　ISBN 978-7-5228-3391-0

　Ⅰ.①中…　Ⅱ.①周…②张…③杨…④高…　Ⅲ.
①体育-彩票-产业发展-研究报告-中国-2024　Ⅳ.
①F726.952

中国国家版本馆 CIP 数据核字（2024）第 052108 号

体育彩票蓝皮书

中国体育彩票发展报告（2024）
——体育彩票发行30年

名誉主编／高志丹
主　　编／周进强
副 主 编／张　弛　杨雪鸫　高　超

出 版 人／冀祥德
组稿编辑／祝得彬
责任编辑／张　萍
责任印制／王京美

出　　版／社会科学文献出版社·文化传媒分社（010）59367004
　　　　　地址：北京市北三环中路甲29号院华龙大厦　邮编：100029
　　　　　网址：www.ssap.com.cn
发　　行／社会科学文献出版社（010）59367028
印　　装／三河市东方印刷有限公司

规　　格／开 本：787mm×1092mm　1/16
　　　　　印 张：23.75　字 数：355千字
版　　次／2024年4月第1版　2024年4月第1次印刷
书　　号／ISBN 978-7-5228-3391-0
定　　价／168.00元

读者服务电话：4008918866

摘　要

中国体育彩票自1994年全国统一发行以来，牢牢把握国家公益彩票的基本定位，坚持融入国家社会经济和体育事业的发展大局，以公益为本、以民生为先，对推动公益事业发展、建设体育强国发挥了重要作用。30年期间，体育彩票公益金年度筹集总额从1994~1995年的2.25亿元增加至2023年的915.78亿元，累计为国家增加非税收入约7832.17亿元。

本报告是第一本体育彩票蓝皮书，主体部分分为总报告、分报告、专题篇和区域篇四个部分，共收录报告20篇，从不同角度对30年来体育彩票工作进行总结和分析。

30年来，中国体育彩票走的是一条不断激发内驱动力、深化改革、创新发展之路。体育彩票经历了创业之初的起步探索、低谷后的蓄势调整、快速发展后的转型突破，紧紧抓住各个阶段的主要矛盾，不断认识和总结彩票市场发展规律，以党建为引领，建设人才队伍；加强合规管理，严把风险防控；推动责任建设，促进健康发展；坚守公益公信，打造透明体彩；推进渠道拓展，提升服务能力；丰富产品供给，满足多样需求；加强技术和数字化建设，强化业务支撑能力；健全运营管理，提升专业化精细化水平；多环节同向发力，不断夯实体育彩票转型发展基础，形成体系化的体育彩票高质量发展理念，凝聚全国体彩系统的战略共识，汇聚发展力量，引领推进一系列转型发展实践。

其中，江苏体彩、云南体彩、浙江体彩、河南体彩、四川体彩和宁夏体彩在落实体彩高质量发展战略的基础上，在开展产品运营、品牌建设以及渠道管理等基础工作的过程中均呈现区域特色。

30年来，中国体育彩票走的也是助力体育强国建设、服务改善民生、支持公益事业发展、服务经济社会大局的贡献价值之路。通过不断积累彩票公益金，体育彩票在抗震救灾、医疗救助、教育助学等公益实践方面也发挥着重要的作用。同时，体育彩票服务体育事业，创造就业岗位、增加税收，带动相关产业发展，为社会经济发展贡献一份力量；构建体育彩票品牌，进一步满足了人民群众多元的文化和娱乐消费需求，传承体育文化和社会主义核心价值观。政治性、人民性、公益性是具有中国特色的体育彩票的必然要求和发展方向，发挥体育彩票社会公益价值既是国家彩票发行的初衷，也是体育彩票发展进程中彩票社会价值最核心的体现。

关键词： 中国体育彩票　高质量发展　社会价值

目 录 ⟍⟋

Ⅰ 总报告

Ⅱ 分报告

Ⅲ 专题篇

Ⅳ 区域篇

皮书数据库阅读**使用指南** 👆

总报告

B.1

中国体育彩票发展成就和未来趋势展望
（1994～2023年）

艾郁 唐克 李超 付小兵*

摘 要： 本报告主要研究了中国体育彩票的发展历史、整体发行销售情况和产生的社会综合价值等。自1994年全国统一发行以来，体育彩票牢牢把握国家公益彩票的基本定位，坚持稳中求进，统筹发展和安全，注重量的合理增长和质的有效提升，总体保持向上向好的发展态势。随着我国社会经济和体育事业的大发展，体育彩票以公益为本、以民生为先，在社会公益、体育健康、文化娱乐和经济发展等方面发挥了独特的社会综合价值。

关键词： 体育彩票 发行管理 社会综合价值 高质量转型发展

2024年是中国体育彩票统一发行30年，也是中国体育彩票加快构建新

---

* 艾郁，管理学博士，国家体育总局体育彩票管理中心副主任；唐克，国家体育总局体育彩票管理中心副主任；李超，国家体育总局体育彩票管理中心战略发展处处长；付小兵，中体彩彩票运营管理有限公司研究与创新中心总经理。

发展格局、推动高质量转型发展的关键时期。自 1994 年全国统一发行以来,中国体育彩票始终坚守国家公益彩票的初心使命,立足国家经济社会发展大局,在砥砺前行中取得长足发展。党的十八大以来,全国体育彩票系统以习近平新时代中国特色社会主义思想为指导,不断强化党建引领,坚持以人民为中心的发展理念,稳中求进,创新求实,各项重点工作扎实推进,发行体育彩票筹集的彩票公益金为社会公益事业和体育事业的发展提供了坚实的支持和保障,公益体彩本色更加凸显,高质量转型发展初见成效。

一 中国体育彩票30年发展总体成效

(一)体育彩票销售整体态势

截至 2023 年 12 月 31 日,30 年来,全国体育彩票累计销售 30423.81 亿元。图 1 展示了 1987 年以来彩票整体和 1994~2023 年体育彩票销售情况。2023 年,全国彩票销售 5796.96 亿元,体育彩票销售 3852.55 亿元。

目前,体育彩票在售游戏四大类,分别是乐透数字型游戏、竞猜型游戏、即开型游戏和视频型游戏。乐透数字型游戏上市以来累计销售 13605.40 亿元,占比 44.72%,其中 2023 年销量为 755.49 亿元。竞猜型游戏上市以来累计销售 13594.78 亿元,占比 44.68%,其中 2023 年销量为 2464.76 亿元。即开型游戏上市以来累计销售 3223.28 亿元,占比 10.59%,其中 2023 年销量为 632.27 亿元。视频型游戏上市以来累计销售 0.36 亿元,其中 2023 年销量为 0.02 亿元(见图 2)。

2023 年,体育彩票销量排名前三的主要游戏分别是竞彩[①]、顶呱刮[②]和超级大乐透。其中竞彩销售 2239.86 亿元,占比 58.14%;顶呱刮销售 632.27 亿元,占比 16.41%;超级大乐透销售 464.88 亿元,占比 12.07%(见图 3)。

---

① 体育彩票全国联网单场竞猜游戏,简称"竞彩"。
② 体育彩票即开型游戏在 2008 年之后的品牌名称为"顶呱刮"。

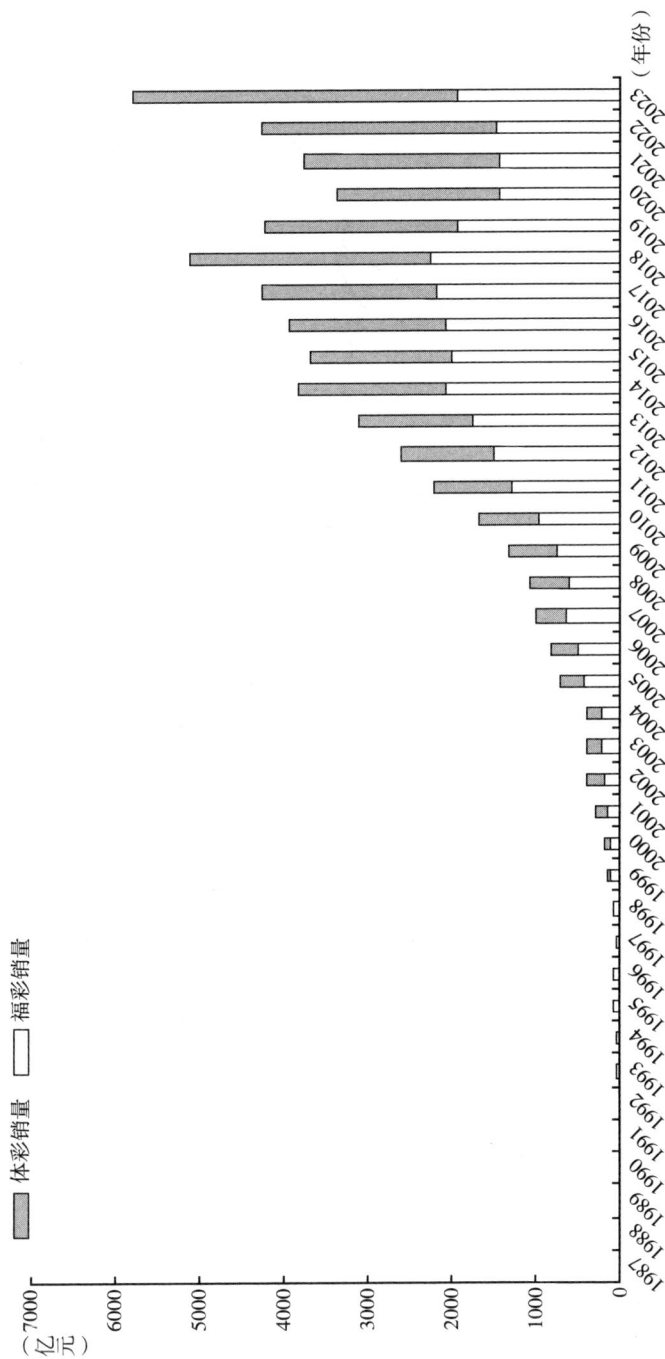

图 1　1987~2023 年全国彩票销售统计

图例：■ 体彩销量　□ 福彩销量

资料来源：体育彩票和福利彩票 1987~2021 年数据来自《中国彩票年鉴（1987~2022）》《中国财政经济出版社，2003~2022），2022~2023 年数据来自中华人民共和国财政部公告。

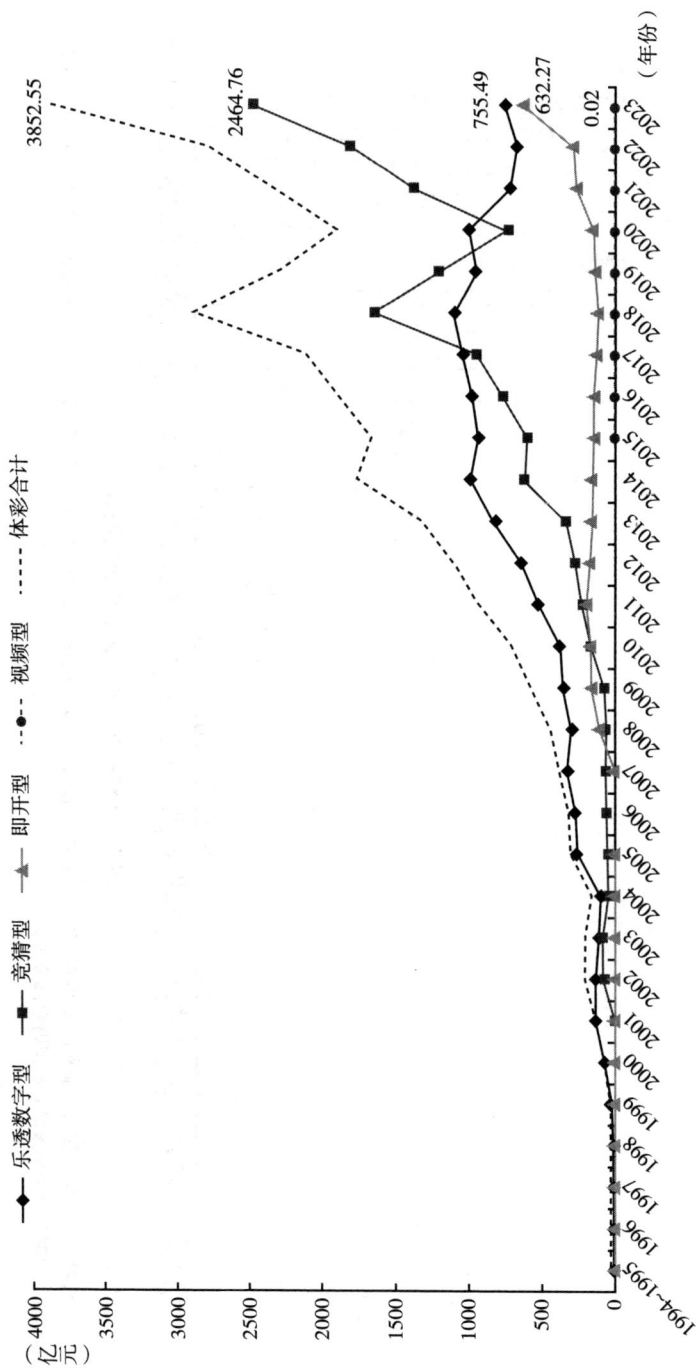

图 2 1994～2023 年体育彩票各类型游戏销售统计

资料来源：1994～2021 年数据来自《中国彩票年鉴（1987～2022）》《中国财经经济出版社，2003～2022），2022～2023 年数据来自中华人民共和国财政部公告。

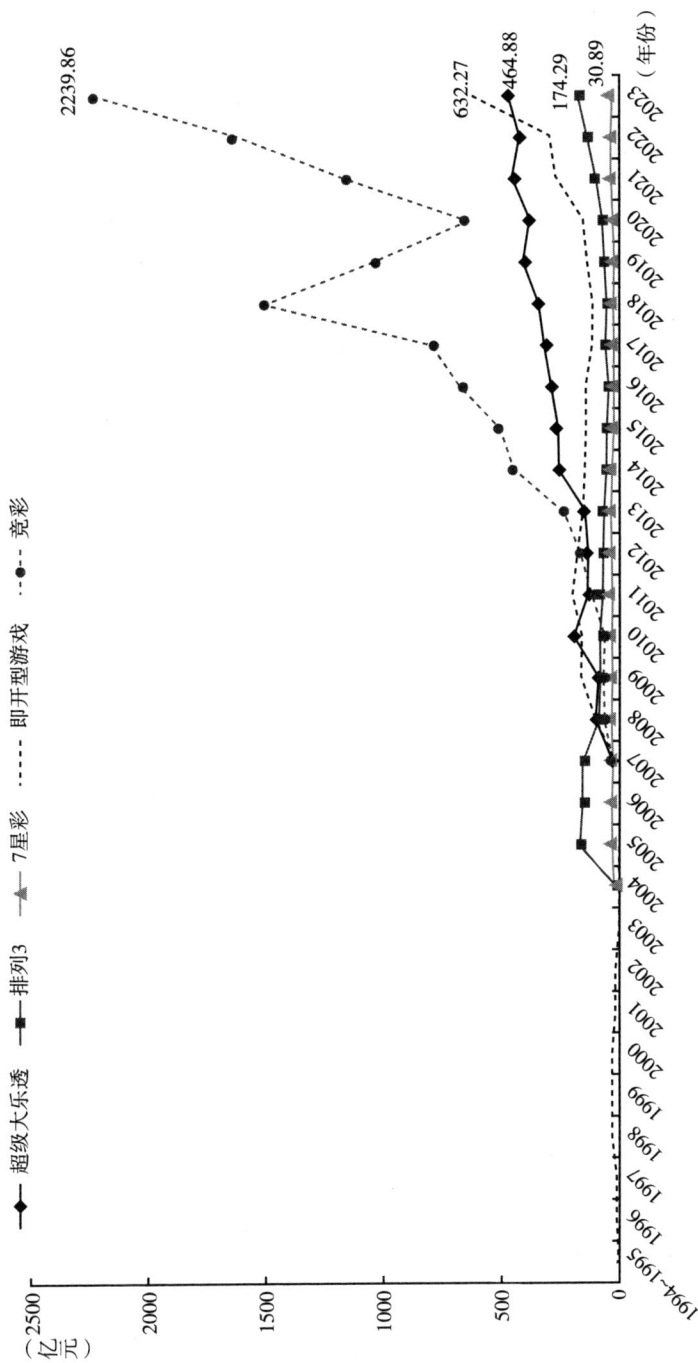

图 3 1994~2023 年体育彩票主要游戏销售统计

资料来源：国家体育总局体育彩票管理中心。

（二）体育彩票公益金筹集和分配情况

截至 2023 年，体育彩票公益金筹集总额为 7832.17 亿元，占国家彩票公益金筹集总额的 47.96%（见表 1），年度筹集总额从 1994~1995 年的 2.25 亿元增加至 2023 年的 915.78 亿元（见图 4），年均复合增长率为 23.94%。体育彩票公益金的筹集额在 2018 年前总体呈现逐年波动上涨的趋势；2019~2023 年受政策调整和新冠疫情等因素影响，体育彩票销量出现波动，公益金年度筹集额随之有所波动，但长期来看整体仍呈现上涨态势。2023 年，彩票公益金总额为 1495.87 亿元，其中体育彩票贡献占 61.22%（见图 5）。

表 1　1987~2023 年全国彩票、体育彩票和福利彩票的销售、公益金筹集情况

	总销售额 （亿元）	占总销售额比例 （%）	公益金筹集额 （亿元）	占公益金总额比例 （%）
全国彩票 （1987~2023 年）	58826.58	100	16329.72	100
体育彩票 （1994~2023 年）	30423.80	51.72	7832.17	47.96
福利彩票 （1987~2023 年）	28402.77	48.28	8497.55	52.04

资料来源：体育彩票和福利彩票 1987~2021 年数据来自《中国彩票年鉴（1987~2022）》（中国财政经济出版社，2003~2022），2022~2023 年福利彩票数据来自福彩官方网站，体育彩票数据来自国家体育总局体育彩票管理中心。

根据不同发展阶段的需要，体育彩票公益金的分配方式和比例在总结彩票发行实践经验的基础上不断调整优化。在发行初期，为了弥补地方举办大型体育赛事经费不足的情况，体育彩票公益金几乎均由地方全额留成，主要用于补充大型体育运动会的举办经费。1997 年，体育彩票公益金按照"大头向下"的原则，根据销量阶梯式确定上缴中央的公益金比例，上缴中央部分的公益金全部用于补充大型体育运动会的举办经费及实施全民

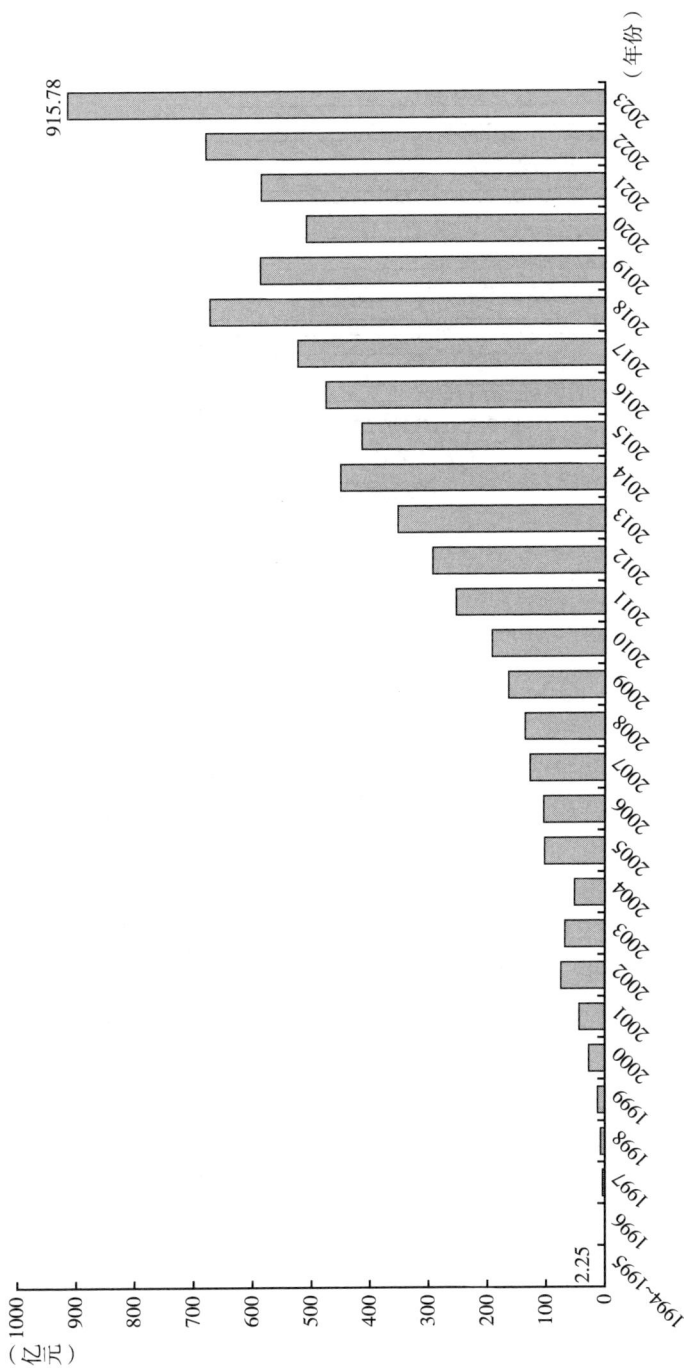

图 4 1994~2023 年体育彩票公益金筹集情况

资料来源：1994~2021 年数据来自《中国彩票年鉴（1987~2022）》《中国财政经济出版社，2003~2022），2022~2023 年数据来自国家体育总局体育彩票管理中心。

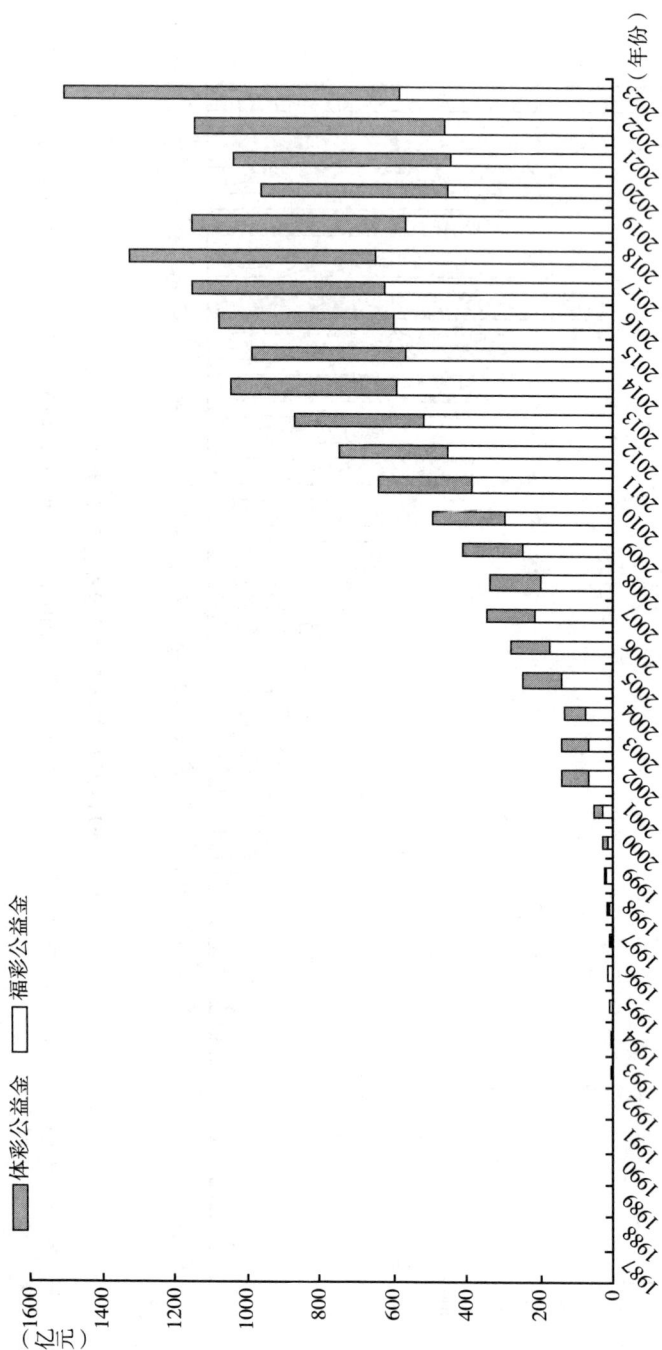

图 5　1987～2023 年全国体育彩票和福利彩票公益金筹集情况统计

资料来源：体育彩票和福利彩票 1987～2021 年数据来自《中国彩票年鉴（1987～2022）》《中国财政经济出版社，2003～2022），2022～2023 年福利彩票数据来自福彩官方网站，体育彩票数据来自国家体育总局体育彩票管理中心。

健身计划的需要。2001 年，财政部会同民政部、国家体育总局分别确定民政部门和体育部门的彩票公益金基数：基数以内的彩票公益金由民政部门和体育部门继续按规定的范围使用；超过基数的彩票公益金，20%由民政部门和体育部门分配使用，80% 上缴财政部，划入全国社会保障基金（以下简称"全国社保基金"）。2005 年，彩票公益金分配政策进一步调整，在中央和地方之间按 50∶50 的比例分配，专项用于社会福利、体育等社会公益事业，按政府性基金管理办法纳入预算，实行"收支两条线"管理。中央集中彩票公益金在全国社会保障基金、中央专项彩票公益金、民政部和国家体育总局分别按 60%、30%、5% 和 5% 的比例分配，地方留成的彩票公益金由省级财政部门商民政、体育等有关部门研究确定分配原则。这一分配原则延续至今。

（三）体育彩票公益金使用情况

1. 全国社保基金的重要来源之一

全国社保基金由中央财政预算拨款、国有资本划转、基金投资收益和以国务院批准的其他方式筹集的资金（含彩票公益金）构成。其中财政预算拨款、国有资本划转、彩票公益金等属于财政性拨入。从 2002 年开始，中央财政每年都分配部分中央彩票公益金到全国社保基金中，用于补充社保基金的不足。截至 2022 年末，财政性拨入全国社保基金资金累计 10932.72 亿元，其中彩票公益金 4301.53 亿元，贡献率高达 39.35%；2022 年，财政性拨入全国社保基金 641.11 亿元，其中彩票公益金拨入 402.40 亿元，占比62.77%（见图 6），彩票公益金成为全国社保基金财政性来源中比重最大的一项。

2. 中央专项彩票公益金支持社会公益事业发展

根据财政部 2007~2022 年中央集中彩票公益金使用情况公告，中央专项彩票公益金（包括福利彩票和体育彩票上缴的公益金）主要用于抗震救灾、农村和城市医疗救助、教育助学、未成年人校外教育和研学实践、残疾人事业、红十字事业、文化公益、扶贫和乡村振兴、法律援

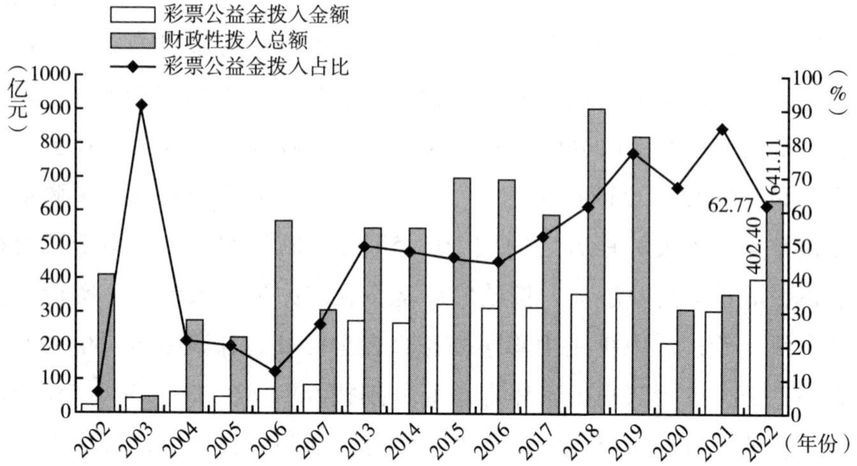

图6 2002~2022年彩票公益金拨入全国社保基金情况

资料来源：2002~2022年全国社会保障基金年度报告（其中2008~2012年未披露财政性拨入情况）。

助、农村贫困母亲"两癌"救助、婴幼儿营养补助、地方社会公益事业等多项社会公益事业。如表2所示，2007~2022年，中央专项彩票公益金使用最多的前五个项目分别是地方社会公益事业（417.88亿元）、农村和城市医疗救助（270.60亿元）、残疾人事业（240.10亿元）、未成年人校外教育和研学实践（226.66亿元）、扶贫和乡村振兴（197.35亿元）。

3. 体育事业的生命线，助力体育强国建设

多年来，体育彩票公益金为支持群众体育事业、竞技体育和青少年体育事业发挥了积极作用，为体育强国和健康中国建设作出了突出贡献，已经成为体育事业支柱型的资金来源，可以说是体育事业的生命线。

在支持群众体育事业方面，体育彩票公益金通过资助体育设施建设和器材捐赠、开展全民健身活动、支持地方体育赛事活动等方式，为群众健身提供了更多便利。在支持竞技体育事业方面，体育彩票公益金通过资助训练比赛场地设施建设、支持运动队参加国际国内比赛、补充运动员保障支出等方

表2 2007~2022年中央专项彩票公益金使用情况

单位：亿元

使用项目	2007年	2008年	2009年	2010年	2011年	2012年	2013年	2014年	2015年	2016年	2017年	2018年	2019年	2020年	2021年	2022年	总计
汶川地震灾后重建		20.00	44.52	54.42	7.28												126.22
其他地区地震灾后重建								13.00	10.00								23.00
农村和城市医疗救助	13.00	16.00	16.00	16.00	16.00	16.00	16.00	16.00	16.00	18.00	18.00	18.00	18.00	18.00	19.80	19.80	270.60
农村贫困母亲"两癌"救助					0.50	0.50	1.00	1.00	1.00	3.00	3.00	3.06	3.02	3.02	2.87	2.87	24.84
出生缺陷干预救助								0.90	0.90	1.00	1.50	1.50	1.50	3.00	2.58	2.58	15.46
罕见病诊疗水平能力提升															0.64	0.64	1.28
教育助学	3.00	6.00	6.00	6.00	8.00	8.00	8.50	8.00	7.50	10.00	10.00	10.00	10.00	10.00	10.00	10.00	131.00
乡村学校少年宫建设										6.80	7.30	7.40	7.39	9.92	2.83	1.48	43.12
未成年人校外教育和研学实践					25.20	38.40	37.70	41.98	33.58	9.20	9.20	9.20	9.20	9.20	1.90	1.90	226.66
幼儿普通话教育															0.31	0.31	0.62
低收入家庭高校毕业生就业帮扶															0.49	0.89	1.38
大学生创新创业项目										0.50	0.50	0.50	0.50	0.50		1.00	3.50
残疾人事业	5.02	3.63	2.74	2.61	8.67	11.25	11.33	21.64	19.13	19.44	19.88	20.09	21.99	22.28	25.20	25.20	240.10

续表

使用项目	2007年	2008年	2009年	2010年	2011年	2012年	2013年	2014年	2015年	2016年	2017年	2018年	2019年	2020年	2021年	2022年	总计
红十字事业	2.70	1.63	1.88	1.73	2.38	2.97	2.81	4.46	3.50	4.17	4.66	4.53	4.37	3.75	6.06	5.89	57.49
养老服务							10.00	9.98	10.02	10.00	10.00	10.00	10.00	9.93	11.00	11.00	101.93
文化公益			3.00	3.00	4.50	4.50	5.50	7.50	10.50	6.50	4.68	8.32	8.00	1.00	5.00	5.00	77.00
扶贫和乡村振兴		1.70	1.70	1.70	5.25	11.00	12.00	15.00	9.00	15.00	18.00	20.00	26.40	20.60	20.00	20.00	197.35
2008北京奥运会	17.32	6.54	0.47														24.33
青少年学生校外活动场所和足球公益事业		3.28	18.87	7.78							4.00	4.00	4.00	3.00		1.43	46.36
法律援助			0.50	0.50	1.00	1.00	1.00	1.00	1.00	1.10	1.20	1.30	1.40	1.50	1.30	1.30	15.10
留守儿童"阳光驿站"项目										0.15	0.15	0.15	0.15	0.15		0.20	0.95
婴幼儿营养补助							0.50	0.50	0.50								1.50
精神病人福利机构和禁毒关爱工程								5.00	15.40	0.30	0.30	0.30					21.30
地方社会公益事业					5.70	11.08	20.99	41.09	52.29	0	50.00	50.00	50.00	50.00	30.00	56.73	417.88
总计	41.04	58.78	95.68	93.74	84.48	104.70	127.33	187.05	190.32	105.16	162.37	168.35	175.92	165.85	139.98	168.22	2068.97

资料来源：2007~2022年财政部关于彩票公益金筹集使用情况公告（部分相似项目进行合并统计）。

式，为我国竞技体育的发展提供了重要的资金保障。这些资金用于改善训练比赛场地设施条件、提高运动员的训练和保障水平，助力我国运动员在各项国际大赛中取得优异成绩。在支持青少年体育事业方面，体育彩票公益金用于开展"奔跑吧·少年"儿童青少年主题健身活动等，为我国体育后备人才的培养提供了重要的资金支持，促进了青少年体育的发展。

2010年以来，体育彩票公益金用于群众体育事业的占比不断上升，全国各地支持兴建了一大批全民健身场馆设施，广泛支持建设健身路径，扩大人均健身场地的面积和增加场馆总数，让更多的人享受"15分钟健身圈"带来的便利。2022年，国家体育总局集中使用公益金33.53亿元，其中用于群众体育事业的有12.19亿元，占比36.36%；用于竞技体育事业的有21.34亿元，占比63.64%（见图7）。

二 中国体育彩票30年发展历程

中国体育彩票自1994年全国统一发行以来，牢牢把握国家公益彩票的基本定位，随着我国社会经济和体育事业的大发展，以公益为本、以民生为先，为推动公益事业发展和体育强国建设发挥了重要作用。30年来，体育彩票经历了创业之初的起步探索、低谷后的蓄势调整、快速发展后的转型突破，紧紧抓住每个阶段的主要矛盾，不断认识和总结彩票市场发展规律，在制度规范、游戏产品、技术系统、渠道建设、品牌营销、运营管理、队伍建设等各环节同向发力，不断夯实体育彩票高质量转型发展的基础。体育彩票在不同发展阶段呈现不同的特点，具体分析如下。

（一）探索发展阶段（1994~2004年）

1994年4月5日，基于北京国际马拉松比赛、第十一届亚运会和第六届全运会的举办经验，国务院批准国家体委在全国范围内发行体育彩票，为举办大型体育运动会筹集资金，正式将其定名为"中国体育彩票"，同时设立国家体委体育彩票管理中心对全国各地体育彩票进行统一管理、印制和发

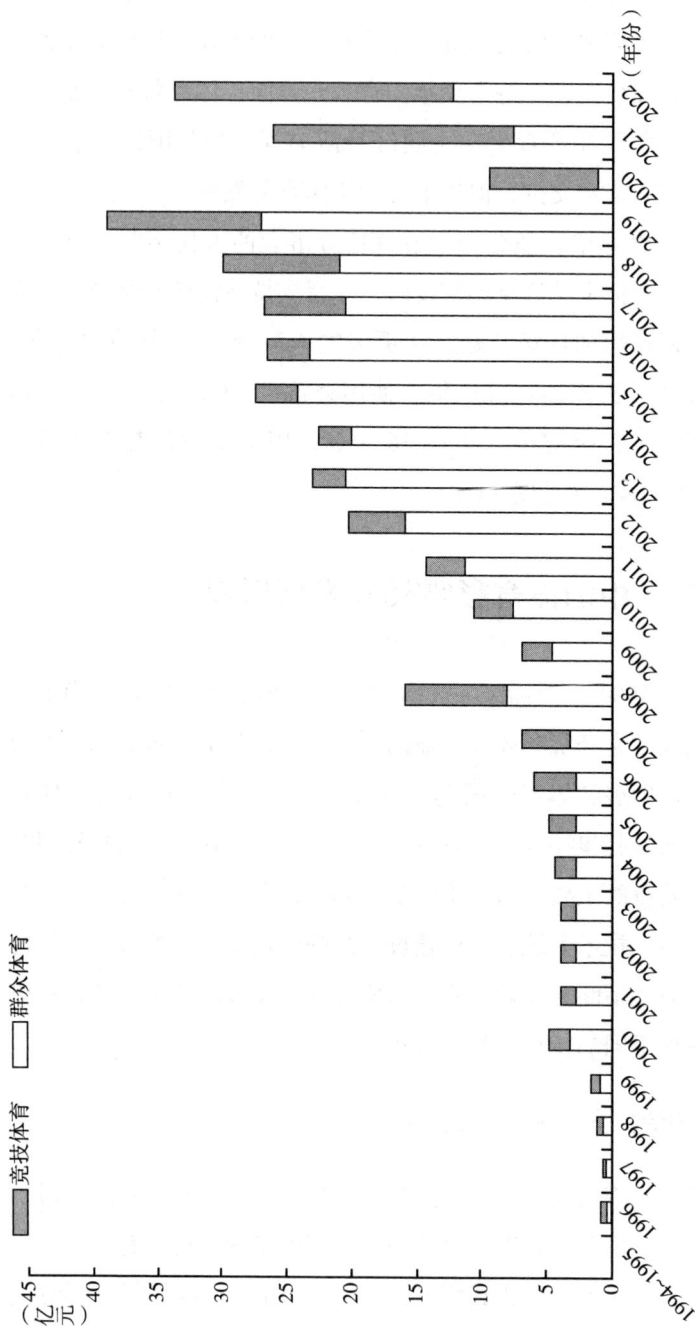

图 7　1994~2022 年国家体育总局①集中使用公益金情况

注：1994~1995 年体彩公益金全部用于支持地方体育事业。

资料来源：1997~2000 年、2002~2004 年、2007 年、2011~2022 年数据来自国家体育总局体育彩票公益金使用情况公告，1994~1996 年、2001 年、2005 年、2006 年、2008 年、2009 年、2010 年数据来自国家体育总局存档。

① 1998 年以前称为"国家体育运动委员会"。

行，从此开启了体育彩票全国统一发行、规范管理的历史新篇章。截至2001年12月，各省（区、市）体育彩票管理中心陆续成立，全国体育彩票发行销售管理组织体系基本形成。

成立之初，体育彩票确立了"统一发行、统一印制、统一销售"的原则，实行严格的发行额度管理，初步建立起管理队伍，确定制度框架，搭建了市场渠道和自建渠道相结合的销售网络，为后续体育彩票的发展壮大奠定了基础。

这一时期，体育彩票完成了对游戏产品体系的基本构建。1994年，体育彩票游戏仅包括即开型和传统型，之后逐渐形成以乐透数字型、即开型、竞猜型三大类游戏为主的产品架构。1998年，电脑型体育彩票率先在江苏上市发行；2001年，第一个全国联网的竞猜型游戏足球彩票上市，电脑型体育彩票销售网络初步形成；2004年，受西安"宝马假彩票案"[①]影响，即开型游戏停止规模销售，同年，乐透数字型游戏7星彩、排列3、排列5等陆续在全国联网销售。游戏产品的创新适应了当时社会的需求，奠定了体育彩票快速发展的基础。

体育彩票在发行之初便基于自主、安全的原则，同步启动技术系统建设工作。1997年成立技术管理部门，明确技术系统需遵循"统一软件、统一中心设备、统一终端销售机、统一玩法"的原则，开始对体育彩票实行统一技术管理，并着手建设半热线系统。2003年，国家体育总局体育彩票管理中心（简称"总局体彩中心"）研发了半热线、全热线兼容的销售系统，实现了核心技术拥有自主知识产权；2004年，启动全热线系统建设工作，支持7星彩和排列游戏的全国联网销售和统一摇奖。

随着发行规模的扩大，体育彩票在维护市场秩序和完善管理制度方面面临挑战，全国体彩系统在"抱成团，求发展"思路的引领下，总结经验、解决问题、吸取教训，进一步调整步伐。

---

① 详见附录一《体育彩票大事记》2004年。

整体来说，这一时期体育彩票从无到有，形成了覆盖全国、上下衔接的发行销售管理机构，初步构建了管理制度体系，逐步丰富完善产品体系，搭建自主、安全的技术系统，积极解决市场管理中存在的问题，应对市场风险和挑战，积蓄发展力量。

（二）快速发展阶段（2005~2013年）

2005年，全国体彩工作会议上首次提出"中国体育彩票是国家公益彩票"。同年，财政部对彩票公益金分配政策进行调整，加大用于补充全国社会保障基金、支持社会公益事业的力度，体育彩票作为国家公益彩票的任务更加艰巨、使命更加光荣。2006年，体育彩票制定《2006—2010年体育彩票发展规划》，明确指出要用科学发展观统领各项工作，推动体育彩票开启战略引领的发展道路。2007年，制定并实施《2007—2009年体育彩票发展实施纲要》，全面落实科学发展观，推动体育彩票实现高效率安全运行和创新式健康发展。2009年，《彩票管理条例》颁布，为体育彩票的发展提供了制度性保障，引领体育彩票驶入规范发展、创新发展、科学发展的航道。

体育彩票游戏产品体系在这一时期加快形成，并借2008年北京奥运会，深入推进奥运品牌战略与产品创新融合发展。2005年，全国联网篮球单场竞猜彩票游戏正式销售；2007年，大盘游戏超级大乐透和快速开奖类高频游戏先后上市；2008年，奥运主题即开型体育彩票顶呱刮上市，标志着体彩即开型游戏市场的重新启动；2009年，全国联网足球彩票单场竞猜游戏在辽宁试销，随后在全国推广，标志着体育彩票同类游戏向与国际接轨迈出了重要一步。

这一时期，体育彩票加快构建品牌体系，加强品牌宣传，提升社会形象。2008年，以北京奥运会为契机，与一系列媒体合作开展宣传活动。自2009年起，体育彩票初步建立了宣传工作的管理体系。2011年，体育彩票实现开奖全过程网络直播，接受社会公众的监督；同年，体育彩票开奖大厅对外开放。2012年，总局体彩中心获得世界彩票协会责任彩票一级认证，体育彩票责任形象得到国际社会认可。

这一时期，体育彩票网点在数量和质量上均得到快速发展。2006年，全国体育彩票系统统一思想、打破阻碍，大力拓展渠道。2007年，专营兼营同步发展，增加体育彩票门店数量，提升门店形象和运营质量。2008年，渠道建设和渠道管理向纵深发展，重点开拓商店、邮局、银行、加油站等多种形式的即开游戏零售网点，专管员队伍不断扩大。2010年，按照《体育彩票销售实体店店面形象手册》，统一了全国体育彩票店面门头形象设计。加强代销管理，不断加强市场管理与监察工作，整体上形成了渠道"精耕细作"的运营模式。

中国体育彩票全热线销售系统于2005年上线并在2006年完成全国切换，自此，体育彩票真正实现了"数据大集中，管理大集中"，为整体快速发展提供了技术支撑和安全保障。2008年，建成使用即开票销售管理系统，实现了物流配送、销售、兑奖等环节的电子化管理和监控，从而实现体彩即开票全国统一发行销售管理。与此同时，首次引进即开票生产线并正式投产，实现了新型即开票国内的生产和供应。2009年，中国体育彩票竞猜游戏官方信息发布平台竞彩网上线。2011年，体育彩票统一客服热线95086正式开通。2013年，体育彩票新一代国家主数据中心投入使用，为体彩业务提供优质、便捷、安全的技术支持。

整体来说，这一时期体育彩票在国家公益彩票使命的驱动下，在制度性保障的引领下，快速实现产品创新发展，突出公益属性和加强公信力建设，不断扩大网点规模，注重网点标准化建设，提升技术保障安全性，实现了发行销售规模的快速增长和社会形象的稳步提升。

（三）转型发展阶段（2014~2019年）

经过一段时间的快速发展，体育彩票总体向好，但各方面风险不断积累，一些长期性、深层次问题亟待解决。2014年，体育彩票开始自我审视、发现问题，主动思考战略转型，通过落实《体育彩票发展"十三五"规划》，以客户为中心，推动从"量的增长"向"质的提升"转变，进入转型发展阶段。

这一时期，体育彩票着力改善产品体验、逐步优化产品结构、扩大客户规模。超级大乐透提出"乐透不止 畅活有你"的品牌口号，为提升大乐透品牌影响力奠定了良好基础。2018年，部分游戏兑奖实现"跨省通兑"，极大地提升了客户购彩的便利性。2019年，超级大乐透变更游戏规则并实施浮动奖奖金特别规定。这一时期，即开型体育彩票完善产品管理机制，优化供应链管理，针对不同细分市场和渠道组织研发和上市主题丰富、中奖体验更好的新票种；竞猜型体育彩票按照"平稳有序、健康发展"的原则，逐步从奖池型游戏推广到固定返奖游戏。

体育彩票强化"责任为先、公益公信为核心"的品牌形象，传递"公益体彩 乐善人生"的品牌理念。2017年开始大力加强责任彩票体系建设。2018年起，每年发布中国体育彩票社会责任报告。同年，体育彩票升级为二代电脑票，票面上呈现"感谢您为公益事业贡献××元"的字样，体育彩票公益透明度得到进一步提升。

体育彩票主动优化渠道结构，发展新渠道。一方面，加强对已有实体渠道的数字化管理，2015年启动实体渠道管理系统建设，不断完善各类业务支撑功能；另一方面，大力拓展便利连锁渠道和商业综合体门店等，进行全渠道布局，自2017年开始探索便利连锁超市代销体育彩票业务。2019年，首家位于商业综合体的实体店在四川成都正式营业。同时，体育彩票开始着力建设全国统一的渠道管理机制和制度体系。

体育彩票稳步推进信息化体系和技术系统建设各项工作。2014年，全热线系统被列为500个国家级重要信息系统之一，体育彩票启动第二代游戏系统建设，技术支撑能力和安全管理水平得到进一步提升。2018年起，中国体育彩票App、小程序、中国体育彩票代销者版App先后上线，为实现转型发展提供了更全面的技术支撑。

整体来说，这一时期体育彩票在转型思路的引领下，逐步提升购彩体验、扩大客户规模、强化责任建设，进行全渠道布局，全面提升技术保障能力，为实现高质量发展打下了良好的基础。

（四）高质量发展实践阶段（2020年至今）

在我国经济由高速增长阶段向高质量发展阶段转变的大背景下，国家体育总局主导编制并发布了《"十四五"体育彩票发展规划》，规划明确了"建设负责任、可信赖、高质量发展的国家公益彩票"的总体目标，遵循"强党建、防风险、转方式、增后劲、促发展"的工作方针，按照"全产品、全渠道、全价值链"的管理思维，从"风险、品牌、渠道"三个维度，统筹推进各项业务，健全风险防范化解机制，践行、传导国家公益彩票的核心价值观，发挥渠道在转型发展中的战略支撑作用，建立统筹协同、系统化的管理策略和机制，全面开启高质量发展实践新篇章。

这一时期，国家体育总局党组始终高度重视体育彩票安全管理和风险防控工作，在体育总局党组、驻体育总局纪检监察组的指导下，体育彩票全面构建风险防控体系，着力防范化解重大风险，为高质量发展实践提供坚强保障。2019年，驻国家体育总局纪检监察组下达《监督建议书》，要求从加强政治建设、提升风险防控意识能力、加强各级机构和公司监管、规范发行销售管理、从严监督执纪等方面深化体育彩票风险防控。国家体育总局进一步加强体育彩票管理工作，初步形成了"全国一盘棋"的管理格局。聚焦制度建设，下大力气补齐制度短板，完成了体育彩票品种审核、代销合同示范文本、开奖监督、即开票销毁监督等相关规范性文件的编制和修订工作；建立了体育彩票风险防控和安全生产"零报告"制度等，形成了多级联动的风险防控工作机制。不断加强体育彩票公益金管理，出台《体育彩票公益金资助项目宣传管理办法》，加大对体育彩票公益金使用情况的宣传力度，加强统计宣传工作，让更多的群众了解"体育彩票公益金去哪儿了"。

体育彩票坚持政治引领，全面加强党的领导。各级体彩机构提高政治站位，树立正确政绩观，强化责任担当，坚持群众路线，坚持问题导向，持续开展全员全域一线调研，面向市场解决重点难点问题。突出政治保障，狠抓党风廉政建设、组织建设和队伍建设，持续在全系统开展行风整治，深入推进支部标准化规范化建设，分级分类组织人才培训、新入职员工培训和新入职员工到基层锻炼，着力夯实体育彩票队伍能力素质根基，切实担负起党和人民赋予的职责使命。

2020年，体育总局印发《关于加强体育彩票领域风险防控工作意见的通知》，指导和推动体育彩票进一步深化风险防控体系建设。体育彩票深入开展全系统、全领域常态化风险排查，形成"风险库"和"事件库"，建立"两级管理、三层处置"的应急管理体系，定期开展突发事件应急演练。2021年，体育彩票提出"构建全覆盖、全链条、常态化的风险防控体系"，通过完善风险防控制度，制定纲领性文件规范明确实施路径，并在全系统开展廉洁从业专题警示教育。2023年，体育彩票进一步强化细化风险防控排查和风险事件梳理，开展全领域重大安全生产事故隐患专项排查整治行动，逐步夯实安全稳定发展根基。

体育彩票积极倡导构建"多人少买"的市场格局，引导理性购彩，持续塑造"责任为先、公益公信为核心"的品牌价值。2020年，体育彩票吉祥物"乐小星"正式亮相。2022年，"微光海洋"公益平台正式上线，展现公益金筹集情况和"微光行动"公益活动情况，现在已成为体育彩票传递公益价值的重要载体。2021～2023年连续三年召开中国体育彩票（1+31）社会责任报告新闻发布会，向社会公众展示体育彩票责任建设成果。2023年，总局体彩中心在国内率先通过世界彩票协会责任彩票四级认证（最高级别），体育彩票责任彩票建设获得同行业高度认可。

体育彩票坚持系统思维，推动三大类产品协同发展，向建设结构合理、定位清晰的产品体系的目标稳步迈进。乐透数字型体育彩票持续提升品牌价值、提升客户购彩体验，不断推进客户结构优化，2020年，高频游戏逐步停止销售；同年，7星彩游戏新规则正式实施；超级大乐透游戏通过票面升级和与传统节日的结合，吸引了更多年轻群体；即开型体育彩票在游戏面值、玩法、主题设计等方面不断创新，成为体彩"公益、文化、品牌"的宣传载体；竞猜型体育彩票持续塑造积极、活泼、健康的社会认知，提升客户购彩体验。

体育彩票在持续拓展渠道和扩大规模的基础上，继续优化渠道结构，大力拓展便利连锁、小微零售等新型渠道和展示体验中心。2021 年，正式印发《中国体育彩票实体渠道管理办法》，持续推动实体渠道规范化管理。2022 年，启动"体彩+"工作，为传统实体店赋能，创造性地增加传统实体店的展示、体验、服务等功能，进一步提升形象，增收引流，稳定就业。

体育彩票加快构建业务运营统筹管理体系，提升专业化、精细化水平，通过组织结构调整、业务团队聚合，形成了统一的团队管理体系；业务架构建设取得阶段性进展，发布了体彩业务架构总图。按照国家"一案三制"应急管理工作要求，初步建立了体育彩票的应急管理体系和相关制度并开始试运行。目前，体育彩票运营管理体系初步形成，运营工作质量与效率不断提升。

体育彩票稳步推进信息化体系和技术系统建设各项工作。2021 年，通过世界彩票协会安全控制标准（WLA-SCS）认证，体育彩票安全管理开始与国际行业标准接轨。2022 年，第三代体育彩票全业务统一运营支撑平台（简称 G3）项目建设完成并投入使用，为风险防控、实行精细化管理、拓展业务提供了强有力的支撑。

整体来说，体育彩票加强管理，以全面从严治党与推进风险防控引领各项工作，持之以恒地推进责任彩票建设，持续塑造公益公信品牌形象，优化渠道结构和渠道功能，平稳调整游戏结构，提升运营管理专业化、精细化水平，强化技术建设对业务的支撑能力，在建设负责任、可信赖、高质量发展的国家公益彩票的道路上进一步凝聚共识，取得阶段性成效。

三　体育彩票的社会综合价值

我们看到，30 年间，体育彩票走的是深化改革、不断完善的发展创新之路，也是助力体育强国建设、服务改善民生、支持公益事业发展、服务经济社会大局的贡献价值之路。本部分围绕体育彩票在社会公益、体育健康、经济发展和文化娱乐等方面发挥的综合价值进行分析。

（一）社会公益

体育彩票的发行宗旨是"来之于民，用之于民"，公益性是体育彩票的必然要求和发展方向，发挥体育彩票社会公益价值既是国家发行彩票的初衷，也是历史发展进程中彩票社会价值最核心的体现。体育彩票在社会公益事业方面的价值主要体现在：一是通过筹集公益金补充全国社保基金和中央专项彩票公益金，助力社会公益事业发展；二是体育彩票机构积极承担社会责任，开展社会公益实践，强化体育彩票公益属性。

1. 通过彩票公益金助力社会公益事业发展

体育彩票通过筹集公益金补充全国社保基金和中央专项彩票公益金，用于国务院批准的社会公益事业项目，特别是在抗震救灾、农村和城市医疗救助、教育助学、残疾人事业、养老服务、红十字事业、文化公益、扶贫和乡村振兴、法律援助、婴幼儿营养补助、地方社会公益事业等方面发挥了重要作用。

在抗震救灾方面，2007~2022年，中央专项彩票公益金共投入149.22亿元（见表2）用于汶川地震倒损农户住房恢复重建和灾区受灾群众后续生活救助，以及甘肃岷县漳县、新疆于田、云南鲁甸等地震灾后重建。2008年6月30日至2010年12月31日，即开型体育彩票顶呱刮共筹集约38.3亿元①公益金用于抗震救灾和灾后重建工作。2010年，为纪念汶川地震救灾两周年，体育彩票发行了以四川地震灾区援建为主题的顶呱刮"大爱无疆"彩票，票面内容分别对应21个省（区、市）对口援建四川地震灾区重建家园的成果，是首套以四川汶川地震灾区援建为主题的彩票，全面记载了全国各地支援灾区重建的情况，展现了地震灾区灾后重建的新貌。

在农村和城市医疗救助方面，主要资助中西部地区贫困农民参加新型农村合作医疗和补助患大病贫困农民的医疗费用，对城市居民最低生活保障对象等困难群众实行医疗救助。同时，还救助贫困大病儿童、患有乳腺癌和宫

---

① 数据来自国家体育总局体育彩票管理中心。

颈癌的农村贫困妇女等。其中中国红十字基金会用于救助白血病儿童的"小天使基金"和救助贫困先心病患儿的"天使阳光基金"分别于2009年和2011年被纳入国家彩票公益金资助范围，2009~2022年，中央专项彩票公益金投入超过20亿元，救助白血病和先天心脏病儿童超过7万名。[1] 低收入妇女"两癌"救助项目主要由全国妇联委托中国妇女发展基金会实施，救助对象为经过有诊断资质的医疗机构确诊患有宫颈浸润癌 IIB 以上或乳腺浸润癌的低收入妇女，该项目从2011年开始实施，至2022年，中央专项彩票公益金已累计投入24.84亿元，救助低收入患病妇女24.67万人。[2]

在教育助学方面，截至2022年，中央专项彩票公益金累计投入131亿元，通过"滋蕙计划""励耕计划""润雨计划"分别资助特困学生、特困教师以及应对教育发展中遇到的特殊困难或突发紧急事件，仅2022年共资助特困学生324351人、特困教师59020人，共投入17399.07万元。[3] 未成年人校外教育和研学实践、乡村学校少年宫建设等同样是彩票公益金重点支持的项目，目前累计投入226.66亿元用于资助未成年人校外活动场所修建更新、开展非营利性公益活动、培训管理人员和骨干教师、开展校外研学实践等，成为促进未成年人德智体美劳全面发展的重要途径。截至2022年，中央专项彩票公益金累计投入43.12亿元支持脱贫县建设了9848所乡村学校少年宫。[4] 从2021年开始，还通过"童语同音计划""宏志助航计划"等推进加强学前儿童普通话教育和大学毕业生就业帮扶等助学工作。

2.体育彩票机构开展的社会公益实践

中国体育彩票始终秉持"公益体彩 乐善人生"的公益理念，体育彩票联合各级机构、合作伙伴、媒体等多方组织开展"微光行动"，搭建了体

---

[1] 数据来自《中国红十字基金会年度报告》（2009~2022年）。

[2] 数据来自《中国妇女发展基金会年度农村贫困母亲"两癌救助"专项基金救助落实情况公示》（2011~2022年）。

[3] 数据来自《中国教育发展基金会2022年中央专项彩票公益金教育助学项目公告》。

[4] 数据来自《中央文明办2022年度中央专项彩票公益金支持乡村学校少年宫项目资金分配使用情况公告》。

彩微光公益平台。据不完全统计，截至 2023 年底，全国各省（区、市）体彩中心共开展"微光行动"项目 2294 个，覆盖教育助学、乡村振兴、医疗救助、群众体育、绿色环保等 15 类公益活动，[①] 通过这种方式，点亮公益之光，播撒希望火种。

其中，"公益体彩　快乐操场"活动是总局体彩中心于 2012 年发起的公益活动，为经济欠发达地区缺乏体育器材、教育资源的中小学校送去体育器材及课程，并开展志愿者支教等活动全方位帮扶受助学校健全体育教学机制，培养其独立开展体育教学的能力。截至 2023 年底，全国各级体彩机构已为全国 4162 所学校送去了"快乐操场"、体育器材和课程，惠及学生人数超百万。[②] 2023 年 6 月，"公益体彩　快乐操场"活动以"成就梦想　快乐翻番"为主题，联合河南、宁夏、内蒙古、山西、安徽、广西、河北、黑龙江、湖北、吉林、江西、辽宁、青海、四川、西藏和浙江 16 个省（区）体彩中心捐赠超过 371 万元体育器材，覆盖 193 所小学，[③] 为乡村青少年送去"六·一"大礼，奔跑的孩子与可爱的"乐小星"一起描绘出了"公益体彩　快乐操场"的和谐画面。

为深入贯彻落实中央关于脱贫攻坚、乡村振兴的精神，握好脱贫攻坚"接力棒"，绘就乡村振兴美好画卷，各级体彩机构发挥自身优势，开展对口帮扶地区农产品产销对接活动，同时将扶贫、"扶志"与"扶智"相结合，积极投身相关工作，不遗余力地为乡村振兴赋能增色。

各级体彩机构大力弘扬志愿服务精神，通过公益捐赠、志愿服务等举措开展送温暖、传温情、便民生社区服务行动，带领广大志愿者走进社区基层，用实际行动把公益惠民落到实处。通过走访福利院、慰问孤寡老人、关注特殊儿童等一系列志愿服务行动，唤起社会各界对弱势群体的更多关注与爱护。

2022 年以来，体育彩票大力推进"体彩+"建设，体彩销售实体店的

---

① 数据来自国家体育总局体育彩票管理中心。
② 数据来自国家体育总局体育彩票管理中心。
③ 数据来自国家体育总局体育彩票管理中心。

形象更加统一，店面整洁明亮，服务质量也得到大幅提升，越来越多网点被扩容成便民、惠民、利民的"爱心驿站"，为有需要的人递上一杯热水，提供歇脚、取暖的场所。"来之于民，用之于民"，体育彩票不断践行公益使命。

（二）体育健康

体育彩票自诞生起就与中国体育事业紧密相连，服务体育事业，推动群众体育和竞技体育协调发展，支持体育强国建设。尤其是 2010 年以来，对群众体育的支持力度不断加大，在各地广泛开展丰富多彩的群众体育赛事和精彩纷呈的群众体育活动，对满足人民不断增长的健身健康需求发挥了重要作用。

在群众体育方面，自 1995 年国务院出台《全民健身计划纲要》以来，体育彩票公益金是该计划的主要资金来源。30 年来，由体育彩票公益金捐建的全民健身路径、场所及设施已遍布各个小区和公园广场，切实解决群众"去哪儿健身"的问题，群众逐渐形成参加体育健身的良好习惯，推动群众体育蓬勃发展。2018 年以来，为推动落实"带动三亿人参与冰雪运动"的目标，支持地方建设群众滑冰场试点项目，完善群众冰雪场地设施，为广大群众参与冰雪运动提供条件，并组织全国大众欢乐冰雪季、"滑向 2022"系列赛事。截至 2023 年底，全国体育场地建设共计 459.27 万个，面积达到 40.71 亿平方米；其中全民健身路径 105.22 万个，健身房 15.55 万个，健身步道 15.28 万个，长度 37.10 万公里；各种球类运动场地合计 285.12 万个；田径场地 20.76 万个，游泳场地 4.02 万个；全国冰雪运动场地 2847 个。①

在竞技体育方面，体育彩票公益金持续大力支持我国奥运争光计划纲要保障项目、运动队文化教育与科研、改善高水平训练基地条件和国家队共建工作、重大奥运参赛训练场地设施建设、全国体育设施改善等。在体育彩票公益金的支持下，我国成功举办 2008 年北京奥运会和 2022 年北京冬奥会，

---

① 数据来自国家体育总局体育经济司《2023 年全国体育场地统计调查数据》。

这两项赛事举世瞩目，我国竞技体育综合实力不断提升。在 2022 年北京冬奥会上，中国健儿们一次次走上国际顶级赛事的领奖台，中国体育代表团勇夺 9 金 4 银 2 铜共 15 枚奖牌，创造了我国参加冬奥会历史最好成绩。2023 年，中国体育健儿共在 32 个项目上获得 165 个世界冠军，创造 20 项世界纪录。① 体育彩票助力"更高、更快、更强——更团结"的奥林匹克理想与建设体育强国的梦想一起腾飞。

（三）经济发展

1. 为社会创造就业岗位

30 年来，体育彩票销售渠道规模不断扩大，截至 2023 年，全国 22.6 万家销售实体店以各种形式为社会提供了超 32 万个就业岗位。② 体育彩票上市之初，尤其是电脑型彩票开售之际，就推出了面向下岗、无业人员的优惠政策，帮助众多下岗待业人员再就业。2010 年，新疆出台就业援助政策，将彩票销售站点列为"再就业微利项目"，就业困难人员可申领社区就业援助金；重庆针对下岗失业人员展开帮扶活动，由总局体彩中心提供技术培训，部分乡镇人员还能享受更多优惠政策。为响应国家解决大学生就业的号召，各级体彩机构积极开展形式多样的就业帮扶活动，如宁夏在 2022 年推出公益体彩助力大学生梦想起航就业创业帮扶活动，单独面向 2022 年应届大学毕业生释放工作岗位，并在资金支持、技能培训等方面提供一站式创业服务，进行一对一帮扶。

2. 为财政增加收入

体育彩票公益金作为国家非税收入，年度筹集总额从 1994～1995 年的 2.25 亿元增加至 2023 年的 915.78 亿元（见图 4），累计为国家增加非税收

---

① 《获 165 个世界冠军 创 20 项世界纪录 2023 年中国运动员成绩单出炉》，国家体育总局官网，2023 年 12 月 30 日，https：//www. sport. gov. cn/n20001280/n20067662/n20067613/c27265512/content. html。
② 国家体育总局体育彩票管理中心：《中国体育彩票 2022 社会责任报告》，https：// www. lottery. gov. cn/zrcpv2/zrbg/。

入约 7832.17 亿元。体育彩票中奖奖金产生的个人所得税对增加国家税收作出了直接贡献，2020~2022 年体育彩票仅代征奖金所得税额就分别为 32.98 亿元、41.13 亿元、42.67 亿元。①

2022 年以来，体育彩票不断打造"体彩+"特色门店，积极推进跨界整合，为实体店赋能，通过增设体育服务项目，增加饮水、打字复印、互联网共享、代收发快递、邮政服务、电信服务等便民服务项目，推动彩票实体店从传统单一销售彩票向跨界、多元化发展，既扩大了实体店服务半径，为实体店引流，也为代销者减轻了经营压力，为实体店增收。同时各地也积极融入体育产业促消费活动，以体育为底色、以彩票为载体，创新体育消费模式，助力全国体育产业蓬勃发展。通过这些方式，体育彩票在不同程度为国家财政作出了贡献。

3. 带动相关产业联动发展

体育彩票与印刷、物流、终端设备等相关行业和产业链协同，实现了联动发展。目前，我国彩票印刷技术处于全球领先地位，印制企业通过实施环保改造项目，协同数码印刷技术、印制技术、油墨技术的发展，在提升印刷精美度的同时，确保彩票产品绿色环保；通过对独占性防伪技术的运用，协同印刷技术的发展，提升彩票产品的安全性；创新研发彩票生产闭环控制系统，使用定制化包装生产设备，使用印刷行业在线检测技术实现自动化与信息化融合发展，推动提升彩票产品智能制造水平；实施彩票产、供、销高效运营模式，实现彩票行业、印刷行业与物流行业的协同发展，优化产业结构，降低物流运输成本，提升产业协同运转效率。

（四）文化娱乐

体育彩票上市以来，不仅在游戏玩法、票面设计等方面不断创新，其价值内涵和承载的功能也不断丰富。大众在购买彩票的同时还可以享受社交的

---

① 国家体育总局体育彩票管理中心：《中国体育彩票 2022 社会责任报告》，https://www.lottery.gov.cn/zrcpv2/zrbg/。

乐趣，感受幸运的期待，体育彩票进一步满足了人民群众多元的文化和娱乐消费需求。

即开型体育彩票顶呱刮重视票面主题的拓展，推出了一批批集趣味性、娱乐性、知识性、收藏性于一体，涵盖历史、体育、文化、民俗、科技、旅游等多个主题的游戏，方寸之间不仅承载无数惊喜和幸运，也助力弘扬传统文化。"三国故事""西游记""赤壁""十二生肖""福禄寿喜""卧虎藏龙""丝绸之路""遇见敦煌""梅兰竹菊"等主题游戏的票面元素在讲述悠久历史的同时，传递着多彩的文化。在杭州亚运会开幕倒计时 200 天之际，推出了"为中国力量加油"杭州亚运主题即开型体育彩票，以展示世界文化遗产的形式体现历史文化和人文精神，以吉祥物的可爱形象展示亚运会赛事项目，传播亚运文化、弘扬体育精神。①

体育彩票乐透型游戏通过丰富多彩的营销活动、生动形象的彩票画面为大众带来更多的欢乐与惊喜。2023 年，借"520""我爱你"的谐音，结合之前已上线的长票功能，超级大乐透游戏推出"520"预售票，将之前通过社交媒体征集的祝福语随机展示在大乐透票面上，收到彩票的人在获得幸运机会的同时，也多了一份美好的祝福。以传统节日"七夕"为契机，7 星彩游戏票面上展示或感动或美好的七夕祝福语，在节日的热闹氛围中，满满的祝福和爱意通过彩票被更多人分享与见证。同时各地开展了形式多样的配套活动，比如购彩票送玫瑰、趣味互动游戏等，在节日期间为大家增添了一抹色彩，在为大众带来购彩乐趣的同时，更是不断地向社会传播着公益理念。

从 2019 年起，体育彩票在城市商业综合体开设实体店，店面色彩丰富、简约时尚，环境舒适整洁，打破了人们对彩票店的传统认知，吸引更多年轻人走进彩票店，提升了公众对于公益体彩"有趣、有益还有聊"的认知，让人们觉得彩票"更年轻、更好玩、更容易找到了"。另外，体育彩票充分

---

① 《浙江体彩：亚运主题彩票受追捧 多元助力浙江体育事业发展》，浙江融媒体百家号，2023 年 10 月 10 日，https://baijiahao.baidu.com/s? id=1779331721457602400&wfr=spider&for=pc。

发挥传统实体店"亲民、便民、利民"的公益作用和社会功能，推动实体店转型升级，着力打造"体彩+"特色门店。通过"体彩+文化""体彩+体育""体彩+便民"等新模式，把体彩实体店建设成推广文化、体育和提供便民服务的综合服务平台，体现了体育彩票的公益宗旨。

2020年体育彩票专属吉祥物"乐小星"诞生，这是体育彩票品牌焕新发展的里程碑事件，体育彩票以更年轻、更生动的形象与年轻群体建立紧密联系，让"你未必光芒万丈，但始终温暖有光"的公益新理念得到更广泛、更生动的诠释和传播。"乐小星"可爱有趣的外观和拟人化的动态形象、丰富多样的"乐小星"文创产品、"乐小星"系列主题表情包等为公众带来有趣有益的互动体验，成为展现体育彩票文化特色、传播公益理念的重要载体。

从游戏产品时尚化、潮流化，到渠道建设多元化，再到营销活动参与性增强，体育彩票正行走在不断尝试丰富人民群众文化娱乐生活的道路上，且路越走越宽。如今，更多的年轻人开始关注、参与体育彩票，不断为体育彩票注入新的活力，成为推动体育彩票高质量发展的动力和源泉。

四　体育彩票高质量转型发展实践

《体育彩票发展"十三五"规划》中期是体育彩票转型发展的重要历史节点，也是体育彩票高质量发展理念形成的起点。我们来分析一下当时体育彩票发展所面临的机遇、挑战及问题。

从外部环境来看，我国全面进入新发展阶段，社会主要矛盾已经转变为人民日益增长的美好生活需要和不平衡不充分的发展之间的矛盾；经济已由高速增长阶段转向高质量发展阶段，需要加快转变发展方式，构建新发展格局，全面落实社会主义现代化强国发展战略和任务，同时，人民的法治意识、维权意识高涨，社会监督更加有力。从彩票自身看，彩票本质属性中有机会游戏的娱乐性与博弈性。但我国的体育彩票是党领导下的公益彩票，以政治性、人民性、公益性为特征，以实现人民群众对美好生活向往为目标，并承担支撑体育事业和社会公益事业发展的社会责任。从自身发展看，体育彩票在经历快速增长阶段后面临诸多困难与挑战：例如，如何正确认识彩票的积极作用、限制彩票的负面影响；如何提升体育彩票品牌形象，提升公众对彩票的公益性、公正性认识；如何摆脱过往依赖产品、政策和渠道扩张拉动市场，采取新方式打造新动能；如何持续加强依法合规治理和管控，完善风险防控体系等。

基于对发展阶段、面临形势和任务的判断，2017 年体育彩票更加主动实施战略转型，着力转变发展动能和发展方式。体育彩票深入学习贯彻习近平新时代中国特色社会主义思想和习近平总书记关于体育的重要论述和重要指示批示精神，坚持问题导向，坚持系统思维，创新发展举措，优化实施路径，完善战略规划，在发展中不断深化对高质量发展的认识，逐步形成体系化的体育彩票高质量发展理念，凝聚全国体彩系统的战略共识，汇聚发展力量，加快推动转型发展。

（一）体育彩票高质量发展理念

基于上述对发展环境、规律和问题的分析，体育彩票通过系统思考、整体谋划，构建了新的发展蓝图，并开启了一系列转型发展实践。在实践中不断总结和深化战略思想认识，逐步形成了体育彩票高质量发展理念体系（见图 8），共包含三层内容，分别是使命任务层、发展战略层和发展路径层。

使命任务层包括体育彩票发行宗旨、发展目标和核心价值观。体育彩票的发行宗旨是"来之于民，用之于民"。发行宗旨集中体现了发展为了人民、发展依靠人民、发展成果由人民共享的理念。体育彩票的发展目标是建设负责任、可信赖、高质量发展的国家公益彩票。体育彩票的核心价值观是"责任、诚信、团结、创新"，该核心价值观是在实践发展中逐渐凝练的中国体育彩票文化内核，是体彩人的精神价值与共同追求，是体育彩票管理哲学和行为规范的核心理念，也是展示体育彩票形象、引领体育彩票队伍发展

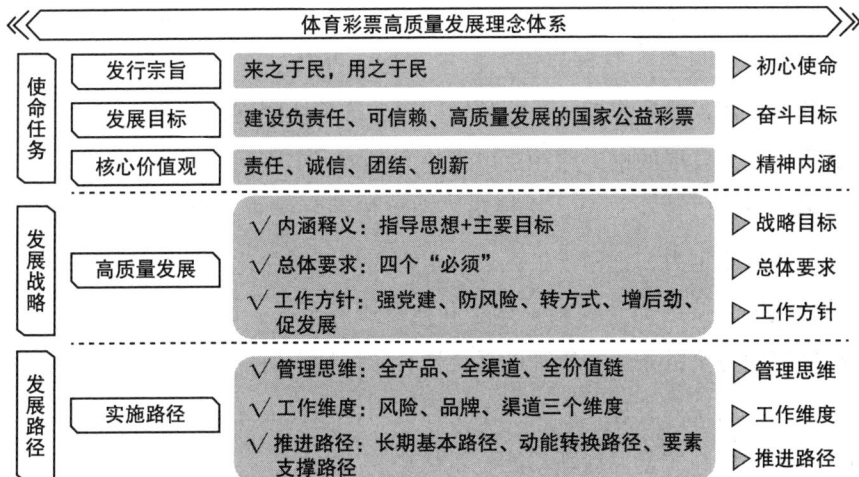

图8　体育彩票高质量发展理念体系

资料来源：国家体育总局体育彩票管理中心。

的一面旗帜。

　　发展战略层包含体育彩票高质量发展内涵释义、总体要求及工作方针。体育彩票高质量发展的内涵释义是以习近平新时代中国特色社会主义思想为指导，坚定不移加强党的领导和全面从严治党，坚持以人民为中心的发展思想，坚持国家公益彩票定位，以2035年建成体育强国远景目标为指引，构建形成以责任为先导、以品牌为引领、以技术为支撑、以数字化赋能，渠道结构合理，产品体系均衡，市场形态"多人少买"的具有中国特色的体育彩票新发展格局。体育彩票高质量发展的总体要求是必须完整、准确、全面贯彻新发展理念；必须更好地统筹质的有效提升和量的合理增长；必须坚定不移深化改革开放、深入转变发展方式；必须以满足人民日益增长的美好生活需要为出发点和落脚点。体育彩票高质量发展的工作方针是强党建、防风险、转方式、增后劲、促发展。

　　发展路径层包括体育彩票管理思维、工作维度和推进路径。体育彩票发展始终坚持系统观念，针对工作的特点和发展阶段，为强化全局性、系统性思维，促进均衡发展、协调发展，确立了"全产品、全渠道、全价值链"

（"三全"）的管理思维，以此统筹推进各项工作。从工作维度层面看，体育彩票运用"三全"管理思维，以"风险、品牌、渠道"三个维度看待、考察各项工作，并聚焦现阶段瓶颈性问题，统筹协同推进各项工作。体育彩票高质量转型发展的推进路径是以党建为引领，牢固树立政治机关意识和深化行风建设，以"全产品、全渠道、全价值链"管理思维为指导，强化战略思维和战略定力，把稳步扩大公益金筹集规模同深化供给侧结构性改革有机结合起来，持续提升购彩者体验和购彩服务水平，以"三个维度"加强发行销售业务全链条运行管理的系统性、整体性、协同性，提升运营管理效能，强化产品统筹管理，夯实技术支撑能力，加强人才队伍和文化建设，以塑造体育彩票高质量发展新动能、新优势。

（二）体育彩票高质量转型发展成效

体育彩票自主动进行战略转型以来，以高质量发展理念为引领，坚持统筹协调，坚持守正创新，各工作领域整体谋划、一体推进，高质量转型发展取得阶段性成效。

1. 坚持党建引领，建设人才队伍

体育彩票持续强化党建引领，坚持政治建设、思想建设、组织建设、纪律建设、作风建设、制度建设同向发力、一体推进，深化党建和业务工作的融合，以高质量党建引领体育彩票事业高质量发展。通过组织党建主题系列活动强化理论学习，用学习成果推动工作落实、用工作成效检验学习成果，强化政治担当，筑牢思想阵地；坚持把制度建设作为党建的基础性工作，将制度建设贯穿党的建设各个领域，持续完善党的建设制度体系，推动基层党建工作不断创新，巩固组织堡垒，完善制度建设；驰而不息地抓作风建设和党风廉政建设，强化警示教育和政治监督，做实日常监督工作，持续推进全面从严治党，筑牢思想防线；坚持党建和业务同谋划、同部署、同落实、同考核，促进党建和业务融合、同频共振，将党建工作的政治保障转化为体育彩票资源优势和业务优势。

人才是第一资源。体育彩票通过抓党建促发展，强化队伍思想建设，开

展多元业务培训，提升队伍素质。充分发挥党建工作在队伍凝聚和人才培养中的引领和保障作用，促进党性教育与干部素质培训融合，努力建设一支热爱体育彩票事业、本领过硬、作风优良、德才兼备的高素质人才队伍。立足全系统，制定《体育彩票队伍建设指导意见》，打破分级管理观念的束缚，建立贯通全国的培训体系，分级分类开展高级管理人员研修、省（区、市）主任轮训、地市主任和中层骨干轮训、专管员代销者示范培训、销售员线上培训等，进一步凝聚共识，提升能力，激发活力。

2. 加强合规管理，严把风险防控关

围绕落实"构建全覆盖、全链条、常态化风险防控体系"的要求，统筹推进全系统、全领域的风险防控体系建设，实行风险防控工作闭环管理，加强对安全运营控制规范的应用推广，进一步完善风险防控长效机制；强化重点业务领域安全保障工作，加强网络安全体系化建设，提升舆情安全管理能力等，精准防控体育彩票业务风险；大力开展风险防控培训工作，推进体育彩票全系统风险防控意识和能力逐步提升，工作流程不断规范；健全应急管理制度，制定应急预案，加强应急管理预案建设与演练，确保各项生产经营活动有序开展。

统筹安全与发展，通过强化组织建设、建立制度、形成机制，结合体育彩票工作的特点，在全系统深入扎实推进安全生产工作；始终坚持合规运营，严守合规红线，通过健全合规管理制度、实施常态化管理，夯实合规管理基础，同时充分发挥各级机构资源优势，形成工作合力，切实保障合规运营，维护体育彩票市场秩序，为社会公众营造安全、健康、有序的购彩环境。

3. 推动责任建设，促进健康发展

2017 年，体育彩票全面启动责任彩票建设工作，2018 年制定了《中国体育彩票责任彩票建设三年实施纲要（2018—2020）》，明确责任彩票三年发展方向及目标任务，推进责任彩票在各方面工作的落实。2023 年底，总局体彩中心成功通过世界彩票协会责任彩票四级认证（最高级别）。

按照"填补短板、全面渗透、优化提升"的总体思路，体育彩票稳步推进责任彩票建设工作。经过几年的不懈努力，体育彩票逐步完善责任彩票管理体系，制定多项责任彩票落实指导意见，印发《责任彩票管理手册》，推动责任理念与各个业务环节深度融合；不断提升责任形象，不断丰富责任彩票宣传内容和渠道，实现责任彩票与产品营销及日常传播融合，积极面向社会公众开展责任彩票传播，2021～2023年连续三年组织召开中国体育彩票（1+31）社会责任报告发布会，向社会公众展示中国体育彩票责任建设成果；持续优化游戏产品风险测评工作，促进营销促销活动的责任评估机制有效运转；非理性购彩防范机制建设取得积极进展，出台非理性购彩预防和干预措施，实现相关措施在传统实体渠道全覆盖，并与多方社会资源合作，非理性购彩沉迷行为心理疏导途径探索工作初见成效。

4. 坚守公益公信，打造透明体彩

体育彩票坚持以持续深化公益公信形象为中心的品牌引领发展理念，激活彩票公益基因，提升社会公众对品牌的认同，逐步形成品牌建设"全国一盘棋"，不断推动品牌成长。打造体育彩票微公益平台，以展示和传播公益金使用方向为重点工作，积极展示体育彩票在助力社会公益事业和体育事业发展方面所作的贡献，体育彩票公益形象得到重点传播与强化；始终将开奖作为体育彩票业务的生命线，加强对开奖、兑奖流程透明化的宣传，丰富公信力展示形式与传播渠道，持续推进体育彩票公信力建设。体育彩票品牌"无提示第一提及率"由2017年的42.5%提升至2023年的60.4%，[①] 社会认知度实现整体提升。

在此基础上，体育彩票进一步丰富品牌形象，持续深化责任公益公信品牌认知，实现品牌形象全面提升。优化社会责任的宣传内容、宣传渠道和宣传方式，提升社会公众对体育彩票责任形象的感知。深挖体育特色，充分利用优势体育资源提升社会关注度，与购彩者产生共鸣，以体育特色打造差异化品牌形象，凸显"健康向上"的品牌个性。2020年通过社会公开征集，推出了广受喜爱的吉祥物"乐小星"。建立母子品牌统筹管理机制，进一步

---

① 数据来自国家体育总局体育彩票管理中心。

深化母子品牌协同关系，提升母子品牌宣传聚合效力。体育彩票品牌美誉度由 2017 年的 26.1%提升至 2023 年的 48.1%，忠诚度由 2017 年的 16.1%提升至 2023 年的 30%,① 体育彩票品牌美誉度和忠诚度实现双提升。

5. 推进渠道拓展，提升服务能力

体育彩票贯彻"全产品、全渠道、全价值链"的管理思维，以提升客户购彩便利性和体验为出发点，以建立全国统一的渠道管理机制和制度体系为基础进行分类施策，构建和完善了渠道策略矩阵，推动渠道工作从粗放式管理向精细化管理转变。持续优化渠道布局和结构，加强与全国多数核心品牌的合作，大力拓展便利连锁渠道，创新商业综合体展示体验中心建设模式，基本实现全国所有地级市、百强县的覆盖，小微零售渠道规模稳步扩大，极大地提升了购彩便利性，初步形成多类型渠道协同发展的格局。发挥传统渠道规模优势，将传统专营渠道打造成集彩票购买、公共体育服务、娱乐社交、便民服务、公益实践、品牌宣传等于一体的多功能平台，增强购彩者的获得感，提升渠道服务水平，为体育彩票高质量发展奠定基础。

6. 丰富产品供给，满足多样需求

根据各游戏产品的特点，进一步明确不同游戏的业务定位，挖掘不同游戏的潜在价值，深入构建结构合理、功能互补、层次清晰的产品体系；促进三大类游戏协调发展，进一步增强游戏综合运营能力，展现不同游戏产品的特色和价值，提升综合价值。

即开型体育彩票的综合价值进一步展现。围绕即开型体育彩票"基础彩种、拉新名片、拓展先锋、宣传载体"的业务定位，充分发挥即开型体育彩票的综合价值。推进"一票一案"落实，强化渠道分类施策管理，加强产品与渠道适配，不断扩大即开型体育彩票客群规模。加强对印制供应商的管理，持续扩大产能，实行省（区、市）调拨管控措施，构建以市场需求为引领的即开票供应链模式，提升精细化运营水平。

---

① 数据来自国家体育总局体育彩票管理中心。

乐透数字型体育彩票发展基础不断得到夯实。强化产品管理,进一步夯实超级大乐透发展根基,挖掘数字型游戏市场潜力,逐步构建均衡的可持续发展的游戏结构。加强市场培育,焕新超级大乐透品牌形象和价值理念,推出 7 星彩主题购彩日营销新模式,开展对游戏规则的研究并创新试点工作,持续推进营销模式优化。以扩大购彩者规模为主要目标,夯实实体店基础工作,创新"5+2"实体店宣传销售方式,加强对重点实体店的培育管理,持续探索新渠道销售模式;建立覆盖全国 31 个省(区、市)的产品研究团队,为未来发展做好游戏储备工作。

竞猜型体育彩票稳健成长。围绕强化风险防控,构建覆盖竞猜型体育彩票业务全生命周期的风险防控体系,形成完整的风险管理链条,同时强化对重点实体店和高销量实体店的管理,显著提升风险防控能力。以"突出体育特色"为基本出发点,以"传递竞猜价值"为中心,倡导健康购彩理念,提升体育爱好者对竞猜型体育彩票的关注度,促进购彩群体参与体育运动,推动购彩群体与体育爱好者的互相转化。围绕客户需求开展与游戏相关联的产品体验研究,通过试点,全面改善购彩体验;分析不同业态渠道的特点,探索竞猜型体育彩票在不同业态渠道中的定位,尝试拓展多业态渠道和开展实体店特色主题包装工作;围绕体育爱好者的需求,构建市场分析和客户研究长效机制,推进游戏运营优化和做好研发储备工作。

7. 加强技术和数字化建设,强化业务支撑能力

以信息化为抓手,借助技术创新能力和管理创新能力的合力,打造安全高效、权责清晰、监管到位、协同合作的技术体系,全面支撑体育彩票高质量发展需求。按照"统一规划、统一建设、统一运维、统一监管"的原则,深入研究和推动技术架构转型,全面提升面向业务运营和管理的支撑协同能力;有序推进网络安全体系建设,完成涵盖安全管理、安全运营和安全技术三大领域的体育彩票系统网络安全规划框架设计;推进数据采集、分析及应用能力提升,从管理与服务两方面发挥数字技术的赋能作用。

8. 健全运营管理体系，提升专业化、精细化管理水平

从粗放型发展向集约型发展转变是推动体育彩票转型高质量发展的必然要求。自 2020 年以来，体育彩票持续开展运营体系化梳理和研究工作，并初步形成了条块清晰、协同高效的"流程+数据+技术"运营管理体系，全面增强了体育彩票高质量转型发展的内生动力。

以运营管理体系顶层设计为牵引，增强专业运营、综合运营能力，保障业务开展的规范和高效；统筹推进总局体彩中心、省（区、市）体彩中心两级应急管理体系建设，推进统一业务监控系统建设，提升处置突发事件的能力；以业务架构建设和 G3 项目建设为抓手，完善业务与技术的统筹机制，统一管理，形成全系统、全领域的技术合力，为体育彩票实现数字化转型、精细化运营和高质量发展提供技术支撑。

（三）新时代中国体育彩票发展道路的展望

习近平总书记在党的二十大报告中指出："从现在起，中国共产党的中心任务就是团结带领全国各族人民全面建成社会主义现代化强国、实现第二个百年奋斗目标，以中国式现代化全面推进中华民族伟大复兴。"体育彩票作为国家公益彩票，走的不仅是改革创新、自我完善、自我发展的进阶之路，也是主动融入党和国家的发展大局，不断为人民、社会和国家贡献价值的责任之路。回首过去、立足当下、展望未来，体育彩票将从以下几个方面继续发力，实现高质量发展。

1. 坚持党的领导，将体育彩票发展主动融入中国式现代化建设进程

新时代体育彩票必须坚持党的领导，坚持走具有中国特色的体育彩票发展道路。党的全面领导是我国体育彩票的政治底色，体育彩票必须牢记国家公益彩票的基本定位，秉持"来之于民，用之于民"的发行宗旨，始终不忘初心、牢记使命。要坚定不移将体育彩票发展主动融入中国式现代化伟大进程，深刻理解习近平总书记关于"拿道德的金牌、风格的金牌、干净的金牌"的重要论述，倡导树立"安全的销量、健康的销量、负责任的销量"的政绩观，处理好防风险与稳增长、"显绩"与"潜绩"的关系，引导纠正片面追求销量的错误政绩观，按照"建设负责任、可信赖、高质量发展的国家公益彩票"的发展目标，发行人民满意的彩票。

2. 完善风险防控和责任彩票体系，筑牢体育彩票高质量发展基础

体育彩票事业是党和人民的事业，要始终牢记"国之大者"，充分认识安全稳定是体彩事业的重要政治任务。要进一步落实"构建全覆盖、全链条、常态化风险防控体系"的要求，持续提升风险防控能力，完善风险研判机制、风险评估机制、风险防控的协同机制及风险防控的责任机制，建立全员风险防控安全生产责任制，将风险防控工作落实到每个工作领域、每项具体工作、全员岗位职责中。责任彩票是体育彩票高质量发展的应有之义，下一步要继续"深耕细作"责任彩票管理体系，持之以恒地推行体系化管理，促进各领域、各省（区、市）的责任彩票工作取得实效。要全领域、全方位地强化各级体彩机构从业人员的责任先导意识，让从业人员发自内心形成对责任彩票的价值认同。还要进一步引导理性购彩，充分发挥渠道的作用，推动理性购彩在实体店有效落实，促进形成"多人少买"的市场稳定发展新格局。

3. 深入转变发展方式，提升体育彩票高质量发展效能

体育彩票高质量转型发展至今，取得了一定发展共识和阶段性成效，但与实现高质量发展仍有很大距离。要进一步深入转变发展方式，运用"三全"管理思维，从"风险、品牌、渠道"三个维度看待、考察各项工作，将风险防控、安全生产作为谋划部署各业务领域工作的首要考虑因素，在筹划推进各项工作的过程中持续践行、传导体彩品牌价值观，发挥渠道作为体育彩票价值链聚合体的作用，全面实现统筹发展，不断提高推动高质量发展的系统性、整体性、协同性。要注重挖掘不同产品的特色和发挥其价值，深入构建结构合理、功能互补、层次清晰的产品体系，满足不同客户的购彩需求，推动形成"多人少买"的良好局面。要与时俱进，把握彩票行业发展新形势、新挑战，找准发展问题、抓住短板弱项，通过理念更新、机制创新、能力提升，着力破解发展中的难点、堵点、脆弱点，坚定不移地推动体育彩票高质量转型发展取得新成效。

4. 提升业务管理效能，增强体育彩票持续发展的后劲

体育彩票进入高质量发展阶段，实现以追求效益和质量为主的供给侧结构性改革，离不开专业、系统、高效的业务运营体系。一是通过建立高效协同、安全可控、精细集约的运营管理体系防范和化解重大业务风险，促进各工作领域形成统筹管理和协同机制，加强数据赋能，确保休开市管理、计奖兑奖管理、客服等工作的稳定性和合规性。二是促进技术与业务深度融合，进一步完善技术管理制度、标准和流程，以信息化手段提升治理能力，构建互联互通、资源共享的体育彩票业务网络，建立网络安全管理体系，为业务发展提供稳定可靠的基础保障。三是在数字技术应用和创新上不断发力，将数字技术广泛应用于发行销售管理、购彩者服务等领域，促进数字技术在统筹协同、激发组织创新活力等方面发挥实效。四是建设适应高质量发展要求的队伍，构建系统化、专业化的人才培养体系，充分发挥内外部智力资源的作用，持续提升体育彩票队伍的能力和素质。

5. 加强开放共享，充分发挥体育彩票的社会综合价值

新时代体育彩票要实现高质量发展还要加强开放共享，充分发挥体育彩票的社会综合价值。体育彩票要始终贯彻新发展理念，通过"创新、协调、绿色、开放、共享"的内在统一把握发展、衡量发展、推动发展。要满足人民对美好生活的向往，提供高品质的游戏产品及购彩者服务。要始终围绕体育强国建设，突出游戏产品的体育特色，宣传体育赛事和弘扬体育精神。要更好地服务社会经济发展新格局，在缓解财政压力、增加地方税收、拉动消费增长、提供就业机会等方面更好地发挥积极作用。要更大力度地支持公益事业，凸显体育彩票的公益属性，助力体育强国建设和健康中国建设。

参考文献

刘伟：《不断推进和拓展中国式现代化》，《经济日报》2023年11月6日，第11版。

国家发展改革委发展战略和规划司：《深入推进中国式现代化的战略擘画》，《经济

日报》2021年11月2日，第11版。

邱海平：《全面认识和贯彻新发展理念》，《经济日报》2021年12月6日，第10版。

柳晏源：《中国体育彩票发展的政策变迁研究》，硕士学位论文，湖南师范大学，2014。

国家体育总局体育彩票管理中心：《中国体育彩票2022社会责任报告》，https：//www.lottery.gov.cn/zrcpv2/zrbg/。

分 报 告

B.2
即开型体育彩票发展报告
（1994~2023年）

冯欣 杨青 张湘宜 霍婉滢 邓鹤彤*

摘　要： 即开型体育彩票经过30年的发展已成为国家筹集公益金的重要来源，其产品主题越来越丰富，面值越来越多样化，品牌形象和认知度不断提升，生产印制水平和安全达到国际领先水平，渠道规模不断扩大，结构不断丰富。随着即开型体育彩票市场发展进入新时期，如何更好地适应市场和客户需求的变化是即开型体育彩票面临的最大问题。展望未来，即开型体育彩票将会坚持国家公益彩票定位和即开票健康、绿色的属性，在传播中华传统文化、传递体育精神、丰富人民群众精神生活等方面发挥积极作用。

关键词： 即开型体育彩票　公益彩票　绿色健康　综合价值

---

* 冯欣，国家体育总局体育彩票管理中心即开游戏管理处处长；杨青，国家体育总局体育彩票管理中心即开游戏管理处主任科员；张湘宜，国家体育总局体育彩票管理中心即开游戏管理处副主任科员；霍婉滢，国家体育总局体育彩票管理中心即开游戏管理处科员；邓鹤彤，国家体育总局体育彩票管理中心资产管理处副主任科员。

一 纸质即开型彩票概述

1974 年，世界上第一批即刮即兑彩票在美国马萨诸塞州上市。① 这种彩票把奖金事先印在票面上，然后涂上一层薄薄的乳胶膜，购买者只需刮开涂层就可以知道是否中奖，这是现代纸质即开型彩票的雏形。经过近 50 年的发展，纸质即开型彩票已经成为全球范围内购彩者普遍喜爱的彩票游戏类型之一。

从世界范围看，即开票历史悠久，市场贡献大，是基础彩票品种，根据 La Fleur 的《2023 年世界彩票年鉴》，2022 年全球纸质即开型彩票销量达到 1137 亿美元，占全球彩票销量的 33%。② 即开票的门槛低、主题丰富多样，其精美的票面和有趣的玩法能为购买者提供即时娱乐体验并激发愉悦感，是健康、绿色、有趣的彩票品种。

我国最早由政府正式发行的即开型彩票雏形是 1984 年 10 月发行的"发展体育奖——一九八四年北京国际马拉松赛"奖券。③ 1989 年 8 月，"第十一届亚运会基金奖券"发行，标志着新中国成立以来第一次在全国范围内发行体育彩票。④

二 纸质即开型体育彩票发展历程

纸质即开型体育彩票是指经财政部批准、由总局体彩中心发行，根据预先确定的游戏规则，在纸质介质上印有兑奖符号，并经保密覆盖，刮开覆盖

---

① Terri Markle, Bruce La Fleur, Byron La Fleur, *La Fleur's 2023 World Lottery Almanac*, TLF Publications, Inc., 2022.
② Terri Markle, Bruce La Fleur, Byron La Fleur, *La Fleur's 2023 World Lottery Almanac*, TLF Publications, Inc., 2022.
③ 《即开票风行 35 年 顶呱刮贡献 332 亿元公益金》，新华网百家号，2019 年 6 月 11 日，https：//baijiahao. baidu. com/s？id=1636004630581718708&wfr=spider&for=pc。
④ 《体育彩票助力中国 亚运会彩票回顾》，江苏体彩网，2018 年 8 月 29 日，https：//www. js-lottery. com/fwzc/cpbwg/cpscywh/cms/post-84712. html。

膜后即产生开奖结果的彩票。

我国纸质即开型体育彩票的发展经历了两个阶段，具体分析如下。

（一）1994~2007年

1994年，我国体育彩票的主要产品类型就是纸质即开型体育彩票，以2元面值为主；以实物作为返奖，从大彩电到小汽车，从洗脸盆到高压锅，奖品琳琅满目，具有鲜明的时代特色；以集中在某一时间段、某一场地向公众销售彩票为主要销售方式，并按国家批准的发行额度进行销售。大规模集中销售的方式在这一时期发挥了重要作用，提升了公众对即开型体育彩票的认知。伴随着社会主义市场经济的发展，体育彩票从计划型管理道路走上市场化的发展道路，发行销售工作步入正轨。

1998年10月，国家体育总局发文要求即开型体育彩票（简称"体彩即开票"或"即开票"）销售原则上实行现金返奖，确需实物返奖的必须报总局体彩中心批准。1999年1月，为了进一步促进我国彩票市场健康、规范发展，保护彩票市场参与者的合法权益，支持社会福利、体育等公益事业，维护社会稳定，中国人民银行下发《关于加强彩票市场管理的通知》，要求从1999年7月1日起，体彩即开票500元以下的奖级兑奖全部改为现金兑奖方式，500元以上的奖级兑奖由中奖者任选现金兑奖或实物兑奖方式。自2000年4月1日起，体彩即开票销售中取消实物返奖，这是彩票行业历史上一个重要事件，现金返奖提高了彩票行业的透明度和公正性，保护了彩票市场参与者的合法权益，提高了购彩者的参与度。体彩即开票的产品主题也开始从以体育为主向体育、民俗、文化等多样化主题转变，更好地满足了不同购彩者的需求和喜好。2004年3月，西安"宝马假彩票案"发生。同年5月，财政部要求暂停体彩即开票大规模集中销售方式，体彩即开票市场的发展进入停滞状态。

2004~2008年，总局体彩中心对体彩即开票的销售模式进行了探索，在多省开展了体彩即开票网点分散销售试点，为后续新型即开票的上市奠定了基础。

（二）2008年至今

2008年，体彩即开票迎来了新的发展机遇，借助北京举办奥运会的契机，通过引入国际合作，在国内首次上市了刮开式新型即开票，赢得了良好的社会口碑。

2008年3月，总局体彩中心在北京召开新闻发布会，推出体彩即开票品牌顶呱刮。3月24日，奥运主题体彩即开票在山东省济南市首发。借力北京奥运会的召开以及全民对奥运会的关注，奥运主题即开票一上市便受到了广大购彩群体的喜爱。随着奥运主题游戏的热销，体彩即开票顺势推出了财富、幸运祝福、赛事等主题游戏，带动中国即开票市场的快速发展。同时，通过分散式销售和全国统一的销售系统，体彩即开票快速覆盖全国市场，成为体育彩票三大支柱彩种之一。

体彩顶呱刮新型即开票从2008年上市之初便采用国际先进的即开票游戏机理，在运营管理和销售模式上借鉴了国外先进经验，并结合国内的政策及市场环境，不断探索和创新，走出了一条具有体育彩票自身特色的即开票发展道路。

2008~2011年，总局体彩中心通过丰富体彩即开票的玩法和主题，拓展渠道，开展多样化二次抽奖和奖上奖等营销活动，推动体彩顶呱刮品牌影响力不断提升，体彩即开票市场快速发展（见图1）。

从2012年开始，机构和代销者将更多的精力和资源投入能够快速带来增量的彩种上，销售体彩即开票的意愿持续降低，体彩即开票市场出现回落（见图2），进入发展的调整期，这一状态一直持续到2018年。

2019年，在对体彩即开票市场进行系统研究的基础上，总局体彩中心调整体彩即开票发展思路，明确了体彩即开票发挥基础游戏、拓展新人群、开拓新渠道、作为宣传载体的综合价值定位。2020年，《财政部 民政部 体育总局关于有序退市高频快开彩票游戏有关事宜的通知》下发。在市场调整的大背景下，总局体彩中心和各级销售机构充分意识到市场变化的形势，准确把握体彩即开票的定位和发展思路。总局体彩中心通过开

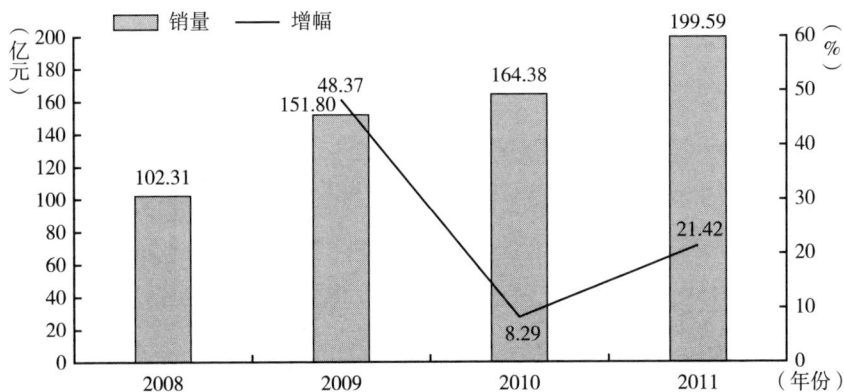

图1　2008~2011年体彩即开票销售情况

资料来源：国家体育总局体育彩票管理中心。

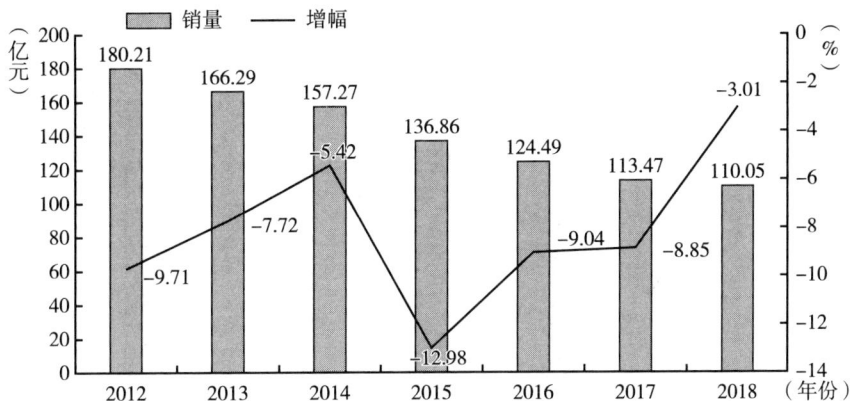

图2　2012~2018年体彩即开票销售情况

资料来源：国家体育总局体育彩票管理中心。

展产品和营销创新、持续扩大渠道规模、不断加强产品品牌营销宣传和大力提升产品精细化运营能力等一系列举措，抓住市场发展机遇，体彩即开票市场进入复苏阶段（见图3）。

2019~2023年，体彩销售渠道得到快速拓展，渠道数量持续增长（见图4），推动体彩即开票客户群体规模不断扩大。

面对快速发展的市场，总局体彩中心以及各省（区、市）体彩中心高

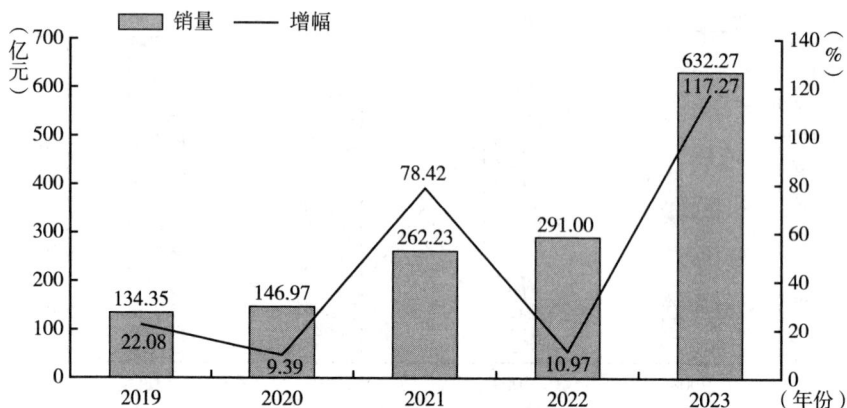

图 3　2019~2023 年体彩即开票销售情况

资料来源：国家体育总局体育彩票管理中心。

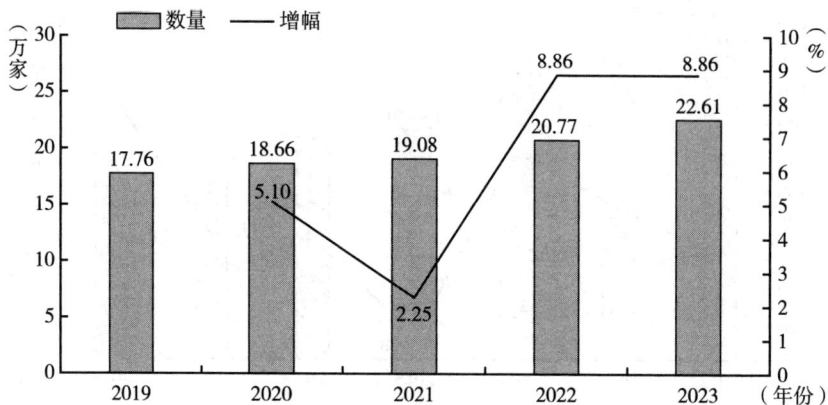

图 4　2019~2023 年体彩销售渠道数量及增幅

资料来源：国家体育总局体育彩票管理中心。

度重视体彩即开票运营保障体系建设工作。在即开票供应保障方面，于2023 年新增了全球最先进的 Tresu 即开票生产线，提升了印制产能和质量。在人员方面，体彩即开票的基层销售管理人员队伍不断壮大，截至 2023年底，基层管理人员队伍超过 4000 人[①]；同时，各项管理制度也逐步健全，

----

① 本报告除特别注明外，其他数据均来自国家体育总局体育彩票管理中心。

基层销售管理人员通过参加各项培训，不断加强学习，业务管理能力得到大幅提升。在技术系统方面，体彩即开票的技术系统持续升级，销售管理设备等硬件设备配备到位，保障日常业务安全高效运营。在风险防控方面，总局体彩中心持续开展安全体系建设，不断提升各级机构和人员的安全意识，实现了体彩即开票的安全运营。随着彩票市场的调整，体彩即开票进入了新的发展阶段。

三　2008年以来即开型体育彩票发展情况

体彩即开票自2008年焕新上市以来，通过积极探索，引领了中国即开票市场的发展。

（一）公益方面

2008年汶川地震发生后，国家有关部门做出决定，2008年7月1日至2010年12月31日，将中央集中的即开票公益金全部用于汶川地震灾区灾后重建。[①] 在此期间，共筹集公益金超过38.3亿元，全部用于抗震救灾及灾后重建工作。因此，体彩即开票被群众亲切地称为"赈灾彩票"。2023年，与国家艺术基金合作，上市推出了"艺彩中华"主题票，宣传彩票公益金的用途。体彩即开票2008~2023年累计筹集公益金614.70亿元（见图5）。体彩即开票一直秉承着国家公益彩票的使命，支持国家公益事业发展，成为公众"随手做公益"的便捷途径。

（二）产品主题方面

总局体彩中心紧随时代发展和社会公众需求的变化，不断丰富即开票产品主题类型，并积极尝试与其他品牌跨界合作，票面多姿多彩、琳琅满

---

① 赵萌：《15年顶呱刮——牵手公益·创造奇迹新玩法》，国家体育总局官网，2023年3月24日，https：//www.sport.gov.cn/n20001280/n20067608/n20067637/c25370731/content.html。

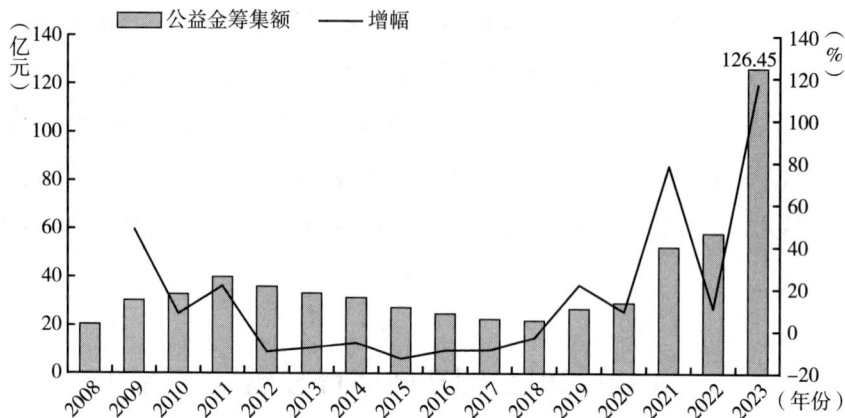

图 5　2008~2023 年体彩即开票公益金筹集额及增幅

资料来源：国家体育总局体育彩票管理中心。

目，涵盖了体育、文化、数字、幸运祝福、财富等主题，2008~2023 年体彩即开票累计上市 627 款各类主题票。在体育主题方面，每逢奥运会、亚运会、全运会、世界杯等大型赛事，总局体彩中心均推出相应的主题即开票，如 2008 年上市的奥运主题票"加油！中国队"、2010 年上市的亚运主题票"新新亚运"、2021 年上市的全运会主题票"为中国力量加油　全运会"、2022 年上市世界杯主题票"任意球大师"等。在文化主题方面，以每年春节前上市的生肖主题即开票、2014 年上市的"中国红"、2020 年上市的"中国龙"等为代表的体彩即开票深受广大购彩者的喜爱。在数字主题方面，以 2017 年上市的"7"等为代表的产品经久不衰。体彩即开票致力于与知名品牌跨界合作，积极推动即开票实现"破圈"发展。例如，2022 年和 2023 年连续两年推出的"说走就走"旅游主题票，通过与携程旅游的合作，将即开票与旅游深度融合，让即开票触达更多的旅游爱好人群，引发目标受众的情感共鸣，实现品牌"破圈"，助力提升公众对体彩即开票的认知。

（三）面值结构方面

2008 年，体彩顶呱刮首次上市便推出了 3 元、5 元和 10 元面值的即开票，改变了过去 2 元的单一面值结构。随后在 2009 年、2011 年和 2018 年分别推出 20 元、30 元和 50 元面值游戏，丰富了体彩即开票的面值结构，满足了购彩者的需求。

（四）品牌建设方面

体彩顶呱刮自 2008 年上市以来，始终传递幸运、快乐、惊喜和公益的正能量，在助力体育事业发展、传播中华传统文化、弘扬社会主义核心价值观等方面发挥了积极作用。总局体彩中心持续通过品牌营销活动，不断提升客户对即开票的品牌认知，让即开票更贴近广大客户，为购彩者提供丰富有趣的娱乐体验。从 2018 年开始，每年春节前开展的体彩新春季品牌营销活动，通过线上品牌营销活动的互动，提升了公众对体彩顶呱刮的品牌认知。体彩即开票的品牌理念和价值主张也随着其发展和公众认知的转变不断地调整和优化，2023 年，品牌价值主张由"相信自己　顶呱刮"焕新为"益起刮　顶呱刮"，焕新后的体彩顶呱刮品牌表达出分享快乐心情、共筑美好生活的寓意，同时彰显其公益属性。

（五）生产工艺方面

体彩即开票始终坚持创新生产工艺，给购彩者带来更好的价值体验。2016 年首款刮开区在彩票背面的体彩即开票"十二生肖"上市，其最大特点是彩票正面为生肖剪纸样式，背面为刮开区，既保持了票面的完整性，又具有较高的收藏价值。2017 年经典游戏"7"上市，该彩票采用收缩光油特殊工艺，票面简洁大方。同年首款使用香味墨印制工艺的游戏"巧克力"上市，给购彩者带来前所未有的美妙的嗅觉体验。2018 年顶呱刮十周年主题游戏"体彩顶呱刮十周年庆"上市，该游戏票面主题突出，部分采用专版冷烫的先进印制工艺呈现顶呱刮十周年庆品牌标志。

（六）渠道建设方面

总局体彩中心持续推进体彩即开票的销售渠道建设，不断探索开辟新的销售渠道。2019 年，全国首家位于商业综合体的展示体验中心在四川成都开业，同年便利连锁销售渠道迎来快速增长，2021 年拓展小微零售渠道，2022年展示体验中心销售渠道也迎来快速发展。这些新渠道是展示和宣传即开票的重要阵地，对提升公众对体彩即开票的认知和扩展客群发挥了重要作用。

在即开票销售渠道管理方面，总局体彩中心将即开票展示、铺票数量、中奖票展示、销售标识及海报宣传列入日常管理规范，持续对即开票服务人员进行培训，这些举措夯实了即开票发展的基础。

经过多年的探索和发展，体彩即开票从无到有，产品从过去一张小小的奖券发展到现在主题玩法丰富、票面精美的新型即开票，不仅具有彩票的属性，更承载了综合价值；即开票的印制工艺更加先进，生产和数据安全可靠。其销售模式也发生了巨大的变化，从过去粗放式的大规模集中销售到现在实体网点分散式销售，销售管理更加规范，服务更加贴心，客户购买更加便利。即开票市场规模经过多年的发展不断壮大，成为彩票市场的支柱游戏之一。即开票已经成为人民群众喜闻乐见的彩票产品，丰富了人民群众文化娱乐生活。

四 即开型体育彩票发展成效

多年以来，总局体彩中心紧紧围绕高质量发展的要求，坚持以人民为中心的发展理念，通过深入挖掘即开票综合价值，不断提升即开票游戏的社会价值、文化价值和娱乐价值；通过不断提升运营管理能力和水平，在确保体彩即开票健康发展的同时提高社会效益和经济效益，支持国家公益事业发展。

（一）丰富人民群众的文化娱乐生活

作为彩票产品，即开票游戏规则简单易懂、易上手、即开即兑的特性，决定了其是公众认知彩票的"敲门砖"，既是宣传的载体又是拓展新客群的先锋。长期以来，总局体彩中心通过不断丰富产品主题和玩法、持续提升产品游戏体验、细分产品消费场景、推动跨界融合等一系列举措，不断提升即开票的娱乐性和趣味性，让即开票逐渐成为公众文化娱乐的一部分。经过多年的发展，社会公众对体彩即开票的认知发生了根本性的转变。公众购买即开票不仅局限于体验中奖的乐趣，而且是体验快乐的一种方式，即开票成为一种可以让每个人"随手做公益"的产品。

体彩即开票的主题由过去以财富珠宝等为主，发展到涵盖传统文化、民俗文化、非遗、世遗、竞技体育、群众体育、体育赛事、节日节庆、旅游、美食等众多主题。游戏体验和票面设计更加有趣和精美，镭射纸、异形票、金属墨、荧光墨、特殊光油等印制工艺的使用，让即开票的观感和触感更佳，兼具较高的艺术价值和收藏价值。在设奖方面，更加注重不同细分客户的需求，让更多的人能够体验到中奖的乐趣。2019年、2022年和2023年推出"国宝"系列主题票，2021年和2023年推出"三国"系列主题票，2023年推出篮球主题异形票"我爱篮球Ⅱ"和美食主题票"倍儿爽"，让公众体验到不一样的体彩即开票。在跨界融合方面，2021~2023年体彩即开票连续三年与国潮品牌合作上市"新春红包"系列主题票，在游戏设计、公益推广和营销创新等方面进行了多领域的跨界融合，进一步加深公众对体彩即开票的认知，体彩即开票的品牌形象得到进一步提升。随着体彩即开票不断提升自身价值和挖掘客户需求，其已经成为公众娱乐文化生活的一部分，带给公众的不仅仅是满足中奖的需求，更多是公益、快乐、幸运的体验和正向的情绪价值。

（二）推动体育文化事业发展

体彩即开票有实体票面，票面尺寸多样，带有天然的传播功能。体彩即开票票面设计精美，印制工艺先进，承载功能强大，能够有效地发挥文化传承和价值观传播的作用。

1. 体彩即开票在助力文化强国建设方面意义重大

体彩即开票作为国家公益彩票，除了为国家筹集公益金之外，其本身的产品属性决定了其具有更广泛的承载功能。体彩即开票在研发设计上紧跟国家社会建设、经济建设和文化建设步伐，不断探索和创新。总局体彩中心将即开票作为宣传我国经济社会发展成就、传播中华传统文化和社会主义核心价值观的重要载体，推出了一系列有代表性的即开游戏。例如，2020年上市的"中国龙"、2022年上市的"万里长城"、2023年上市的"火凤凰"等产品充分体现了中华文明的深厚底蕴；2016年、2022年和2023年国庆前夕推出的"我爱中国"系列主题票，将中国经济社会发展的巨大成就融入票面之中，激发了公众的民族自豪感和爱国热情。同时，总局体彩中心积极主动发掘各地优秀传统文化，例如2022年推出的"中国瓷"非遗主题即开票，将极具代表性的传统文化成果展现在公众面前。这些产品均体现了体彩即开票的社会价值。

2. 体彩即开票助力体育强国建设

总局体彩中心积极贯彻落实体育强国建设，通过体彩即开票的发行积极传递体育精神，大力推广全民健身运动，助力体育事业发展，推动体育在团结民心、凝聚力量、激励精神等方面发挥独特作用。一直以来，总局体彩中心把体育主题作为重点研发和发行的对象，在推广全民健身和科学运动方面，2009年、2018~2020年、2022年和2023年推出"全民健身"主题票，2023年上市了"体育科普"主题票；在助力体育赛事宣传、传递中华体育精神方面，2021~2023年连续三年上市"为中国力量加油"系列主题票，对全运会、冬奥会、亚运会、女足世界杯等大型运动赛事进行宣传和推广，带动全民关注体育，为中国运动健儿加油；在宣传和推广冰雪运动方面，自2020年开始每年冬季推出冰雪主题票，引导公众了解和参与冰雪运动；在传播体育文化方面，2022年与中国象棋协会合作推出"棋王"主题票，弘扬象棋文化，传播公益体彩理念，丰富了大众的娱乐生活。

（三）助推经济社会发展

1. 体彩即开票在稳就业、促民生方面发挥了重要作用

即开票产业链条长，涉及生产印制、仓储物流、上市销售等环节，创造了大量的就业机会，在促进社会就业方面发挥了重要作用。随着体彩渠道规模不断扩大和销量持续增长，更多代销者加入体彩队伍，体彩即开票给相关

从业者带来更多发展机会。同时，随着新渠道规模扩大迅速，体彩即开票的娱乐性和趣味性吸引了更多群体的关注，进而激发了经营主体的活力，助力商业经济发展。

2. 体彩即开票有效地推动了区域经济发展和地方特色文化传播

为助力地方特色和传统文化传播，强化彩票与地方文化和旅游的融合，推动地方经济发展，总局体彩中心大力支持地方主题游戏的发行，让即开票成为宣传城市形象的名片和推动地方经济社会发展的有力推手。如2022年上市"福建土楼"主题票，通过与地方政府合作打造"体育+文化+旅游"的新模式宣传世界文化遗产，宣传当地旅游和文化资源，助力当地经济的发展；2022年上市的"中国腾冲"、2023年上市的"美丽中国 青海画卷"和"亮丽内蒙古"等地方主题游戏在宣传地方特色旅游资源、助力经济发展等方面也发挥了重要作用；2022年和2023年陆续推出的三款"共富浙江"系列主题票，是体彩即开票积极响应国家共同富裕政策、支持浙江高质量发展建设共同富裕示范区的重要体现。

（四）运营管理水平得到大幅提升

即开票从研发设计、数据管理、生产印制、仓储物流到最后上市销售各个环节都有其特点，因此需对体彩即开票进行更加精细化的运营管理。

1. 体彩即开票风险防控和责任彩票建设工作成效突出

体彩即开票作为健康、绿色彩种，各级体彩机构一直以来非常重视即开票的责任和合规管理工作，多措并举加强即开业务风险防控。通过持续加强体彩即开票合规管理、宣传责任彩票理念和建设风险防控体系等举措，倡导理性购彩，推动即开票健康发展。其中，重点加强即开票销售过程中对责任彩票理念的宣传，持续加强对产品研发、营销宣传等业务活动的责任彩票评估，禁止向未成年人销售彩票和兑奖，推动"多人少买"格局形成。

2. 体彩即开票的数据安全和系统安全得到大幅加强

数据安全是体育彩票发展的生命线。经过多年的发展，总局体彩中心已经建立一套完善的数据管理制度体系，充分保证了体彩即开票设奖数据在制作、传输、存储及使用过程中的安全性和规范性。同时针对潜在风险，从物理环境、设备管理、网络安全、数据存储传输与使用、人员管理、制度规范等多维度对即开票业务全流程进行安全防控。在即开票的整个生命周期内，对设奖数据进行严格管控，确保其安全性。在数据准确性方面，总局体彩中心在数据开发、测试、审核和数据制作、检测等方面建立了整套科学规范的流程和机制，确保即开票生产数据的准确性和设奖信息的不可预测性。在销售系统方面，基于体育彩票全业务统一运营支撑平台，总局体彩中心自主研发了体彩即开票分散销售管理系统，实现了对即开票发行销售全业务链（包括游戏管理、票务管理、分发、销售、兑奖和结算等）的全国统一集中管理，保障即开票发行销售工作的安全有序。

3. 体彩即开初步实现了精细化运营管理

体彩即开票按照高质量发展的要求，优化业务流程，完善管理制度，提高数字化管理水平。一方面，通过建立流程确保全业务链条管理的规范性、科学性和安全性；另一方面，通过提升运营管理水平，实现降本增效、提质增效、科技创效。

五　即开型体育彩票的发展展望

即开票作为绿色健康的彩种，在市场上得到了广泛的认可，受到公众欢迎。随着互联网的普及和发展，中奖信息的传播速度越来越快，发酵效应也越来越明显，从而会吸引越来越多的人购买即开票，并形成购买习惯。然而，即开票仍存在一定的潜在风险，不合规的销售方式、不理性的购彩行为等仍然存在，需要加强监督和管理。同时，需要加强市场调研，洞察市场需求，紧跟社会发展脚步，顺应时代潮流，让即开票发挥更大的社会价值。另外，即开票全生命周期的环节多、流程长，当前运营管理能力还不能与市场规模完全匹配，业务响应速度还不能完全跟上市场和客户需求的变化，需要进一步提高运营管理能力和业务响应速度，以充分发挥即开票的价值和作用。

　　回顾和总结即开型体育彩票 30 年的发展历程，总局体彩中心始终坚持以人民为中心的发展理念，重点关注客户的需求，实现体彩即开票的"多人少买"。未来体彩即开票以实现高质量发展为首要任务，坚持在产品、营销、销售、渠道等多领域开拓创新，持续强化风险防控和责任彩票建设，不断提升精细化运营管理水平。随着即开票市场发展进入新的历史时期，总局体彩中心将以更具创新的产品、更多样的营销宣传方式、更舒适的购彩环境将体彩顶呱刮打造成为广大人民群众信赖的品牌，让体彩即开票为其带来更多欢乐和幸运，从而成为美好生活的一部分；与此同时，为大家提供随时、随地和随手做公益的便利，从而为社会公益事业作出更大的贡献。

B.3

乐透数字型体育彩票发展
报告（1996~2023年）

陈先捷　郭瑞华　蒋林娜　张国　杨雨菲*

摘　要：　报告认为，经过多年发展，乐透数字型游戏路径愈加清晰，产品结构逐步稳固，品牌宣传方式更为多元，渠道建设稳步推进，运营能力持续加强。同时，乐透数字型游戏的品牌知名度、渠道覆盖率以及彩票公信力等有进一步提升的空间，市场上仍存在违规销售、大额投注等问题。今后要变更游戏规则、拓展销售渠道、加大品牌传播力度，有效、有序地扩大客户规模，营造提升价值认同的发展环境，打造提供持久发展动力的供应链，确保乐透数字型游戏稳健前行。

关键词：　超级大乐透　7星彩　品牌宣传　价值认同

引　言

乐透型、数字型彩票是世界范围内发行时间较早且购彩群体较为广泛的彩票品种，其历史可以追溯到20世纪50年代，当时美国新泽西州彩票发行机构推出了一款名为"Lotto"的彩票游戏，是首款乐透型彩票游戏。随着技术的进步，世界各地的乐透型、数字型彩票游戏愈发丰富，游戏规则不断

---

* 陈先捷，国家体育总局体育彩票管理中心概率游戏管理处处长；郭瑞华，国家体育总局体育彩票管理中心概率游戏管理处主任科员；蒋林娜，国家体育总局体育彩票管理中心概率游戏管理处科员；张国，国家体育总局体育彩票管理中心概率游戏管理处科员；杨雨菲，国家体育总局体育彩票管理中心资产管理处科员。

创新，投注方式更加多样，趣味性也越来越强，因其兼具规则简单、奖金丰厚等特点，备受广大购彩者喜爱。体育彩票自1996年起在地方和全国范围陆续发行乐透型、数字型彩票。近30年来，体育彩票乐透型、数字型游戏（统称为"乐透数字型游戏"或"乐透数字型体育彩票"）累计筹集公益金超过4100亿元，① 在售游戏包括超级大乐透、7星彩、排列3、排列5等。

一　体育彩票乐透数字型游戏简要介绍

（一）乐透数字型游戏的定义与特点

1. 游戏定义

依据《中国彩票年鉴（2021）》②，乐透型游戏是指由购买者从M个号码中选取N个号码（M>N）的组合为一注彩票进行投注，并与彩票发行者在投注活动结束后某一时点从M个号码中随机抽取的N个开奖号码的组合比对，以确定是否中奖和中奖奖级的彩票。乐透型游戏的投注号码不能重复，中奖情况与开奖号码顺序无关。

数字型游戏是指购买者从M个号码（M通常介于0至9）构成的N组数列中选取其中一组排列号码为一注彩票进行投注，并与彩票发行者在投注活动结束后某一时点从相同数列集合中随机抽取的某一组开奖排列号码比对，以确定是否中奖和中奖奖级的彩票。数字型游戏的投注号码可以重复，中奖情况与开奖号码顺序有关。

2. 游戏机理

乐透数字型游戏的设计均基于数学概率，此类游戏通常涉及一组特定的号码，需要选择一部分或全部号码，然后与公布的开奖号码进行比对。每个号码被开出的概率是一致的，例如，在超级大乐透游戏中，前区共有35个

---

① 数据来自国家体育总局体育彩票管理中心。
② 《中国彩票年鉴（2021）》，中国财政经济出版社，2022，第451页。

号码，每个号码被摇出的概率相同。

乐透数字型游戏通常实施风险控制管理，有限号与限赔等风险控制方案。限号指投注时对每组号码的可投注数量进行限制，当达到风险控制方案要求的数量时则不能投注；限赔指当中奖奖金超过风险控制方案中设置的最大赔付总额时，根据一定规则对中奖奖金调整后发放。

（二）主要代表游戏

1. 国外主要乐透数字型游戏和分布情况

国外在售的乐透型游戏包括超大盘、大盘、中盘和小盘游戏①，其中美国的 Powerball、Mega Millions 是世界知名的超大盘游戏，欧洲的超大盘游戏 EuroMillions、Eurojackpot 为多国联销游戏，大盘游戏 Vikinglotto 在丹麦、瑞典、挪威等 9 个国家销售。

国外在售的数字型游戏有 2D~7D② 多种，其中美国以 3D 和 4D 为主，欧洲以 7D 为主。

2. 国内主要乐透数字型游戏和分布情况

截至目前，我国按区域发行销售并开奖及设置奖池和调节基金的游戏有以下几种。全国范围发行销售的大盘乐透型游戏有体彩超级大乐透和福彩双色球、中盘乐透型游戏有福彩七乐彩，区域销售的乐透型游戏有福彩 15 选 5，省市单销的乐透型游戏有福建体彩 36 选 7、浙江体彩 22 选 5、广东福彩 36 选 7 等；全国范围发行销售的大盘数字型游戏有体彩 7 星彩、小盘数字型游戏有体彩排列 5，区域销售的数字型游戏有福彩东方 6+1 等，省市单销的数字型游戏有江苏体彩 7 位数、浙江体彩 6+1、河北福彩排列 7 等。另

---

① 一般而言，按照游戏规则所产生的所有号码组合称为一个奖组。通常，体育彩票按照奖组大小来定义游戏的类型，奖组在 50 万个组合（依照人民币计价为 100 万元）以下的为小盘游戏，奖组大于等于 50 万个组合（依照人民币计价为 100 万元）且小于 500 万个组合（依照人民币计价为 1000 万元）的为中盘游戏，奖组天于等于 500 万个组合（依照人民币计价为 1000 万元）且小于 4500 万个组合（依照人民币计价为 9000 万元）的为大盘游戏，奖组大于等于 4500 万个组合（依照人民币计价为 9000 万元）为超大盘游戏。
② 2D 是排列组合数为 100 的数字游戏，3D 为 1000，依此类推。

外，在数字型游戏中，体彩排列 3 和福彩 3D 在 31 个省（区、市）销售，全国统一开奖，各省（区、市）分设奖池和调节基金。

二 体育彩票乐透数字型游戏发展情况

（一）超级大乐透游戏

为优化乐透数字型游戏产品结构，填补体育彩票大盘游戏空白，超级大乐透型游戏（简称"超级大乐透"）于 2007 年 5 月 28 日上市销售。超级大乐透是指从前区号码中任选 5 个号码，并从后区号码中任选 2 个号码的组合进行投注。其中，前区号码由 01 至 35 共 35 个号码组成，后区号码由 01 至 12 共 12 个号码组成。

2007~2023 年，超级大乐透从无到有、从弱小到苗壮，产品体验得到持续改善、品牌传播方式得到不断创新、渠道业态更加多元、客户规模稳步扩大。2023 年，超级大乐透期均销量达到 3.10 亿元（见图 1），期均票数超过 1800 万张（见图 2），品牌认知度为 59.2%，人群渗透率为 19.3%，客户规模预估突破 1.8 亿人，[①] 已成为支撑体育彩票稳健发展的重要游戏产品。

（二）7 星彩游戏

7 星彩游戏于 2004 年 5 月在除江苏、浙江外的全国 29 个省（区、市）销售，是国内首款大盘数字型游戏。7 星彩是指从 000000 至 999999 中选取 1 个 6 位数字作为前六位、从 0 至 14 中选取 1 个数字作为最后一位，共同组成一注投注号码。

7 星彩的上市是丰富体育彩票基础游戏产品线的重要举措。2020 年以来，随着规则优化和品牌焕新，7 星彩发行销售规模稳中有升。2023 年，7 星彩期均销量达到 2046 万元（见图 3），期均票数超过 220 万张

---

① 数据来自国家体育总局体育彩票管理中心。

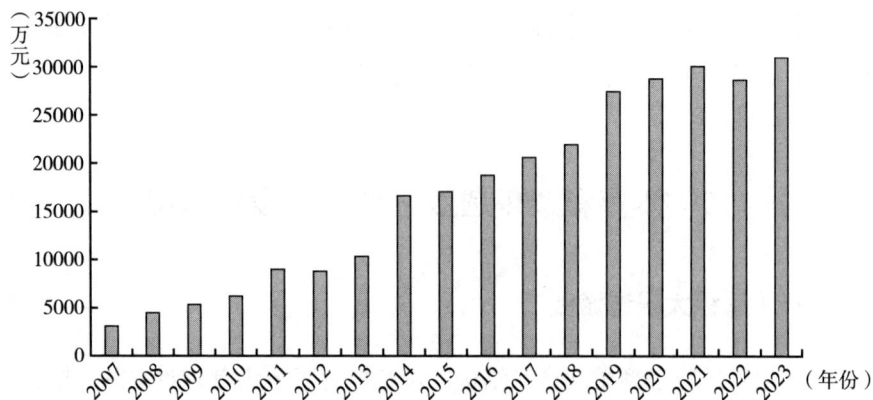

图 1　2007～2023 年超级大乐透期均销量

资料来源：中国体彩网销售数据。

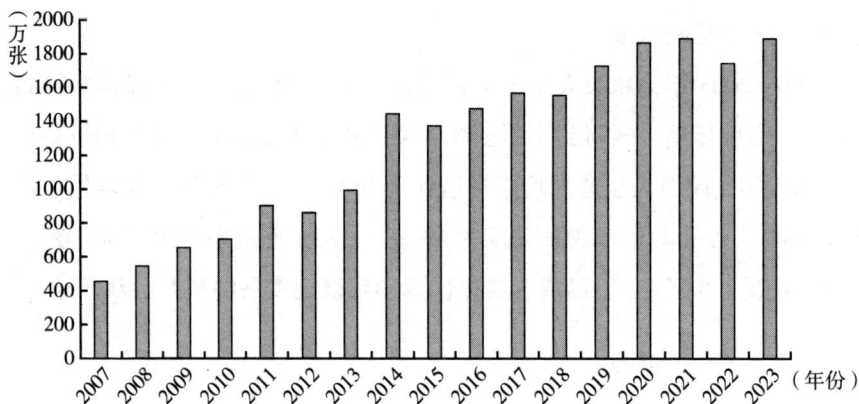

图 2　2007～2023 年超级大乐透期均票数

资料来源：国家体育总局体育彩票管理中心。

（见图 4），品牌认知度为 12.4%，人群渗透率为 2.2%，客户规模预估突破 2100 万人。① 作为体育彩票基础游戏的重要补充，7 星彩将发挥越来越重要的作用。

① 数据来自国家体育总局体育彩票管理中心。

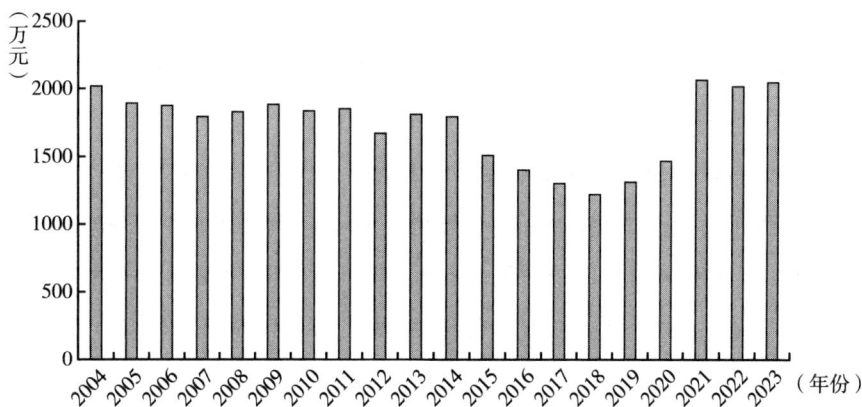

图3　2004~2023年7星彩期均销量

资料来源：中国体彩网销售数据。

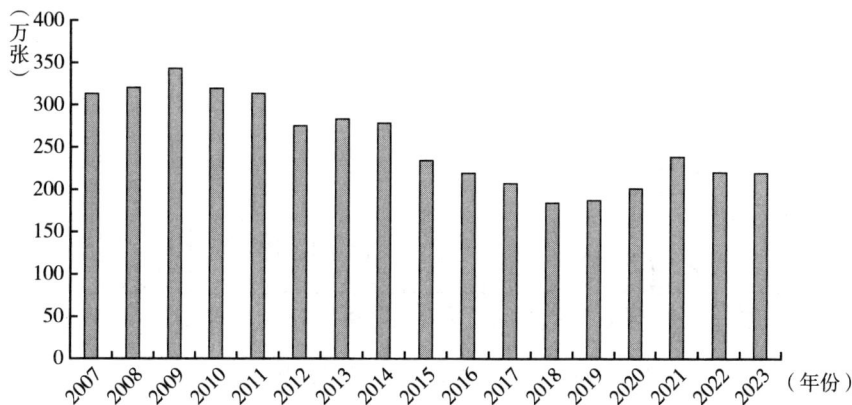

图4　2007~2023年7星彩期均票数

资料来源：国家体育总局体育彩票管理中心。

（三）排列3、排列5游戏

2004年12月，排列3和排列5游戏从7星彩玩法中独立出来，在全国范围内统一联网发行。排列3是指从000至999的数字中选取1个3位数作为投注号码进行投注，排列5是指从00000至99999的数字中选取1个5位数作为投注号码进行投注。

排列 5 上市后销量趋于稳定，近些年呈现小幅上升态势。排列 3 上市初期快速出现销量高峰（见图 5），而因非理性购彩的风险防控举措未及时到位，2005 年出现"和值 14"[①] 追号事件，产生了负面影响。2009 年，为抑制排列 3 发行销售风险，防范彩票资金风险，保持彩票市场健康稳定发展，经财政部批准，总局体彩中心启动排列 3 动态限号，并实行"全国销售，分省计奖"，游戏风险暂时得以管控，购彩者回归理性购彩，但因市场培育策略不够完善，销量在长达 10 余年的时间里处于低迷状态。2020 年以来，总局体彩中心在严控排列 3、排列 5 风险的基础上，调整市场培育策略、改善购彩者体验，两款游戏发行规模稳步健康提升。

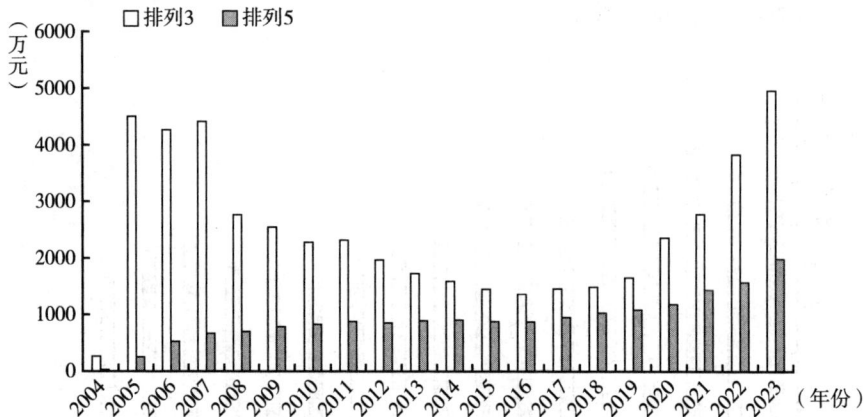

图 5　2004~2023 年排列 3、排列 5 期均销量

资料来源：中国体彩网销售数据。

（四）高频游戏

高频游戏是开奖频率较快的游戏的统称，其中既有"11 选 5"等乐透型游戏，也有"泳坛夺金"等数字型游戏，通常每 5~20 分钟完成一期销售与开奖。2007 年 4 月，高频游戏"快乐扑克"在黑龙江、安徽、四川和

---

① 即排列 3 的三位投注号码之和为 14 的所有组合。

福建四省试点销售，游戏返奖率为 50%。2008 年，山东省体育彩票管理中心借该省承办第十一届全国运动会契机，申请发行"十一运夺金"（11 选5）高频游戏，游戏返奖率为 59%。随着 59% 返奖率的高频游戏在山东试点取得成功，2009~2010 年，高返奖率的高频游戏推广至广东、江西等 5省（区、市），2014 年覆盖全国。

高频游戏因具有高返奖率、高中奖、高频率的特点，备受市场追捧，但也产生了大额投注、沉迷购彩等问题。2019 年 2 月，财政部、民政部、体育总局联合发文对高频和快开游戏（中国福利彩票发行管理中心将同类型游戏命名为"快开游戏"）规则进行调整，将每期销售时间延长至 20分钟，取消提取 1% 的调节基金，相应提高其彩票公益金提取比例 1 个百分点。为进一步加强彩票市场监管，清除高频和快开游戏市场风险，财政部、民政部、体育总局三部委于 2020 年发布《关于有序退市高频快开彩票游戏有关事宜的通知》，至 2021 年 1 月彩票市场全部高频和快开游戏完成退市。

（五）其他乐透数字型游戏

1998 年，中国体育彩票第一款乐透数字型游戏 6+1 在江苏发行销售，此后多省（区、市）陆续上市了本地乐透数字型游戏。经统计，1997~2013 年，共有 81 款乐透型游戏上市销售，其中省市单销游戏 71 款，区域联销游戏 9 款，全国联销游戏 1 款；共有 34 款数字型游戏上市销售，其中省市单销游戏 31 款，区域联销游戏 2 款，全国联销游戏 1 款。在此期间发行销售的 22 选 5、29 选 7 游戏先由省市单销转为区域联销，于 2004 年转为全国联销。7 位数游戏于 2004 年由区域联销转为全国联销，即在售的 7星彩游戏。

随着全国联销游戏上市，多数地方游戏退市。截至 2023 年，在售的体彩乐透数字型游戏主要有 12 款，分别为超级大乐透、7 星彩、排列 3、排列5、黑龙江 6+1、江苏 7 位数、福建 31 选 7、福建 22 选 5、福建 36 选 7、浙江 6+1、浙江 20 选 5、海南 4+1。

三 体育彩票乐透数字型游戏发展成效

（一）发展路径愈加清晰

乐透数字型体育彩票上市初期，市场培育手段单一，对市场规律的把握、发展前景的预估、风险隐患的研判明显不足，处于边实践边认知的起步探索阶段。随着超级大乐透和高频游戏的上市推广，总局体彩中心于2011年首次编制中长期发展规划，即《乐透数字型游戏"十二五"规划》；于2012年发布体育彩票首个游戏专项规划，即《2012——2014年超级大乐透发展规划》，明确了超级大乐透的发展定位、任务目标和工作举措。2016年《乐透数字型体育彩票"十三五"规划》发布实施，该规划谋定了发展愿景，提出要努力为客户提供更健康、更优质的体验，为国家筹集更多的公益金，使乐透数字型游戏成为客户规模最大的负责任的彩票。

2021年，总局体彩中心编制《乐透数字型体育彩票"十四五"实施纲要》，提出以"多人少买"为发展愿景，以人民群众满意为衡量标准，用负责任的方式加速推进乐透数字型体育彩票与渠道同向发力，更好地助力体育彩票母品牌建设。2021~2023年，乐透数字型游戏延续多年的优良传统，开展了大量创新尝试工作，努力探索高质量发展路径，助力体育彩票行稳致远。

（二）产品结构逐步稳固

纵观近30年的发展历程，乐透数字型各个游戏的发展速度、发展路径和发展阶段均有不同。排列3、高频游戏在起步阶段销量即呈现爆发式增长，但稳定性不强、伴生的市场风险大；7星彩、排列5销售表现稳定，但销量较低；超级大乐透始终呈现稳步增长趋势，但在短期内难以吸引更大规模的购彩者。多年来，在探索本地体育彩票发展路径的过程中，部分省（区、市）体彩中心在较长时间内将精力重点放在高频游戏上，一定程度上导致超级大乐透的发展不充分、市场根基不牢。从全国层面看，乐透数字型游戏结构不均衡、省（区、市）发展不均衡的情况仍然存在，直至"十三五"中期才有所好转。

进入"十四五"时期，随着高频游戏退市，更多的省（区、市）体彩中心能够统一思想，加大对超级大乐透市场的培育力度，充分发挥其稳固发展根基、扩大客户群体、助力渠道拓展的基础性和关键性作用；同时，能够充分了解排列游戏的市场风险，在防微杜渐的基础上，创新营销方式，发挥其稳定体育彩票渠道销售基本盘的作用；此外，也能够认识到7星彩作为基础游戏重要补充的积极作用，摒弃销量导向的经营思路，探索将数字型游戏与百姓日常生活巧妙地结合在一起，建立情感连接。

（三）品牌宣传方式更为多元

2007年，超级大乐透上市推广，总局体彩中心借此机会完成了全国营销组合动作的初次探索。2014年，总局体彩中心提出"乐透不止 畅活由你"的品牌口号，同步推出品牌视觉标识系统，使超级大乐透产品品牌建设日趋规范化、体系化，为提升品牌市场影响力和综合竞争力奠定了良好基础。2022年，总局体彩中心通过面向社会广泛征集品牌口号完成了超级大乐透的品牌焕新，推出了全新的品牌Logo和"小梦想·大乐透"的品牌口号，有效解决了品牌形象老化、识别度低等问题。此外，2020年7星彩规则变更之际，推出了该游戏全新的品牌识别系统，以"7星彩 为梦想添彩"为品牌口号（见图6）。

| 旧版超级大乐透Logo及品牌口号 | 新版超级大乐透Logo及品牌口号 |

旧版7星彩Logo

新版7星彩Logo及品牌口号

图6　超级大乐透和7星彩 Logo 及品牌口号

在日常宣传工作中，总局体彩中心注重对各类游戏品牌标准规范的应用，在加大品牌传播力度的同时持续开展游戏规则、游戏特点的普及工作。除媒体广告投放外，总局体彩中心充分挖掘彩票票面的传播价值，于2018年在票面上打印该票筹集的公益金信息，充分宣传了体育彩票微公益平台的价值。2016年，传统彩票票面升级为二代彩票，改变了热敏纸颜色和票面信息布局，在此基础上推出两倍长乐透数字型游戏彩票，在票面的空白区域增加了更丰富的展示信息和更具趣味性的玩法（见图7）。

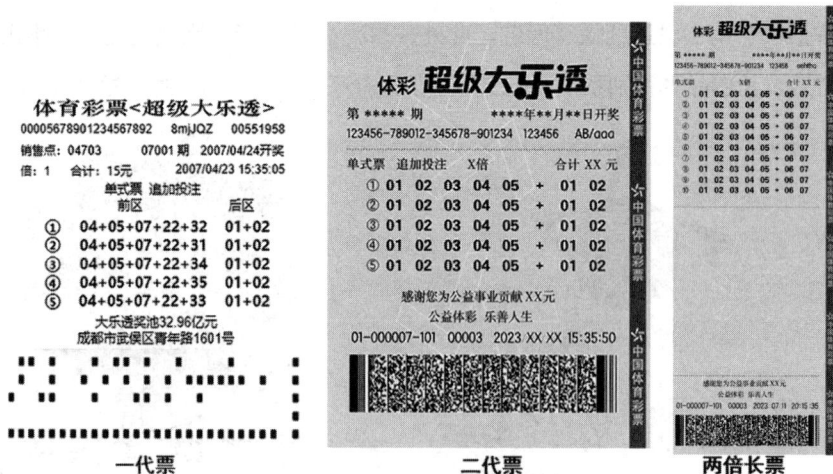

一代票　　　　　二代票　　　　　两倍长票

图7　超级大乐透彩票票面

　　总局体彩中心在严格执行《彩票发行销售管理办法》的基础上，创新派奖与促销活动①方案，有意识地降低活动的刺激性、弱化博弈性，使更多购彩者能够感受到乐透数字型游戏的趣味性，并且在日常工作中，重视责任彩票理念的落实，引导理性购彩。同时，为更好地实现业务转型发展，在"十四五"期间，《乐透数字型体育彩票"十四五"实施纲要》首次提出要"推进营销运营模式优化与创新。2023年，超级大乐透推出"520"奖期，8月22日七夕节7星彩推出"七夕"奖期，结合热点事件或节日个性化定制票面，票面宣传区展示创意文案征集内容，提升产品品牌传播性和影响力，有效吸引年轻群体对乐透数字型游戏的关注，提升了品牌的曝光度和美誉度。同时，超级大乐透推出长票幸运即开营销功能彩票，发掘长票娱乐功能，丰富了营销工具（见图8）。

图8 "520"奖期、"七夕"奖期、长票幸运即开营销功能彩票票面

---

① 根据《彩票发行销售管理办法》，派奖活动是指通过彩票游戏的调节基金或者一般调节基金设立特别奖，对符合特定规则的彩票中奖者增加中奖金额；促销活动是指彩票发行机构、彩票销售机构利用业务费、经营收入等资金购买商品或者服务开展促销活动，回馈符合一定条件的彩票购买者或者彩票代销者。

（四）渠道建设稳步推进

在乐透数字型游戏发展的过程中，总局体彩中心始终重视代销者经营意识和经营能力的提升。超级大乐透上市初期，总局体彩中心制定了《五个关键时刻培训手册》，将代销者"引进门，扶上马，送一程"。"十三五"以来，培训的内容逐步扩充到店面建设、责任彩票等各个领域，培训的方式拓展为小场培训、驻点帮扶等。自2021年起，总局体彩中心充分利用中国体育彩票代销者版App打造站内"学习园地"专区并上线大量微课程，助力代销者利用碎片化时间提升业务能力。

为充分发挥实体店宣传销售彩票游戏"最后一公里"的关键作用，总局体彩中心于2012年提出超级大乐透"五个一"，即在实体店内展示一张走势图、一张海报、一个开奖提示牌、一个奖池公告牌和一块中奖宣传区，便于购彩者及时准确掌握相关信息；2014年提出高频游戏展示标准"八个有"，即有标识、有图像、有声音、有走势等，在此基础上探索打造实体店内超级大乐透和高频游戏展示专区；2021年，总局体彩中心将超级大乐透"五个一"扩充为"5+2"，开展新专区建设、主题店建设的展示优化试点。

近年来，随着国内零售业态的日益丰富，乐透数字型游戏的销售渠道由起步阶段的彩票专营店、兼营店逐步扩充至便利连锁店、小微零售店、展示体验中心店等，呈现多业态并存的格局。针对传统渠道，除上文所提及的举措外，总局体彩中心于"十四五"期间提出"重点实体店"的概念，即指导各省（区、市）选择一部分有提升意愿和潜力的代销者，提高帮扶频次和加大帮扶力度；针对便利连锁和小微零售渠道，重点加强客户动线和店内布建研究，并辅之以精简的培训素材；因商业综合体等展示体验中心渠道具备触达人群多、对年轻客群的精准触达性强等优势，总局体彩中心近年来加大对此类渠道的拓展力度，并已着手研究、试点在展示体验中心销售乐透数字型游戏。

四　体育彩票乐透数字型游戏开奖管理

（一）乐透数字型游戏开奖流程

依据《彩票管理条例》相关规定，彩票机构应当确保销售数据的完整、准确和安全，当期彩票销售数据封存后至开奖活动结束前，不得查阅、变更或者删除销售数据。乐透数字型游戏开奖包括数据封存、开奖结果产生、计奖及计奖验证、信息发布等工作环节。

依法依规开展数据封存工作。在每个奖期截止销售后至摇奖开始前，在公证人员现场监督下，由工作人员及时封存当期销售数据，并将原始数据保存至不可改写的存储介质上，用于后续的计奖验证。

按照游戏规则，通过专用摇奖设备随机摇取号码球产生开奖结果。在正式开奖前，工作人员对摇奖设备、设施等进行检测和试运行，由公证人员取出存放在保险柜中的正式摇奖球并装入摇奖机，在销售数据完成封存后方可进行开奖。公证人员全程监督开奖过程，并对每期开奖结果的有效性进行公证。

开奖结果产生后，进入计奖及计奖验证环节。工作人员在销售系统、计奖验证系统中，分别录入开奖结果，经检索、计算、比对一致后，确认当期游戏中奖情况，生成包括游戏名称、开奖日期和期号、当期销售金额、当期开奖结果、奖池资金余额、兑奖期限等在内的完整开奖信息。

开奖工作结束后，体彩中心通过电视、网络、广播、报纸等多种渠道向社会公告当期彩票游戏的开奖信息。

（二）乐透数字型游戏开奖的运营管理工作

体育彩票机构抓住透数字型游戏开奖运营的关键环节，持续做好开奖场地建设和安全管理、摇奖设备的使用及管理工作，在第三方公证人员的严格监督下，严格按照开奖全业务流程完成开奖工作。

1. 开奖场地建设与管理

摇奖工作与计奖工作保持物理位置和执行团队的相互独立，按照各自工作流程相互验证，协同完成每日开奖工作。以全国联网游戏（超级大乐透、7 星彩等）为例，其摇奖场地坐落于北京市丰台体育馆，摇奖主演播厅占地面积 1300 平方米。摇奖演播厅内部严格执行安全保卫制度，安保中控室人员全天 24 小时值班执勤。计奖场地则位于北京市朝阳区体育彩票办公大楼的运营主控中心，同样采取严格的安保措施，设置严密的监控设备。此外，建立完善了常态化的安全巡检机制，定期对摇奖场地、计奖场地的用电、消防、网络等安全事项逐一排查。

2. 摇奖设备的使用与管理

目前，超级大乐透、7 星彩及排列游戏的摇奖设备已通过国际电工委员会电子元器件质量体系认证以及 GLI（Gaming Laboratories International）随机数生成器（RNG）测试认证，该设备被世界很多国家的彩票机构使用。摇奖球的材质是拥有专利技术的实心泡沫塑料，每季度需要进行保养和测量。摇奖机采用吹气式搅拌方法，利用风机将空气导入加压泵，加压泵通过导气管将压缩空气吹入搅拌仓中，在短时间内形成充分的搅拌，以保证摇奖结果的随机和公平。

体彩中心按照摇奖设备生产厂商提供的技术规格对其进行检测、清洁和维护。在公证人员的监督下，定期对摇奖球进行清洗、对摇奖设备进行维护，维护后对主、备摇奖机进行互换，以保证主备摇奖机磨损程度一致。

3. 公证监督

公证机构作为独立的第三方，依照《中华人民共和国公证法》《开奖公证细则（试行）》，按照相关规程对开奖活动进行全流程监督，对开奖过程、计奖过程、开奖结果以及相关证据进行审查、确认和保管。当期游戏结束后，公证人员监督体彩工作人员对当期销售数据进行封存并保存在不可改写的介质上。摇奖过程中，公证人员全程监督，确保摇奖工作符合摇奖操作规程，记录产生的摇奖结果、现场公证并宣读公证词，与体彩中心工作人员共同在开奖结果确认单签字，确保开奖结果真实、有效，并出具当期游戏开奖公证书。开奖结束后，公证人员将正式摇奖球收回，并将其锁闭在专用保险柜内。如在开奖过程中遇到突发事件，公证人员将配合开展应急响应和现场处置工作。

此外，公证人员每月参加突发事件应急演练，每季度清洁保养摇奖球后，由公证人员对其重新称重、测量、登记，确认符合标准后，调换主、备摇奖球。通过严格的采购、验收、保管及维护保养流程，确保摇奖设备的安全稳定。

（三）乐透数字型游戏的开奖制度建设及流程优化

依据《彩票管理条例实施细则》《彩票发行销售管理办法》《体育彩票开奖监督管理办法》等相关条款及彩票游戏规则，体彩中心建立健全开奖制度规范，编制发布了《中国体育彩票开奖管理办法》《中国体育彩票乐透、数字型游戏摇奖管理办法》《体育彩票管理中心全国联网奖池游戏计奖管理细则》等制度，以及涵盖过程管理、运营场所管理、应急管理等开奖管理方面各项规范及操作手册，不断细化明确开奖操作规程等具体要求，充分保障了开奖工作的规范性，通过持续不断的制度建设与流程优化，提升各个环节的工作效率。

以全国联网游戏为例（超级大乐透、7星彩等），体育彩票全国联网乐透数字游戏类似于欧美等国的跨国、跨州销售游戏，如美国的"强力球"、"超级百万"，欧洲的"欧洲百万"等。上述游戏销售截止时间和开奖时间间隔1~2小时。例如：美国的大型跨州联销游戏"强力球"和"超级百万"从销售截止到开奖的时间，各州根据实际情况自行规定，通常为1~2个小时；欧洲大型乐透游戏"欧洲百万"每周二、周五开奖，晚20：00销售截止，20：30之前各国将统计文件发送到SLE（"欧洲百万"中央组织机构），开奖环节通常在21：30左右开始，中间需要间隔1.5个小时才能确保开奖工作的开展。相较而言，当前中国体育彩票乐透数字型游戏从截止销售到开奖的时间间隔为25分钟，在国际上间隔时间是较短的。

（四）乐透数字型游戏开奖的社会传播

目前，主要通过三类方式向社会公众公开开奖过程，保证社会公众及时了解乐透数字型游戏开奖结果，对开奖过程进行监督。一是传统方式，包括电视、广播、报纸等传统媒体和传统实体店。二是官方渠道，包括中国体彩网、竞彩网、中国体育彩票 App、中国体育彩票微信小程序等，社会公众可以通过官方渠道观看开奖过程、查询开奖结果。三是网络直播渠道，包括新浪网、中国网、人民网、网易新闻网、搜狐网、人民网+App、抖音、快手、视频号、小红书等，社会公众可以通过《相约体彩》开奖直播节目，见证全年体彩超级大乐透、7 星彩、排列 3、排列 5 游戏的开奖全过程。

2011 年起，体彩中心向社会开放摇奖演播厅，社会公众可以凭有效证件预约成功后，亲临现场见证体彩摇奖全过程。2021 年，体彩中心开通了《相约体彩》线上预约平台，为社会公众提供更便捷的预约方式和更顺畅的操作体验（见表 1）。截至 2023 年，共计接待来自全国 31 个省（区、市）48000 余名观众参与摇奖现场观摩活动。通过此种方式，民主党派、合作伙伴、演员、公众人物、公益受助对象以及包括林丹、邹市明、韩聪、隋文静等奥运冠军在内的社会各界人士作为开奖现场嘉宾到现场启动摇奖机，见证体育彩票摇奖过程。

表 1　体育彩票乐透数字型游戏开奖日期及相关信息

	超级大乐透	7 星彩	排列 3 及排列 5
开奖日期	每周一、周三、周六	每周二、周五、周日	每天
摇奖时间	21:25		
信息发布渠道	开奖直播时间 21:25:中国体彩网、竞彩网、中国体育彩票 App、中国体育彩票微信小程序、微信视频号、抖音、快手、小红书(中国体育彩票官方账号) 人民网、人民网+App、中国网、新浪网、网易新闻网、搜狐网 广播播出时间约 21:55、次日 13:55:中央广播电视总台《中国之声》 电视播出时间约 23:00:CCTV-6 电影频道 报纸:《中国体育报》《中国体彩报》		

超级大乐透	7星彩	排列3及排列5
现场观摩预约方式	省（区、市）体彩机构预约：省（区、市）体彩中心每周一、周三组织团队进行观摩（预约报名链接 https://www.lottery.gov.cn/ksjz/xytc/tdyy/） 社会公众预约：登录中国体彩网（https://www.lottery.gov.cn/），在《相约体彩》栏目预约参观		
公证处	北京市中信公证处		

体彩中心将坚持为购彩者设置更加安全、公正、透明的开奖流程，以国家相关政策法规为基准，加大体育彩票开奖工作规范化建设力度，持续建立更为精细化的制度管理体系。同时，通过建立有效的公众监督和交流沟通机制，如扩大开奖现场公众参观范围、丰富参观形式，加强开奖流程宣传，开展第三方机构数据监管工作，设立投诉举报渠道，接受社会监督等方式，进一步提升体育彩票开奖透明度。

五　体育彩票乐透数字型游戏发展展望

（一）机遇与挑战并存

党的十九大以来，中国社会主要矛盾发生了新变化，世界百年未有之大变局加速演进。2021年，我国步入新发展阶段，"高质量"成为新的发展主题。新一轮科技革命和产业变革给生产方式和生活方式带来革命性变化，不同代际人群在生活态度、社会观念、消费理念、兴趣爱好等方面的差异进一步凸显，互联网技术的迭代创新改变了信息获取和传播的方式。宏观和微观环境的显著变化，为乐透数字型游戏的发展带来新的挑战。

中国体育彩票乐透数字型游戏的发展不够成熟，与国际彩票市场相比还有较大差距，在奖组设定、奖级设计、附加玩法、领奖方式等方面均有较大创新空间。同时，受限于游戏的品牌知名度、渠道覆盖率以及彩票公信力等多方面因素，乐透数字型游戏的购彩参与率远低于国际彩票发达国家，年轻客群对于乐透数字型游戏的品牌认知（见图9）、购买意愿（见图10）和购买频率较低。今后要变更游戏规则、拓展销售渠道、加大品牌传播力度，有效、有序地扩大乐透数字型游戏的客户规模。

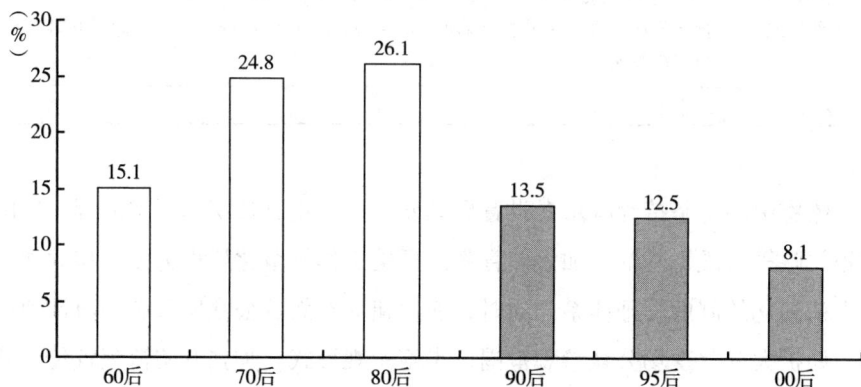

图9　2023年各年龄段人群对乐透数字型游戏品牌的认知情况

资料来源：国家体育总局体育彩票管理中心。

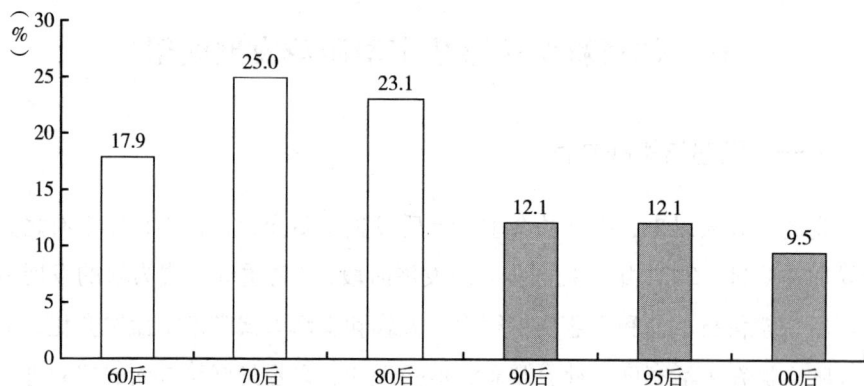

图10　2023年各年龄段人群对乐透数字型游戏的购买意愿

资料来源：国家体育总局体育彩票管理中心。

虽然发展前景广阔，但历史也时刻提醒我们要居安思危，高度警惕"黑天鹅"事件，切实防范"灰犀牛"事件。随着高频游戏的退市以及责任彩票建设的加强，乐透数字型游戏的市场环境得到进一步净化，但风险依然存在。市场上仍存在违规销售、大额投注等问题，侵害了购彩者的切身利益，引发公信力危机。这些问题的存在增加了彩票游戏的监管难度和资金风险。

（二）未来展望

从游戏发展阶段看，体育彩票乐透数字型游戏特别是超级大乐透等主力产品仍处于成长期。螺旋式上升的事物发展规律，要求体彩人要以"一张蓝图绘到底"的决心和"咬定青山不放松"的韧性推动事业发展。在以"多人少买"为愿景和以"人民满意"为标准的发展理念的引领下，体彩人要坚决强化系统思维，始终坚守安全合规和责任彩票底线。在此基础上，体彩人要摒弃思维定式、坚持守正创新，营造提升价值认同的发展环境，构建良性扩大购彩群体的发展格局，打造提供持久发展动力的供应链，确保乐透数字型游戏稳健前行。

B.4
竞猜型体育彩票发展报告（2001~2023年）

王乐萌 何延 黄欣 任雪莹 郭一杰*

摘 要： 竞猜型体育彩票经历了20多年的发展，在市场规模、公益金筹集额、市场运营与管控能力方面实现全面提升，成为支撑体育彩票事业发展的关键力量。在助力国家公益事业和体育事业发展、提高发行销售水平、促进国际交流合作等方面取得的成效。同时竞猜型体育彩票面临着渠道服务能力水平有待提升、购彩者规模较小且结构有待优化、健康购彩理念的培育和引导工作任重道远等挑战，未来竞猜型体育彩票将进一步强化风险防控，突出体育特色，推动体育彩票高质量发展。

关键词： 竞猜型体育彩票 国家公益 渠道服务 风险防控

自2001年上市以来，竞猜型体育彩票持续提升精细化运营水平，顺应体育爱好者提升观赛体验的购彩需求，倡导理性购彩理念，规范游戏市场秩序，推动游戏健康发展。

一 竞猜型体育彩票概述

（一）竞猜型体育彩票的概念

竞猜型体育彩票是以体育比赛为竞猜对象，以游戏规则确定的体育比赛

---

* 王乐萌，社会学博士，国家体育总局体育彩票管理中心竞猜游戏管理处处长；何延，国家体育总局体育彩票管理中心竞猜游戏管理处副处长；黄欣，国家体育总局体育彩票管理中心竞猜游戏管理处主任科员；任雪莹，国家体育总局体育彩票管理中心竞猜游戏管理处科员；郭一杰，国家体育总局体育彩票管理中心财务处主任科员。

结果作为开奖依据，集趣味性和娱乐性于一体的彩票品种，是体育比赛和彩票的结合，参与者通过分析预测体育比赛的结果进行购彩。

竞猜型体育彩票具有公益性、体育性和娱乐性等多种属性。公益性主要体现在我国竞猜型体育彩票是由国家公益性机构发行的彩票游戏，以筹集公益金为主要目的，并将公益金用于发展社会公益事业和体育事业。体育性主要体现在竞猜型体育彩票与体育赛事紧密相关，购彩者需具备一定的体育知识，在购彩过程中对体育赛事相关信息进行分析，能否中奖也与比赛结果直接关联。因此，竞猜型体育彩票的主要购彩群体为体育爱好者，购彩选择是充分考虑赛事喜好和竞技水平的结果。娱乐性主要体现在竞猜型体育彩票能够让购彩群体体验到竞猜乐趣，对于不确定的比赛结果的竞猜可以激发购彩群体积极正向的情绪，提升观看比赛的参与感，若预测正确又能让购彩者获得愉悦感和证明自身体育知识水平的成就感，使购彩者更加深入地体验体育比赛和运动的独特魅力。

（二）竞猜型体育彩票分类

竞猜型体育彩票包含中国足球彩票（简称"传足游戏"）、全国联网单场竞猜游戏（简称"竞彩游戏"）和区域联网单场竞猜游戏（简称"北单游戏"）3种游戏。其中，传足游戏和竞彩游戏在全国31个省（区、市）销售，北单游戏仅在北京、天津和广东销售。

1. 传足游戏

传足游戏于2001年上市销售，属于浮动返奖型游戏，返奖率为65%，共包括14场胜负、胜负任选9场、6场半全场胜负和4场进球4种游戏。

14场胜负游戏是以指定的14场足球比赛作为竞猜对象，对每场比赛全场90分钟（含伤停补时）的胜平负结果进行预测，共设两个奖级，猜中全部14场比赛的胜平负结果则获得一等奖，猜中其中13场比赛的胜平负结果则获得二等奖。

胜负任选9场游戏以14场胜负游戏指定的所有14场足球比赛中任意选择9场比赛作为竞猜对象，对每场比赛全场90分钟（含伤停补时）的胜平负结果进行预测，共设一个奖级，猜中全部 9 场比赛的胜平负结果则获得一等奖。

6 场半全场胜负游戏是以指定的 6 场足球比赛作为竞猜对象，对每场比赛上半场 45 分钟（含伤停补时）和全场 90 分钟（含伤停补时）的胜平负结果进行预测，共设一个奖级，猜中全部 6 场比赛的上半场胜平负和全场胜平负结果则获得一等奖。

4 场进球游戏是以指定的 4 场足球比赛作为竞猜对象，对 4 场比赛 8 支球队在全场 90 分钟（含伤停补时）的进球数量（0 个、1 个、2 个、3 个及以上）进行预测，共设一个奖级，猜中全部 4 场比赛 8 支球队进球数则获得一等奖。

2. 竞彩游戏

竞彩游戏自 2009 年起上市销售，目前在售游戏包含竞彩足球游戏和竞彩篮球游戏两大类共 11 种游戏，均为固定返奖游戏。

竞彩足球游戏包括胜平负、让球胜平负、半全场胜平负、比分、总进球数 5 种游戏。胜平负游戏是对指定足球比赛全场 90 分钟（含伤停补时）的胜平负结果进行预测，共设置 3 个选项；让球胜平负游戏是对指定足球比赛全场 90 分钟（含伤停补时）的让球胜平负结果进行预测，共设置 3 个选项；半全场胜平负游戏是对指定足球比赛上半场 45 分钟（含伤停补时）和全场 90 分钟（含伤停补时）的胜平负结果进行预测，共设置 9 个选项；比分游戏是对指定足球比赛全场 90 分钟（含伤停补时）的具体比分结果进行预测，共设置 31 个选项；总进球数游戏是指对指定足球比赛全场 90 分钟（含伤停补时）主队和客队的总进球数结果进行预测，共设置 8 个选项。

竞彩篮球游戏包括胜负、让分胜负、大小分、胜分差 4 种游戏。胜负游戏是对指定篮球比赛全场（含加时赛）的胜负结果进行预测，共设置 2 个选项；让分胜负游戏是对指定篮球比赛全场（含加时赛）的让分胜负结果进行预测，共设置 2 个选项；大小分游戏是对指定篮球比赛全场（含加时赛）的主队和客队得分总数大于或小于预设总分数进行预测，共设置 2 个选项；胜分差游戏是对指定篮球比赛全场（含加时赛）主队和客队的得分差距结果进行预测，共设置 12 个选项。

冠军和冠亚军游戏是分别对指定的国际重要足球、篮球赛事的冠军和冠亚军归属进行预测，每项赛事设置特定数量的选项。

3. 北单游戏

北单游戏于 2005 年上市销售，属于浮动返奖型游戏，返奖率为 65%，仅在北京、天津和广东三个省市发行销售。

北单游戏共包括胜平负、单场比分、总进球、半全场胜平负、上下盘单双数、胜负过关、下半场比分 7 种游戏。其中，除胜负过关游戏的竞猜对象包括足球、篮球、网球、橄榄球、排球、羽毛球、乒乓球、沙滩排球、冰球、曲棍球、手球、水球 12 个运动项目比赛外，其他 6 种游戏的竞猜对象仅为足球比赛。

（三）国际竞猜型体育彩票发展情况

竞猜型体育彩票发展至今已经成为国际上最受欢迎的彩票游戏，不同国家因经济、政治、文化等有差异，在竞猜对象、游戏规则、销量占比等方面呈现不同特点和发展态势。

国际上竞猜型体育彩票按照竞猜对象可以分为传统体育运动竞猜、新兴体育运动竞猜、虚拟竞猜和其他事件竞猜。传统体育运动竞猜如足球、篮球等项目竞猜；新兴体育运动竞猜如电子竞技竞猜；虚拟竞猜如足球、篮球等运动项目的虚拟竞猜；其他事件竞猜如政治选举、娱乐节目颁奖等事件竞猜。其中，传统体育运动竞猜发展较为成熟，销售规模占全球竞猜市场的绝大部分；虚拟竞猜和电子竞技竞猜等新兴体育运动竞猜尚处于起步阶段，尽管发展速度较快但市场规模相对较小。目前国际上主要国家和地区竞猜型体育彩票是足球竞猜，足球竞猜的市场规模一直保持在 50% 以上。[1] 同时，竞猜型体育彩票所覆盖的体育项目呈现多样化的趋势，不同国家和地区流行的竞

---

[1] 数据来自国家体育总局体育彩票管理中心。

猜运动项目存在差异。我国竞猜型体育彩票目前以传统的足球、篮球赛事竞猜为主。

竞猜型体育彩票按返奖方式分为固定返奖型和浮动返奖型两类。目前国际上主要国家和地区竞猜型体育彩票市场 90% 是两种返奖方式游戏并存。[①] 从市场销售规模来看，国际上主要国家和地区的固定返奖竞猜型体育彩票销售规模占到 90% 以上，浮动返奖竞猜型体育彩票销售规模占比逐年下降。[②]

国际上主要国家和地区竞猜型体育彩票销售规模高于其他彩票品种，截止到 2022 年，意大利、日本、丹麦等国家的竞猜型体育彩票销量占本国彩票市场的比例均高于 60%，且呈现较快增长态势。[③] 我国竞猜型体育彩票近年来销量增长也较为迅速，销量占比呈现增长态势。

二　竞猜型体育彩票发展大事记

（一）传足游戏发展大事记

2000 年 12 月 26 日，财政部印发《关于同意国家体育总局发行足球彩票的批复》（财综〔2000〕12 号），同意试点发行销售传足游戏，包括足球胜负和足球进球两个游戏。

2001 年 10 月 22 日，我国第一个竞猜型体育彩票传足游戏正式上市销售。

2005 年 8 月 26 日，财政部印发《关于印发〈中国足球彩票胜负游戏规则〉等三个游戏规则的通知》（财办综〔2005〕120 号），调整胜负游戏和进球游戏规则，增加附加玩法"任选 9 场"游戏。

2006 年 8 月 16 日，财政部印发《关于调整足球彩票游戏规则等问题的

---

① 数据来自国家体育总局体育彩票管理中心。
② 数据来自国家体育总局体育彩票管理中心。
③ 数据来自国家体育总局体育彩票管理中心。

通知》（财办综〔2006〕72 号），增加 6 场半全场胜负游戏和 4 场进球游戏。

（二）竞彩游戏发展大事记

2009 年 1 月 13 日，财政部印发《关于调整中国足球彩票单场竞猜游戏规则和中国篮球彩票单场竞猜游戏规则的通知》（财办综〔2009〕12 号），同意调整中国足球彩票单场竞猜游戏和篮球彩票单场竞猜游戏规则。调整后的游戏为固定返奖单场竞猜游戏，即竞彩游戏包括足球胜平负、比分、总进球数、半全场胜平负 4 个游戏，和篮球让分胜负、胜负、胜分差、大小分 4 个游戏。

2009 年 5 月 1 日，竞彩足球游戏正式上市销售。

2009 年 10 月 22 日，竞彩篮球游戏正式上市销售。

2010 年 5 月 19 日，财政部印发《关于 2010 年足球世界杯竞猜型彩票有关事项的通知》（财办综〔2010〕48 号），同意以 2010 年世界杯为竞猜对象，试点发行 2010 年足球世界杯冠军竞猜游戏、冠亚军竞猜游戏和小组首名竞猜游戏。

2014 年 8 月 1 日，财政部印发《关于调整中国足球彩票单场竞猜、中国篮球彩票单场竞猜、中国体育彩票冠军竞猜和中国体育彩票冠亚军竞猜游戏规则的通知》（财办综〔2014〕57 号），对竞彩足球游戏、篮球游戏、冠军游戏和冠亚军游戏资金比例进行调整，部分游戏单场投注奖金设置调整为固定奖金。

2019 年 1 月 28 日，财政部、民政部、体育总局联合印发《关于调整高频快开彩票游戏和竞猜彩票游戏规则 加强彩票市场监管的通知》（财综〔2019〕4 号）；2020 年 10 月 19 日，财政部、体育总局联合下发《财政部 体育总局关于进一步调整单场竞猜游戏规则有关事宜的通知》（财综〔2020〕42 号），进一步加强对全国联网单场竞猜游戏的管控：优化游戏资金分配比例，下调游戏返奖率，公益金提取比例提高至 21%；控制竞猜赛事数量，明确每日最长销售时长为：周中销售时间不超过 11 小时，周末销售时间不超过

12 小时；限制大额购彩，确定单票购买金额不得超过 6000 元，要求单人单日累计投注金额超过 1 万元（不含）的购彩者必须预约和实名登记；加强销售终端管理，实行销售终端总量限制，严格控制单台销售终端单日销量。

（三）北单游戏发展大事记

2005 年 9 月 19 日，财政部印发《关于在北京市试点销售中国足球彩票单场竞猜胜负过关等 4 个游戏的通知》（财办综〔2005〕135 号），同意在北京地区发行销售北单游戏，包括足球单场胜平负过关、比分、进球过关和上下盘及单双过关 4 个游戏。

2005 年 9 月 23 日，北单游戏正式上市销售。

2006 年 6 月 5 日，财政部印发《关于调整北京市试点销售中国足球彩票单场竞猜胜平负游戏等问题的通知》（财办综〔2006〕48 号），调整胜平负、比分、总进球数、进球上下盘及单双过关游戏规则，增加半全场胜平负过关、下半场比分 2 个游戏。

2014 年 3 月 12 日，财政部印发《关于发行中国体育彩票单场胜负过关游戏的通知》（财办综〔2014〕19 号），同意在北京、天津、广东发行销售胜负过关游戏。

三 竞猜型体育彩票发展成效

（一）助力国家公益和体育事业发展

经过 20 余年的发展，竞猜型体育彩票充分发挥自身公益属性、体育属性和娱乐属性，吸引了大量人群参与购彩，尤其受到体育爱好者的欢迎，为国家公益事业和体育事业发展筹集了大量公益金。截至 2023 年底，竞猜型体育彩票累计筹集公益金 2700 多亿元，[1] 所筹集的公益金对帮助社会弱势群体，改善社会

---

[1] 数据来自国家体育总局体育彩票管理中心。

基础设施，帮扶贫困地区，助力我国体育强国建设，推动全民健身计划、奥运争光计划实施等提供了有力支持。竞猜型体育彩票在助力国家体育事业发展方面起到了积极作用，购彩者购买竞猜型体育彩票不但为体育事业发展提供资金支持，而且从理解体育运动、喜爱体育运动到参与体育运动，实现深度融入体育强国建设。

竞猜型体育彩票丰富了购彩者及社会大众的娱乐生活和健康生活。竞猜型体育彩票购彩者调研结果显示，2023年，59.8%的竞猜型体育彩票购彩者的最主要购买动机是娱乐消遣、体会惊喜感、支持喜爱的球队/球星、沉浸在比赛中、体会命中的成就感（见图1）。竞猜型体育彩票是以体育赛事为媒介的彩票游戏，购彩者在竞猜体育赛事结果的过程中，随着观赛体验不断提升，圈层社交的融入感、分析命中的成就感不断加深，会进一步提升对体育赛事的投入度和参与率，从而丰富购彩者的娱乐生活和健康生活。随着宣传、渠道拓展等多方面配套工作的推进，调研显示2023年竞猜型体育彩票购彩者的观赛率和运动参与率较2021年分别提升22.4个百分点和31.1个百分点。[1] 此外，竞猜型体育彩票以其自身特有的体育属性，在世界杯、欧洲杯和亚洲杯等热门大赛的推动下，不断吸引越来越多的体育爱好者成为购彩者。调研显示，2023年竞猜型体育彩票购彩者数量较2021年增长177%，由此公益金筹集规模进一步扩大。[2]

（二）发行销售水平全面提升

竞猜型体育彩票严格按照相关法规的要求开展发行销售工作，在做好风险防控的基础上，在运营、渠道拓展、宣传等各方面工作中突出竞猜型体育彩票的体育特色。竞猜型体育彩票建立了从赛事选择、赛程监控、赛果确认、异常赛事处置到开兑奖等全生命周期的专业化运营体系和风险防控体系，在严格防控运营和销售风险的基础上，将体育爱好者的赛事喜好和购彩体验作为重要的参考依据，持续优化赛事选择机制和运营流程，保障发行销售平稳顺畅。

---

[1] 数据来自国家体育总局体育彩票管理中心。
[2] 数据来自国家体育总局体育彩票管理中心。

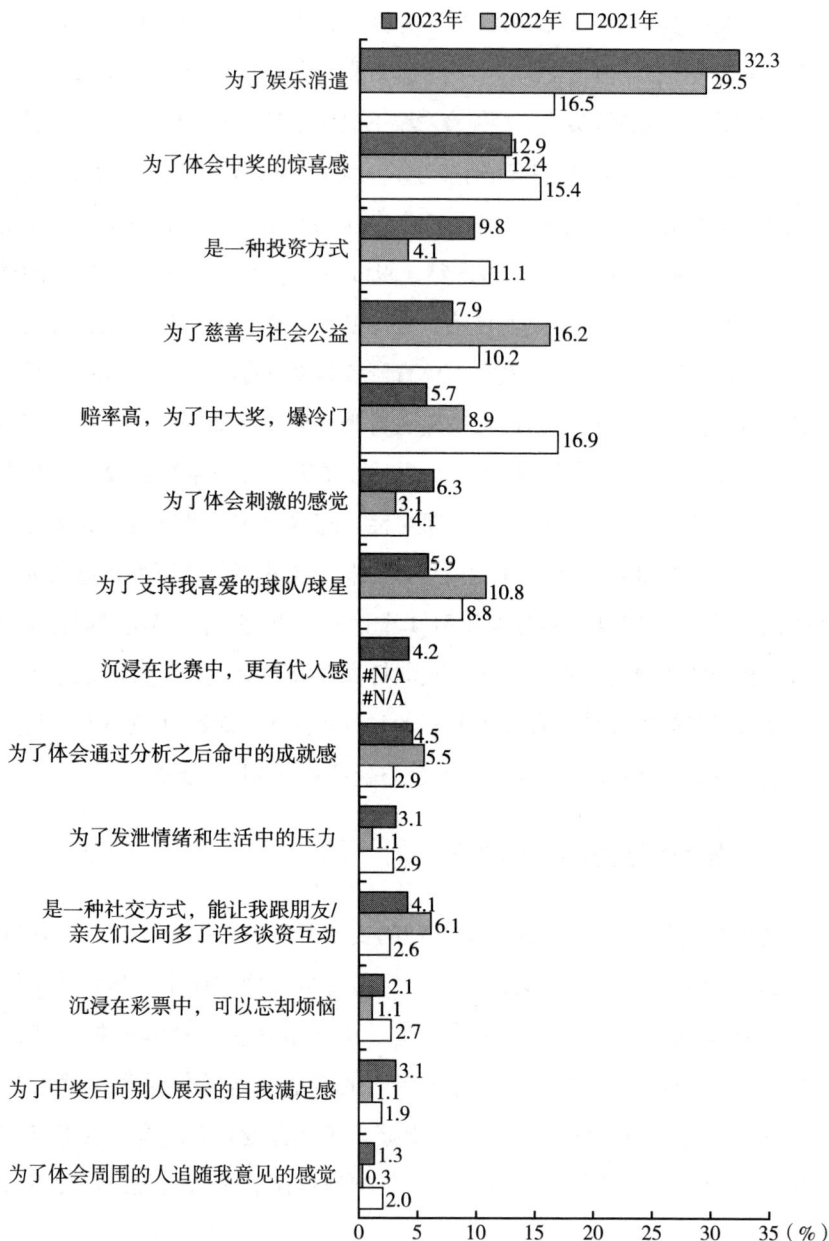

图 1　2021～2023 年竞猜型体育彩票购彩者最主要购彩动机

注：2021 年、2022 年问卷无"沉浸在比赛中，更有代入感"这个选项，故用"#N/A"表示。
资料来源：国家体育总局体育彩票管理中心。

销售渠道多样性不断提升，购彩环境持续优化。各级彩票机构持续推进竞猜多业态渠道布局，为体育爱好者购彩提供便利；尝试推进建设体育特色店，在渠道内增加体育元素，营造体育氛围，加强体育宣传，提升体育爱好者的购彩体验；加强销售人员对赛事专业知识的学习和对理性购彩理念的认知，促进销售人员与购彩者之间的良性互动，提升销售人员服务水平；严格落实渠道合规管控要求，加强对高销量实体店的管理和大额购彩者的理性引导，促进竞猜型体育彩票的购彩方式更加健康。

积极引导消费者提高对健康购彩的认知，加强对购彩者的教育和培训。通过短视频、海报、宣传稿件等媒介，借助热门赛事举办契机，传递竞猜型体育彩票的社会公益属性；明确提醒购买者购买竞猜型体育彩票非投资途径，需保持理性与平常心，购买彩票时不要冲动而要合理规划、量力而行。在世界大赛期间，通过各种渠道向公众普及竞猜型体育彩票的相关知识，避免购彩者盲目购彩，同时积极与公安机关合作开展反赌反诈宣传活动，宣讲私彩的危害性，保障购彩者的合法权益。

（三）加强国际交流合作

为加强安全管控，保障购彩者的利益，竞猜型体育彩票逐步深化国际交流与合作。参加世界彩票协会组织的活动，与同行互访和交流，持续提升竞猜型体育彩票的精细化运营水平。在市场合规管理和理性购彩引导方面，通过借鉴国际先进经验，不断加强市场合规管理能力，提升理性购彩引导水平，我国竞猜型体育彩票相关做法得到世界彩票协会责任彩票部门高度认可。同时，竞猜型体育彩票还积极与国际彩票监督协会（United Lotteries for Integrity in Sports，ULIS）合作，参与对世界范围内各类体育赛事诚信度的监控与提醒，保障选择赛事的可靠性，维护购彩者的利益。

四 挑战与展望

当前竞猜型体育彩票的发展仍面临渠道服务能力不足、购彩者规模较小、购彩正向认知待不断塑造等方面的挑战。新时代下竞猜型体育彩票将围绕加快体育强国建设、健康中国建设的总体任务，继续坚持筹集公益金、满足人民娱乐需求、体现体育特色的发展定位，实现高质量发展。

（一）面临的挑战

1. 渠道服务能力水平有待提升

当前传统实体店整体形象仍需提升，店内装饰体育元素偏少，体育氛围营造普遍不足，未能突出竞猜型体育彩票的体育特色，无法有效吸引体育爱好者进店购彩；新渠道在覆盖新客户、展示品牌形象、发挥综合价值等方面仍有很大提升空间。

2. 购彩者规模较小且结构有待优化

相较于国内体育爱好者的庞大体量，竞猜型体育彩票的现有购彩者规模仍然较小。虽然现有购彩者中体育爱好者占大部分，但在年龄结构、性别等维度仍然有较大优化空间。2023年，竞猜型体育彩票现有购彩者以男性为主，占比达66.0%[1]；平均年龄37岁，主要集中在30~39岁（占比35.5%）、40~49岁（占比28.1%）两个年龄段，且占比较2021年和2022年有所提高（见图2）。

3. 健康购彩理念的培育和引导工作任重道远

近年来随着竞猜型体育彩票社会影响力的扩大，社会大众及媒体对竞猜型体育彩票的关注度持续提升，叠加大赛效应，大量年轻体育爱好者开始关注并购买竞猜型体育彩票。在做好对现有购彩者的理性购彩教育的同时，加强对新购彩者的正向引导，营造健康购彩氛围，防范和控制非理性购彩风险，保障广大购彩者的切身利益，成为一项长期且重要的任务。

（二）未来展望

1. 理念规划

竞猜型体育彩票是对国家和人民有重要意义的体育彩票，为体育事业发

---

[1] 数据来自国家体育总局体育彩票管理中心。

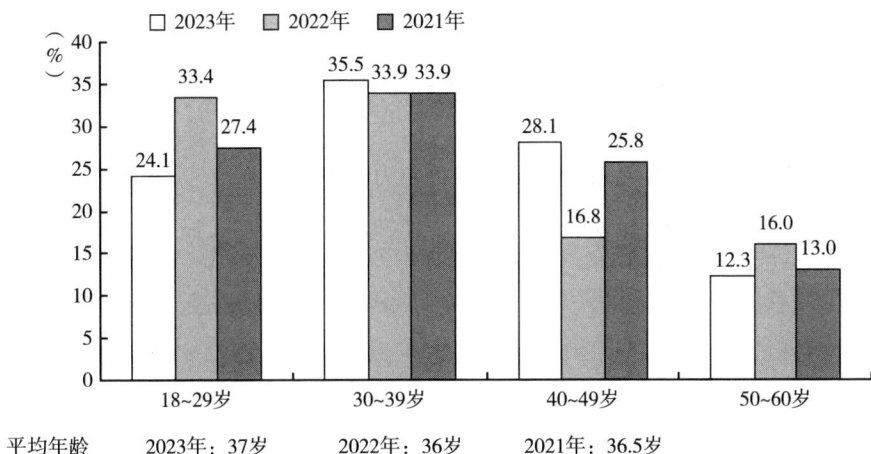

平均年龄 2023年：37岁   2022年：36岁   2021年：36.5岁

图2   2021~2023年竞猜型体育彩票现有购彩者年龄分布情况

资料来源：国家体育总局体育彩票管理中心。

展提供资金支持。新时代下我国竞猜型体育彩票肩负服务体育强国建设、促进人民健康发展两项光荣使命。竞猜型体育彩票具有休闲消遣、提升观赛体验以及促进社交互动的作用，可以满足人民对美好生活的需要，在促进人民群众身体健康、心理健康方面发挥重要作用。今后竞猜型体育彩票将着力突出体育特色，吸引更多体育爱好者转化为购彩者，为购彩者做好服务，引导购彩者理性购彩，倡导"多人少买"和"娱乐购彩"的理念，推动体育彩票高质量稳健发展。

2. 实践推动

竞猜型体育彩票将全方位提升渠道管理效能及服务水平，围绕体育爱好者的偏好与需求在彩票中融入更多体育元素，探索建设具有体育特色和赛事氛围的竞猜主题店，提升目标客户的舒适度。加强对体育爱好者的调研，系统梳理体育爱好者的特征，布局多业态渠道。不断加强对销售人员的培训和规范管理，提升销售人员竞猜业务能力和服务水平。持续做好高销量渠道的监管工作，防范市场风险。

形成常态化研究购彩者和体育爱好者的机制，通过在游戏运营、游戏宣传、游戏渠道拓展等方面采取卓有成效的措施，持续扩大以体育爱好者为主的新购彩者规模，推进竞猜型体育彩票购彩群体结构优化。

　　加强理性购彩引导，传递以健康娱乐为目的的购彩理念。持续开展理性购彩情况调研，在体系内开展有针对性的理性购彩培训，增强员工及代销者对非理性购彩行为的认知、辨识和应对能力，不断加强对非理性购彩者群体的识别、监控、预防和救助等，完善非理性购彩者救助机制。

B.5
体育彩票开展责任彩票建设
实践（2016~2023年）

黄怡　李一凡　余姣*

摘　要： 中国体育彩票自发行以来就与社会责任相伴而生，高标准履行社会责任是新时代实现体育彩票高质量发展的必然要求。自"十三五"中期以来，中国体育彩票借鉴世界彩票协会责任彩票工作框架，结合体育彩票发展实际，系统性地开展责任彩票建设工作，构建了以中国体育彩票责任彩票内容体系为基础，适应体育彩票两级管理体制，覆盖全产品、全渠道、全价值链的责任彩票管理体系。2023年，总局体彩中心成为中国内地首个通过世界彩票协会责任彩票最高级别认证的彩票发行机构。与此同时，中国体育彩票在提高社会公众对责任彩票的认知、建立"多人少买"的健康理性市场格局、非理性购彩预防与救助等方面仍有较大提升空间。一以贯之地加强责任彩票建设是中国体育彩票履行国家与行业双重职责的体现，是行业自律的重要举措，也是体育彩票高质量转型发展的坚实保障。

关键词： 中国体育彩票　责任彩票　世界彩票协会

一　中国体育彩票责任彩票建设发展历程

中国体育彩票责任彩票的建设历程与中国体育彩票的发展历程紧密相

---

* 黄怡，国家体育总局体育彩票管理中心责任彩票管理处副处长；李一凡，国家体育总局体育彩票管理中心责任彩票管理处主任科员；余姣，中体彩彩票运营管理有限公司责任合规部职员。

关。中国体育彩票作为国家公益彩票自 1994 年统一发行以来，便肩负为社会公益事业及国家体育事业筹集公益金的光荣职责。此后数年，随着游戏玩法先后上市，渠道规模逐步扩大，中国体育彩票的社会责任以经济责任和慈善责任为主，为国家筹集的公益金被用于补充全国社会保障基金以及广泛用于抗震救灾、农村和城市医疗救助、教育助学、未成年人校外教育和研学实践、残疾人事业、红十字事业、文化公益、扶贫和乡村振兴、法律援助、农村贫困母亲"两癌"救助、赣南等原中央苏区社会公益事业建设等多项社会公益事业。

党的十八大以来，站在新的历史方位，中国体育彩票步入高速发展期。随着渠道的快速拓展和销售规模的逐步扩大，体育彩票逐渐成为社会舆论关注的焦点之一，体育彩票市场增速放缓、产品创新能力不足、客群结构固化、公众质疑不断、非法彩票等问题出现。中国体育彩票深刻认识到当时所处发展阶段的特点，遵循彩票发展规律，紧跟发展步伐，引入"责任彩票"概念，并逐步将责任彩票纳入中国体育彩票高质量发展布局，有针对性地开展了责任彩票建设自我评估与差距分析，明确了需要开展的责任彩票工作内容。2016 年，总局体彩中心顺利通过世界彩票协会责任彩票二级认证[①]。

2017~2018 年，中国体育彩票探索形成了一套可落地的责任彩票理论体系与工作机制，重点强化责任彩票意识，"全国一盘棋"统筹推进责任彩票建设工作。党的十九大报告指出，中国特色社会主义进入新时代，我国社会主要矛盾已经转化为人民日益增长的美好生活需要和不平衡不充分发展之间的矛盾。这一重要论断丰富了中国体育彩票责任彩票建设的内涵。2017 年，中国体育彩票基于国际责任彩票框架，遵循中国特色社会主义制度下彩票的发展规律，建立了中国体育彩票责任彩票框架与内容体系，为责任彩票建设的一体化推进奠定了理论基础。同时根据责任彩票建设目标，从实际出发，

---

① 世界彩票协会责任彩票认证共分为四个级别，从低到高分别是：一级承诺，二级自我评估与差距分析，三级规划和实施，四级持续改进。成为世界彩票协会成员，即同意遵守世界彩票协会的责任彩票原则。

明确责任彩票体系建设和落地实施工作思路，形成责任彩票工作协调小组统筹督导，覆盖各业务条线、各级机构的责任彩票建设工作机制。2018年，中国体育彩票首次将"责任彩票"纳入体育彩票发展规划，发布《中国体育彩票责任彩票建设三年实施纲要（2018—2020）》，从战略高度全面驱动责任彩票建设，逐步形成责任先导的战略定位。通过开展覆盖全体从业人员的多轮次的责任彩票意识宣贯培训，初步树立队伍的责任意识，发布责任彩票建设红线基线，明确省（区、市）体彩机构落实责任彩票工作的基本要求，开展省（区、市）责任彩票工作自评与差距分析，发布首份《中国体育彩票社会责任报告》等工作，中国体育彩票初步实现责任彩票建设工作在全系统的落地。2018年，总局体彩中心通过世界彩票协会责任彩票三级认证。

2019~2021年，全国各级体彩机构普遍开展责任彩票建设，逐步搭建覆盖体育彩票发行、销售机构的责任彩票管理体系，多措并举突破重点难点工作与议题，将责任彩票理念渗透到发行销售业务的各个环节。2019年，重点明确了关键人群、关键业务落实责任彩票的关键环节与要求，进一步提高队伍的责任落实能力。2020年，构建了责任彩票指标体系，建立了发行销售业务责任审核机制。2021年，发布《"十四五"体育彩票社会责任建设实施纲要》，责任彩票建设工作逐步向基层和社会公众延伸，重点转向销售侧的责任理念落地及扩大体育彩票责任彩票的影响力，推动各级机构在发行销售全价值链践行责任彩票建设。

党的二十大以来，我国胜利开启全面建设社会主义现代化国家新征程，向着全面建成社会主义现代化强国、实现第二个百年奋斗目标迈进。中国体育彩票一以贯之地将责任彩票建设作为推动体育彩票高质量发展的重大战略举措，重点推动责任彩票深度渗透到业务流程中，构建队伍责任彩票能力框架，研究非理性购彩疏导等重点难点议题，举办责任彩票主题传播活动，参加国际彩票行业交流活动。2023年底，总局体彩中心通过世界彩票协会责任彩票四级认证，表明中国体育彩票责任彩票建设工作获得国际彩票行业认可，进入持续优化提升的新阶段。

二 体育彩票特色的责任彩票建设模式

我国地域辽阔，彩票从业者规模相对较大，但各地区经济文化发展存在差异，因此体育彩票市场存在发展不平衡的情况。基于这一现实情况，中国体育彩票始终把建设具有广泛性、普适性和持续性的责任彩票模式作为重点。经过"十三五"中期以来的发展实践，目前已形成相对完整、稳定的责任彩票建设基础理论、管理体系、组织体系与工作机制。

（一）责任彩票建设基础理论

中国体育彩票开展责任彩票建设的基础理论是在充分借鉴国外彩票行业责任彩票理念和最佳实践的基础上，突出国家公益彩票定位，坚持依法治彩、坚持创新驱动发展的原则，参照我国法律法规并结合我国体育彩票发展实际及特色，将责任的理念和要求全面贯穿于体育彩票运营管理活动，建立既符合中国实际情况又与世界标准对接的、具有自主知识产权的中国体育彩票责任彩票内容体系，主要包含体彩责任彩票释义、总体目标、工作准则和工作内容。

1. 体彩责任彩票释义

中国体育彩票责任彩票是指在依法合规运行、履行公益金筹集使命的基础上，对彩票发行销售过程参与者，对国家、对社会、对彩票行业及相关产业，在经济、法律、环境、慈善和伦理等方面承担的任务与义务。具体包括杜绝未成年人购彩、预防购彩沉迷、加强对问题购彩者的帮扶救治、重视工作人员及利益相关方的诉求与利益、维护公平公正公开的市场秩序、防范对社会和环境危害等。[①]

2. 总体目标

责任彩票工作的总体目标是树立责任管理、安全管理、责任担当的意

---

① 《"十四五"体育彩票发展规划》（体发〔2021〕3号），国家体育总局，2021年11月10日。

识，使责任的理念和要求全面贯穿于体育彩票发行销售过程中，提高工作的严谨性、规范性，提升风险防范能力，促进行业生态优化。具体来讲，就是要通过责任彩票工作进一步提升队伍的使命感、责任感，强化危机意识、底线意识、大局意识和规矩意识；打造健康的游戏产品，构建规范有序的销售市场，倡导理性购彩；防范运营风险，依法依规开展工作；扩大和优化购彩人群，优化行业生态；提升国家公益彩票的形象，传递体育彩票的社会价值，以更负责任的方式为国家筹集更多公益金。

3. 工作准则和工作内容

责任彩票的工作准则包括四个方面：一是牢记公益公信初心，把握国家公益彩票的基本定位，坚持服务民生的出发点和立足点，彰显国家公益彩票品牌形象，提升品牌公信力；二是坚持依法理性治彩，严守法律法规和政策底线，全面强化法治观念，统筹平衡好责任彩票与业务发展的关系，倡导快乐购彩理念和健康生活方式；三是强化责任担当，将责任理念贯穿于游戏设计、市场营销、渠道建设和资金使用等体育彩票发行销售工作的各个环节，承担更多的社会责任；四是推进创新驱动发展，以协调发展和可持续发展为目标，保障体育彩票事业的高质量发展。

中国体育彩票将责任理念和要求全面贯穿于体育彩票运营管理活动，明确落实责任彩票所涉及的工作内容，包括调查研究、游戏、渠道、技术、品牌、队伍、购彩者、利益相关者、报告和评估。

（二）责任彩票管理体系

在《"十四五"体育彩票发展规划》和《社会责任建设实施纲要》的指引下，体育彩票系统构建了相对稳定的中国体育彩票责任彩票管理体系（见图1），形成了责任彩票建设的理论支撑、业务领域责任彩票管理规范等覆盖9个方面的工作指标，并以《责任彩票管理手册》的形式呈现，全面指导和规范责任彩票管理工作，持续夯实责任彩票管理基础，随着中国体育彩票发展不断完善调整具体标准和工作规范，更好地指导各项措施执行。

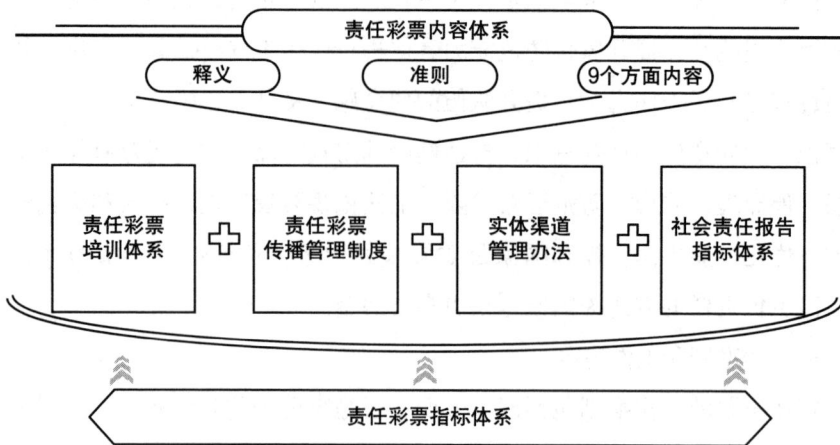

图1　中国体育彩票责任彩票管理体系

资料来源：笔者自制。

（三）责任彩票组织体系与工作机制

为统筹推进责任彩票治理工作的开展，体育彩票系统完善了工作机制，明确了组织架构，分为监督、统筹及执行等不同层面。各级体彩机构设有责任彩票工作的落实部门、分工机制和负责人员，统筹督导、分步落实，形成工作合力。总局体彩中心负责整体统筹推进体育彩票责任彩票建设工作，各级体彩机构负责贯彻落实本区域责任彩票建设工作。

三　中国体育彩票责任彩票建设具体实践

（一）围绕责任彩票关键领域展开研究，建立调查研究管理机制

中国体育彩票持续完善责任彩票研究管理机制，推动建立"以研究促实践、以调查评效果、以前瞻探索推动持续改进"的调查研究闭环管理机制。各级体彩机构从理论研究、现状分析、实践应用等角度出发，制定责任

彩票调查研究计划，积极开展"理性购彩研究""游戏产品领域责任彩票研究""责任彩票建设落实效果研究""责任彩票相关前瞻研究"四方面研究工作。

同时，中国体育彩票从资源投入、制度保障、成果转换三个环节入手，建立责任彩票调查研究管理机制，科学指导责任彩票建设和落实情况。每年汇总发布前一年度各机构优秀研究报告，推动研究成果共享。

（二）降低游戏产品社会责任风险，建立游戏风险评估机制

中国体育彩票严格遵循法律法规要求，在开发设计游戏的过程中与监管部门保持密切沟通。中国体育彩票积极梳理游戏从研发设计到购彩者消费体验的各环节，明确游戏风险管理关键环节，形成结构合理、层次清晰、运营顺畅的覆盖游戏产品全生命周期的责任管理机制。在游戏研发过程中，按照"激活、创新和调整"的策略开展游戏设计工作，使用国际通用的专业风险测评工具对彩票游戏进行风险测评，目前在售游戏均处于中低风险区间。在游戏销售过程中，对各类游戏的营销促销活动进行社会责任评估，实施竞猜型游戏大额购彩预约和超额销售审批制度，从业务源头强化责任风险防控，促进体育彩票游戏结构更加科学合理。在开奖环节中，加强对开奖全流程的标准化管理。

（三）规范渠道管理，深入推进销售侧责任彩票建设

中国体育彩票在拓展实体店、优化渠道布局、提升实体店形象等工作中融入责任彩票理念与要求，完善实体店管理制度，建立基层队伍的责任彩票行为规范。为防范未成年人涉彩，在所有销售渠道的显著位置张贴"本店不向未成年人销售彩票及兑奖"的警示标语，摆放未成年人购彩风险宣传单。出台并推广实体店引导理性购彩工作措施，同时，针对不同购彩金额，在乐透型游戏、排列3游戏及重大赛事期间的竞猜型游戏票面上展示有针对性的理性购彩提示信息。

此外，通过神秘顾客检查、定期巡检等方式，尤其是在重点赛事期间机

动开展实地检查工作，强化责任落实，有效防控销售环节的责任彩票风险。如发现实体店违规，经进一步核实情况后，根据问题严重程度采取警示教育、加大监管力度、警示教育并加大监管力度、停机整改、停机清退等方式进行处置，确保体育彩票市场平稳有序，保障赛事期间彩票安全合规销售运营，防范化解市场重大风险。

（四）利用技术系统支撑责任彩票工作落地

中国体育彩票不断强化技术系统对责任彩票的支撑作用，实现对异常销售行为、大额购彩等销售风险的监测与预警，进一步发挥技术系统对责任彩票风险的识别、防范与管控作用，更好地监督实体店落实责任彩票工作。通过在中国体育彩票代销者版 App 上投放"引导理性购彩、购彩风格测试"等主题的海报素材，在实体店电子信息显示屏上循环播放理性购彩视频等，进一步支持实体店引导理性购彩措施落地。例如，浙江省体彩中心开发了体彩门店智能化销售系统，设置未成年人购彩和购彩沉迷防控模块；江苏省体彩中心搭建责任彩票公共服务平台，为公众提供更为便捷的负责任购彩服务。

（五）强化"负责任"品牌形象，广泛开展责任彩票宣传活动

中国体育彩票建立了多渠道、全方位的责任彩票传播矩阵，在官网、官微设置责任彩票专栏，在实体店张贴责任彩票宣传海报、摆放责任彩票主题宣传品，在各类活动中加强责任彩票宣传，建立关键时点、关键事件的责任彩票传播机制。

总局体彩中心重点围绕理性购彩、保护未成年人、保护消费者权益、杜绝非法彩票等主题，通过发布责任彩票短视频、动画等形式，持续加强对责任彩票理念的传播，多年来持续发布中国体育彩票社会责任报告，开展责任彩票口号征集等专题活动。各省（区、市）体彩中心也更加注重责任彩票理念传播工作，北京、天津等地举办责任彩票宣传月，吉林、江苏等地开展责任彩票创意大赛，河南、重庆等地开展责任彩票主题宣传品制作活动等。

经过持续、广泛地宣传责任彩票理念，2023年，51.2%的购彩者表示了解体彩责任彩票建设的内容。①

（六）构建责任彩票培训体系，全面提升队伍责任意识

目前，责任彩票已构建高效、实用、全面的培训与评估体系。通过明确培训内容、丰富培训资源、制订培训计划、落实培训要求、强化培训评估，实现从业人员责任彩票培训全覆盖。中国体育彩票开展了传统线上线下专题培训、主题交流分享、专人对接辅导、联合工作组、省（区、市）座谈交流等多种形式互相配合、互为补充的责任彩票培训工作。截至2023年，建立了409人的责任彩票讲师队伍，开发专题课件46个，② 内容包括责任彩票理念、工作要求解读、引导理性购彩、基础心理学、辨识非法彩票等。各省（区、市）体彩中心结合本区域实际情况，完善培训管理制度、加强讲师培养、丰富培训内容，在本区域开展形式多样的责任彩票培训工作，平均每年完成覆盖全体从业人员近27.7万人次的责任彩票培训，③ 持续提升从业人员的责任意识。经过持续的宣传教育，销售一线对于责任彩票认知的正确率从2021年的74%提升至2023年的86.63%，④ 队伍的责任意识逐步得到提高。

（七）多措并举引导理性购彩，提高购彩者服务水平

按"事前预防-事中干预-事后疏导"的整体思路，中国体育彩票构建了面向购彩者与社会公众的引导理性购彩宣传内容清单，完善了引导理性购彩传播矩阵，开展了全方位的理性购彩宣传，在官网责任彩票专区设置"理性面对中大奖"专栏，在官方微信公众号常态化发布理性购彩内容，着力加强对销售环节理性购彩的引导和非理性购彩的干预。充分发挥渠道价值链聚合体的作用，为购彩者营造健康、理性的购彩氛围，向实体店发放应对

---

① 数据来自国家体育总局体育彩票管理中心。
② 数据来自国家体育总局体育彩票管理中心。
③ 数据来自国家体育总局体育彩票管理中心。
④ 数据来自国家体育总局体育彩票管理中心。

非理性购彩行为的指导手册、向未成年人发放购彩风险宣传单、购彩者购彩风格测试三项引导理性购彩措施。同时，在重大赛事期间，开展更加丰富的理性购彩宣传活动，如在中国体育彩票 App 上线责任彩票 AR 答题、模拟竞彩等，规范客服平台的理性购彩引导话术等，引导购彩者理性购彩。

目前，我国坚决禁止利用互联网销售彩票的行为，但是，在非理性购彩者治疗方面尚无法律政策进行权责划分。且在此背景下，中国体育彩票持续探索建设非理性购彩防范机制，各级体彩机构探索建立非理性购彩鉴别标准，对非理性购彩者进行心理疏导。山西、吉林、浙江、安徽、福建、河南、广东、重庆、云南、陕西、西藏、宁夏等省（区、市）与专业心理咨询机构合作，通过开通服务热线、建立工作室、搭建线上平台等多种方式探索建立本区域非理性购彩疏导工作机制。

（八）建立关键利益相关方责任沟通机制，营造良好的责任彩票建设环境

总局体彩中心持续与国家、社会公众及购彩者、体彩从业者、供应商、媒体、彩票行业及相关产业人员、学术机构专家等关键利益相关者定期沟通交流，在政策保障、资源投入、工作协同、业务共创、需求反馈等方面争取利益相关者的理解和支持，积极参与责任彩票建设，聚焦社会关切事件，加强与利益相关者的合作与互动，与其形成思想共识，营造良好的建设环境。各省（区、市）也积极与相关部门沟通合作，建立与上级管理部门的例会机制，举办媒体见面会、社会责任报告新闻发布会，开展责任彩票主题直播等活动。

（九）发布社会责任报告，建立评估机制，全面展示责任彩票工作成果

总局体彩中心建立了责任彩票专项评估机制，与体彩机构年度考核机制相结合，制定责任彩票考评制度，客观评价各级机构责任彩票建设落实效果，总结工作成绩与问题，并反馈至其他业务领域，推动相关工作持续改进，形成有效的管理闭环，确保各项工作落实到位、取得实效，推动责任彩

票建设持续优化。

同时，总局体彩中心以公开透明为着力点，以提升社会公众的责任公益公信感受为目标，持续发布总局体彩中心及所有省份（1+31）的社会责任报告，向社会公众全面展示中国体育彩票的履责情况。

三　体育彩票责任彩票主要成效

（一）保障中国体育彩票游戏产品健康度

自系统开展责任彩票建设以来，体育彩票进一步明确三大类游戏产品（即开型彩票、乐透数字型彩票、竞猜型彩票）的功能定位，下市高频游戏，调整竞猜游戏。在发行销售彩票的过程中，通过责任风险评估有效防控游戏风险，为购彩者提供更健康的游戏产品和更好的购彩体验，平衡体育彩票发展与游戏风险防范的关系，使游戏销售更加健康、更负责任。

（二）优化中国体育彩票客户结构

责任彩票建设优化了体育彩票的渠道及购彩者服务，为体育彩票客户结构的优化带来了积极影响。一方面，从体育彩票内部开展的客户研究来看，中国体育彩票的客户规模持续扩大，客群稳定性增强，在性别、年龄、学历、职业和收入上更加均衡，客户的购彩行为更有规律，购彩金额降低。另一方面，购彩者购彩行为动机发生转变。通过持续开展责任彩票、理性购彩宣传教育，社会公众对于体育彩票公益本质属性的认知度显著提升，尤其是年轻群体已逐步形成理性购彩理念，产生健康的购彩行为。

（三）提升责任彩票社会影响力

经过多年的实践，责任彩票在社会中产生了积极影响。从国际影响力来看，总局体彩中心成为中国大陆首家通过世界彩票协会责任彩票四级认证的彩票机构；从社会责任角度来看，中国体育彩票先后获得了社会责任权威机构颁发的责任沟通奖、公益慈善奖。① 社会公众对体育彩票的评价也逐步从多年前的"存在部分负面印象"逐渐向"正面印象较多"转变。②

四 挑战与展望

虽然责任彩票建设取得了长足进展和积极成效，但是与"建设负责任、可信赖、高质量发展的国家公益彩票"总体目标的要求尚有差距，责任彩票建设仍面临诸多挑战。从体育彩票责任彩票建设来看，体育彩票责任彩票的管理基础仍需夯实，实践经验还不够丰富，非理性购彩干预与疏导等责任彩票重点难点问题尚待突破，"多人少买"的健康理性市场格局构建仍有较大提升空间。从外部发展环境来看，全行业的责任彩票管理基因还不够强大，全社会的责任彩票意识不够牢固，社会公众对彩票的认知依然存在局限性。同时，社会公众对体育彩票越来越高的期待也对体育彩票的运营管理能力提出了更高的要求。

进入新时代，迈向新征程，中国体育彩票须坚持以人民为中心的发展理念，以保障好人民的利益为出发点，围绕"责任为先、公益公信为核心"的品牌价值观，一以贯之地加强责任彩票建设，将责任彩票理念深度融入各项工作，全领域、全方位地强化各级体彩机构与从业人员的责任先导意识，形成对责任彩票的价值认同，促进责任文化内化于心、外化于行；发挥管理作用，不断优化游戏产品，推进渠道建设，营造良好的购彩环境，构建"多人少买"的健康理性市场格局，承担更多社会责任，发挥更大的社会效益，为全力推动体育彩票高质量转型发展提供坚实保障。

---

① 《中国体育彩票以责任建设促进高质量发展》，国家体育总局官网，2022 年 6 月 24 日，https://www.sport.gov.cn/n20001280/n20067608/n20067637/c24404123/content.html。
② 数据来自国家体育总局体育彩票管理中心。

B.6
体育彩票品牌发展报告
（1994~2023年）

迟 爽 吴楚松 汪 纯*

摘 要： 自1994年以来，体育彩票牢固树立以人民为中心的发展思想，与国家、社会的发展进步同频共振，用实际行动履行国家赋予的公益使命和社会责任。秉承"来之于民，用之于民"的国家公益彩票发行宗旨，体育彩票始终践行"责任为先、公益公信为核心"的品牌核心价值观，不断推进品牌建设，持续提升品牌形象。经过30年的探索与发展，体育彩票品牌的认知度与美誉度不断提升，向内坚守品牌精神内核，向外连接大众情感，责任、公益、公信的品牌形象逐步得到社会公众的认可。

关键词： 体育彩票 品牌价值观 品牌精神

一 体育彩票品牌

（一）体育彩票品牌介绍

体育彩票品牌标志由五种颜色组成，取自奥林匹克五环颜色，象征着体育特色；五个平行四边形围成一个中心，表示体育彩票同仁团结一心，为社会筹集公益金，为购彩者创造健康快乐的生活体验；整体标志像一个滚动向

---

* 迟爽，国家体育总局体育彩票管理中心公共关系处副处长；吴楚松，国民经济学博士，国家体育总局体育彩票管理中心公共关系处副处长；汪纯，中体彩彩票运营管理有限公司职员。

前的车轮，代表体育彩票事业持续进取、不断创新，为社会创造更美好的未来（见图1）。

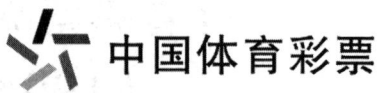

图1　体育彩票品牌标志

（二）体育彩票品牌理念

"公益体彩　乐善人生"是体育彩票的品牌理念，体育彩票核心价值观、品牌形象、品牌个性及文化精神共同构筑了体育彩票品牌理念的价值和内涵。

"公益体彩　乐善人生"品牌理念可以诠释为"体彩微公益，让快乐与美好发生"。其中，"公益体彩"为国家公益彩票，是身边的公益，是随手公益，是人人可为的"微公益平台"；"乐"是通过购彩娱乐体验，让人们体味乐趣，体味快乐，体味对美好生活的乐观态度；"善"是体育彩票微公益平台汇聚有爱心的人，吸引更多社会公众参与公益，帮助需要帮助的人追逐梦想，让生活更美好、让社会更美好、让人生更美好。

1. 体育彩票核心价值观

体育彩票践行并传导"责任为先、公益公信为核心"的核心价值观。

责任是体育彩票对全社会应尽的责任与义务。通过发行销售彩票筹集彩票公益金，践行责任彩票理念，倡导理性购彩，与全社会共建美好生活。

公益是体育彩票事业发展的初心使命。公益是坚持以人民为中心，持续为国家公益事业发展筹集公益金，践行身边公益与随手做公益理念，通过体育彩票微公益平台聚集公益力量。体育彩票所筹集的公益金被广泛用于发展社会公益事业和体育事业，是社会公益事业的重要组成部分。

公信是体育彩票生存与发展的基础。体育彩票严格遵循公开、公正、公平的发行原则，坦诚回应社会关切，接受社会各界的监督。

2. 体育彩票品牌形象

体育彩票品牌形象包含责任、公益、公信、快乐、关爱、进取六个要素。其中责任、公益与公信是体育彩票品牌的基础要素；快乐是体育彩票品牌的情感要素，向公众传递积极乐观的生活态度，提供充满乐趣的情感体验，涵盖了体育彩票各游戏品牌的情感价值；关爱是功能要素，是反映体育彩票公益金长期支持社会公益事业和体育事业发展的核心要素；进取是价值要素，展现了体育彩票源于体育，体现出体育彩票不断创新、勇于超越的进取价值。

3. 体育彩票品牌个性

品牌个性是品牌的核心特色，能够与潜在消费者产生情感共鸣，并建立品牌认同感与忠诚度。体育彩票致力于呈现健康向上、积极进取、关爱社会的品牌个性。

4. 体育彩票的文化精神

"责任、诚信、团结、创新"是体育彩票的文化精神，是体育彩票管理哲学和行为规范的核心理念，是体育彩票人的精神价值与共同追求，也是展示体育彩票形象、引领体育彩票事业发展的一面旗帜。

二 发展历程

1994~2023年，体育彩票品牌历经30年的发展，从无到有、从小到大，始终践行公益责任，坚守初心使命，用实际行动履行国家赋予的神圣公益使命和重要社会责任。

1994~2017年，通过不断探索和发展，体育彩票完成了品牌创建工作，并通过大力宣传不断提升公众对体育彩票品牌的认知度，体育彩票品牌以及其"公益体彩 乐善人生"的品牌理念逐渐被社会公众所熟悉。

2018年至今，体育彩票品牌建设进入新阶段。在持续提升体育彩票机构品牌知名度和影响力的同时，体育彩票进一步明确机构品牌与产品品牌定位的关系，逐步形成了体育彩票品牌体系。2020年，体育彩票吉祥物"乐小星"诞生。在此期间，体育彩票持续打造"体彩新春季""全民健身季"等自有品牌活动 IP，快速积累体育彩票品牌资产；在特色专题活动方面，每年召开体育彩票社会责任报告发布会和举办"爱国情 奋斗者——体彩追梦人宣传展示活动"（简称"体彩追梦人"活动），打造体育彩票微公益平台，推出"微光行动""快乐操场"等体育彩票自主策划的公益活动。自此，体育彩票品牌认知度与美誉度得到明显提升，责任、公益、公信的品牌形象已逐渐确立。

三 品牌建设情况

（一）"责任为先、公益公信为核心"的体育彩票品牌核心价值观得到广泛传播

1. 一路风雨坚守，体育彩票社会责任形象逐渐得到强化

体育彩票作为国家公益彩票，除了依法合规运营、筹集公益金外，还对彩票发行销售过程的参与者，对国家、对社会、对彩票行业及相关产业在经济、法律、环境、慈善和伦理等方面承担责任与义务。体育彩票时刻牢记发行国家公益彩票的初心与使命，积极倡导并传播"多人少买"的健康购彩理念，向社会各界传递负责任的品牌形象。

2017 年，体育彩票提出了"建设负责任、可信赖、健康持续发展的国家公益彩票"的发展目标，对标世界标准，立足中国国情和彩票特点，遵循中国特色社会主义制度下的彩票发展规律，建立了体育彩票责任彩票管理体系。

体育彩票坚持多措并举，凝聚责任共识，引导购彩者理性购彩，开展责任彩票宣传活动并取得了显著成效：加强理性购彩宣传引导，加强与关键利益相关者的沟通和合作；杜绝未成年人购彩，预防购彩沉迷；维护公平、公正、公开的彩票市场秩序，抵制非法彩票等。自 2018 年开始，体育彩票每年都会面向社会公众发布社会责任报告。自 2021 年开始，总局体彩中心连续三年以全系统"1+31"的矩阵形式联合中央级媒体发布社会责任报告，

广泛传播体育彩票负责任的品牌形象。2023 年以在线方式观看社会责任报告发布会的社会公众超过 100 万人次。[1]

多年持续开展责任彩票理念宣传，展现了体育彩票在公益事业、行业约束以及自身发展等方面的努力，传递了主动接受社会监督的信号，加深了社会公众对责任彩票的认知，越来越多的人开始了解体育彩票、了解负责任的体育彩票品牌形象。体育彩票的游戏产品融入了年轻人的生活，成为新的健康娱乐方式。[2]

2023 年 12 月 19 日，总局体彩中心获得世界彩票协会责任彩票四级认证，体现出世界彩票协会责任彩票独立评审委员会对体育彩票责任彩票建设工作的认可。这是对体育彩票 30 年发展历程的阶段性总结，也是对体育彩票践行责任彩票理念的肯定，更是对体育彩票践行社会责任的认可，在中国彩票发展史上具有里程碑意义。

2. 强化公益感知，体育彩票公益形象得到全面塑造

"来之于民，用之于民"是体育彩票的发行宗旨。体育彩票始终坚持以人民为中心，通过筹集彩票公益金为社会公益事业和体育事业提供支持和保障。

公益是体育彩票事业的底色，也是体育彩票品牌发展的基石，方寸彩票承载着公益民生与责任担当。体育彩票在体育事业和社会公益事业两大方面全方位塑造体彩公益形象。截至 2023 年 12 月，体育彩票累计筹集公益金超过 7800 亿元。[3] 所筹集的公益金广泛用于奥运争光计划、全民健身计划、补充全国社会保障基金、支持地方社会公益事业发展、乡村振兴、教育助学、法律援助、农村和城市医疗救助、残疾人事业、红十字事业、居家和社区基本养老服务提升、文化事业等体育事业和社会公益事业。

① 丰佳佳：《汇聚微公益 添彩新征程 体育彩票用行动擦亮公益底色》，中国体彩网，2023 年 6 月 30 日，https://m.lottery.gov.cn/xwzx/hy/20240102/10039285.html。
② 赵雯琪：《抓娃娃、买彩票、买周边……年轻人过年"多巴胺三件套"》，每经网，2024 年 2 月 21 日，https://www.nbd.com.cn/articles/2024-02-21/3250932.html。
③ 数据来自国家体育总局体育彩票管理中心。

体育彩票被称为体育事业的生命线，体育彩票公益金为体育事业的发展作出了突出贡献，成为体育事业支柱型的资金来源。[①] 通过持续不断地投入体育彩票公益金，全国公共体育设施建设取得了明显进展。[②] 身边随处可见的全民健身路径、体育健身工程、全民健身活动中心、体育公园、健身广场、户外营地、健身步道等多种设施类型，为人民群众提供了免费、方便、实用的健身活动器材和场所。

体育彩票深入推进公益金宣传制度建设，积极探索公益金宣传新方式，引导地方广泛开展特色公益宣传活动。为了展现体育彩票公益金的使用成果，让大众了解体育彩票"来之于民，用之于民"的发行宗旨，了解体育彩票的公益属性，体育彩票联合公益金使用单位，从 2019 年开始开展"发现身边的公益"优秀公益金资助项目宣传报道系列活动，组织中央主流媒体采访团陆续走进浙江、河南、福建等多个省（区、市），探访众多优秀体育彩票公益金项目，"一起去发现身边的公益 共同见证体彩的力量"成为一句响亮的公益传播口号。体育彩票在建设负责任、可信赖、高质量发展的国家公益彩票的道路上留下了许多难忘的声音、瞬间和故事。

在公益金宣传方面，体育彩票结合本级体育彩票公益金公告和中央集中彩票公益金公告的发布，汇总全国体育彩票公益金资助项目优秀案例，将公益金使用案例与使用数据相结合，进一步使公益金宣传"可感知""可量化"。全国各级体育彩票机构不断拓展体育彩票公益金资助项目宣传的广度和深度，拓宽信息公开渠道，整合线上线下立体化宣传渠道，通过场馆活动、赛事冠名、户外展示、宣传品植入等多种形式，实现体育彩票公益金资助项目宣传全覆盖。

3. 公平公开公正，体育彩票持续推进公信力建设

体育彩票始终坚持公平公正公开原则，依法合规运营，不断提高发行销

---

① 《〈中国体育彩票公益金使用情况研究报告〉发布》，国家体育总局官网，2015 年 5 月 13 日，https：//www.sport.gov.cn/n20001280/n20745751/n20767297/c21214475/content.html。

② 丰佳佳：《公益体彩深入群众体育生活》，《中国体育报》百家号，2018 年 8 月 13 日，https：//baijiahao.baidu.com/s？id=1608653934433496478&wfr=spider&for=pc。

售的透明度，彰显公信力，积极塑造可感知的品牌形象。

从实现网络直播开奖过程到摇奖现场面向社会公众开放，从兑奖流程信息公开到接受公证处、知名人士等社会各界监督，从主动公开彩票信息、公告公示游戏规则到公布公益金使用情况、《彩票管理条例》宣贯普及，从邀请主流媒体和社会第三方机构到现场见证体育彩票开奖的透明，到邀请社会各界参观体育彩票的印刷工厂，详细了解彩票印刷流程，认识彩票印制的高度安全性和保密性，都是体育彩票坚守公平公正公开、彰显自身公信力的有力举措。

2011年4月，体育彩票率先实现电视及网络直播开奖过程，全国的购彩者可以第一时间在电视及网上收看超级大乐透、排列3和排列5等游戏的开奖现场直播。2018年7月，体育彩票销售门店上线开奖信息发布系统。购彩者可通过彩票店内的电子走势图屏幕，及时了解准确的开奖信息。目前，体育彩票开奖信息发布渠道已覆盖电视、网络、广播、报纸及手机移动端，确保社会公众均可第一时间获取开奖信息。据统计，2023年开奖节目观看人次累计达到43.53亿。①

2011年，体育彩票演播制作中心正式对外开放。2018年，体育彩票面向社会公众开通"相约体彩"系列开奖现场参观活动，通过广泛邀请全国各地购彩者、媒体记者、奥运冠军等社会各界人士亲临现场见证体育彩票开奖，让大家切实感受体育彩票开奖现场的严谨、规范与安全。2011年以来，全国约4万名观众见证了体育彩票的开奖过程，参加"相约体彩"观摩活动，见证体彩全透明开奖。② 现场观摩活动让更多人亲身体验体育彩票的透明和规范，见证了开奖现场从准备工作到摇奖的严谨流程，零距离感受体育彩票文化，由此体育彩票塑造了可感知的公信力。

为了更好地展现体育彩票透明开奖，总局体彩中心多年来陆续推出"走进体彩　走进奥运"和"奥运明星开奖计划"等活动，不仅组织全国各

---

① 数据来自国家体育总局体育彩票管理中心。
② 关言，《全透明精彩！媒体见证团探秘体育彩票开奖全流程》，中国体彩网，2020年12月24日，https：//www.lottery.gov.cn/xwzx/hy/20201224/10000726.html。

地的购彩者、业主代表现场监督体育彩票的开奖全过程，更有林丹、何雯娜、邹市明、孙甜甜、刘蕙瑕等奥运冠军走进开奖大厅，亲手启动摇奖机，监督开奖过程。为了进一步回应社会关切的开奖话题，体育彩票持续不断地开通直播新渠道，让更多的观众了解开奖情况。

同时，总局体彩中心积极响应国家体育总局号召，推广普及体育运动项目，传播运动健身知识，广泛开展文化科普宣传活动，深度参与体育科普工作，普及体育科学知识，传承体育文化，助力体育强国和科技强国建设。2022年，总局体彩中心精心打造的四部公益科普视频《买彩票的钱去哪了》《原来你买彩票的钱做了这些大事》《买彩票就是做公益（男）》《买彩票就是做公益（女）》获得国家体育总局和科技部的表彰。其中，《买彩票的钱去哪了》被评为首批全国优秀体育科普作品，另外三部科普视频作品被首届全国体育科普作品征集大赛录用，中央电视台、《人民日报》、《人民政协报》等媒体均对体育彩票优秀体育科普作品进行了报道。

（二）建立统一、规范、系统的对外品牌标准与形象，健康向上的差异化品牌形象日益鲜明

1.品牌视觉体系逐步建立与完善

为了促进品牌传播的一致性、提升品牌信任度、塑造品牌形象，与社会公众建立情感联系，2019年，发布《中国体育彩票品牌视觉识别管理手册》。2023年，对《中国体育彩票品牌管理手册》和《中国体育彩票品牌视觉识别管理手册》进行优化更新，增加了吉祥物形象的应用规范等内容，品牌视觉体系逐步完善。

2.体育彩票吉祥物广泛传播品牌形象

为传播体育彩票责任、公益、公信、快乐、关爱、进取的品牌形象，提升品牌记忆度和认知度、增强与用户的情感连接、让品牌具有故事性、实现品牌差异化，2020年10月，体育彩票吉祥物"乐小星"正式发布。全国各省（区、市）也充分利用地域特色资源，通过传统媒体、新媒体、线下活动等多渠道推广吉祥物，以丰富多样的宣传内容与社会公众积极互动。

（三）不断拓展媒介渠道，品牌活动丰富多彩

1. 利用媒体平台与用户建立情感纽带

为增进与公众之间的交流，更好地为购彩者提供服务，体育彩票紧跟媒介发展趋势，借助多元化的媒介渠道，与用户建立深厚的情感纽带。

随着互联网技术的快速发展，为全面展示彩票行业的政策、工作动态、信息公开、公益活动、开奖结果等多元内容，同时为购彩者提供及时、全面的资讯服务，2001年总局体彩中心率先开通了中国体彩网。之后，各省（区、市）体彩中心也纷纷跟进，陆续开通了各自的体育彩票官方网站。

随着社交媒体的普及，受众获取信息的方式更加多样，体育彩票紧跟时代步伐，自2010年以来，总局体彩中心和各省（区、市）体彩中心相继开通中国竞彩微信和微博、公益体彩微信和微博、体彩超级大乐透微信和微博、体彩顶呱刮微信和微博。为提高资源的使用率，2022年官方微信整合为体育彩票订阅号和服务号两个账号。

随着短视频的兴起，2018年体育彩票官方抖音号开通，2021年体育彩票官方视频号和官方快手号开通，2023年体育彩票官方小红书账号、头条号账号开通。截至2023年底，体育彩票官方微信粉丝量超过1700万人，官方微博粉丝量超过530万人，官方短视频平台（抖音、视频号、快手）粉丝量超过90万人。[①]

经过多年的实践与探索，体育彩票在传统媒体与新媒体领域同步发力，通过持续扩展和优化媒介矩阵，至今已对媒体广告资源、媒体共创资源和项目合作资源进行全面布局。在传统媒体方面，体育彩票构建了包括电视、广播、报纸、杂志等在内的全方位媒体资源矩阵，为宣传体育彩票责任、公益、公信的品牌形象提供了权威支持；在新媒体领域，体育彩票与微信、微博、抖音、快手、小红书等头部媒体平台建立了密切联系，为进一触达新兴

---

① 数据来自微信、微博、抖音、快手等社交媒体后台。

年轻群体、传递体育彩票核心价值提供了创意活力与传播动力。

2. 通过精彩纷呈的品牌营销活动打动人心

多年来，总局体彩中心始终强化"责任为先、公益公信为核心"的品牌价值塑造，带动全国各级体彩机构开展了一系列有温度、有情怀的品牌营销活动，让公益体彩更加贴近公众，也使体育彩票的公益形象更加深入人心。

2019 年，体育彩票发起"你未必光芒万丈，但始终温暖有光"品牌活动，通过采用时尚化、年轻化的传播方式，传递体育彩票公益理念，展现体育彩票新公益品牌形象，加强年轻群体对社会公益的感知，激发其社会责任感。2023 年，体育彩票建立了"买体彩就是有益、有趣、有聊"的品牌认知，加强了对社会公众的正面宣传引导。

体育彩票与生俱来带有体育基因。总局体彩中心突出体育特色，创新开展了一系列品牌营销活动，同时带动各级体彩机构策划、开展具有鲜明体育特色的品牌营销活动，突出展示了体育彩票品牌快乐、关爱、进取的形象。

全国新年登高健身大会是国家体育总局主办的全民健身品牌活动。"全民健身 体彩同行"，自 2006 年起，体育彩票支持全国新年登高健身大会的举办。如今全国新年登高健身大会不仅是登山健身爱好者参加的一项全民健身活动，而且已成为群众迎新庆祝活动不可或缺的一部分，是最有分量的节日体育项目之一。① 2023 年，全国新年登高健身大会首次设置两个主会场，全国开展 260 余场落地活动，线下近 30 万名群众参与，吸引了超 300 家媒体宣传报道。线上携手咕咚平台发起健身徒步挑战赛，超 68 万人参与。②

2018 年以来，结合"全民健身日"热点事件，开展了以"迈开步 动出彩"为主题的社区运动会的品牌营销活动。2023 年，全国 31 个省（区、市）体彩中心举办"迈开步 动出彩"社区运动会 2000 余场。③

2019~2023 年，连续 5 年开展"体彩杯"全国象棋民间棋王争霸赛。

---

① 陆妍思：《体育彩票连续 22 年支持全国百万群众元旦登高》，凤凰网，2017 年 1 月 5 日，https://news.ifeng.com/c/7fb70IR8ibR。
② 数据来自国家体育总局体育彩票管理中心。
③ 数据来自国家体育总局体育彩票管理中心。

2023年，全国31个省（区、市）8100余家实体店4.1万名选手参赛，累计比赛场次超94万场。① 线上省级团体网络赛、女子棋王选拔赛、棋社网络挑战赛和线下门店赛、社区赛、街道赛吸引了大批象棋爱好者和棋社合作伙伴踊跃参加。

除全国统一举办品牌营销活动外，各省（区、市）体彩中心释放创新潜能，充分结合本区域特色，开展内容丰富、形式多样的品牌营销活动，形成百花齐放的品牌营销活动矩阵。

（四）知行合一，体育彩票人践行品牌价值观

"责任为先、公益公信为核心"是体育彩票品牌核心价值观，也是全国体彩人在多年的体育彩票发展实践中凝练而成的宝贵精神财富，更是体彩人的精神价值与共同追求。

"微光行动"是体育彩票自主开展的公益系列活动品牌，取"汇聚微光播撒大爱"之意，旨在进一步传递体育彩票公益力量，展现体育彩票服务社会经济、关注民生的责任担当。多年来，全国体育彩票机构积极开展"微光行动"，履行公益职责，践行社会责任。截至2023年底，全国各省（区、市）体彩中心共开展"微光行动"项目2294个。② "快乐操场"活动是体育彩票面向边远贫困地区公立中小学倾力打造的"微光行动"重点活动。截至2023年底，全国各级体育彩票机构已投入7532万元帮扶4162所学校，惠及学生人数超过百万人。③

在30年的发展历程中，体育彩票行业涌现出很多来自基层的诚信道德模范。2019年是新中国成立70周年，也是体育彩票全国统一发行25周年，从这一年开始体育彩票每年都开展"体彩追梦人"活动。该活动通过挖掘、宣传体育彩票行业的先进诚信人物事迹，弘扬体育彩票精神，展现了最真

---

① 数据来自国家体育总局体育彩票管理中心。
② 数据来自国家体育总局体育彩票管理中心。
③ 关言：《共话体彩助力安徽特色文化创新发展》，中国体彩网，2023年12月18日，https：//www.lottery.gov.cn/xwzx/hy/20231225/10039060.html。

实、最动人的体育彩票版时代群像，使每一个体彩人通过具体事迹，更加直观地认识体育彩票文化的核心价值内涵。"体彩追梦人"中既有诚实守信、积极保障购彩者利益的销售员，也有爱岗敬业、用脚步丈量土地的专管员；既有数年如一日、热心公益事业的销售员，也有求实创新、为体育彩票事业奉献青春的基层机构工作人员。他们的事迹感人，影响力大，发挥了典型人物的示范引领作用，鼓励人们勇敢追求梦想。目前，"体彩追梦人"活动已成为一项颇具体育彩票特色的品牌活动。

知行合一，一路前行。体彩人践行着体育彩票精神，传播着体育彩票价值，体育彩票品牌价值观已深入人心。

四　建议与展望

进入"十四五"时期，体育彩票处于转型发展的攻坚时期。如何更好地适应彩票市场新发展形势，充分发挥品牌引领作用，推动体育彩票实现高质量发展，仍是需要持续关注的重要课题。

（一）牢记国家公益彩票使命，服务国之大者，为体育强国建设和社会公益事业助力

体育彩票继续秉持国家公益彩票使命，为推动公益事业发展、构建公共体育服务体系、助力体育强国建设发挥重要作用。体育彩票品牌建设将继续全面坚持政治引领，坚持问题导向，坚持标本兼治，坚持久久为功，充分认识和把握彩票事业发展的规律，践行"责任为先、公益公信为核心"的品牌核心价值观，持续发挥品牌引领作用，塑造国家公益体育彩票的良好品牌形象，为体育彩票高质量发展凝心聚力，助力体育强国建设，助力全民美好生活。

（二）持续加强体育彩票品牌价值观传播，提高体育彩票品牌的社会认同，提升体育彩票的影响力和号召力

体育彩票积极践行社会责任，传递体育彩票负责任的品牌理念，塑造良

好的品牌声誉。通过加强品牌价值观的传播，讲好品牌故事、树立品牌形象、提升品牌价值，提升从业人员的归属感、认同感与参与感，提升购彩者对体育彩票品牌价值的认知；以体育彩票微光公益平台为载体，开展内容丰富、形式多样的公益活动，多渠道、多形式创新开展公益金资助项目宣传活动，提升社会关注度，与购彩者产生价值共鸣；创新传播方式，多渠道、立体化展示体育彩票开奖直播全过程，系统推进体育彩票公信力建设，提高体育彩票品牌的社会认同；主动承担更多的社会责任，突出彩票的公益性特色，引导理性购彩。

（三）坚持以人民为中心，构建品牌高质量发展体系，促进行业健康发展

体育彩票将继续坚持以人民为中心，立足体育彩票新发展阶段，着力构建品牌建设新发展格局，创新升级品牌塑造形式，深化体育彩票品牌形象建设，践行、推广体育彩票价值观，为参与者带来正向体验。通过强化体育彩票品牌的理念引领、价值引领、功能引领，实现品牌价值传递，为体育彩票全价值链赋能，为实现体育彩票高质量发展贡献积极力量。

B.7
体育彩票渠道发展报告
（1994~2023年）

颜世祎　刘　澍　王曌君　钱禹彤*

摘　要： 至2023年，体育彩票实体门店有22.6万家，这些门店共同构成了体育彩票渠道，门店类型不同，对其采取的管理方式不同。体育彩票渠道的核心工作是建设和维护数量庞大、类型丰富的门店，使其承载产品销售、品牌宣传、市场营销、责任合规等诸多业务功能，同时为消费者提供满意的购彩环境。体育彩票渠道经历了不同发展阶段，从单一渠道简单复制扩大规模到多种类型渠道协调发展，从"一刀切"的粗放式管理到分类施策、因地制宜的精细化管理，渠道为体育彩票事业30年来的稳定发展提供了有力支撑。为适应新形势发展需要，国家体育总局体育彩票管理中心明确了渠道高质量转型发展的思路，以增强客户购彩便利性为出发点，提高客户的有效覆盖率，逐步实现多类型渠道协同发展；改善购彩环境，完善服务流程，推进责任彩票建设，不断提升客户健康购彩体验；坚守合规底线，加强规范化管理，开拓创新，为体育彩票高质量发展奠定基础。

关键词： 体育彩票　责任彩票　渠道管理

---

* 颜世祎，国家体育总局体育彩票管理中心渠道管理处副处长；刘澍，国家体育总局体育彩票管理中心渠道管理处工程师；王曌君，国家体育总局体育彩票管理中心渠道管理处副主任科员；钱禹彤，国家体育总局体育彩票管理中心渠道管理处科员。

一 发展历程回顾

（一）体育彩票渠道的定义

体育彩票渠道是指体育彩票销售的场所、通道或途径，是连接客户和彩票管理机构的桥梁，是承载体育彩票销售、品牌展示等各项工作的平台，是支撑体育彩票高质量转型发展的基础。体育彩票渠道建设工作一直坚持贯彻"全产品、全渠道、全价值链"的"三全"管理思维，致力于构建"多人少买"的战略布局。30年来，体育彩票渠道规模不断扩大，截至2023年底，体育彩票门店总量达22万余家（见图1）；渠道类型不断丰富，既有以彩票销售为主要业务和收入来源的专营店，也有将彩票作为商品之一进行销售的兼营店；体育彩票渠道遍布社区、商业综合体、便利连锁超市、旅游景区、交通枢纽等各类场所，满足了人民群众日益增长的购彩便利性需求。

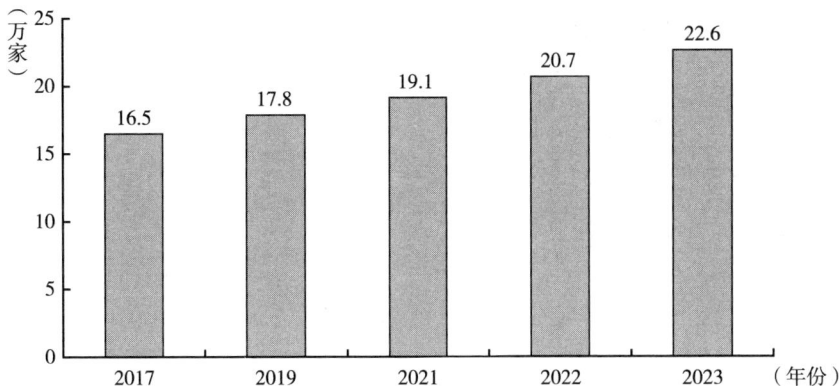

图1 2017~2023年全国体育彩票渠道总量

资料来源：国家体育总局体育彩票管理中心。

（二）渠道发展历程

体育彩票发行伊始没有持续、固定经营的销售场所，而是采取临时性集

115

中销售的方式，在室外某一固定地点集中销售体育彩票，该模式一般为露天销售，销售彩种为传统型彩票或即开票，整奖组销售，采取现金或实物的方式兑奖，销售周期通常为 1~2 周，客户只能在指定的时间、指定的地点购买彩票，极为不便。

随着客户需求发生变化和科技发展水平不断提高，电脑型体育彩票面世。1996 年 8 月，福建省电脑型彩票开始试点；1998 年 6 月，江苏省电脑型彩票上市。随着电脑型体育彩票的普及和发展，彩票开始在固定店面销售，最初多在各类商店中开设销售窗口，随后彩票专营店出现。随着体育彩票发行规模的扩大，以彩票专营店为主、以兼营店为辅的渠道结构逐渐形成。

针对体育彩票门店覆盖率较低、客户购彩不便、购彩体验不佳的情况，2006 年，总局体彩中心在海南召开专题会，要求省（区、市）统一思想、打破阻碍、大力拓展渠道。2007 年，国家体育总局出台《2007—2009 年体育彩票发展实施纲要》，提出通过专营兼营同步发展的措施增加体育彩票门店数量，并提出提升渠道质量的思路。全国各省（区、市）开始快速扩大体育彩票门店规模，提升体育彩票门店形象和运营质量。例如，江苏进一步扩大渠道规模、建立专管员制度，从 2006 年到 2016 年 10 年间该省实体店数量从 6146 家增至 12257 家，新增实体店大多分布在城市边缘空白地带和农村乡镇，提升了购彩便利性。2005 年，江苏在全国首建体育彩票专管员队伍，到 2016 年全省已有 700 多人进入该队伍，成为体育彩票机构与销售网点之间重要的纽带和桥梁。① 随着专管员队伍的精细化管理，体育彩票机构在提升实体店运营质量的同时，也为实体店更好地服务购彩者提供了有力保障。

到 2017 年，经过 20 余年的发展，体育彩票渠道规模、结构和质量发生了较大的变化，渠道管理也迎来了新的机遇和挑战。客户群体日益多元，对购彩便利性、购彩体验的要求进一步提高，社会对彩票的健康责任理念宣

---

① 数据来自国家体育总局体育彩票管理中心。

传、规范发展要求进一步提高。原来的管理方式已不适应市场发展的需求，体育彩票渠道走上高质量转型发展的道路。

自 2017 年起，总局体彩中心开展了实体渠道发展规划研究工作；2019年出台《中国体育彩票实体渠道发展实施纲要》，提出"转变发展方式，践行责任彩票理念，提升彩票公信力，保持高质量发展"。根据纲要规划，体育彩票一方面大力推进传统专营渠道形象提档升级，并在传统专营渠道内增加公益宣传、便民服务等内容，将传统专营渠道打造成集销售、公益宣传、便民服务等于一体的多功能平台，促进传统专营渠道优化转型发展；另一方面着力拓展便利连锁渠道、小微零售、展示体验中心等新渠道，以客户为中心，沿着客户生活轨迹布建渠道，优化渠道结构，不断满足客户购彩便利需求。同时，完善渠道管理制度，健全渠道组织结构，加强渠道技术支持，为渠道管理的精细化、数字化奠定基础，推动体育彩票渠道高质量发展。

二　渠道发展成效

经过 30 年的发展，体育彩票渠道建设取得了一定成效，为体育彩票高质量转型发展奠定了基础。

（一）为扩大体育彩票发行销售规模，促进公益事业和体育事业发展作出直接贡献

1. 渠道覆盖率不断提高

体育彩票始终围绕代销者和客户发展渠道、建设渠道，着力提升代销者参与销售彩票的获得感以及客户参与购买彩票的幸福感和安全感。中国体育彩票着力将渠道延伸至不同年龄、性别、文化背景、生活习惯的成年群体生活圈，不断提升体育彩票门店覆盖率，同时为社会提供了大量就业岗位，初步形成市、县、乡全覆盖的体育彩票销售网络。体育彩票渠道规模稳步扩大，截至 2023 年底，全国正常营业的体育彩票门店共计 22.6 万家，其中专

营店 14.4 万家，兼营店 8.2 万家。①

2. 渠道结构不断优化

体育彩票渠道结构从单一走向多元。中国体育彩票积极稳步推进渠道拓展工作，大力发展新型渠道，积极探索跨行业合作，为客户提供多元购彩渠道，让广大客户能够在生活圈和工作圈更加方便地购买体育彩票。自 2021年以来，新型渠道年均增长率约为 39%。② 截至 2023 年底，已累计实现超5.6 万家便利连锁超市和个人零售商店可销售体育彩票，③ 新型渠道拓展取得一定成效，体育彩票的良好形象在不同行业得到了认可。

体育彩票主动探索与便利连锁超市合作，填补彩票销售空白，逐步实现了规模化拓展和规范化管理。2017 年，体育彩票开始探索便利连锁超市经营体育彩票业务。为匹配该类渠道，体育彩票创新销售模式和研发新销售设备，探索出一套包含对外合作、渠道建设、培训、营销、维护等方面的运营模式。截至 2023 年底，体育彩票已与美宜佳、罗森、十足、一心堂、邻几等国内知名连锁便利超市品牌实现合作，合作品牌达到 280 余个，销售体育彩票的便利连锁超市门店数量超过 2.5 万家。④

体育彩票还着力加强与个体副食店的合作。该类渠道具备门店覆盖广、经营较稳定、便捷程度高、客流有保障、客流量稳定等特点。2021 年开始试点工作，两年后建立起渠道合作方选拔与服务机制，简化了审批流程，进一步提高了审批效率，优化建店标准，形成较为成熟的渠道拓展与维护模式。截至 2023 年底，累计拓展该类零售店达 3.2 万家，⑤ 填补了市场空白，提升了购彩便利性，提升了品牌宣传效果，同时也为该类零售店业主增加了收入，为保民生、稳就业贡献了体育彩票的力量。

体育彩票持续在商业综合体、商业步行街、交通枢纽、旅游景区、体

---

① 数据来自国家体育总局体育彩票管理中心。
② 数据来自国家体育总局体育彩票管理中心。
③ 数据来自国家体育总局体育彩票管理中心。
④ 数据来自国家体育总局体育彩票管理中心。
⑤ 数据来自国家体育总局体育彩票管理中心。

育场馆等人流密集场所开展渠道建设。2019年开始试点在商业综合体内建设销售渠道，并将该类体育彩票门店定位为推广体育彩票形象、提升购彩体验的主要阵地。截至2023年底，该类体育彩票门店进驻万达、吾悦等200多个商业地产品牌，覆盖31个省（区、市）350多个地级市及百强县。随着这类体育彩票门店数量的增长，其对体育彩票品牌宣传的规模效应凸显，年度触达客户超过23亿人次，实际购彩客户超4680万人次。[①]此类门店充分发挥了展示体育彩票品牌、触达新消费群体、强化客户体验的功能，在扩大新型消费人群、促进体育彩票转型升级等方面起到重要的示范作用。

（二）以客户为中心，满足人民群众购彩需求，丰富、优化购彩体验，以责任为先导推动健康消费

1. 体育彩票门店店面形象持续改善

2009年，全国联网单场竞猜游戏——竞彩在全国上市，由于竞猜型彩票的特殊性，其对渠道建设提出了新要求。通过建立和推广竞彩专营店的形象，体育彩票整体销售渠道得到升级。

2010年，总局体彩中心印发《关于开展体育彩票实体店形象建设工作的通知》《体育彩票销售实体店店面形象手册》，统一了全国体育彩票店面门头形象设计。

2012~2015年，结合乐透型游戏、竞猜型游戏和即开型游戏自身特点对体育彩票门店内外陈列和展示要素提出要求，体育彩票门店专业化和标准化的形象展示与服务又上了一个台阶。

2018年，总局体彩中心下发《体育总局彩票中心关于推进体育彩票实体店提档升级工作的通知》《中国体育彩票实体店形象基础要素设计与使用手册》，进一步统一了全国体育彩票店面形象设计，启动了体育彩票门店店

[①] 数据来自国家体育总局体育彩票管理中心。

面形象提档升级工作。到 2020 年累计改造体育彩票门店近 16.5 万家，① 实现了体育彩票门店形象再升级，体育彩票门店形成了相对统一的设计与建设风格。通过提档升级，体育彩票门店店外亮丽、店内舒适，客户停留时间延长，客户拉新效果明显。提档升级后的体育彩票门店受到代销者和客户的一致好评，体育彩票从业者的认同感、获得感明显增强。

2021~2023 年，各省（区、市）体彩中心积极推动各类主题店的设计与建设，已建成一批具有鲜明主题的体彩特色店，如即开主题店、乐透主题店、竞猜主题店等。这些主题店店外形象大幅提升，突出个性化设计；店内对陈列、选号、互动等功能进行创新，吸引了更多客群进店了解、购买彩票；优化了传统的区域布局，增加了为彩票服务的场景和模块。通过主题店建设，体育彩票门店形象焕然一新，吸引了更多年轻客户，提升了体育彩票的品牌影响力。

2. 渠道功能不断丰富

在不断提升形象的同时，实体渠道的功能也进一步丰富。体育彩票门店在发挥销售功能的基础上，不断丰富店内的公益元素和娱乐元素，努力探索成为满足人民群众需要的彩票店。

2019 年，总局体彩中心发布《中国体育彩票实体渠道发展实施纲要（2019—2021）》，提出要丰富体育彩票渠道功能，增加公益类、健康类等与体育彩票价值观一致的便民服务内容，促进现有体育彩票渠道转型发展，使体育彩票渠道成为被信赖和认可的便民服务场所。

从 2020 年开始，体育彩票在传统专营渠道内试点赋能项目。2021 年，全国 31 个省（区、市）共计 4.6 万家体育彩票门店增加了便民类、公益类、体育类及增值类等服务内容。② 2022 年提出"体彩+"概念，印发《关于组织开展"体彩+"建设工作 进一步助力实体渠道成长的通知》，明确了"十四五"期间关于"体彩+"的工作规划，积极引导传统体育彩票门店尤

---

① 数据来自国家体育总局体育彩票管理中心。
② 数据来自国家体育总局体育彩票管理中心。

其是专营店因地制宜，打造成为集彩票销售中心、体育娱乐社交中心、便民服务中心、品牌宣传中心、公益实践中心、社会主义核心价值观践行中心等于一体的多功能平台。

2023年，"体彩+"实体店规模进一步扩大，达到2.6万家（见图2），较2022年增长116.7%，覆盖全国490个地级行政区及百强县，覆盖率达97%。[①] 除此以外，进一步丰富了门店类型，便民服务店、公益志愿店、文化沙龙店、健康体验店、体育服务店等陆续建成，推动了"一店一品"格局的建设。

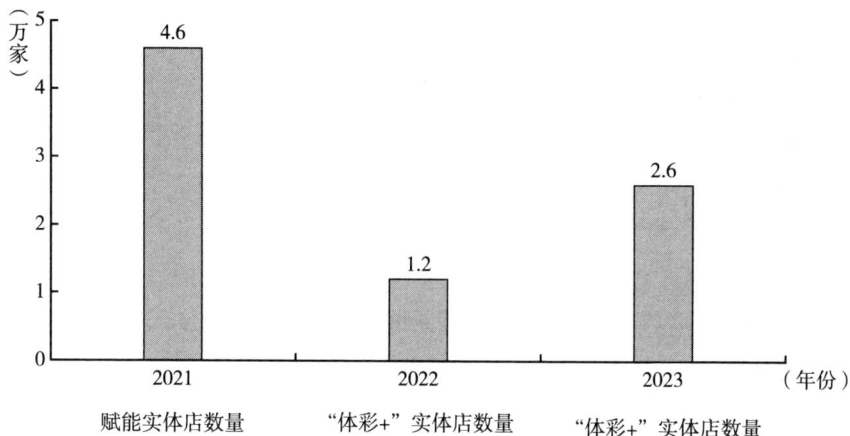

图2 2021~2023年体育彩票渠道赋能实体店数量

资料来源：国家体育总局体育彩票管理中心。

3. 基层管理队伍能力不断提升

专管员是基层管理队伍的主体力量，是由体育彩票销售机构聘用、在规定区域内对体育彩票门店进行直接管理的专职人员。专管员负责依据《彩票管理条例》和体育彩票发行、销售机构的有关规定，对规定区域内的体育彩票门店开展销售管理、营销宣传、技术服务、业务培训等工作，以及进行上情下达、信息反馈、向主管部门汇报情况等，专管员队伍作为连接体育

---

① 数据来自国家体育总局体育彩票管理中心。

彩票机构和代销者的关键纽带，在推动实现体育彩票总体目标及落实各项政策的过程中起到了重要作用。截至2023年底，全国体彩系统共有专管员4179人，比2019年增加220人；专管员人均管理实体店数量从2019年的45家增加到2023年的54家（见图3），专管员平均年龄37岁，其中本科及以上学历超过53%。[1]

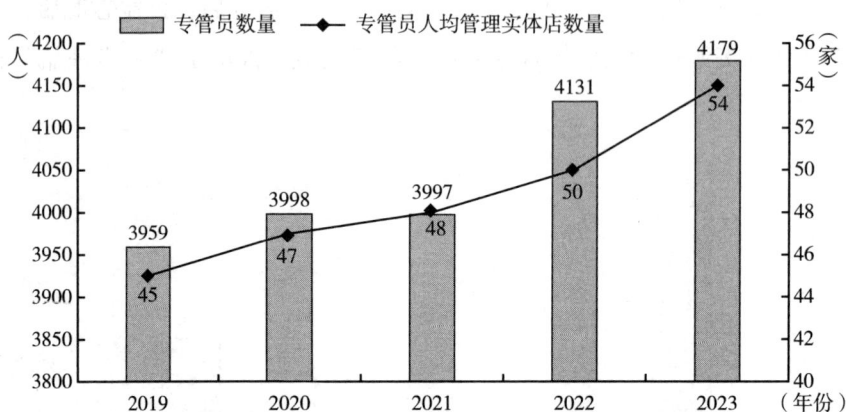

图3　2019~2023年体育彩票专管员数量和人均管理实体店数量

资料来源：国家体育总局体育彩票管理中心。

2021年，总局体彩中心印发了《体育彩票基层队伍管理服务工作指导意见》，推动各省（区、市）体彩中心制定"十四五"基层队伍工作实施纲要。2023年，印发《体育彩票基层队伍培训体系建设工作指导意见》，指导各省（区、市）因地制宜制订科学、系统、全面的基层管理队伍培训规划。基层管理队伍管理工作进一步规范，基层管理队伍思想意识、业务水平、工作技能等得到明显提升，对体育彩票门店的管理从甲方式管理逐渐转变为服务与管理相结合的方式。随着基层管理队伍素质的不断提升，销售机构为体育彩票门店提供的服务及对其管理也逐渐精细化、专业化。

---

① 数据来自国家体育总局体育彩票管理中心。

4. 数字化支撑能力逐步加强

2015年，在实体渠道规范管理缺乏监督工具，信息数据缺乏统一管理、量、质提升缺乏有效手段的背景下，总局体彩中心以持证经营为抓手，以加强渠道监控、实现数据集约共享、支持渠道精细管理为目标，启动实体渠道管理系统建设。2015~2016年为数据完善规范管理阶段，这一阶段完善了证照使用数据和地理位置数据，积累了日常巡查数据；2017~2018年为强化规范管理阶段，这一阶段强化了合规管控功能，完善了业务支持功能；2019年至今是全面落实规范管理阶段，这一阶段开发了实名认证、代销合同电子化管理、竞彩游戏合规管理、实体店巡检、数据分析等功能，并根据业务发展需要持续完善这些功能。

5. 精细化管理水平明显提升

体育彩票通过强化渠道信息收集、优化机制、制定差异化管理策略、完善精细化管理工具等方式，推动渠道管理逐步从粗放型向精细化转变。2023年已建立较为完善的渠道标签体系和精细化管理工作机制，通过对渠道进行分类及定位，初步构建渠道策略矩阵，有效支持游戏、品牌等全业务在渠道侧进行精细化管理。

（三）坚守合规底线，提升治理能力，大胆开拓创新，为高质量发展夯实基础

1. 渠道管理制度体系逐步健全完善

总局体彩中心先后印发了《体育彩票实体渠道管理办法》《体育彩票代销证管理办法》《体育彩票基层队伍管理服务工作指导意见》《积分兑换管理办法》《体育彩票实体店日常拜访工作规范》等十余部制度，确保渠道相关参与方在各业务流程各环节的工作有规可依、有章可循。

2. 合规管理基础不断夯实

体育彩票渠道建设工作始终把合规销售、风险防控放在首位，渠道治理能力不断增强。总局体彩中心先后印发了《代销者十禁止十不得》《渠道合规风险清单》《中国体育彩票销售场所安全生产管理办法》等制度，强化销

售人员实名认证的规范管理，完善渠道基础信息核实、监督检查机制，丰富检查手段，全面加强相关参与方在渠道合规管理、风险防控和安全生产等方面的基础工作和基础能力建设。

三　体育彩票渠道建设发展展望

在过去的30年中，体育彩票渠道建设取得了显著成就，成功构建了一个覆盖城乡多类型、多领域的渠道体系，有效地扩大了体育彩票的影响力和覆盖范围。通过不断努力和创新，体育彩票渠道提升了服务质量，加强了风险管理，提升了公众对体育彩票的认知和参与度。

同时，当前体育彩票渠道面临一定机遇和挑战。随着国家政策支持力度加大和经济逐步恢复，公众在文化娱乐和公益活动上的消费意愿不断增强；技术革新也给体育彩票渠道发展带来了新的动力；大数据、人工智能等新技术可以提高渠道管理的效率和精准度，为客户提供更好的服务，这些都为体育彩票市场的增长提供了良好的社会土壤。然而，客户消费需求也逐渐在向个性化、多样化转变，对购彩的便利性和环境的舒适性以及代销者的经营水平提出了更高要求，目前渠道发展现状与满足年轻群体的需求还存在差距，渠道管理的水平和代销者服务质量仍有提升空间。

未来，体育彩票渠道将砥砺前行，坚持以人民为中心，努力建立一个庞大、稳固、灵活的渠道生态体系，让消费者各得其所，让参与者各得其利，在不断适应变化的市场环境和满足客户需求的过程中实现长足发展。

（一）体育彩票渠道的发展方向

未来体育彩票将围绕高质量发展目标开展渠道建设和运营工作。通过不断扩大渠道规模，实现对空间和人流的高密度覆盖；通过各种新型渠道的开发，创新开展多功能平台建设，搭建提升客户体验的销售场景。

（二）体育彩票渠道的发展思路与举措

提升渠道管理和服务水平。通过优化管理制度、提高基层管理队伍水平、创新代销者管理方式等举措，进一步为代销者提供更具体和实用的服务支持，更多地对其日常经营工作进行指导，与代销者建立合作共赢的关系。简化代销者申请代销彩票的流程，并让流程更加透明。向退伍军人和大学生群体开展邀约工作。优化代销者结构，提升体育彩票门店的运营能力。强化风险防控与安全管理，提高安全意识，确保销售环境和数据的安全。

优化渠道布局。构建包含传统渠道和各类新渠道在内的多元化渠道，扩大覆盖范围，为客户提供更好的购彩体验和交互体验。提高客户覆盖率和触达率，确保在城市、城乡接合部、乡镇等不同地区都有便捷的购彩渠道。更好地满足不同消费者的需求，特别要加强通过数字化和社交化的渠道与年轻客户群体互动。

创新开展多功能平台建设。完善创新机制和保障措施，激发各级人员的创新活力，推动差异化发展，扩大"体彩+"门店的规模和影响力，进一步将传统体育彩票门店打造成集购彩、体育娱乐、社交互动、便民服务于一体的多功能平台，通过多类别的跨界融合，让客户在体育彩票门店内享受到更好的服务。

通过这些措施，体育彩票渠道将更加贴近社会公众的需求，不断提升其社会价值和吸引力，实现可持续高质量发展。

B.8
体育彩票技术发展报告（1997~2023年）

董红芳　梁克敏　杨春梅　王　岚　李王昊　崔从敏　苏子罕　支文爽*

摘　要：　本报告聚焦体育彩票技术领域的发展情况，梳理了体育彩票技术从电脑彩票半热线系统形成至数据实时在线的全热线系统，到基于统一游戏发行管理的三大游戏第二代系统，再到第三代体育彩票全业务统一运营支撑平台的发展历程。通过研究，本报告发现，体育彩票技术随内部需要、外部技术环境变化而迭代升级、提质增效，持续提升系统安全稳定性，为体育彩票各业务板块赋能。

关键词：　体育彩票　技术系统　数据中心　安全防护

在体育彩票业务发展过程中，技术系统起到重要的助推作用。从最初"离线销售、数据定时传送的半热线系统"，到"在线销售、数据实时传送的全热线系统""基于统一游戏发行管理的三大游戏第二代系统"，再到"第三代体育彩票全业务统一运营支撑平台"，体育彩票技术系统不断适应不同时期业务发展需要，全面支撑了体育彩票各阶段业务的发展。

体育彩票技术的发展与创新是体育彩票发展的强大后盾，是体育彩票业务转型的重要抓手，是体育彩票事业实现高质量发展的关键因素。

---

* 董红芳，国家体育总局体育彩票管理中心副主任；梁克敏，国家体育总局体育彩票管理中心技术管理处处长；杨春梅，国家体育总局体育彩票管理中心技术管理处高级工程师；王岚，国家体育总局体育彩票管理中心技术管理处工程师；李王昊，国家体育总局体育彩票管理中心技术管理处副主任科员；崔从敏，国家体育总局体育彩票管理中心技术管理处副主任科员；苏子罕，国家体育总局体育彩票管理中心电子彩票管理处主任科员；支文爽，国家体育总局体育彩票管理中心电子彩票管理处主任科员。

一 体育彩票技术发展历程

（一）以建设半热线系统为统领，实现电脑彩票全国统一发行

1997 年，国家体委体育彩票管理中心成立技术管理部门，并着手建设半热线系统。半热线系统采取分时在线模式，各地彩票销售站点在销售截止后把每一台销售终端数据逐一导出上传，实现全国销售数据的归集封存，此举大幅减少了此前体育彩票人工收集、处理数据产生的误差。

1998 年，总局体彩中心在江苏率先开展试点工程，满足了电脑彩票安全、迅速、稳定和可控制的要求。至 1999 年底，全国推广销售电脑体育彩票的省（区、市）已达到 11 个。①

系统建成后，为更好地开展电脑彩票销售工作，1998 年，体育彩票组织首次终端机评选和选型"电脑彩票终端机评选大会"，最终确定了专用体育彩票电脑销售终端机型号，并在全国各地开展彩票销售网点的改造升级工作。在这一过程中，体育彩票使用专供的热敏纸打印电脑彩票，防伪技术等级得到了进一步提升。

在建设电脑彩票系统的过程中，数据机房的组建工作也同步开展。1998 年，中国体育彩票江苏分中心数据机房完成建设与设备调试。以江苏数据机房建设经验为指引，全国经济技术条件成熟的省（区、市）体彩中心牵头，纷纷投入数据机房建设工作。很快，上海、浙江、湖南等省（市）结合自身区位特点和建设标准，逐渐完成了数据机房的建设。

（二）以实时互联全热线系统建设，全面支撑业务快速发展

1. 全热线系统建设

虽然全国 31 个省（区、市）已完成半热线系统的全覆盖，但半热线系

---

① 除特别注明外，本报告所引数据均来自国家体育总局体育彩票管理中心。

统所采取的分时在线模式在数据的收集和统计方面仍存在一定局限性。进入千禧年，中国体育彩票销量进入加速增长期（见图1），半热线系统越来越难以支撑彩票业务快速发展，技术掣肘凸显。

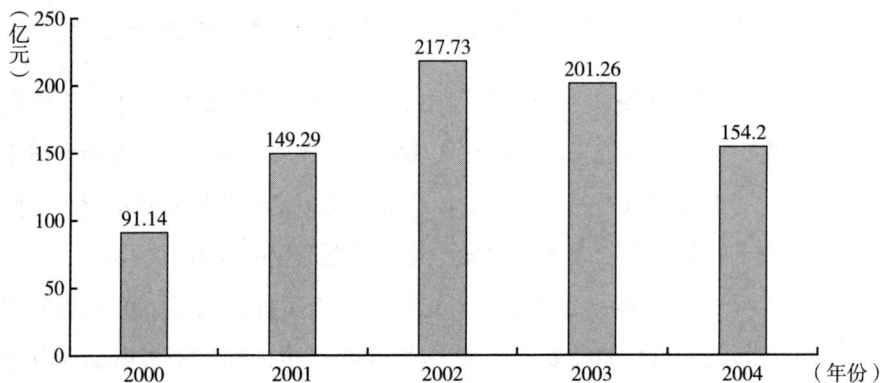

图1　2000~2004年体育彩票销量

资料来源：《中国彩票年鉴（1987~2005）》，中国财政经济出版社，2003~2006。

2004年3月，总局体彩中心开始建设电脑体育彩票全热线系统①。

2005年3月，由总局体彩中心自主研发的中国体育彩票全热线销售系统（简称"全热线系统"）在上海试点成功，该系统集彩票销售、兑奖、更多投注方式于一体，交易能力大幅提升。同时，全热线系统支持包括奥运彩票、7星彩、超级大乐透、排列3、排列5等更多彩票玩法和投注方法，提升了彩票的趣味性。中国体育彩票正式进入即时在线购彩、实时记录数据的新时代。

在半热线系统的基础上，以半热线、全热线兼容系统和全热线系统上线为代表，体彩技术在这一阶段实现了跨越式发展。

_____

① 全热线系统是指在彩票的销售过程中，投注机或彩票网站与数据中心始终处于连接状态。当购彩者投注时，每张彩票的投注数据通过通信线路实时传送到数据中心的主机设备上，由数据中心确认有效并存储成功后再反馈回彩票终端机，然后打印出票，整个过程仅需几秒钟。相比于此前的半热线系统，全热线系统可以提升数据的安全性、及时性以及兑奖的便利性。

2.区域中心和国家数据中心建成

总局体彩中心以各省（区、市）销售体量为依据，并结合未来城市发展趋势，决定在武汉、成都、广州和天津4座城市建立区域数据中心，承担即将上线的全热线系统彩票的运行、管理、维护和数据备份等工作。2005～2006年，相继完成了天津、武汉、广州、成都4个区域中心和国家数据中心的建设以及全国范围内系统软件的迁移工作，体彩数据中心正式从省（区、市）数据机房转为区域数据中心，实现"生产数据大集中，技术管理大集中"，为半热线系统向全热线系统转变提供了坚实的基础设施保障。

3.技术领导小组成立

在强调构建安全稳固技术平台的同时，体育彩票对整体技术体系的建设亦提出了更高的要求。为确保技术更好地满足体育彩票业务快速发展的需要，2009年总局体彩中心成立技术领导小组，作为总局体彩中心技术体系的规划、决策和监督机构，实现了统一思想、明确方向，充分发挥信息技术对业务的驱动力作用，确保体育彩票实现跨越式发展。

2009年，技术管理部门牵头编制《体育彩票中长期技术战略规划》（简称《战略规划》），提出要使体育彩票技术能力从目前基本满足业务运作的需求变成业务的依赖，到最后能主动为业务发展提供帮助，成为业务发展的驱动力。技术管理部门并按照《战略规划》中细化工作流程的要求，发布了涉及技术体系项目立项流程、需求管理流程、变更管理流程的制度。

4.组织安全防护工作

随着全热线系统的上线，体育彩票系统的安全防护工作成为一项重点工作。早期安全防护主要依靠防火墙、防病毒软件、加密狗等软硬件设备，安全团队的日常工作主要是运维相关设备，更多是针对突发情况提出解决方案，仅能起到基础性安全防护作用，无法满足日益增长的安全需求。

在市场激增的背景下，支持业务运行的全热线系统面临安全运行的挑战。出于对新渠道销售彩票安全性的考虑，结合安全体系文件要求，体育彩票印发《电子彩票安全通用规范》、《代销系统安全评估指引》、《中国体育彩票全国统一发行销售系统管理端安全管理办法》、《中国体育彩票销售管理端安全管理办法》以及《中国体育彩票销售管理端安全使用办法》等制度，基本形成信息安全制度框架。

（三）技术体系拔节生长，满足业务全面发展需要

1. 第二代游戏系统建设

为了打造安全、稳定与高效的彩票交易平台，形成集中、统一的业务与系统管控机制，适应业务发展与变化，为管理和营销提供数据基础，体育彩票启动了第二代游戏系统建设工作，并于2014～2016年相继上线第二代乐透型游戏系统、第二代竞猜型游戏系统和第二代纸质即开型游戏系统，在原有系统中接入竞猜、即开型游戏玩法，于2016年完成《体育彩票中长期技术战略规划（2013版）》既定目标，在确保系统各方面安全高效运行的基础上，大幅提升系统可用性及可拓展性，提高了技术平台的支撑能力，交易性能较前一代系统提升3～4倍。

2. 建设国家主数据中心

"生产数据大集中，技术管理大集中"是新一代体育彩票系统的发展方向，建设具备高可靠性、高安全性的可扩展、可管理的数据中心，以承载体彩业务系统为当务之急，由区域数据中心向"两地三中心"（国家主数据中心、国家第二数据中心、异地灾备中心）发展成为必然趋势。

2013年6月，国家主数据中心全面建设完成并正式投入试运行，该中心可适应应用架构、数据架构、基础架构、安全架构发展要求，满足IT基础平台高可靠性、高性能、可灵活扩展、安全可控的要求。2014年1月，体育彩票4个区域中心的业务上收工作完成，退出历史舞台。自此，体育彩票进入物理、应用和数据大集中时代，向平台化发展迈出了一大步。

3. 全国二代终端机升级

随着游戏系统升级工作的完成，全国二代终端机升级工作启动。新一代终端机更加符合用户使用习惯和销售场景，可兼容全国各省（区、市）对机型、通信方式、玩法等的不同需求，满足通信方式、玩法、安装方

式、打印报表等一系列功能。截至 2015 年底，全国所有终端全部完成升级。

2016 年 12 月，体积更小、更轻便的安卓终端机在山东青岛成功试点上线，传统售彩渠道之外的行业销售渠道有了更为方便快捷的终端选择。历经几年的发展，体育彩票逐步形成包括便利连锁渠道、小微零售渠道、展示体验中心在内的多种类型的外部商户合作模式。截至 2023 年底，新渠道实体店数量超 5 万家，较 2020 年增长 1.6 倍。

4. 建设三大安全系统

在安全管控方面，综合考虑彼时面临的突出问题与紧迫需求，总局体彩中心开展了一系列安全系统的建设工作，保障重点安全问题的优先解决。这一阶段以电子认证服务系统（PKI/CA 系统，2014 年 12 月通过国家密码管理局的安全性审查）、统一身份和访问控制管理系统（CIMS 系统，2014 年完成一、二、三期建设）、统一日志监控与分析系统（SOC 系统，2015 年 5 月立项，2019 年完成三期建设）三大安全系统的规划和建设为代表，体彩网络安全工作迎来了快速发展时期。

这些安全系统的建设，解决了假冒身份、篡改数据、数据泄露、伪造彩票兑奖等一系列安全问题，提供统一身份管理、统一授权、统一认证、统一审计服务，建立了包括事件分析、风险分析、配置管理、监控管理和应急响应处置等一体化集中管控和安全运行的自动化支撑平台，显著提升了核心系统的安全保障能力，对体彩业务的安全稳定运行和持续发展起到了重要作用。

5. 编制《体育彩票中长期技术战略规划（2013 版）》

2013 年，体育彩票出台指导未来六年技术发展的《体育彩票中长期技术战略规划（2013 版）》，意在通过构建面向服务的分层架构，借助技术创新和管理创新的合力，打造安全高效、权责清晰、监管到位、适度竞争的技术体系，全面支撑中国体育彩票业务可持续发展和实现管理水平跨越式提升。

6. 数字化转型意识萌芽

随着互联网技术的蓬勃发展，总局体彩中心开始与彩票监管部门积极沟通彩票新销售渠道的建设工作。2010 年 9 月，在财政部印发《电话销售彩票管理暂行办法》后，经财政部批准，山东省、海南省陆续开通电话销售彩票业务。与此同时，在彩票监管部门的指导下，总局体彩中心不断强化体彩互联网销售业务对账户和资金的管控能力，技术系统也随着业务管理模式的变化历经三次迭代，于2018年1月建成体彩支付系统，并组织了内部测试工作。在此阶段，总局体彩中心不断加强对线上线下渠道的关系的研究，并将工作的重心从能实现"卖票"转移到打造线上线下融合的客户旅程，同时开始思考如何基于数据为客户提供更好的服务，体育彩票数字化转型意识由此萌芽。

（四）筑牢体彩基石，下好高质量发展"先手棋"

1. 开启第三代体育彩票全业务统一运营支撑平台建设工作

2019年，体育彩票启动第三代体育彩票全业务统一运营支撑平台（G3）建设工作，依托体彩数据中台的数据资源和服务能力，结合数据产品建设，实现全渠道、全产品、全价值链的体彩数据产品分析，借鉴和应用行业先进经验，深度应用大数据分析、人工智能等技术，通过数据建模，实现关联性、预测性分析以及效果评估等场景应用，实现PDCA（Plan，Do，Check，Act）闭环管理，支持多期、多种游戏的混合销售（如周末套票、组合复式等），品牌营销方面支持体验券、票面促销、积分换券、安卓终端和实物促销等多种创新方式，为体彩市场战略研究、责任彩票及风险防控、运营及销售管理等提供智慧化决策依据，强化体彩精细化管理，助力体彩高质量发展。

2021年，G3正式全面承载体育彩票核心生产业务，并经受住了2022年北京冬奥会、国家级网络安全攻防检验、世界杯等重大场景检验。试运行期间，G3系统最高售票峰值达5751笔/秒，超过切换前的历史业务峰值，售票平均响应时间75毫秒。

2. 步入"双中心"时代

2019年4月，体育彩票第二数据中心完成数据库的迁移及启用工作，为后续第二数据中心全面承载体彩各项业务奠定了坚实的基础。

2020年，第二数据中心平稳承接了竞猜三代游戏系统、电子彩票平台、支付系统。随着第二数据中心建设完成与正式运行，体育彩票数据中心运行模式正式进入"双中心"时代。国家主数据中心、第二数据中心作为支撑体彩业务稳定运行的基石，为体育彩票事业高质量发展保驾护航。

两大数据中心均拥有现代化标准模块机房和通过国家保密局最高级认证的屏蔽机房。供配电系统采用 2N 容错架构，机房采用 N+1 冗余配置的风冷型精密空调，配备柴油发电机组作为数据中心后备电源。

3. 全面推进网络安全建设

2019 年以来，随着 G3 项目的规划、建设和部署，体彩业务系统规模不断扩大，各系统间关系越来越复杂。同时国家法律法规等监管政策不断完善，对网络安全方面的要求愈发严格，体彩网络安全工作面临如何在新的技术环境下提升安全管控能力的新挑战。

对此，体育彩票安全团队以统筹技术安全资源，建立覆盖技术研发、系统运维、发行运营、业务管理等领域的网络安全管理体系，统一开展安全规划、安全设计和安全建设工作，统一组织安全运行和安全管理工作，构建统一的网络安全运营能力，保障技术系统的安全稳定运行为目标，深入分析当下的问题与不足，按照体彩网络安全规划建设路线，通过安全管理、安全运营、安全技术各领域的项目建设，实现安全保障能力的配套升级，不断提高体彩业务系统的安全防护水平。

通过划分安全领域、重新配置安全资源、定义接入规则、加强入网检测等手段，有效降低互联网访问应用系统的风险。通过扎实有效地开展安全工作，让安全威胁"看得见，防得住"，为体育彩票事业的高质量发展保驾护航。

4. 修订编制《体育彩票中长期技术战略规划（2019版）》

为落实持续推进技术管理体系建设、提升发行销售系统对业务的支撑能力、全面推进网络安全建设等规划重点任务，积极支持业务转型，总局体彩中心编制了《体育彩票中长期技术战略规划（2019 版）》。按照统一规划、统一建设、统一运维、统一监管的原则，技术系统全面提升技术管控能力和面向业务运营管理的协同支持能力，成为业务的合作伙伴，支撑体彩的业务转型和管理效率提升。

5. 数字技术发展促进"业技融合"

基于体彩业务中台构建数字业务新技术架构，通过统一架构规划实现公共的可支持多端的研发设计，实现一套平台多端应用，采用传统的研发管理流程与敏捷管理流程相结合的方式，提升投入产出比，为快速响应数字业务服务需要奠定了技术基础。在技术架构和技术能力的支撑下，数字业务结合体彩业务痛点和不同客群的需求，分别面向购彩者、代销者和体彩机构侧提供内容、营销、门店管理、门店经营、合规管理等线上服务，利用数字化手段提升体彩整体服务和管理能力。

近年来，体彩在此前仅有中国体彩网和竞彩网两个信息发布网站的基础上相继推出中国体育彩票App、中国体育彩票小程序以及中国体育彩票代销者版App等数字服务平台，形成了"两网三端"的数字产品布局，多渠道全方位地为体彩业务全流程各参与方提供服务。

2023年，中国体彩网和竞彩网等官方信息发布网站日均访问用户数超200万人；中国体育彩票App和中国体育彩票小程序围绕线下销售场景，为用户提供模拟试玩、开奖直播、扫码验奖、附近门店查询以及活动参与等便捷服务，截至2023年12月累计用户数量超4000万人；中国体育彩票代销者版App服务体彩代销者及销售员累计超36万人，为体彩门店经营者提供便捷的日常销售兑奖服务，同时支持不同类型门店实现个性化经营，推动体彩门店提质增效。

二　技术发展成效与经验总结

当前，体育彩票每年通过技术系统售出的彩票达到88.5亿张，平均每天2400多万张，交易最高峰时，每秒要售出5751张彩票。庞大的业务量背后，是体育彩票雄厚技术实力的支撑。

在基础设施方面，截至2022年，体育彩票的2个数据中心，总面积14000平方米，部署1100个机柜和各类设备接近6000台，运行80余套技术系统。体育彩票国家主数据中心基础设施节能减排效益突出（应用二氧化碳制冷载冷技术，相比传统风冷空调系统节能近40%），2023年4月被工信部评定为国家绿色数据中心。

2022年世界杯期间，体育彩票技术系统的多项运行指标骤增，包括每日售票数、每秒售票请求事务数（Transactions Per Second，TPS）、网络带宽占用率等指标均是平日的3~5倍，远高于上届世界杯数据。在此期间，第三代体育彩票全业务统一运营支撑平台始终运行正常，各项性能、容量指标均在安全区间内。

在人才储备方面，经过多年发展，体育彩票形成了具备自主研发能力和自主运维能力的自有技术团队，其中运维团队全年365天全天24小时坚守岗位，有力地保证了全国体育彩票的安全生产。2022年供应商通过质量、环境和职业健康安全管理体系认证的比例约95%。[①]

当前，每一张销售出的体育彩票在数字防伪方面均采用三种技术手段进行加密，凭借三种防伪设计的不可逆、防碰撞、完整性、可鉴别等特性，杜绝伪造中奖彩票通过兑奖验证取得奖金。

总结近30年来体育彩票技术发展历程，体育彩票积累了宝贵的发展经验：一是始终坚持统一的技术管理，集中力量、步调一致发展事业，确保对技术系统的可管、可控、可拓展；二是坚持强化顶层设计，锚定技术发展目标，以钉钉子的精神坚持"一张蓝图画到底"，统筹资源，稳步推进各项工作；三是坚持守正创新，确保核心技术自主可控，牢牢掌握发展的主动权和话语权；四是坚持技术和业务全面融合，以开放、合作的态度引进先进的技术和运营管理理念，通过消化、吸收后再创新，加快技术研发速度；五是坚持人才是第一资源，着力打造"懂业务、精技术、善管理、能创新、敢担当"的复合型人才队伍。

---

① 国家体育总局体育彩票管理中心：《中国体育彩票2022社会责任报告》，https://www.lottery.gov.cn/zrcpv2/zrbg/，第78页。

三 新形势下的挑战与展望

近年来，国家延续对彩票行业的强监管态势，为了更好地落实国家监管及自身监管要求，依法依规进行产品开发与创新，在技术层面，一方面体育彩票需要建立安全合规、风险可控的技术体系，以达到国家监管的要求；另一方面体育彩票要为业务变化做好技术准备，提升业务的灵活性。

与此同时，随着全球迈向数字化时代，以大数据、人工智能、云计算等为代表的数字技术与实体经济深度融合，新技术不断涌现，日益成熟并得到广泛应用，这将对体育彩票的业务模式和经营方式产生不同程度的影响，体育彩票技术需要更加主动地接受并适应数字化环境的变化，运用数字技术推动业务创新、赋能体彩发展。

（一）提升安全保障能力，推动体育彩票高质量发展

体育彩票技术将坚持"安全是体育彩票的生命线"的原则，持续保持系统可用性，优化网络安全纵深防御体系，筑牢网络安全防线。推动基于G3的核心交易应用、综合运营应用、统一监控应用、数据赋能应用等应用群建设，有效支撑达成全产品、全渠道、全价值链的业务目标。

持续开展技术自主能力建设，推动技术自主化升级。深入挖掘数据价值，全面提升风险防控和业务精细化运行管理水平。锚定高质量发展目标，对内提升自动化部署交付和运维管理水平，促进提质增效；对外坚持开放共享，支持构建丰富的体育彩票业务生态。强化集中统一管理优势，促进技术和业务的融合，优化人才梯队建设，夯实高质量发展基础。

（二）释放数字创新活力，为体彩转型发展提供动能

体彩数字业务要做好购彩者、代销者及机构管理者服务工作，一方面在能力建设和产品创新及产品储备方面要跟上前沿技术和外部整体发展步伐，持续加强对以"云网端+人工智能互联网"等为代表的数字技术群落的发展

方向的研究，充分挖掘不同渠道用户的痛点，将不同场景下客户的偏好与体彩全渠道、全产品的业务环节设计更好地结合起来，精准满足用户需求，提升用户体验。

另一方面要适应政策环境，在彩票监管部门的指导下，稳妥推进应用能力提升，赋能业务创新。根据业务发展需要，前瞻性地开展能力储备和应用工作，从独立功能应用到多种功能串联应用，从单一业务赋能到多业务复用，从通用场景可用到个性化场景适用，体彩数字业务将遵循彩票行业发展规律，规划发展路径，持续释放数字创新活力，为体彩转型发展提供动能。

B.9
体育彩票运营管理报告（2023年）

程书践 刘佳磊 姜东洋 孙旭 李璠 门永生*

摘　要：　作为体育彩票治理能力现代化的重要支撑，运营管理是体育彩票实现数字化转型的原动力和高质量发展的机制性保障。自2020年以来，国家体育总局体育彩票管理中心围绕体育彩票运营管理的背景、目标、内容和实施路径等，逐步开展相关研究与实践，并初步取得成效。通过建立运营管理体系，进一步推动体育彩票转型发展，提升了体育彩票运营工作的质量与效率，以高效益模式赋能业务、创造价值，提供满足购彩者需求的彩票产品和服务，推进运营管理流程化、规范化建设。

关键词：　体育彩票　运营管理　体系建设　精细化运营

一　体育彩票运营管理发展现状

近年来，彩票发行销售工作面临着销售规模不断扩大、工作复杂程度不断加深，以及业务风险点逐步增多等现状，给彩票运营管理工作带来新的挑战。以往单纯依靠加大对要素资源的投入来拉动市场发展的方式，已越来越难以适应市场变化，转型已成为高质量发展必由之路。面对新情况、新问题，体育彩票基于自身业务发展状况，结合彩票市场整体发展形势，对运营

---

* 程书践，国家体育总局体育彩票管理中心运营管理处副处长；刘佳磊，国家体育总局体育彩票管理中心运营管理处副处长；姜东洋，国家体育总局体育彩票管理中心运营管理处主任科员；孙旭，中体彩彩票运营管理有限公司综合运营中心职员；李璠，中体彩彩票运营管理有限公司综合运营中心职员；门永生，工学博士，中体彩彩票运营管理有限公司综合运营中心职员。

管理工作进行整体规划和分类推进。

在新的发展阶段，总局体彩中心规划建设高效协同、安全可控、精细集约的运营管理体系，坚持系统观念，统筹谋划推进风险防控与安全生产工作，注重对运营管理业务分类施策，持续丰富运营管理价值内涵，重视业务和技术的交互融合，推动运营业务的流程化与规范化，助力体育彩票高质量发展。

二 体育彩票运营管理体系建设与创新

（一）运营管理体系规划

2021 年，通过对标世界一流管理方法，体育彩票结合自身业务实际，融合多方管理实践与发展经验，从全局视角初步构建了运营管理体系，内容涉及 1 个体系建设、6 项运营模块以及 1 个技术支撑，各领域工作内容及彼此间的关系如图 1 所示。近年来，基于运营管理体系内容，体育彩票不断深化运营管理理念认知，开展运营管理向销售机构延伸的工作。

体系建设是指运营管理体系的顶层设计与管理机制。通过整合资源，以提升运营管理能力为目标，支撑风险防控、责任彩票、制度建设等工作的有效落地；基于实施效果，就提升运营管理工作效能对运营管理体系进行持续优化。

6 项运营模块根据业务性质可分为专业运营和综合运营两大类别。

1 项专业运营，是指体育彩票发行销售全生命周期管理中涉及的核心业务，具有较强的专业性，包括乐透数字型、即开型、竞猜型三大类游戏管理，渠道管理，品牌营销管理等内容。

1 项综合运营（流程型业务），是指将专业运营中的共性业务剥离出来进行集中归口管理，以体现运营工作的高效、集约，提高运营管理的标准化、流程化、规范化水平，包括彩票游戏的休开市管理、兑奖管理、异常票管理、票面管理以及相关的业务操作（如彩票游戏计奖、广播消息发送）

体彩运营管理

体育彩票运营管理体系是体育彩票治理能力现代化的重要支撑，是体育彩票转型发展的机制性保障和关键一环。运营管理体系（2021版）可归纳为如下"161"模式：

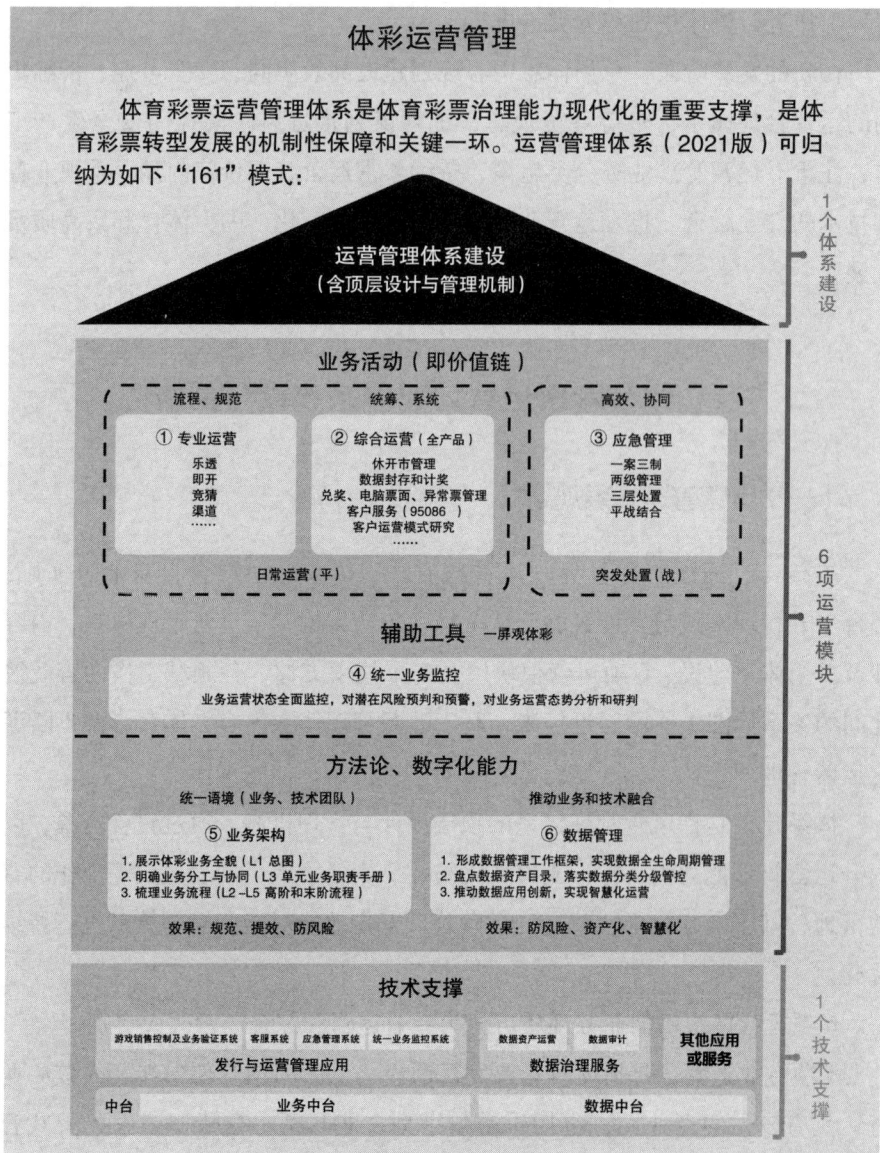

图1　运营管理体系工作框架

资料来源：笔者自制。

等内容。

4 项综合运营（平台型业务），是指将专业运营中具有支撑作用的业务进行归集和一体化管理，以加强综合运营对专业运营的赋能，包括业务架构、数据管理、应急管理、统一业务监控等内容。

技术支撑是指 IT 技术架构及技术系统对体育彩票业务的支撑，包括承接业务架构的 IT 技术架构，支持体育彩票运营管理工作的信息系统、管理系统、生产（交易）系统，以及业务中台、数据中台等内容。

（二）运营管理体系建设成效

1. 业务架构

2019 年至今，经广泛调查研究与不断思考总结，体育彩票逐步沉淀并形成了一套有成熟理论作支撑、与彩票行业特点相匹配、能够在实际工作中发挥价值的业务架构，并在体育彩票全系统推广应用和普及，着力提升全系统运营管理能力与水平。

业务架构作为体育彩票各块业务有机联系的结构化反映，以及体育彩票运营业务理论模型的重要组成，发挥着联结战略与实施，并指导数据架构、应用架构和技术架构的作用，是推动业务流程化、规范化管理的主要手段，也是实现数字化、智能化的基础与桥梁，同时还是战略落地的承接载体。其作用主要体现在以下方面。

依托业务全景视图，实现一体化管理。通过搭建业务立体化全景视图，结构化呈现各业务领域全貌，反映体育彩票当前业务和部分前瞻性业务。同时，基于管理需要，结合不同业务的风险点、控制点、管理措施等，有效支持各块业务的合规运营、风险防控等工作。

促进业务管理流程化和规范化，实现业务高效安全运营。通过全面梳理及优化业务流程，将组织中的个人经验进行沉淀、固化，并转化为组织能力，便于在业务运营过程中及时发现问题，提升工作效率，防范化解业务风险。

开发可视化平台，促进可视化呈现。业务架构适配技术工具，以可视化呈现的方式提升各层级、各部门人员对业务架构的统一理解与认知，围绕运营管理理念进行高效沟通，充分发挥业务架构的纽带与桥梁作用，加强各领域间协同，推动体育彩票风险防控、合规管控、安全管理等基础性工作机制的不断完善与优化。

识别共性业务，支持能力复用与业务创新。业务架构为体育彩票业务的分解与聚合提供依据，通过对共性业务的提炼，将资源进行重组、整合、复用，降低管理成本。同时，在开拓新业务时，基于现有业务架构的实践成果，高内聚、低耦合，迅速构建新业务相关流程与全景视图，提高业务拓展效率。

发挥业务与技术融合的作用，助力数字化转型。基于业务架构与数据架构、应用架构相互关联，通过对业务流程与业务数据进行深度分析，将分析成果作为技术开发的重要输入，在完成技术开发后，将技术成果转化为实际应用，有力推进业务与技术的融合。

促进业务能力提升，为战略落地提供抓手。体育彩票业务发展离不开制定完备的战略，更离不开顺畅有序地执行战略。保障战略落地是庞杂的系统性工程，而业务架构通过将战略规划转化为可付诸实施的具体举措，指导各部门改进本领域业务流程，实现了对战略实施和调整过程的及时响应，对战略目标的最终实现具有重要意义。

体育彩票业务架构五层结构如图2所示。

2. 安全运营控制规范

安全运营控制规范是体育彩票风险防控、合规运营、安全运营、公信力建设的重要抓手，有助于加强安全诚信运营的常态化管理，提升规范化、专业化水平，实现体育彩票风险隐患排查关口前移，持续增强并保持高水平彩票安全诚信运营的安全性、稳定性和可靠性。

参照世界彩票协会安全控制标准（WLA-SCS）及国际彩票行业先进经验，总局体彩中心编制并发布了《中国体育彩票全系统全流程安全运营控制规范》，立足于体育彩票发行销售工作职责，以防范典型业务风险与安全隐患为目的，对体育彩票发行销售全流程进行系统梳理，对各环节中的关键

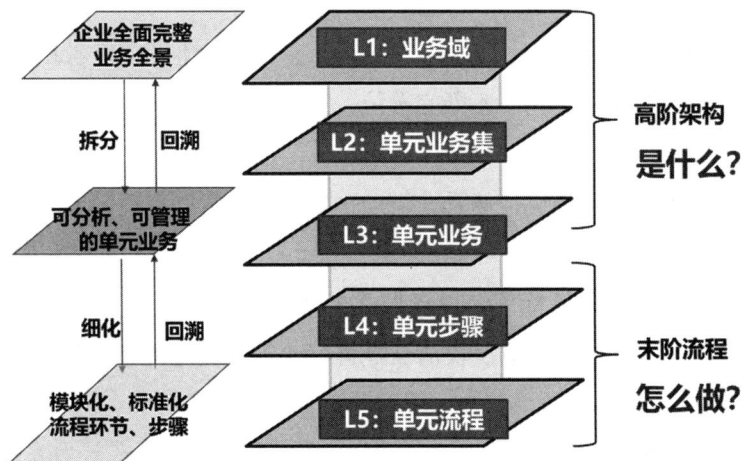

图 2　体育彩票业务架构五层结构

资料来源：笔者自制。

管理要求进行提炼总结，设置关键控制点，明确具体控制要求。具体内容涵盖乐透数字型彩票、即开型彩票、竞猜型彩票、渠道与销售管理、品牌宣传与营销推广、彩票开奖、彩票兑奖、客服管理（95086）等 8 个业务领域。

安全运营控制规范坚持系统思维，各业务领域与风险防控、风险隐患排查、安全生产、应急管理、客服管理等工作深度融合，开展省（区、市）体彩中心自查与总局体彩中心监督检查工作，形成工作合力，更好地推动安全运营控制规范向销售机构延伸，与销售机构风险防控工作强绑定。

3. 统一业务监控

统一业务监控是体育彩票构建风险防控体系、增强风险防控能力、支持业务运营管理的重要工具。近年来，出于对业务目标实现、业务流程管控、业务风险防范等方面的综合考量，体育彩票逐步构建了一套以业务运营为视角的监控体系，结合不同使用对象及其特点，以大屏端、PC 端、移动端等多种方式进行呈现，有力地支持了体育彩票业务风险防控和应急处置工作，实现了对各业务领域日常运营工作的有效监控。"十四五"期间，统一业务监控以"监测-预警-管控"为主线，有力地支撑了对体育彩票各类业务风险的量化管理。

推进业务监控大屏端、PC 端、移动端的可视化建设，以各块业务实际工作开展情况为应用实例，不断完善统一业务监控指标体系，扩大业务监控覆盖范围。

丰富业务异常预警监控场景，借助预警信息推送，提升对运营业务的管控效率。

开展创新研究，保持统一业务监控的先进性，持续对标政府、大型国企、金融行业、互联网行业、快消品零售行业等，优化统一业务监控的工作方式与方法。

4. 应急管理

应急管理是体育彩票风险防控的最后一道防线。近年来，体育彩票依照国家《突发事件应对法》，以体育彩票核心业务为主线，以保障彩票公信力、业务连续性和购彩者体验、资金安全为目标，聚焦业务风险点，坚持统筹兼顾原则，构建了"两级管理　三层处置"的应急管理体系。

按照国家应急管理"一案三制"的建设要求，总局体彩中心制定了总体应急预案，各部门、各销售机构分层级制定专项应急预案和现场处置方案，形成架构合理、层级明确、高效适用的体育彩票应急预案库，基本实现各类突发事件应急预案的全覆盖。

发布包括《中国体育彩票应急管理办法（暂行）》等在内的各类应急管理制度，规范了突发事件信息报告、复盘评估、应急演练、宣教培训、重大活动保障等工作，建立了发行机构、销售机构两级管理的"应急决策、应急管理、专业处置"三层处置体系，开展突发事件应急处置工作。

建立完善应急值守、协调联动等机制，发行机构、销售机构组建自成体系的应急值班队伍，进行 24 小时常态化应急值守，重点关注体育彩票开休市、彩票游戏重大规则调整、大型活动及体育赛事期间应急管理运行需求与潜在风险，提升突发事件应急处置沟通效率，为体育彩票常态化应急管理及高效处置突发事件提供了保障。

5. 客服管理（95086）

2011年，总局体彩中心开设95086客户服务热线，这是体育彩票面向社会公众的重要窗口，也是体育彩票品牌形象和公信力的重要表现。经过十余年的发展，体育彩票客服热线95086已由最初的咨询、投诉业务受理呼叫中心的单一渠道，发展成为涵盖热线、在线等多种渠道，满足客户咨询、投诉、建议及举报等多种服务需求的综合服务中心。

围绕"以客户为中心"的指导思想，体育彩票客服始终坚持统筹管理的工作思路，从业务、技术、数据三方面统筹规划客服业务的发展，对客户诉求进行分类受理，形成发行机构、销售机构两级管理机构协同处置的"1+31"客户服务受理模式，使体育彩票客户服务运营能力得到显著加强，客服价值得到充分发挥。

客服运营基础得到进一步夯实。通过开展客服运营管理制度流程建设、客服应答口径完善与管理、客服系统功能建设、客服运营指标监控等工作，实现服务流程规范、应答内容准确一致、客户诉求处置高效便捷的目标，有效提升了客服工作质量。

风险管理工作愈加完善。通过充分发挥客服接触市场一线的优势，及时获悉客户在彩票印制、游戏运营、销售管理等方面的关切，发现市场潜在隐患，利用有效的管理机制与技术工具，确保客户问题得到及时处理，进一步树立体育彩票"负责任、可信赖"的品牌形象。

客服数据价值得到深度挖掘。通过对客服数据的广泛收集、结构化处理、多维度分析，结合对客户声音的深入洞察，构建了区分责任主体、产品类型、客户服务诉求的多种客户声音分析维度，为体彩运营管理业务的决策提供了市场依据。

2023年，体育彩票通过将业务架构、安全运营控制规范、统一业务监控、应急管理、客服管理（95086）等有机整合，实现了对运营管理业务风险的系统识别与量化管理，及时发现业务突发事件，高效开展风险处置工作，形成体育彩票运营管理支持风险防控工作模型，如图3所示。

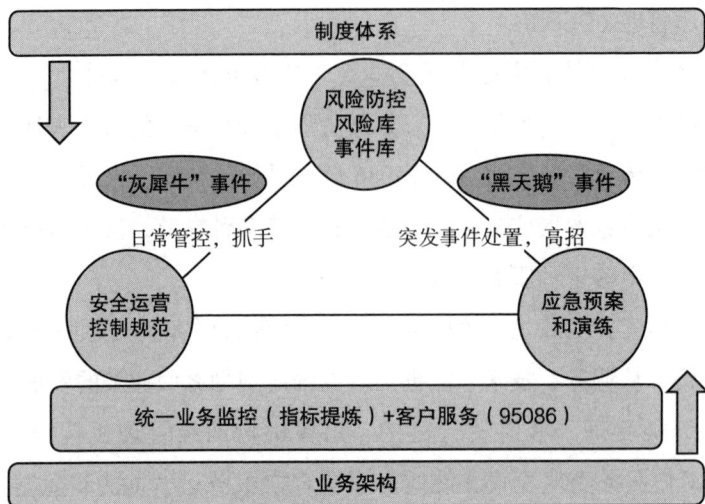

图 3　体育彩票运营管理支持风险防控工作模型

资料来源：笔者自制。

6. 数据管理

通过贯彻落实国家《数据安全法》《个人信息保护法》以及财政部关于数据管理工作的要求，体育彩票在安全合规的基础上，创新数据应用场景，凸显数据在体彩资产中的重要性，借鉴行业内外优秀管理经验，结合自身业务开展情况，建立了综合性数据治理模式。多年来，体育彩票数据管理工作以"管得住、厘得清、用得好"为目标，通过全面夯实数据管理基础，提升数据服务质量，深入推进数据、业务、技术融合，不断释放数据资产要素的价值。

2022 年，总局体彩中心参加了 DAMA（国际数据管理协会）中国最佳数据治理评选，获评 DAMA 中国"数据治理最佳实践奖"；2023 年，总局体彩中心通过国家数据管理能力成熟度评估三级（稳健级）认证，成为全国第一家通过数据管理能力成熟度评估三级认证的事业单位。

体育彩票不断夯实基础，系统化推进数据管理工作开展。组织实施数据管理能力成熟度评估项目，全面对标 DCMM［《数据管理能力成熟度评估模型》（GB/T 36073-2018）］，强化数据管理顶层设计和机制建设；建立科学的数据管理组织，明确数据、业务和技术部门的数据管理职责分工，厘清数据管理协同机制，培养专业的数据管理人才队伍；编制印发《中国体育彩票数据管理办法》，为规范化、标准化开展数据管理工作奠定了制度基础；梳理和盘点体育彩票核心业务领域数据资产，厘清数据资产分布情况，形成了包含业务属性、管理属性和技术属性三个维度的数据资产目录；推进数据安全、数据质量、数据标准等基础能力建设，防范体育彩票运营业务数据风险，保障了体育彩票游戏运营安全。

体育彩票建立数据服务标准体系，促进数据应用价值创造。围绕体育彩票数据需求管理、数据开发设计、数据运维、数据退役等数据生命周期全过程，建立数据服务标准体系；完善数据需求统筹管理机制，通过规划设计数据需求管理平台，实现数据需求线上申请、审批、跟踪和评价，提升了数据管理工作的效率和质量；根据不同类型的数据需求，制定规范的操作流程与服务标准，在确保数据安全合规的基础上，提升了数据用户的满意度；定期开展共性数据需求分析与提炼工作，推动数据提取工具化和产品化，面向一线数据用户开展数据分析和应用培训，提升了体育彩票全系统人员数据挖掘、数据分析和应用能力；积极开展行业交流活动，打造体育彩票数据管理标杆。

三 体育彩票运营管理面临的挑战

（一）外部关注度

随着新媒体时代的快速发展，彩票业态受到较以往更多的社会关注，安全合规运营、依法依规治彩，以及切实履行发行销售机构法定职责等逐渐成为彩票运营工作稳步推进的先决条件。面对不断扩大的客群规模、渠道规模和销售规模，传统的体育彩票运营管理模式需要守正创新，确保运营管理体系科学、规范、安全、高效的重要性愈发凸显。

（二）市场发展驱动

受新冠疫情等因素影响，近年来购彩者消费理念、彩票市场行为等发生了一定程度的变化。新形势下，体育彩票需要审时度势，顺应时代发展趋势，对运营管理相关工作内容做出相应调整。同时，围绕创新驱动发展战略实施路径，体育彩票应从内核视角出发，结合安全生产、合规管控、提质增效等运营工作目标，持续完善与优化运营管理工作机制。

（三）价值潜能挖掘

结合当前运营管理业务发展需要及现状，体育彩票应将数据管理工作视为风险防控体系的重要抓手，把握数据安全与数据共享应用的平衡，进一步发挥数据应用价值，充分利用大数据应用的显著成效，实现数据驱动业务运营。

四　体育彩票运营管理的展望

未来，体育彩票运营管理工作将始终坚持着眼长远、打牢基础，聚力攻坚，寻求突破，坚持常态化学习研究运营管理的前沿理论和国内外一流组织的最佳实践经验，持续优化体彩运营管理体系顶层设计，发挥业务架构基础和先导作用，促进体育彩票全系统精细化运营水平提升。通过推动业务、技术与财务融合，提升运营管理效能，巩固业务架构在各业务领域的指导地位，以规范化运营为基础，强化运营管理工作的整体性与协同性。

同时，通过重点提升技术支撑能力和数字化赋能水平，在高效协同、精细集约、安全可控的运营管理体系的指引下，持续提升信息化和数字化水平，推动运营管理能力稳步提升，坚持以风险防控为主要任务，提高运营管理规范化、标准化水平，进一步夯实风险管控、安全生产等工作的基础。

借助人工智能（AI）、大数据等新兴信息技术，不断提高体育彩票运营管理效能，探索运营管理数字化、智慧化，形成成熟的体育彩票运营管理模式。

有效发挥统一业务监控对体彩运营管理工作的赋能作用，实现对体彩运营业务的可视化监控。

利用应急预案与处置模型，开展多线条复杂场景的应急演练，提升体育彩票多层级协同处置突发事件的能力。

重点关注对跨业务领域人才的培养，不断挖掘、培养人工智能、算法模型、机器学习、数据挖掘、知识图谱等方面的复合型人才，为体育彩票运营管理转型实践提供人才保障，提升运营工作整体效能与核心竞争力，全力开创信息化发展新局面与新气象。

B.10
体育彩票人才队伍建设报告（2023年）

徐 鸣 李芳同 韩小琴*

摘 要： 人才队伍建设是推进体育彩票事业发展的重要支撑，体育彩票 30年取得的巨大成就离不开各级体育彩票机构人员和广大从业者的努力与付出。多年来，体育彩票机构加强党的全面领导，强化人才是第一资源的理念，发挥"全国一盘棋"的合力优势，以壮大建强队伍为基础，以提升能力素质为核心，以完善制度机制为保障，努力建设一支高素质、专业化的体育彩票人才队伍，保障了体育彩票各工作领域目标任务的落实。新时代体育彩票系统应继续推进队伍建设，加强党的全面领导，加强政治引领作用，加强政策和资源保障。

关键词： 体育彩票 体彩人才 政治引领 党的全面领导

一 加强体育彩票人才队伍建设的背景

人才队伍建设事关体育彩票事业薪火相传，事关体育彩票战略部署的推进落实。体育彩票人才队伍负责依法治彩、公益金筹集、产品游戏发行和运营、合规销售、透明开奖、风险防控和责任彩票体系构建、公益品牌宣传、公信力建设、渠道结构优化、技术系统保障、市场运营服务等具体工作，是体育彩票公益事业的重要主体部分。党的二十大报告指出，"高

---

* 徐鸣，国家体育总局体育彩票管理中心党委副书记、纪委书记；李芳同，国家体育总局体育彩票管理中心人力资源处处长；韩小琴，国家体育总局体育彩票管理中心人力资源处高级经济师。

质量发展是全面建设社会主义现代化国家的首要任务"，"完善人才战略布局，坚持各方面人才一起抓，建设规模宏大、结构合理、素质优良的人才队伍"。国家体育总局发布的《"十四五"体育彩票发展规划》明确指出，要促进负责任、可信赖的体育彩票高质量发展，加强体育彩票人才队伍建设。随着我国进入新发展阶段，体育彩票主动融入经济社会发展大局，面对新形势，实现新作为，建设一支堪当重任的体育彩票人才队伍，既是时代大势所趋，更是事业发展所需。

第一，是高质量发展的要求。体育彩票牢记"国之大者"，坚持以人民为中心的发展思想，对高质量发展做出了战略安排。要实现体育彩票高质量发展，需要建设一支具备高素质、专业化的人才队伍。当前，体育彩票人才队伍建设还存在上下贯通不力，对新任务、新要求适应性不强，素质能力与事业发展有差距等问题。人才队伍建设工作应当围绕高质量发展的战略安排，用好组织资源、发挥组织优势，凝聚各方力量，培养和用好人才，强化人才支撑。

第二，是高水平安全发展的要求。自2017年以来，体育彩票从业务运营规律出发，持续推进责任彩票管理体系建设，强化责任彩票理念在各业务环节的落实，建立风险防控体系，开展安全生产工作，对人才队伍建设在强化底线思维、增强风险意识、加强前瞻性思考、全局性谋划等方面提出更高要求。2023年召开的中央经济工作会议提出，"必须坚持高质量发展和高水平安全良性互动"。人才队伍建设工作应当加强对领导班子队伍、规划与管理队伍、市场运营队伍、专业技术队伍、销售队伍等各类人才的教育培训以及管理监督，在发展中更多地考虑风险挑战等不稳定因素，营造有利于发展的安全环境。

二 体育彩票人才队伍建设的实践和成效

（一）加强人才队伍建设工作的顶层设计和基础保障

2021年，总局体彩中心成立了人才队伍建设协调小组，加强顶层设计、宏观谋划、统筹协调和整体推进。从体育彩票事业长远发展大局出发，强化各部门、核心企业和省（区、市）体彩中心在人才队伍建设方面的协作配合，促进不断形成体育彩票系统人才队伍建设工作的合力。在多年经验积累的基础上，2022年，总局体彩中心印发《"十四五"队伍发展工作纲要》，明确总局体彩中心和核心企业人才队伍建设目标任务，厘清人才队伍分类管理思路，突出管理政策和工作机制改进要求，提出要做好人才梯队建设、业务研究与创新、重大项目人才管理机制建设等重点工作，推进人才队伍建设在政治导向、战略导向和业务方向上的统一。同年总局体彩中心向省（区、市）体彩中心印发《体育彩票队伍建设指导意见》，指导意见紧密结合实际，坚持问题导向，明确3项主要任务（夯实队伍基础、加强组织建设，转变人才理念、实现全面提升，加快转型发展、持续优化创新），提出9项重点举措（加强政治引领、制定队伍规划、加强班子建设、优化组织结构、实施人才队伍分类管理、丰富培养方式、完善制度规范、加强组织文化建设、加强政策资源保障），对当前和今后一个时期的省（区、市）体育彩票人才队伍建设工作进行了部署。在具体落实方面，将体育彩票人才队伍建设与体育彩票整体工作同步推进，不断夯实体彩高质量发展的组织基础、人才基础和制度基础。

（二）人才队伍规模不断扩大，组织结构得到优化

经过近30年的发展，我国体育彩票建立了规模较大的队伍。2023年底，全国体育彩票系统人数（含代销者及销售人员）为39.7万人，[①] 其中体育彩票发行销售机构队伍人数为1.12万人，比2006年增长了3.3倍（见表1）。而2006~2023年，体育彩票销量由323.6亿元增加至3852.55亿元，增长了10.9倍，相比而言，体育彩票人力资源使用和管理效率大幅提升。

[①] 本报告的数据均来自国家体育总局体育彩票管理中心。

表1 体育彩票发行销售机构队伍人数

单位：人

队伍类型	2006年	2010年	2015年	2023年
总局体彩中心	33	61	74	94
核心企业	158	539	1357	1383
省（区、市）销售机构	2409	4191	8240	9706
合 计	2600	4791	9671	11183

资料来源：国家体育总局体育彩票管理中心。

总局体彩中心层面，2023年，干部人数94人，40岁以下干部占比56.3%，硕士以上学历占比44.7%，中共党员占比73.4%，呈现队伍年轻化趋势，且学历层次和政治素质整体较高。内设机构由2006年的8个增加至2023年的16个，同时通过建立跨部门统筹协同机制，提高了工作效率和部门之间的聚合力。核心企业层面，随着体育彩票快速发展，运营团队和技术团队的人数得到了较大增长，通过推行更为专业化、精细化、系统化的管理方式，在提升内部协作和管理效能的同时，也促进了发行机构和销售机构之间的贯通融合。2023年，核心企业人数为1383人，其中40岁以下人员占比69.25%，41~45岁人员占比22%，年龄结构合理；本科学历和研究生学历分别占64%和25%，高于央企平均水平（2021年分别为46.45%和7.75%）。省（区、市）销售机构层面，2023年，省级及以下体彩中心队伍9706人，其中本科以上学历占比56%，包括事业编制、合同制和劳务派遣制等方式。2023年，多个省（区、市）体彩中心根据自身情况梳理岗位职责，优化组织结构，调整人员配置，提升人力资源使用和管理效率，适应发展需求。比如，天津体彩中心通过完善部门职能和岗位职责，与总局体彩中心责任彩票、品牌宣传、合规运营、风险防控、渠道发展等业务职能对标更加明确。

（三）分类分层开展全覆盖培训，队伍素质不断提升

体育彩票系统一直重视教育培训工作，注重党性教育和政策法规教育，

突出履职能力和加强业务知识培训，逐步构建了全员覆盖、线上线下并举的培训体系。2017年以来，体育彩票各级机构扎实开展"不忘初心、牢记使命"主题教育、党史学习教育、学习贯彻习近平新时代中国特色社会主义思想主题教育，引导党员干部提高政治判断力、政治领悟力、政治执行力，增强"四个意识"，坚定"四个自信"，做到"两个维护"。在此期间，总局体彩中心每年举办和组织的各类培训班在70次左右，包括选调参加脱产培训，安排参加中国干部网络学院、体育干部网络学院、中国体育彩票远程培训平台、体育总局学习讲堂、体彩大讲堂等培训，以及举办各类线上线下集中宣讲、专题讲座、业务培训、行动学习等。2017~2023年，总局体彩中心举办全国省（区、市）主任研修班18期，把各级领导班子的专业化能力建设作为强化系统观念和底线思维、提升风险防控意识和能力、把握高质量发展内涵要求、提高体育彩票经营管理能力和机构治理水平的一个重要途径，助力各级领导班子在事业发展中发挥核心引领作用。举办管理人员高级培训班9次，采用行动学习方式产出课题成果10余个，另外，引入了"内部控制和风险防范""系统思考与运营管理"等高校管理课程。举办体彩大讲堂14期，参加范围扩大至核心企业和省（区、市）体彩中心；还举办了优秀专管员研修班、代销者研修班等示范性培训项目。每年组织开展责任彩票、风险防控、品牌营销、渠道、创新、运营、产品、技术等全国性业务培训，此外还根据实际需要，开展党建、安全生产、公文、保密、网络安全、综合调研、采购、预算、统计、舆情应对、法规政策和管理制度、业务系统使用等知识学习培训，以体系化、全面化的培训促进体育彩票队伍履职能力提升。

核心企业在开展全员业务分享培训和通用能力提升培训的基础上，针对中高层管理者、后备干部、核心骨干、新入职人员和应届生分别建立了专门培训项目。比如运营公司面向中高层管理人员、后备干部分别开设管理能力提升项目，建立核心骨干人才培养发展机制，为团队长远发展奠定人才基础。各省（区、市）体彩中心主要是组织面向本地区体彩队伍的培训，结合各层各类队伍特点和实际需求，统筹开展一定数量的员工能力提升培训、基层队伍培训、内训师队伍培训、基层销售人员培训以及举办岗位技能大赛，普遍建立了系统化、专业化、精细化的培训体系。通过增强政治素养，筑牢责任意识，强化合规管理、风险防控，提升管理水平和服务水平，打造素质过硬的体育彩票人才队伍。例如，河南体彩中心建立了分级分类培训体系，职工综合培训班于2014年至2023年连续举办36期；陕西体彩中心成立培养教育领导小组，开展核心骨干定向培养项目；云南体彩中心重点打造培训师队伍；山东体彩中心健全内部培训师制度，多次组织管理层赴外省学习交流。2023年，河北体彩中心举办首期中层干部培训班，湖北、上海等体彩中心联合高校开展了管理人员培训班。

（四）搭建中国体育彩票远程培训平台，形成培训规模效应

2014年，总局体彩中心搭建了中国体育彩票远程培训平台，为各类体彩队伍尤其是实体店代销者、销售人员提供统一高效的线上培训课程，在开展培训的过程中充分体现了线上培训课程灵活性强、便利性高、学习成本低、培训数据可跟踪的优势。一是培训效率显著提升，线上培训确保了管理政策的及时下达，以及业务变化的及时更新；二是培训管理更加规范，通过标准化的培训内容和详细的培训数据，提升了对从业队伍的管理效率。10年来，培训平台不断完善课程开发和更新机制，升级系统功能，优化用户体验，各级机构共建共享课程资源，累计建设各类线上课程1066门。截至2023年底，培训平台注册账号共计29.37万个，全年有24.31万人参加线上学习，参学率为82.8%。全年共组织101次体育彩票培训平台统一培训，其中有16次培训项目覆盖全国范围的代销者和销售人员等基层队伍，累计参学人数达68万余人，培训内容不仅包含风险防控策略与实践、责任彩票理念推广、游戏玩法解析，还涵盖终端操作技巧、渠道管理优化等多条业务线的工作要点。

（五）开展基层实践锻炼，加大年轻干部培养力度

2022~2023年，总局体彩中心组织各部门和核心企业近三年新入职人员70人分12批次赴基层参加实践活动，通过实体店业务学习、专管员随

同学习和省（区、市）中心部门实践安排，了解基层销售实际，体验一线岗位职责，在实地观摩、实践运用中补齐新入职人员在彩票业务能力方面的短板弱项。同期还组织300人参加办公楼网点日常实践锻炼，事后学员们撰写了20多万字的基层实践报告，对参与体育彩票基层工作进行深入思考。年轻干部在提升体育彩票专业知识素养的同时，结合体育彩票发展和各部门工作实际，从风险、品牌、渠道三个维度审视和推动体育彩票发行销售的具体工作，提高了认识问题、分析问题、解决问题的能力。总局体彩中心还鼓励年轻干部积极参与调研、创新项目、支教帮扶、岗位锻炼、交流锻炼等，并完善奖励机制，搭建课题分享、调研分享等平台，加快推进年轻干部的成长成才。各省（区、市）体彩中心也不断完善人才培养方式，通过轮岗锻炼、挂职锻炼等培养方式，加强对年轻干部的培养。比如，浙江体彩中心建立各市体彩中心年轻干部挂职省体彩中心学习工作机制，2023年共有8人挂职省体彩中心，为各市体彩中心培养了人才；四川体彩中心安排省体彩中心无基层工作经验的干部到市体彩中心挂职锻炼。

（六）实施人才梯队建设工程，提升队伍精细化管理水平

2022年，总局体彩中心按照分层分类管理思路，印发《人才梯队建设工程实施方案（试行）》，明确了领军人才队伍、核心骨干人才队伍和优秀后备人才队伍的结构比例目标，提出了人才梯队选拔标准和选拔程序，推动建立动态化、制度化、体系化的人才梯队建设管理模式。按照实施方案的统一安排，核心企业开展了一系列人才梯队建设工作。例如，运营公司采用以业务为主体、人力资源赋能的工作模式，综合业绩、能力、潜力、价值观等多维度开展人才盘点入库工作；科技公司将能力素质标准与战略要求、业务特点和员工发展结合起来进行人才选拔；印务公司重视在重点项目、业务实践、工作代理中开展人才选拔和培养工作，促进"专才""通才"复合发展；骏彩公司探索新方法、新工具，采取自下而上的方式建立人才标准，通过绩效、能力矩阵实现人才梯队可视化，促进公司人才发展体系建设。部分

省（区、市）也开展了人才梯队建设，比如河北体彩中心在 2022 年人才库选拔的基础上，于 2023 年开展了业绩审核、民主测评、综合能力测试及行为面试综合评价等，选定入库人员 50 人，并有针对性地开展理论培训和课题研究，形成在库人员综合测评报告。

（七）完善制度规范，发挥考核激励的作用

随着我国人才意识的不断增强，用才导向的不断鲜明，体育彩票各级机构也很注重营造良好的人才环境，在党管人才的前提下，从管理架构、人才引进、培养、使用、评价、激励等方面，不断完善队伍建设机制，构建"选育用留"闭环管理体系。省（区、市）各级体彩机构建立健全绩效考核和激励机制，加强绩效管理，制定科学合理、可量化、可落地实施的绩效考核指标体系，通过指标考核将体育彩票高质量发展战略、重点工作要求落实到各级组织和岗位，突出高质量发展导向，引导树立正确的政绩观，充分激发和调动各类队伍推动高质量发展的积极性、主动性和创造性。发挥考核的"指挥棒"作用，将考核结果与薪酬、奖金、评优、职位调整等挂钩，树牢强担当、促作为的鲜明导向，推动队伍履职尽责、担当作为。2023 年，总局体彩中心将队伍建设情况纳入核心企业负责人考核指标；省（区、市）体彩中心着力构建基层队伍管理制度体系，并进一步完善省体彩中心、市体彩中心人员绩效考核制度。

（八）加强组织文化建设，大力弘扬体彩精神

在长期发展实践过程中，体育彩票以社会主义核心价值观为根本，提炼出了"责任、诚信、团结、创新"的体彩精神和"责任为先、公益公信为核心"的品牌价值观，并将其融入工作的各个环节。自 2019 年开始，总局体彩中心每年联合各省（区、市）体彩中心举办"体彩追梦人"评选活动，持续挖掘和培育先进典型，讲好新时代体彩故事，体现体彩文化的价值导向。2023 年，总局体彩中心印发《加强组织文化建设工作方案》，对本级层面的组织文化建设做出了系统部署，体现在突出思想政治引领、加强思想道

德建设、强化使命担当、提升履职本领、树牢正确选人用人导向、发挥工青妇群团组织作用等方面。各省（区、市）体彩中心则充分结合各自的公益特点、体育特点、业务特点、队伍特点等，通过积极开展"新长征助学"等公益行动、"最美体彩人"等树先评优活动、志愿服务等公益实践活动、体育彩票公益展览等文化活动、体彩系统运动会等体育活动、体彩业务知识技能竞赛、体育系统内外部单位共建活动、科普和法规制度宣传活动等，弘扬体彩精神，进一步深入加强组织文化建设，提高体彩文化软实力，不断形成有利于提升队伍凝聚力和向心力的工作氛围，赋能体育彩票高质量发展。

三 新时代体育彩票人才队伍建设的展望

近年来，体育彩票人才队伍建设工作取得了显著的成效，但新时代体育彩票要实现高质量发展对人才队伍建设提出了更高的要求。受到事业单位管理体制的某些约束，从省（区、市）体彩中心的反馈来看，体育彩票人才队伍建设既存在人员配备不足、激励效果有限等方面的问题，也存在基层培训工作有待加强、创新变革能力有待提升的问题。因此，扩大队伍规模、优化队伍结构、提升队伍素质，仍将是体育彩票人才队伍建设在未来一段时间内的总体目标。

（一）加强党的全面领导，构建人才队伍建设新格局

体育彩票机构党委或党支部切实担负起管宏观、管政策、管协调、管服务的责任，加强党对人才工作的全面领导，全面贯彻落实新时代人才工作新理念，加强对人才工作的前瞻性思考、全局性谋划、战略性布局、整体性推进，将人才队伍建设列入班子重要研究事项，从整体目标实现的角度加强对人才队伍建设工作的部署。进一步完善人才队伍建设工作机制，明确牵头部门或团队，推进人才队伍建设工作规划的落地实施，把党的领导贯穿于人才队伍建设工作全过程。

（二）加强政治引领作用，增强人才队伍建设新底气

将思想政治工作与体彩业务工作结合起来，引导各类队伍深化从政治上看彩票的意识，进一步加强对政策的把握和落实，持续开展培训，强化风险意识、责任意识、忧患意识，坚持底线思维和问题导向，牢固树立和践行正确的政绩观，始终站在国家利益、人民利益、政治安全的高度开展体育彩票工作。按照需要，分类分级开展履职能力和业务培训，统筹利用内外部资源完善人才培训体系，健全评价机制。对基层队伍及销售队伍开展专项培训，提升其政策素养、执行能力、管理水平和服务水平。

（三）加强政策和资源保障，完善人才队伍建设新机制

高质量推进新时代体育彩票人才队伍建设是一项新课题、大课题，也是体育彩票系统的必答题、共答题。新时代体育彩票实现高质量发展要求各级机构进一步把握人才队伍建设的战略性意义，加大资源支持力度，努力打造一支高素质、专业化人才队伍。通过加强班子建设、发挥体制优势、实施队伍分类管理、加强能力素质培训、健全管理制度体系、提高管理水平、推进组织文化建设、增强团队凝聚力等多种措施加强队伍建设，注重一体化推进人才梯队、年轻干部、基层队伍等各方面的工作，从而进一步壮大队伍规模、优化队伍结构、提升队伍能力，为推动体育彩票高质量发展提供强有力的人才支撑和智力保障。

参考文献

周文斌、李宁、唐华茂：《新时代人才强国战略下国有企业人才队伍建设研究》，《企业经济》2023 年第 4 期。

胡成琢、李华：《中国式现代化进程中的干部队伍建设：历史逻辑与发展路径——基于党的八大至二十大报告的考察》，《中共云南省委党校学报》2023 年第 4 期。

专题篇

B.11
中国体育彩票责任彩票内容体系研究*

张弛 冯欣 王乐萌**

摘　要：　作为国家特许发行的体育彩票，必须厘清责任彩票内容体系，切实履行社会责任。彩票业发达国家（地区）普遍建立较为完备的责任彩票内容体系。同时，这些国家（地区）责任彩票发展也存在缺乏对非理性购彩行为的统一甄别标准、缺乏有效验证责任彩票的实施机制等问题。我国体育彩票责任彩票管理存在法律法规基础仍然较为薄弱、责任彩票体系与公共健康体系的对接有待进一步加强等问题。中国体育彩票应本着突出国家公益彩票定位，坚持依法治彩、坚持创新驱动发展的原则，在调查研究、游戏、渠道、技术、品牌、队伍、购彩者、利益相关者、报告和评估等工作领域进行多样的内容构建，建立有中国特色的体育彩票责任彩票内容体系。

＊　原载于《体育科学》2019年（第39卷）第9期，收入本皮书时根据最新情况进行了修改完善和更新。

＊＊　张弛，国家体育总局体育彩票管理中心主任、党委书记，主要研究方向为体育经济、体育管理；冯欣，国家体育总局体育彩票管理中心即开游戏管理处处长；王乐萌，社会学博士，国家体育总局体育彩票管理中心竞猜游戏管理处处长。

关键词：　体育彩票　责任彩票　国家公益彩票　社会责任

20 世纪 80 年代，新中国彩票事业拉开发展序幕。1984 年 10 月 10 日，中国田径协会和中国体育服务公司在北京市销售被认为是新中国体育彩票雏形的"发展体育奖——一九八四年北京国际马拉松赛"奖券。1989 年 8 月"第十一届亚运会基金奖券"发行，它是新中国首次为国际大型体育赛事筹款并第一次在全国范围内发行的体育彩票。1994 年 4 月 5 日，国家体育运动委员会体育彩票管理中心（现国家体育总局体育彩票管理中心）在北京正式成立，在全国范围内统一发行、统一印制、统一管理体育彩票。2009 年 7 月 1 日，《彩票管理条例》正式实施，标志着我国体育彩票事业开始进入法治化管理轨道，成为特许发行的国家彩票，为构建我国公共体育服务体系、推动公益事业发展、建设体育强国发挥了重要作用。

30 年来，中国体育彩票事业发展成果显著，发行销售规模不断扩大，筹集资金功能完备。截至 2023 年 12 月 31 日，全国体育彩票累计销售 30423.8 亿元，公益金筹集总额约为 7832.17 亿元。[①] 体育彩票公益金是我国福利、体育等社会公益事业的重要资金来源，广泛用于补充社会保障金、扶贫事业、教育助学、养老服务、医疗救助等领域。在体育事业方面，公益金也为我国全民健身事业和竞技体育事业发展提供了有力的保障。

然而，随着我国体育彩票事业的发展，一系列如信任危机、技术风险、非理性购彩等深层次问题日益凸显。近年来，社会各界对彩票的公益性和公信力提出了更高要求，"责任彩票""彩票社会责任"等相关概念引发了极大关注。将社会责任概念引入彩票行业，以充分体现体育彩票的公益性，更好地发挥体育彩票在社会发展中的作用，已成为当前社会关注的热点议题。作为国家特许发行的体育彩票，引入"责任彩票"概念，建立和健全"责任彩票内容体系"，切实履行社会责任，无疑是促进其全面健康发展的必由之路。

---

①　数据来自国家体育总局体育彩票管理中心。

一 彩票的社会责任和责任彩票

（一）彩票和彩票的社会责任

彩票一词源自荷兰语 "loterij"，意为命运或天命，在英文中一般用 lottery 表示。迄今为止，学界还未形成对彩票概念的统一界定，我国在《彩票管理条例》中将彩票定义为"国家为筹集社会公益资金，促进社会公益事业发展而特许发行、依法销售，自然人自愿购买，并按照特定规则获得中奖机会的凭证"，这是截至目前我国官方对彩票做出的最权威的概念界定。

彩票社会责任的概念是从社会责任的概念迁移而来。社会责任（Social Responsibility，SR）的概念源自英国学者欧立文·谢尔顿（Oliver Sheldon）在 1924 年考察美国新兴企业后提出的企业社会责任（Corporate Social Responsibility，CSR）。[①] 2010 年 11 月，国际标准化组织（ISO）正式发布了 ISO 26000《社会责任指南》，用社会责任（SR）代替企业社会责任（CSR），并把履责主体扩展到企业之外的所有组织，提出了适用于所有类型组织的社会责任概念：组织通过透明的、合乎道德的行为，为其决策和活动对社会与环境的影响而承担的责任。这些行为贡献于可持续发展，包括促进健康和社会福利发展；考虑利益相关的期望；遵守适用的法律，并与国际行为规范一致；全面融入组织，并在其关系中得到实践。

（二）责任博彩和责任彩票

责任彩票的概念是由责任博彩置换而来。责任博彩也称负责任博彩，在英语中的表达词语为"responsible gambling"或"responsible gaming"。责任博彩多在发达国家（地区）博彩业相关的政策文件的规则规范以及彩票公

---

① Oliver Sheldon, *Philosophy of Management*, London: Sir Isaac Pitman & Sons, Ltd. , 1924.

司的实施细则中被提及，目前学界并未对其概念达成共识。

从历史发展的角度来看，质疑声和异议一直与博彩业的发展如影随形，而造成其负面影响的核心问题之一是"问题博彩"。为应对问题博彩，欧美各国相继提出责任博彩的理念并付诸实践。实践的核心是"减少或消除危害"，也就是说"责任博彩"是针对博彩的负面效应尤其是针对问题博彩而提出的一种策略。由于部分国家（地区）的博彩业是合法的，博彩业和彩票业并不各自独立，在这些国家（地区），责任博彩的概念中就已经包含了责任彩票的概念，责任彩票的理念也由此产生并被付诸实践。

在责任彩票和彩票社会责任的概念界定以及使用哪个概念进行表述更为准确等问题上，学界目前还未能达成一致。综合分析各种观点，虽然二者在界定中存在一定的分歧，但主旨都是通过"责任"担当，减小或消除社会负面影响，最终促进彩票行业的健康、稳定发展。随着世界博彩业的发展及各国对博彩业管控的加强，"责任博彩"已成为一个动态概念。责任博彩既是指导思想，也是制度措施的集合。也就是说，在"责任博彩"理念的指导下，通过采取相关措施，建立相关制度推动博彩业规范发展，以实现社会效果的最大化。因此，从学习和借鉴责任博彩所倡导的理念出发，从我国体育彩票行业实施角度考虑，本文采用"责任彩票"一词。

二　世界责任彩票的实践

（一）彩票业发达国家的责任彩票实践

全球彩票行业在蓬勃发展的同时也带来了一定程度的负面效应，过度博彩、非理性博彩、问题博彩已经成为彩票行业朝着正确、健康道路迈进的制约因素。综观全球彩票行业，防范与控制彩票带来的社会问题与负面影响、杜绝未成年人购彩、解决购彩沉迷问题等，一直是世界各国关注的焦点。

为了较为全面地阐述国外责任彩票实践情况，本文选取彩票业发达的英国、美国、意大利作为分析案例，三国参照世界彩票协会的责任彩票内容框架，形成了各自独特的责任彩票内容体系（见表1）。

总体看来，彩票行业发达的国家已经建立起成熟的彩票运作模式、完善的法律保障和监管体系，彩票行业得以健康快速地发展。

表1　英国、美国、意大利责任彩票的主要内容

国家	主要内容
英国	博彩资格展示；博彩业对于购彩者钱财的保护；通过机器及工具控制博彩；设立部门为公众提供博彩建议；引进购彩者的自我排除计划
美国	责任博彩研究；零售商项目；互联网彩票售卖渠道；彩票玩法设计；广告和营销；员工培训项目；预防和医疗措施；购彩者教育；彩票报告和统计以及利益相关者参与
意大利	彩票学习与研究；彩票游戏的设计与评估；员工培训；分销商网络培训；负责任的商业宣传；购彩者教育；远程彩票安全；帮助问题博彩人员

资料来源：根据英国、美国、意大利彩票机构官方网站资料整理。

（二）世界彩票协会的责任彩票框架

世界彩票协会（World Lottery Association，WLA）成立于1999年8月，由国家彩票组织国际协会（International Association of State Lotteries，AILE）和国际足球和乐透型彩票组织协会（Intertional Associuation of Toto and Lotto Organization，INTERTOTO）合并而成。世界彩票协会是国际上唯一的最具权威性的彩票协会，它是由各国彩票运营商、技术设备供应商等组成的国际性行业组织。

2004年，为了更好地规范建设责任彩票，WLA开始针对会员机构研究制定统一的责任彩票框架。2006年，《世界彩票协会责任彩票框架》（简称《框架》）正式发布。《框架》将"责任彩票准则"纳入各彩票会员机构的日常经营活动中，要求所有会员机构都必须遵守最严格的社会责任与责任彩票标准，以责任彩票七大准则作为基础，通过十项基本内容和四级认证，指导并规范彩票机构开展日常责任彩票工作，所有的会员机构也将根据自身责任彩票建设情况，向WLA提交认证申请（见表2）。

七大准则从彩票机构和运营商的角度出发，统筹考虑不同利益相关者的

利益，对责任彩票做了基础性的准则规定。WLA 以七大准则为基础，结合研究、员工计划、零售商计划、游戏设计、远程游戏渠道、广告与营销宣传、购彩者教育、治疗推荐、利益相关者参与、报告和评估十项基本内容，共同构成了责任彩票框架。这十项基本内容是彩票机构在彩票发行前、中、后不同阶段中应当做到的。作为一个标杆性的内容框架，其已经被众多发达国家（地区）学习借鉴，并形成本国（地区）独特的责任彩票内容体系。

表 2　世界彩票协会责任彩票的七大准则

名称	内容
准则 1	既要保护购彩者和弱势群体的利益，又要坚持在各自的管辖范围内维护公众的秩序；采取合理、妥善的措施实现目标
准则 2	确保机构的运营实践、操作流程做到经营者自律、个人负责任、符合政府相关规定的"三合一"
准则 3	尽可能充分理解、分析调查研究文件，真正重视关于负责任博彩的相关事务
准则 4	和利益相关者（管理者、政府、非政府组织、公众健康专家、调查研究者、普通公民）一起努力，共享信息，不断研究，尽可能广泛地促进负责任博彩的发展，让公众更好地了解博彩
准则 5	在所有经营活动中，只能促进合法的、负责任的博彩，包括努力确保其代理商在产品和活动的宣传与营销方面也要这样做
准则 6	为公众提供准确信息，让购彩者可以在彩票游戏的管辖权内做出明智的选择；要求运营商在对彩票产品开展营销活动时做到合理自律，提供关于彩票及相关风险的准确信息（如教育计划）
准则 7	做出必要的、合理的努力来管理、测试和修改玩法，再推广到社会，向公众公告

资料来源："WLA Principles"，https://www.world-lotteries.org/services/industry-standards/responsible-gaming-framework/principles。

（三）责任彩票实践中存在的主要问题

虽然彩票业发达国家（地区）的责任彩票实践已取得显著成效，但仍然存在某些问题，阻碍了其责任彩票实践的进一步发展。

首先，缺失问题购彩具体行为的统一甄别标准。对于博彩体系发达的国家（地区），问题博彩主体参与者的甄别主要是通过 CPGI 量表、SOGS 量表和 DSM-IV 量表的统计分析。各国（地区）的分歧在于对问题博彩行为主体的定义和认知不同，这种不同是由各国（地区）的博彩业在发展历史、运作模式、监管体制等方面的差异导致的。这种分歧导致缺失一种适用于各个地区、适用于每个问题购彩参与主体的具体行为的统一甄别标准。在缺乏统一标准的情况下，对问题博彩行为的统计和评价出现了数据可靠性降低、研究角度及内容分歧增多等问题，有些国家（地区）的研究结果甚至出现截然相反的情况，增加了进一步归纳购彩行为成因、制定通用预防措施、探索有效后续治疗途径等相关研究的难度。

其次，缺失有效验证责任彩票的实施机制。随着全球范围内一些国家（地区）问题博彩日益严峻，各国（地区）的责任博彩意识日益增强。目前，针对减少问题购彩行为危害的法案和行业守则越来越多，但其中许多措施的落实还存在一定难度，各国（地区）对责任彩票包含的内容尚未形成统一的标准。在上述彩票行业发达的国家中，除英国拥有完整的负责任博彩行为评估机制以外，其他国家对措施影响程度、措施的不足之处还没有具体的验证评估机制，这给改进责任彩票系统机制建设带来了困难。

三　中国体育彩票责任彩票发展概况及其面临的主要问题

（一）中国体育彩票责任彩票发展概况

我国已采取了部分措施来降低体育彩票发展带来的负面社会影响。《彩票管理条例》规定：在彩票销售场所应当张贴警示语，不得进行虚假以及误导宣传。《彩票发行销售管理办法》规定：对各彩票品种的营业时间、投注和设奖要做出限制。2017 年，在体育彩票半年工作会议上，全国体育彩票系统首次明确提出"建设负责任、可信赖、健康持续发展的国家公益彩票"的发展目标。2018 年，国家体育总局体育彩票管理中心将"责任彩票"建设列为重点工作，结合国家体育总局发布的《体育彩票发展"十三五"

规划》，科学制定并全面实施"责任彩票"规划，指导各省（区、市）体育彩票管理中心开展责任彩票工作。2018年3月，国家体育总局体育彩票管理中心发布了体育彩票历史上首份社会责任报告（《中国体育彩票2017社会责任报告》）。至2018年底，31个省（区、市）体育彩票销售机构全部发布了本区域的社会责任报告，向社会宣示体育彩票行业的社会担当。2018年12月，国家体育总局体育彩票管理中心通过世界彩票协会责任彩票三级认证。这在中国彩票行业尚属首次，也标志着体育彩票的"责任彩票"建设踏上了新的征程。2019年3月，国家体育总局体育彩票管理中心发布的《中国体育彩票2018社会责任报告》深度介绍了体育彩票在履行公益责任、依法合规运营、公开透明开奖、优化购彩服务等方面的行动实践，再一次向社会展示体育彩票的社会责任。随着一系列新政策、新规范的实施落地，体育彩票责任彩票也将进入新的发展时期。

（二）中国体育彩票责任彩票发展面临的主要问题

1. 新时代对中国体育彩票责任彩票发展提出新需求

（1）政府层面：社会责任已上升为国家战略

习近平总书记在党的十九大报告中指出，经过长期努力，中国特色社会主义进入了新时代，这是我国发展新的历史方位；我国社会的主要矛盾已经转化为人民日益增长的美好生活需要和不平衡不充分的发展之间的矛盾。新时代呼唤新责任，新时代我国社会主要矛盾的解决，离不开社会责任的进一步发展。在ISO 26000《社会责任指南》发布后，企业社会责任已推广到了社会责任，履责的主体扩展到包括政府、企业、NGO在内的各类组织，同时扩大了社会责任的内涵，ISO 26000提出，"社会责任的基本特征是组织将社会和环境考虑纳入决策并为其决策和活动对社会和环境的影响承担责任的意愿"，[①] 在建设人与自然和谐共生现代化的新征程中，在打造共建共治共享的社会治理格局和有效维护国家安全领域，各类组织都需积极作为，实

---

① 殷格非、于志宏、管竹笋主编《ISO 26000 一百五十问》，中国三峡出版社，2018，第33页。

现更高质量、更有效率、更加公平、更高质量的发展。从国家战略层面推进我国企业社会责任建设，对内可为经济社会的高质量发展提供可靠的保障，对外有助于提升中国作为"负责任大国"的国家形象。

（2）社会层面：履行社会责任成为时代命题

近年来，很多企业制定符合自身发展的社会责任生产规范，并且向社会发布企业年度社会责任报告，以寻求社会的监督。随着改革开放的深入，人民物质生活不断改善，受教育程度不断提高，观念越来越与国际接轨，社会对企业或组织的期望也不断提升，国家"十三五"规划提出创新、协调、绿色、开放、共享五大发展理念，在此基础上，各行各业也将社会责任作为其发展的战略目标之一。

（3）体彩层面：突破发展瓶颈，推动健康可持续发展

经过20余年的发展，体育彩票已树立良好的公益形象，奠定了持续发展的坚实基础，为公益彩票承担社会责任打下了坚实的基础。顺应时代潮流，牢固树立以人民为中心的思想，助力全民健身国家战略实施和健康中国建设，是新时代赋予中国体育彩票的重要任务。然而，"十三五"以来，在销售规模不断扩大的同时，体育彩票业务的复杂程度显著提升，挑战加剧。一方面，市场增速放缓，产品创新乏力，渠道拓展速度放缓，购彩人群结构固化，国家彩票的基本属性与公众对彩票的认知不匹配，地下私彩等问题不断显现，成为阻碍发展的瓶颈；另一方面，彩票作为射幸游戏的负面效应更加凸显，日益成为社会舆论关注的焦点，特别是在互联网高速发展的时代，偶发性事件易被快速传播、无限放大，甚至引发社会问题，对彩票机构的运营能力提出了更严峻的挑战。

2. 中国体育彩票责任彩票的法律法规基础仍然较为薄弱

（1）中国体育彩票责任彩票现行法律法规基础

目前，我国责任彩票的法律基础主要为上位法律和同位阶法律中的相关内容。根据《中华人民共和国宪法》（简称《宪法》）第十二条以及第十五条规定，彩票公益金作为社会主义的公共财产受国家保护，禁止任何组织或个人用任何手段侵占或者破坏，国家依法禁止任何组织或个人扰乱社会经

济秩序。《宪法》从国家根本大法的高度为中国体育彩票责任彩票构建提供了法律基础。《中华人民共和国反垄断法》第七条规定：国有经济占控制地位的关系国民经济命脉和国家安全的行业以及依法实行专营专卖的行业，国家对其经营者的合法经营活动予以保护。这一规定也为中国体育彩票责任彩票受到国家依法保护提供了法律依据。此外，由于彩票和赌博都属于机会游戏，依靠概率以小博大，其外在形式具有一定程度的相似性，但两者在本质上截然不同，因此，赌博是国家严令禁止的行为，而彩票则作为国家筹集公益资金的一种手段，国家特许经营。与之相对应，《中华人民共和国治安管理处罚法》第七十条、《中华人民共和国未成年人保护法》第三十四条和《中华人民共和国刑法》第三百零三条都对赌博行为进行了否定，也从侧面为体育彩票责任彩票的构建提供了法律基础。

我国体育彩票行业的规章制度主要通过财政部和国家体育总局的部门规章和规范性文件等进行制定（见表3）。自1994年国家体育运动委员会体育彩票管理中心成立以来，与体育彩票相关的法规文件陆续颁布，并且适应时代发展要求，与时俱进，使体育彩票发行与运作过程中的各项细节得到不断完善。2009年，国务院颁布的《彩票管理条例》对我国彩票的发行、销售、兑奖、资金管理、法律责任等方面做出了详细的规定，是我国在彩票领域的最权威规范。

表3　中国体育彩票责任彩票的相关法规

制定主体	公布时间	法规文件名称
财政部	2006年3月	《关于调整彩票公益金分配政策的通知》
国务院	2009年5月	《彩票管理条例》
财政部	2010年9月	《互联网销售彩票管理暂行办法》
财政部	2012年3月	《彩票公益金管理办法》
财政部	2012年11月	《彩票机构财务管理办法》
国家体育总局	2012年12月	《国家体育总局彩票公益金使用管理规定（暂行）》
财政部、国家体育总局	2013年12月	《中央集中彩票公益金支持体育事业专项资金管理办法》
财政部	2014年3月	《电话销售彩票管理暂行办法》
财政部、民政部、国家体育总局	2018年1月	《彩票管理条例实施细则》

制定主体	时间	法规文件名称
国家体育总局	2018 年 2 月	《即开型体育彩票自助兑奖管理暂行规定》
财政部	2018 年 11 月	《彩票发行销售管理办法》
国家体育总局	2018 年 12 月	《体育彩票公益金资助项目宣传管理办法》

资料来源：根据国务院、财政部、国家体育总局官网整理。

这些行政法规为中国体育彩票责任彩票提供了相关法规基础。例如，《彩票管理条例》第十八条和第二十六条规定彩票经营者不得向未成年人出售彩票，不得向未成年人兑奖，将未成年人排除在购买与兑换彩票的人群范围之外，体现了中国体育彩票责任彩票保护未成年人身心健康的意识；《广播电视广告播出管理办法》第十二条规定"除福利彩票、体育彩票等依法批准的广告外，不得播出其他具有博彩性质的广告"，在肯定了彩票合法地位的同时，在播出条件上加入了依法批准的前提，这在一定程度上制止了彩票广告无限度的传播，体现了责任彩票构建中保护消费者的意识。

（2）中国体育彩票责任彩票现行法律法规基础存在的缺陷

我国体育彩票管理的法治化进程处于不断推进状态，但截至目前，我国法律法规的薄弱已成为阻碍中国体育彩票责任彩票发展的重要因素之一。

首先，体育彩票法治化建设的滞后导致责任彩票缺乏权威性和稳定性。法律是管理国家和社会事务的主要手段，参照国际经验，体育彩票发展必须以社会立法为手段，使其法治化、规范化运作。但目前我国体育彩票法制建设仍然表现出基础薄弱、法律法规体系不完备、缺乏可操作性等特点，没有国家层面的彩票法，缺乏法律的权威性、统一性和稳定性，这一现象传导至体育彩票责任彩票层面，使体育彩票责任彩票缺乏强有力的法律基础。

其次，体育彩票法治化建设的滞后导致责任彩票缺乏顶层设计。目前，我国彩票业制度的制定主要依靠行政部门制定的法规、规章与政策性文件，以"条例""暂行条例""通知""意见"等为主要形式。作为行政法规，它们不可避免地带有浓厚的管理色彩，更多地关注解决眼前问题而欠缺长远发展目光，且多具有应急性、暂时性的特点。这使我国体育彩票发展的顶层设计受到一定程度的限制。延展来看，缺乏完善的体育彩票法制体系，立足长远、覆盖全面的体育彩票责任彩票顶层设计便是无源之水、无本之木。

最后，体育彩票法治化建设的滞后导致责任彩票缺乏系统性。在理论层面，责任彩票包含对国家、对社会、对彩票行业及相关产业在经济、法律、环境、慈善和伦理等方面承担的任务与义务。在操作层面，责任彩票将涉及彩票发行、销售、监管的全过程。体育彩票责任彩票由此具有涉及领域广泛、涉及环节众多的特点，这也对统筹相关领域、协调不同部门工作提出了较高要求，因此迫切需要从法制层面加以解决。然而，目前我国体育彩票法律法规体系尚不完善，使得责任彩票系统性建设存在较大困难。

3. 中国体育彩票责任彩票体系与公共健康体系的对接有待进一步加强

21 世纪以来，基于公共健康视角的博彩研究兴起，责任博彩工作的重心由以往对个体问题博彩的诊断转向对博彩群体博彩危害的预防。从公共健康视角来看，问题购彩者的产生是购彩者购彩行为连续体的极端表现，购彩危害会在问题购彩者身上得到集中体现，但除了问题购彩者之外，普通购彩者也会遭遇购彩危害。在公共健康视角下，责任博彩不仅应重视对问题购彩者的诊断与治疗，其核心任务更在于对整个购彩群体购彩危害的预防。在实践层面：一是宣传，对博彩活动和购彩者的态度与行为进行告知以协调他们的博彩行为；二是预防，预防出现与博彩相关的一系列问题；三是保护，保护易受伤害人群和处在风险中的人群。

目前，越来越多的国家（地区）开始将问题博彩视为一个公共健康问题，认为责任博彩制度构建工作也应从公共健康领域开始。公众娱乐价值是博彩业的核心价值，既为娱乐，健康则是应有之义。博彩自由化的主要影响是带给社会民众娱乐，如何保障民众健康地娱乐是应该关注的重点。越来越多的国家（地区）开始从公共健康角度认知与改善问题博彩，对问题博彩的实际救助往往基于国家（地区）公共健康体系及已有的相关医疗资源

（如成瘾治疗）构建能够实现咨询、辅导与治疗的救助服务网络。

基于公共健康视角，可以从更高层面来构建责任彩票制度，以更宽广的视野来应对非理性购彩现象和相关负面影响。从责任彩票制度体系看，既需要对非理性购彩的治疗干预制度，也需要教育预防制度。在我国，从公共健康视角分析非理性购彩现象，公共健康体系与责任彩票内容体系的对接已处于实践阶段，通过电话热线、心理咨询等方式实现对问题购彩者的救助等已在部分地区开展。然而，关于如何将责任彩票的宣传、预防和保护等工作内容与公共健康体系对接，如何在国家公共健康体系及已有的相关医疗资源基础上实现对问题购彩者的实际救助等问题，还缺乏有效研究与实践探索。

四　中国体育彩票责任彩票内容体系

（一）中国体育彩票责任彩票内容体系的构建思路

中国彩票的发行与管理既通过企业市场化运作，又有公益性事业管理的特点，与大多数国家（地区）彩票的公司化运作管理存在差异，这决定了中国彩票社会责任框架既不能简单套用西方社会责任框架体系，也不能完全采用西方责任博彩的原则及实施路径。因此，在中国体育彩票责任彩票内容体系建设的过程中，应借鉴国际彩票行业责任彩票理念和最佳实践，通过提炼、总结、吸收先进经验及共同观点，参照中国法律法规，结合中国体育彩票发展实际及体彩特色，将责任的理念和要求全面贯穿于体育彩票运营管理活动，建设既符合中国实际情况又与世界标准对接的、具有自主知识产权的中国体育彩票责任彩票内容体系。

在构建中国体育彩票责任彩票内容体系的过程中，界定中国体育彩票责任彩票概念和确定中国体育彩票责任彩票构建原则二者缺一不可，居基础地位。概念的界定为体育彩票责任彩票体系的确立提供了总的发展框架，规定了责任彩票的实施主体和实施原则；构建原则为体育彩票责任彩票内容体系提供了发展原则，明确了责任彩票体系运行需遵守的行为标准。通过对它们的论证与分析，可以明确体育彩票责任彩票所涉及的具体工作领域与工作范围，从而进一步构建中国体育彩票责任彩票内容体系（见图1）。

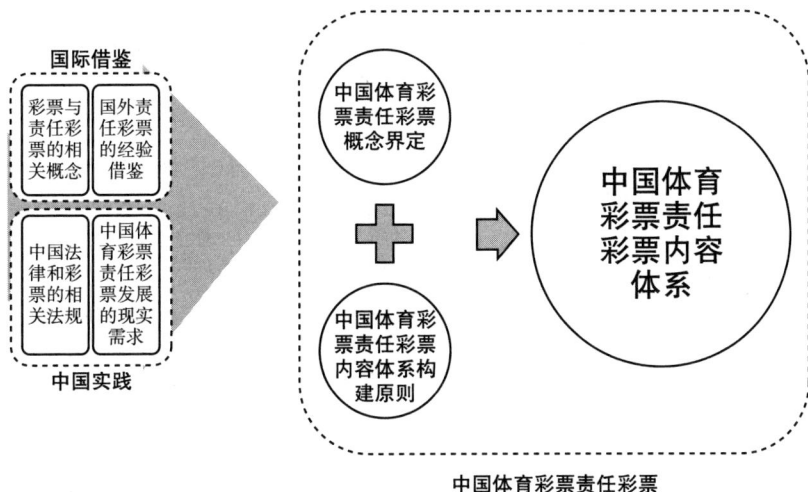

图1　中国体育彩票责任彩票内容体系构建思路

资料来源：笔者自制。

（二）中国体育彩票责任彩票内容体系的构建基础

1.中国体育彩票责任彩票的概念

如前所述，责任彩票的概念最早由责任博彩的概念置换而来，并且在很多国家（地区）责任彩票理念并未独立于责任博彩理念，而是以责任博彩的主要工作内容形式存在。与责任博彩概念的提出是为应对问题博彩等负面影响一致，责任彩票的理念与概念界定也是在应对非理性购彩、问题购彩等负面影响的过程中逐渐形成和完善的，这也使得责任彩票制度的构建以问题购彩为中心而展开，其对责任彩票的描述或定义多从预防及减少购彩带来的负面影响并提出对应性策略出发（见表4）。

表4 国际关于责任博彩/责任彩票的定义/描述

机构性质	机构名称	定义/描述
国际及区域彩票协会	世界彩票协会（WLA）	旨在保护世界各地的购彩者，通过会员的承诺和不断的努力，确保公众受到保护，同时保证可持续的收入以长期支持公益事业
	欧洲彩票协会（EL）	责任博彩的主要目的是使彩票对社会各界的风险降到最低，尤其是对于弱势群体；在致力于打击非法赌博和相关犯罪活动的同时，通过控制过度投注尽量减少对社会和弱势群体的潜在危害；将教育和预防作为欧洲彩票开展负责任博彩的首要工作
	北美彩票协会（NASPL）	致力于协助相关机构重点关注对博彩和问题博彩的预防、教育、治疗、执法和研究等方面
政府性机构	美国博彩委员会（AGA）	责任博彩旨在防止和减少博彩相关的潜在风险，如防止未成年人赌博，防止购彩者成瘾性赌博等
	中国澳门博彩监察局（DICJ）	在一个适度监管的环境下，博彩者在参与博彩时不会对本人、家人、亲人、其他博彩者、娱乐场员工的安全健康构成威胁，或给本地区及博彩者原居地带来负面的影响就是负责任博彩
	美国马萨诸塞州博彩委员会（MGC）、英国博彩委员会（UKGC）	责任博彩：以对购彩者及社区危害最小化的方式提供博彩服务。①社会责任：就是保护人们不受赌博相关的伤害。②支持博彩监管基础的三个许可的目标：远离赌博犯罪，博彩应该以公平和开放的方式进行，儿童和其他弱势群体应该受到保护、免受赌博的危害
发行销售机构	北美：加拿大安大略彩票	责任博彩：一种告知购彩者游戏运作信息以及确保安全购彩，预防并阻止问题产生的方式，对于那些非理性购彩者，责任博彩是减少危害并能够提供支持服务的桥梁。定位：旨在以高效和培养社会责任感的方式提供博彩娱乐服务，最大限度地提高安大略省相关经济组织及社区居民的经济效益。目标：通过为当地创造经济收入、增加社会福利，实现让安大略省人民生活得更美好
	欧洲：爱尔兰国家彩票	我们承诺以践行社会责任的方式运营国家彩票；我们的目标是提供令人兴奋和有趣的彩票游戏，为每个人带来乐趣和娱乐体验，同时使那些不满18岁的未成年人及弱势群体得到保护；为爱尔兰人民提供世界一流的彩票，为爱尔兰政府的慈善、公益事业筹集资金
	大洋洲：澳大利亚乐透	责任博彩应在一个潜在危害最小的环境中进行，人们能够对自身参与博彩的行为做出明智的决定；责任博彩是由个人、社区、博彩行业和政府共同肩负责任并开展行动的结果，从而践行社会责任，回馈社区

机构性质	机构名称	定义/描述
发行销售机构	亚洲：中国香港马会	致力于提供世界最高水平的赛马、体育及博彩娱乐；同时维持全港最大慈善公益资助机构的地位；对于赛马观众、本会会员、投注人士、慈善机构、香港政府、奖券投注者、公益团体、全港市民都不能有负所望，力求置身全港最备受推崇机构之列；在博彩及奖券方面提倡有节制博彩，提供一流的博彩及奖券服务以满足大众的需求，防止他们参与非法赌博活动

资料来源：笔者依据各协会及彩票机构官网资料整理。

此外，随着经济全球化的不断深入，国内一些国际化程度较高的行业和具有战略眼光的大型企业率先开启了中国企业承担社会责任的尝试，其中以金融行业最具代表性。因此，可以从企业社会责任角度入手，结合中国的国情对中国体育彩票责任彩票的概念进行系统、全面的界定（见表5）。

表5　国内金融行业社会责任定义

机构	对行业社会责任的界定
银监会	银行业金融机构承担着对股东、员工、金融服务消费者、社区、社会的责任，承担着建立和谐劳动关系和公平竞争市场、可持续发展环境的法律责任和道德责任
证监会	上市公司对国家和社会的全面发展、自然环境和资源，以及股东、债权人、职工、客户、消费者、供应商、社区等利益相关方所应承担的责任等
保监会	通过道德、经济、法律等方面的行为和措施，加强与公众、政府部门、社会团体的互动，有效管理企业经营对社会各方面的影响，加大对社会公共事业的支持力度，从而实现经济、环境和社会综合效益的统一所应承担的责任

资料来源：《中国银监会办公厅关于加强银行业金融机构社会责任的意见》（银监办发〔2007〕252号）；《深圳证券交易所上市公司社会责任指引》（证监会网站）；《中国保监会关于保险业履行社会责任的指导意见》（保监发〔2015〕123号）。

基于以上分析，可将中国体育彩票责任彩票的概念界定为："在依法合规运行、履行公益金筹集使命的基础上，对彩票发行销售过程参与者，以及对国家、对社会、对彩票行业及相关产业，在经济、法律、环境、慈善和伦理等方面承担的任务与义务。"具体来说，就是要在杜绝未成年人购彩、预防购彩沉迷、加强对问题购彩者帮扶救治、重视工作人员及利益相关方的诉求与利益、维护公平公正公开的市场秩序、防范对社会和环境危害等多方面体现体育彩票社会责任。

2. 中国体育彩票责任彩票内容体系的构建原则

中国体育彩票责任彩票内容体系的构建原则决定其行为标准与底线要求，因此，在构建中国体育彩票责任彩票内容体系中居于核心地位。构建原则的确立同样应在考虑各国（地区）经验的基础上，参照我国的相应法律法规，充分分析中国体育彩票的定位、法律环境、发展现实情况等因素，提出符合中国体育彩票实际的构建原则，并将其分解为具体实施措施（见表6）。

表6 中国体育彩票责任彩票内容体系的构建原则及具体实施措施

构建原则	具体实施措施
突出国家公益彩票定位	建立公益品牌 设计健康游戏产品 加强员工责任彩票培训 支持问题购彩者辅导 提供责任彩票投诉机制
坚持依法治彩	保护未成年人 禁止贷款购彩 诚信广告宣传与营销 规范销售渠道 教育购彩者
强化社会责任	联动协同利益相关者 因地制宜逐步落实 参考全球标准及经验
坚持创新驱动发展	定期研究了解市场变化 持续自评独立检查 引领科技持续加强

资料来源：笔者自制。

3.中国体育彩票责任彩票的主要工作领域

从世界范围看,以市场发展与健康彩票理念为平衡点,各国（地区）和各类彩票机构均对责任彩票的主要工作领域进行了明确界定,其中有代表性的有世界彩票协会的"游戏责任框架"（见表7）。

表7　世界彩票协会"游戏责任框架"涉及的主要工作领域

工作领域名称	主要工作内容
研究	对负责任博彩相关研究的系统化流程进行支持或者开展、整合与宣传
员工计划	支持并且确保所有员工都能高效应用责任彩票原则的系统化方法
零售商计划	支持并且确保所有零售商及其一线员工都能高效应用责任彩票原则的系统化方法
游戏设计	在新彩票及游戏产品设计、选择和推介时,考虑到有据可依的责任彩票理念的系统化方法
远程游戏渠道	确保交互视频设备、远程游戏平台具备购彩者保护措施的系统化方法
广告与营销宣传	在负责任营销、沟通实践及规范上,政策与项目的应用确保能持续不断完善
购彩者教育	用于支持、整合并宣传"责任参与"（告知购彩者选择）和治疗指引的系统化方法
治疗推荐	为有潜在或实际游戏成瘾问题的客户提供帮助、指导与治疗指引服务（若有需要）的系统化方法
利益相关者参与	将决策者、决策影响者、其他社会成员的利益与责任彩票相关业务的关键决策相融合的系统化方法得到确定以及理解
报告和测度	衡量及向有关内、外部利益相关方汇报彩票机构在责任彩票方面的承诺、行动与进展等相关情况的系统化方法

资料来源:　"WLA Framework", https：//www.world-lotteries.org/services/industry-standards/responsible-gaming-framework/framework。

借鉴国际、国内同行的实践经验,结合自身实际,中国体育彩票责任彩票的主要工作领域可确定为调查研究、游戏、渠道、技术、品牌、队伍、购彩者、利益相关者、报告和评估九大领域（见表8）。

表 8　中国体育彩票责任彩票的主要工作领域

工作领域名称	主要工作内容
调查研究	开展责任彩票关键领域调查研究,建立责任调查研究管理机制
游戏	健全游戏责任管理机制,创建游戏风险评估标准
渠道	实施渠道责任管理创新,推动渠道建设管理规范
技术	推进数字化信息技术应用,强化技术责任支撑
品牌	强化品牌责任要素,推进品牌传播规范
队伍	推进责任培训体系建设,构建队伍责任管理机制
购彩者	开展购彩者教育,提高购彩者服务水平
利益相关者	建立与关键利益相关者责任沟通机制,营造良好的责任彩票建设环境
报告和评估	建立责任彩票报告和评估机制,全面展示责任成果

资料来源：笔者自制。

（三）中国体育彩票责任彩票内容体系

体育彩票作为国家公益彩票，在依法合规运行、履行公益金筹集使命的基础上，应坚持以人民利益为中心，承担更多社会责任，是实现"建设负责任、可信赖、健康持续发展的国家公益彩票"的发展目标的重要途径。中国体育彩票在日常管理、销售发行过程中，从游戏设计、营销宣传、渠道建设、内部管理、文化建设、员工关怀、购彩者教育到非理性购彩行为防治等多方面都在践行社会责任。在建设体育彩票责任彩票的导向上，法律部门应推进彩票相关法律规范建设，强化依法行政；体育彩票销售部门应依据规定运作，推进彩票行业运行的安全、稳定和健康；购彩者应理性购彩，强化自我约束和管控；彩票社会组织应加强信息沟通，协同推进行业发展。在推行体育彩票责任彩票的过程中，技术、渠道、产品和服务是实现责任彩票的有效路径，技术和渠道创新可以降低体育彩票的直接成本，产品和服务创新可以降低社会成本。

从最直接、最具体的责任对象角度看，体育彩票责任彩票的责任主要是预防和尽量降低由于彩票的天然属性给购彩者个人及其家庭和所在社区带来的负面影响，保护购彩者的利益，关注并保护在体育彩票运行的具体环节中彩票销售终端从业者与基层工作人员的切身利益乃至生存利益。从更广泛、更抽象的责任对象角度看，体育彩票责任彩票的责任是预防和降低体育彩票运行可能给更广泛的社会大众带来的负面影响，关注和保护在体育彩票运行过程中直接利益相关方与所有参与者的诉求与权利，保持社会公众对体育彩票的信心与信任。

对参与彩票发行的各方利益负责是体育彩票的应有之义。各种利益相关方以体育彩票为媒介相互联系，共同存在于体育彩票发行、销售和管理的全过程中。体育彩票社会责任的履行包括在体育彩票运行过程中尽可能全面地考虑各个相关方的利益诉求，并且尽可能地平衡、满足各主体之间的核心利益。在对各个相关方的利益负责的同时，各利益相关方也要在体育彩票发行管理的过程中承担社会责任。只有这样才能紧密地联系与团结所有的利益主体，实现社会综合效益最大化，共同推动体育彩票高质量发展。

把握彩票业对购彩者及其家庭、社区和利益相关者所带来的伤害风险是负责任彩票关注的重点。原先彩票发行机构及其零售商、代理商是负责任彩票实施的主体，但是互联网技术的发展使得更多资本与公司加入负责任彩票的主体阵营，这使得建立统一的实施体系与标准迫在眉睫。一是需要全体体育彩票从业人员具备适应其岗位职责的相应知识和能力，以满足体育彩票责任彩票对其工作的要求；二是从规划、运营、支撑3个层次，组织架构、流程机制、工具方法3个方面，逐步搭建与岗位职责相匹配的体育彩票责任彩票能力体系，全面提升体育彩票从业人员在责任彩票工作方面的意识和能力，这是确保体育彩票责任彩票工作开展、落实并持续优化的重要基石；三是建立体育彩票责任彩票工作评估等级标准，以工作合法合规为底线，在达成基本要求的同时，鼓励有能力、有潜力的省（区、市）自主达到更高标准的要求；四是通过评估落实、强化考核的方式，循序渐进、持续推动体育彩票责任彩票工作的开展，形成计划、实施、检查、优化的管理闭环。

基于以上分析，笔者尝试构建中国体育彩票责任彩票内容体系（见表9）。

表9 中国体育彩票责任彩票内容体系

构建原则	主要工作领域	主要工作内容
突出国家 公益彩票定位	调查研究	体彩品牌公益认知度现状调研
	游戏	公布所有游戏玩法和赔率信息
	渠道	销量异常网点终端定期专项整治 所有合法渠道禁止信用卡支付，并定期检查
	技术	为购彩者提供更便利的投诉服务功能
	品牌	所有体彩广告必须出现"公益"字样
	队伍	为合法代销者培训未成年人辨别措施
	利益相关者	持续开展"全民健身"以及"快乐操场"等公益项目
坚持依法治彩	游戏	避免使用吸引未成年人的功能及画面
	渠道	所有销售渠道禁止信用卡支付，并定期检查
	技术	监控渠道销量异常的网点终端
	品牌	所有游戏产品实体票面必须展现"有节制投注"标识
	队伍	为合法代销者培训未成年人辨别措施
	购彩者	编纂并提供责任彩票公众手册
	利益相关者	与当地教育机构建立对问题购彩者辅导的定期交流机制
强化社会责任	调查研究	体彩责任彩票年度实施成果及现状普查
	品牌	所有合法渠道设置统一品牌展示标准
	队伍	定期邀请海外专家进行培训
	利益相关者	定期邀请海外专家与体彩关键人员进行交流
	报告和评估	设定和执行评估标准
坚持创新驱动发展	调查研究	海外彩票机构最新技术应用调研
	技术	利用大数据建立问题购彩者判断系统
	队伍	定期合法销售渠道进行责任彩票培训及考核
	购彩者	每年更新责任彩票公众手册内容
	利益相关者	邀请学术机构、社会专家共同参与责任彩票实施的评估检查
	报告和评估	发布体彩社会责任报告

资料来源：笔者自制。

五 结论

作为国家特许发行的体育彩票，引入责任彩票概念，建立和健全责任彩票内容体系，切实履行社会责任，无疑是促进其全面健康发展的一个必经过程。

构建中国体育彩票责任彩票内容体系应包括中国体育彩票责任彩票概念界定、构建原则和主要工作领域三部分内容。中国体育彩票责任彩票是指"在依法合规运行、履行公益金筹集使命的基础上，对彩票发行销售过程参与者，以及对国家、对社会、对彩票行业及相关产业，在经济、法律、环境、慈善和伦理等方面承担的任务与义务"。中国体育彩票责任彩票的构建原则应包括突出国家公益彩票定位，坚持依法治彩，强化社会责任，坚持创新驱动发展。中国体育彩票责任彩票的主要工作领域包括调查研究、游戏、渠道、技术、品牌、队伍、购彩者、利益相关者、报告和评估九大领域。

参考文献

陈又星、蔡丽婷：《中国情境下负责任彩票体系构建及实施路径选择》，《经济师》2015 年第 11 期，第 56~59 页。

李海、穆瑞玲：《我国体育彩票社会责任内涵分析》，《河北师范大学学报》（哲学社会科学版）2013 年第 2 期，第 138~144 页。

李伟阳：《企业社会责任是国家重要的战略资源》，《WTO 经济导刊》2012 年第 11 期，第 66~68 页。

马福云：《善利兼求全社会共塑责任彩票（中篇）：彩票购买方、彩票受益方的视角》，《中国社会报》2013 年 4 月 17 日，第 4 版。

马福云：《加强政策导向敦促责任履行》，《中国社会报》2013 年 4 月 24 日，第 4 版。

苏国京：《中国彩票社会责任体系的构建》，载胡穗华、陈又星、李柏勋主编《彩票社会责任创新研究》，东北财经大学出版社，2016，第 116 页。

吴殷、李海：《我国体育彩票社会责任评价指标体系的构建》，《上海体育学院学报》2012 年第 1 期，第 19~22 页。

张军：《降低社会成本推行责任彩票》，《中国社会报》2013 年 8 月 12 日，第 B03 版。

B.12
中国体育彩票公益金：
制度演进、发展成就与未来使命

张叶涵 张峰筠 骆雷*

摘　要： 作为体育事业的生命线和公益事业的助推器，中国体育彩票公益金为构建公共体育服务体系、建设体育强国和推动公益事业发展方面作出了重要贡献，体现了中国体育彩票"公益体彩 乐善人生"的品牌理念以及体彩"来之于民，用之于民"的发行宗旨。中国体育彩票公益金的制度演进包括探索期、强化期、治理期和提效期四个阶段。30年来，体育彩票公益金的筹集规模取得重大突破，全面推动全民健身战略和奥运争光计划的实施。与此同时，中国体育彩票公益金深入践行和诠释"责任体彩"的发展理念，在抗震救灾、教育助学、残疾人事业、扶贫和法律援助等公益事业中持续发力。展望未来，中国体育彩票公益金应全力支持与积极响应国家号召，做体育强国的建设者；主动回应和有效满足人民期待，做健康中国的推动者；大力弘扬责任意识，做责任体彩的践行者。

关键词： 体育彩票 公益金 公益体彩 责任体彩

一　引言

　　1994年，国务院批准国家体委（现国家体育总局）在全国范围内统一

---

* 张叶涵，管理学博士，上海体育大学经济管理学院教学负责人，副教授，主要研究方向为体育管理；张峰筠，教育学博士，上海体育大学经济管理学院副教授，主要研究方向为体育管理；骆雷（通讯作者），教育学博士，上海体育大学经济管理学院副教授，主要研究方向为体育管理。

发行、印制和管理体育彩票，以弥补大型体育赛事举办经费的不足，中国体育彩票自此诞生。发行体育彩票是国家从经济、社会发展战略高度所采取的一项重大举措。2024 年是中国体育彩票正式发行 30 年，据统计，1994～1995 年体育彩票发行首年筹集公益金 2.25 亿元，2023 年筹集公益金约915.78 亿元；截至 2023 年 12 月 31 日，体育彩票累计筹集公益金超 7832 亿元，为构建公共体育服务体系、建设体育强国和推动公益事业发展作出了重要贡献，体现了中国体育彩票"公益体彩 乐善人生"的品牌理念以及体彩公益金"来之于民，用之于民"的宗旨。与此同时，随着体育彩票公益金筹集及使用规模的逐步扩大，体育彩票公益金的分配和使用情况备受关注，民众的问题从"卖彩票的钱去哪儿了"向"卖彩票的钱如何花"进阶，这对体彩公益金的管理提出了更严格的要求。

基于以上分析，本文聚焦我国体育彩票公益金的制度演进、发展成就和未来使命，以客观翔实的全国体育彩票统计数据为基础，力求回答如下 3 个问题：如何描绘中国体育彩票公益金 30 年来的制度沿革与发展脉络？中国体育彩票公益金在助推体育事业和社会公益事业发展方面取得了哪些突出成就？新时代体育强国建设过程中体育彩票公益金将要承担哪些使命与责任？以此全面反映 30 年来中国体育彩票事业所取得的重大成就，并回答如何应对暂存的不足，以便更好地发挥体育彩票公益金在推动新时代体育强国建设中的重要作用。

二 中国体育彩票公益金的制度演进

彩票公益金是指按照规定比例从彩票发行销售收入中提取的专项用于社会福利、体育等社会公益事业的资金。[①] 体育彩票公益金是指经国务院批准，从体育彩票销售额中按规定比例提取的专项用于发展体育事业的资金。

---

① 《彩票公益金管理办法》，中华人民共和国中央人民政府网，https：//www.gov.cn/gongbao/content/2012/content_ 2182763.htm。

公益金管理制度伴随着体育彩票系统管理工作从无到有，逐步完善，其演进过程可以分为三个阶段。

（一）体彩公益金管理制度探索期（1994~1999年）：明确管理职能监管部门

1994 年 3 月 11 日，《国务院办公厅关于体育彩票等问题的复函》（国办函〔1994〕30 号）同意适量发行体育彩票。1994 年 5 月，中共中央办公厅、国务院办公厅印发《关于严格彩票市场管理　禁止擅自批准发行彩票的通知》（中办发〔1994〕21 号），明确中国人民银行是国务院主管彩票的机关。同年，国家体委体育彩票管理中心正式成立，后更名为国家体育总局体育彩票管理中心，负责全国体育彩票发行和组织销售工作。此后，全国 31 个省（区、市）体育行政部门陆续依法设立体育彩票销售机构，负责本级行政区域体育彩票的销售管理工作，自此体育彩票管理主体体系初步形成。

在此背景下，我国彩票公益金管理制度进入初步发展阶段。1994 年 7 月 18 日，国家体委会发布《1994—1995 年度体育彩票发行管理办法》（国家体委令第 20 号），对体育彩票管理机构、彩票公益金提取比例以及分配原则等进行了详细规范，规定体育彩票收益金[①]是体育彩票实际销售总额减去奖金和发行成本费支出的净收入，收益金占体育彩票销售额的比例不得低于 30%，成为该时期彩票公益金管理的主要制度。1994 年，体育彩票公益金的分配要求如下：凡经国家体委批准的年度大型体育运动会的承办省、自治区、直辖市及计划单列市，在本地区销售体育彩票所得的收益金，由该地区全额留成，全部用作补充大型体育运动会的举办经费。其他代理销售体育彩票的地区所得的收益金，其多数（70%左右）须交给大型体育运动会的承办省（区、市），用作补充大型体育运动会的举办经费。

1996 年 5 月 3 日，《国家体委计划财务司关于开立体育彩票收益金银行

---

① 部分文件表述为"收益金"，在引用文件具体条款时本报告沿用原文件的表述。

专户的批复》（体计财字〔1996〕188 号）同意在国家银行单独开立体育彩票收益金账户，独立核算彩票收益金收支。

1997 年 2 月 21 日，《1997 年度体育彩票收益金上缴比例及管理暂行办法》（体彩字〔1997〕049 号）明确了体育彩票收益金的筹集比例，规定各省、自治区、直辖市体彩销量在 3000 万元以下部分上缴收益金总额的 10%，3000 万元至 6000 万元部分上缴收益金总额的 20%，6000 万元以上部分上缴收益金总额的 30%。上缴的收益金由国家体委专户储存，上缴国家体委的收益金，全部用于补充大型运动会举办经费不足及全民健身计划的需要，剩余的收益金由各省（区、市）体委按照"大头向下"的原则，确定省级和地、市、县级的分配比例。

1998 年 9 月 1 日，国家体育总局、财政部、中国人民银行联合颁布《体育彩票公益金管理暂行办法》（体经字〔1998〕365 号），该办法明确彩票公益金按"收支两条线"原则纳入财政专户，并确定体育彩票公益金主要用于落实《全民健身计划纲要》和《奥运争光计划纲要》，同时确定国家体育总局是公益金管理的行政职能部门，负责对全国公益金的管理和监督检查，各级体育行政部门应建立健全会计制度、使用跟踪问效制度、管理和核算制度等。随后，9 月 9 日，中国人民银行关于核准《体育彩票发行与销售管理暂行办法》的函（银函〔1998〕406 号）规定了体育彩票销售总额的构成包括奖金、发行成本费和公益金 3 部分，规定公益金的比例不得低于30%，其中，公益金由各省、自治区和直辖市体委设立专门账户统一管理，任何部门、单位和个人不得以任何理由截留或挪用，并须定期向社会公布其收入和使用情况，接受公众监督。

1999 年，《中国人民银行关于加强彩票市场管理的通知》（银发〔1999〕36 号）要求各彩票发行机构要建立健全从彩票发行到公益金使用过程的信息披露制度。同年，中国人民银行、财政部颁布《关于移交彩票监管工作的通知》（银发〔1999〕429 号），财政部与中国人民银行完成了彩票主管职能的交接工作。1999 年 11 月，国家体育总局颁布《体育彩票财务管理暂行规定》，进一步规范了体育彩票管理中心的财务行为，加强财务管理。

本阶段是我国自 1992 年进入推进社会主义市场经济体制改革的关键时期，也是体育事业发展的重要时期，以亚运会举办为标志性节点，1995年《奥运争光计划纲要（1994—2000年）》和《全民健身计划纲要》颁布实施，建立大量体育基础设施需要充足的资金保障。本阶段体彩公益金制度虽是初步建构，但在中国人民银行的统一监管下，国家体育总局①初步厘清了体彩公益金管理属性、机构职能、工作流程、使用领域，明确了体彩公益金筹集、分配、使用的比例和范围，也初步缓解了当时迅猛发展的体育事业与资金短缺之间的矛盾，为我国体育事业发展奠定了良好的基础。

（二）体育彩票公益金管理制度强化期（2000~2008年）：部门彩票向国家彩票过渡

进入 21 世纪，体育彩票公益金的管理侧重于公益金使用内容的监督、公益金使用效益方面，并且在使用范围上进行了明显的拓展。

2000 年 1 月 11 日，财政部发布《关于接收彩票监管职能有关事项的通知》（财综字〔2000〕3 号），自此财政部替代中国人民银行，承担全国彩票公益金监管职责。同年 4 月 26 日，财政部颁发《关于认真做好地方彩票监管工作的通知》（财综字〔2000〕17 号），强调地方财政部尽快完成与当地人民银行有关彩票监管职能的交接工作。在彩票公益金筹集数额增长快、规模迅速扩大的背景下，为更好地对公益金进行管理，2000~2001 年，国家连发《国务院关于进一步规范彩票管理的通知》（国发〔2001〕35 号）、《彩票市场调控资金管理暂行办法》（财综〔2000〕30 号）等 5 部财务管理办法，制定了体育彩票资金管理的各项细则。

2001 年 10 月，为进一步规范彩票公益金管理工作，国务院下发《关于进一步规范彩票管理的通知》（国发〔2001〕35 号），规定随着彩票发行规

---

① 1998 年前称为国家体育运动委员会。

模的扩大，可以适当降低发行费用，提高彩票公益金比例，要求从 2002 年 1 月 1 日起，彩票发行资金构成比例调整为返奖比例不得低于 50%，发行经费比例不得高于 15%，彩票公益金比例不得低于 35%。将彩票公益金用途逐渐扩大到其他社会公益事业范畴，尤其是确定民政部门和体育部门的彩票公益金基数：基数以内的彩票公益金，由民政部和体育部门继续按规定的范围使用；超过基数的彩票公益金，20% 由民政部门和体育部门分别分配使用，80% 上交财政部，纳入全国社会保障基金统一管理和使用。这标着志体育彩票由部门彩票向国家彩票过渡，彩票公益金管理政策的监管和规范进入强化阶段。

2002 年 7 月 22 日，为切实提高彩票公益金使用效益，严防在公益金援建项目中发生腐败现象，中共中央、国务院发布《关于进一步加强和改进新时期体育工作的意见》（中发〔2002〕8 号），更加明确地提出增加政府对体育事业投入，做好体育彩票发行销售和使用管理工作。当月，国家体育总局发布《关于加强体彩公益金授建项目监督管理的意见》（体群字〔2002〕89 号），对援建项目事前、事中、事后监管进行了规范，这也是国家体育总局对体彩公益金使用过程管理的首个政策文件。

2006 年 3 月 29 日，《财政部关于调整彩票公益金分配政策的通知》（财综函〔2006〕7 号）对彩票公益金分配政策进一步调整，规定彩票公益金在中央和地方之间按 50∶50 的比例分配，专项用于社会福利、体育等社会公益事业，按政府性基金管理办法纳入预算，实行"收支两条线"管理。中央集中彩票公益金在全国社会保障基金、中央专项彩票公益金、民政部和国家体育总局之间分别按 60%、30%、5% 和 5% 的比例分配。地方留成的彩票公益金由省级财政部门商民政、体育等有关部门研究确定分配原则，该分配原则沿用至今。

2007 年 11 月 25 日，财政部颁布《彩票公益金管理办法》（财综〔2007〕83 号），这是国家层面出台的第一部关于彩票公益金的管理办法，对进一步规范彩票公益金的筹集、分配和使用，健全彩票公益金监督机制，提高公益金的使用效率发挥了重要的作用。

这一阶段，体育彩票公益金相关政策陆续出台，强化了主管部门的规范和监管职能，并对体育彩票公益金管理的全过程进行了明确的说明。这一阶段是制度完善的关键时期，但也暴露出相关政策条例细则层级效力较低、政策效力提高缓慢等不足，我国彩票公益金管理制度亟须走上更高层级的法治轨道。

（三）体育彩票公益金管理制度治理期（2009~2013年）：体育加公益双重使用细化

后奥运会时代，我国体育事业步入新发展阶段，体育彩票业也迎来新的发展契机。

2009年5月4日，国务院颁布我国彩票领域第一部全面、系统规范的行政法规《彩票管理条例》，标志着我国体育彩票告别"无法可依"的局面，正式进入法治化发展阶段。

2012年，财政部颁布《彩票管理条例实施细则》（财政部 民政部 国家体育总局令第67号），印发《彩票公益金管理办法》（财综〔2012〕15号），对体育彩票公益金的收缴管理、分配使用、宣传公告、监督检查等进行了详细规定。

2013年12月23日，为规范和加强中央集中彩票公益金支持体育事业专项资金的使用管理，财政部、国家体育总局印发《中央集中彩票公益金支持体育事业专项资金管理办法》（财教〔2013〕481号），提出公益金预算包括中央本级支出预算和补助地方体育事业支出预算两部分。其中，中央本级支出预算纳入部门预算管理，补助地方体育事业支出预算纳入中央对地方转移支付预算管理，进一步明确了体育彩票公益金的补助范围主要包括群众体育和竞技体育两大领域（见表1）。除主要用于体育事业外，我国体育彩票公益金还用于补充社会保障基金和支持其他社会公益事业发展，如未成年人校外教育事业、教育助学、农村和城市医疗救助、农村养老服务、扶贫、文化、残疾人事业、红十字事业、法律援助、农村贫困母亲"两癌"救助、婴幼儿营养补助、新疆社会福利设施建设、西藏社会公益事业建设、赣南等原中央苏区的社会公益事业建设等。管理办法对全国体彩公益金的补助范围与使用比例给予了更明确的指示。

表 1　中央集中彩票公益金用于体育事业的补助范围与支出内容

补助范围	支出内容
群众体育	援建公共体育场地、设施和捐赠体育健身器材
	资助群众体育组织和队伍建设
	资助或开展全民健身活动
	组织开展全民健身科学研究与宣传
竞技体育	资助举办全国综合性运动会
	改善国家队训练比赛场地设施条件
	资助高水平体育后备人才培养
	支持国家队备战和参加国际综合性运动会
	补充运动员保障支出

资料来源：《中央集中彩票公益金支持体育事业专项资金管理办法》，2013。

（四）体育彩票公益金管理制度提效期（2014年至今）：责任、品牌、安全成三大抓手

2014 年，《国务院关于加快发展体育产业　促进体育消费的若干意见》（国发〔2014〕46 号）发布，体育事业进入新的发展阶段。习近平总书记高度重视体育工作，多次就体育工作做出重要指示批示，发表重要讲话，亲自谋划、部署、推动体育事业改革发展。国家将全民健身上升为国家战略，推动全民健身和全民健康深度融合，加快推进体育强国建设。作为体育事业的生命线和公益事业的助推器，体育彩票公益金坚持把握新时期的定位和发展方向，履行国家赋予的使命。

2015 年，财政部颁布《关于进一步规范和加强彩票资金构成比例政策管理的通知》（财综〔2015〕94 号），提出做好政策衔接，按照重新调整的

彩票公益金提取比例，足额上缴彩票公益金。

2017年全国体育彩票半年工作会议上，全国体彩系统首次明确提出"建设负责任、可信赖、健康持续发展的国家公益彩票"的发展目标。

2018年，总局体彩中心将"责任彩票建设"列为重点工作，结合国家体育总局于2016年发布的《体育彩票发展"十三五"规划》，科学制定并全面实施"责任彩票"规划，并指导各省（区、市）体育彩票管理中心开展责任彩票工作。2018年7月，财政部办公厅发布《彩票监管咨询和评审专家管理暂行办法》（财办综〔2018〕33号），要求在彩票监管实践中结合实际需要听取专家意见，后续稳步推进围绕体育彩票公益金的绩效评估工作。

2018年8月16日，为贯彻落实党中央、国务院推进简政放权、放管结合、优化服务改革部署，财政部、民政部、国家体育总局联合发布《关于修改〈彩票管理条例实施细则〉的决定》（财政部令第96号）。同年12月7日，为加强公益金宣传，国家体育总局印发《体育彩票公益金资助项目宣传管理办法》（体规字〔2018〕12号），规定了体育彩票公益金资助项目宣传应使用规范的标志、文字和标牌，并提出了宣传管理工作的要求和公益金支出的绩效评价制度要求等，尤其对体育彩票公益金使用宣传的部门职责、工作机制、监督检查等方面进行梳理，更有效地完善了公益金使用宣传监督机制。

2020年6月10日，财政部、体育总局修订并印发《中央集中彩票公益金支持体育事业专项资金管理办法》（财教〔2020〕69号），明确彩票公益金使用单位和部门按照"谁使用，谁受益，谁负责"的原则加强彩票公益金使用管理，确保专款专用，充分发挥资金使用效益，更好地加强监督检查工作。

2023年8月30日，体育总局办公厅印发《关于公布体育彩票公益金资助项目宣传典型案例的通知》（体经字〔2023〕114号），公布了一批经过征集、评选的体育彩票公益金资助项目宣传典型案例。

综上所述，自中国体育彩票公益金诞生以来，包括管理主体职能、账户设置、信息披露、监管使用、绩效评价等在内的规范化管理制度相继建立。通过这些制度的实施，体育彩票系统不断严抓财务管理，规范流程管理，强化风险管理，细化统计管理，优化使用管理，创新宣传管理，有效地推动了体育彩票公益金工作质量的提升，也为体育彩票工作健康有序发展奠定了坚实的基础，形成了具有中国特色的体育彩票公益金管理体系。

三 中国体育彩票公益金的发展成就

近30年来，随着筹集规模的不断扩大，体育彩票公益金在推动群众体育、竞技体育和其他领域发展方面取得了重大成就，更好地诠释了"国家公益彩票"和"责任体彩"的丰富内涵。党的二十大报告提出："广泛开展全民健身活动，加强青少年体育工作，促进群众体育和竞技体育全面发展，加快建设体育强国。"体育彩票的核心功能是国家公益彩票，体育彩票公益金使用始终与国家、社会的发展进步同频共振，为推进新时代体育强国建设提供重要支撑。

（一）公益金筹集规模取得重大突破

1994～2023年，全国体育彩票销售额和筹集的公益金均呈波动上涨趋势：1994～1995年，体彩诞生之初便筹集公益金约2.25亿元；1999年，体彩筹集公益金首次进入"十亿时代"，升至约12.11亿元；2005年，筹集公益金达到103.62亿元，进入"百亿时代"；至2010年，累计筹集公益金1132.93亿元，越过"千亿门槛"；至2019年10月9日，体彩公益金累计筹集总额成功突破5000亿元。2018年、2022年、2023年体育彩票筹集公益金超650亿元。2023年，体育彩票公益金筹集额为915.78亿元（见图1），从1994～1995年筹集之初至2023年年均复合增长率约为23.02%。从总体筹集规模来看，截至2023年12月31日，体育彩票累计筹集公益金超7832亿元；从全国范围看，2022年，体育彩票公益金筹集额超过10亿元的省（区、市）已达 24 个，① 包括新疆、山西、甘肃。公益金筹集规模的突破，是体育彩票事业发展取得突破的显性表现，更为中国体育事业发展提供了强有力的支撑。

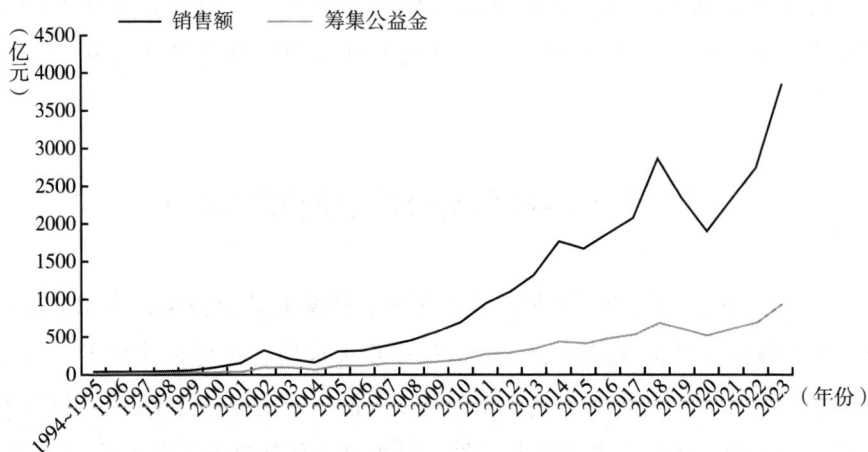

图 1　1994～2023 年全国体育彩票销售额与筹集公益金情况

资料来源：国家体育总局体育彩票管理中心。

（二）公益金全面助力全民健身战略

满足广大人民群众的健身需求、促进人的全面发展，既是体育工作的出发点和落脚点，也是建设体育强国的根本任务。2014 年，国务院印发《关于加快发展体育产业　促进体育消费的若干意见》（国发〔2014〕46 号），首次提出将全民健身上升为国家战略，把增强人民体质、提高健康水平作为体育事业的根本发展目标。广泛开展群众体育活动是体育事业公益性价值的集中体现，也是体育彩票公益金资助工作的重要领域和主要方向，体育彩票公益金也为助力全民健身战略作出了积极的贡献。

从国家体育总局本级彩票公益金的使用态势来看，彩票公益金对群众体育领域的资助力度和效能显著。统计数据显示，1994～2022 年，国

---

① 数据来自国家体育总局体育彩票管理中心。

家体育总局本级使用公益金共计约 373.97 亿元（见表 2）。其中，用于群众体育的公益金约计 249.76 亿元，占国家体育总局本级使用公益金总支出比例约为 66.79%，2013~2016 年 4 年间，此项占比均在 88% 以上。2018 年，国家体育总局本级彩票公益金在群众体育领域资助项目主要类别按额度排名前四位的是：援建全民健身场地设施和捐赠体育健身器材、资助或组织开展全民健身活动、组织开展全民健身科学研究与宣传、资助群众体育组织和队伍建设（见表 3）。研究发现，国家体育总局本级公益金在群众体育领域的使用中对设施器材资助既重视"社区"又重视"老区"，群体活动资助既关注"全龄群体"又关注"特色项目"，组织和队伍建设资助既注重受众的广泛性，又把握将资助落实到群众身边；而健身指导宣传资助除了关注落实到百姓身边之外，还具有"体医融合"的前瞻性等特征。

表 2　1994~2022 年国家体育总局本级公益金使用情况

单位：万元

年份	群众体育	竞技体育	总支出
1994~1995	0	0	0
1996	3357	3900	7257
1997	4820	3068	7888
1998	7423	4948	12371
1999	10265	4721	14986
2000	32159	15207	47366
2001	28069	11870	39939
2002	27000	13000	40000
2003	27000	13000	40000
2004	27100	15787	42887
2005	26680	22177	48857
2006	28400	32195	60595
2007	33152	36250	69402
2008	80363	77137	157500
2009	46685	23315	70000

续表

年份	群众体育	竞技体育	总支出
2010	76910	28390	105300
2011	113170	29854	143024
2012	159084	41964	201048
2013	203969	26575	230544
2014	199364	25528	224892
2015	242002	30728	272730
2016	231639	31361	263000
2017	203904	61336	265240
2018	208948	89752	298700
2019	268796	118104	386900
2020	10604	84244	94848
2021	74828	184256	259083
2022	121929	213403	335332
总计	2497620	1242070	3739689

资料来源：1997~2000 年、2002~2004 年、2007 年、2011~2016 年为国家体育总局本级体育彩票公益金使用情况公告数据，1994~1996 年、2001 年、2005~2006 年、2008~2010 年为国家体育总局存档数据，另有财政部彩票公益金筹集与使用公告做补充。

表 3　2018 年国家体育总局本级公益金在群众体育领域的使用情况

单位：万元

使用类别	项目名称	资助金额
援建全民健身场地设施和捐赠体育健身器材	全民健身场地设施建设	59000
	体育健身器材	3200
	运动休闲特色小镇设施	9900
	全国体育设施改善条件	52245
	小计	124345
资助群众体育组织和队伍建设	社会体育指导员工作	2274
	职业社会体育指导员相关工作	350
	健身气功管理工作	500
	全民健身志愿服务工作	250
	各类人群体育工作	710
	小计	4084

使用类别	项目名称	资助金额
资助或组织 开展全民 健身活动	全民健身赛事活动	15371
	全民健身活动状况调查	480
	帆船帆板摩托艇公益性培训	100
	青少年U系列赛事体系建设	12350
	各奥运项目开展青少年训练营活动	3000
	各级各类体校教练员、管理人员培训	2860
	119所"国家重点高水平体育后备人才基地"	3570
	田径耐力项目高原人才开发计划	100
	第十一届中韩青少年体育交流活动	80
	中日青少年体育交流活动	40
	青少年体育技能普及工作、全国青少年体育冬夏令营体系	14340
	2018年全国青少年"未来之星"冬季阳光体育大会	2120
	青少年足球活动	5600
	全民足球活动	1000
	小篮球推广策略	5000
	小计	66011
组织开展全民 健身科学研究 与宣传	第五次国民体质监测	5270
	培训医生开具运动处方等体医融合工作	2100
	全国儿童青少年体育健身活动状况调查	300
	青少年体育师资培训	870
	青少年体育宣传	270
	全国青少年科学健身普及活动	100
	全民健身宣传安排	3303.39
	开展体育影视前期工作	2000
	全民健身信息宣传工作	295
	小计	14508.39
总计		208948.39

资料来源：国家体育总局2018年度本级体育彩票公益金使用情况公告。

从地方体育彩票公益金的使用情况来看，根据体育彩票公益金统计系统填报情况，2014~2022年，地方体育彩票公益金资助的群众体育项目共314240项。本报告对"十三五"期间即2016~2020年地方体育彩票公益金资助的群众体育项目标题进行了分词，并结合软件进行分析，选择噪音影响小、每年词频数大于 300 的词语作为重点高频词进行可视化与分析。据统计，5 年内全民健身与群众体育项目词频数大于 300 的词语数量比较稳定，每年大约 60 个。如图 2 所示，"体育""全民健身"成为"十三五"体育事业发展的主题词，同时，"经费""活动""建设"的词频数也较大。分析可见，地方体育部门使用体育彩票公益金资助群众体育领域与《体育强国建设纲要》《全民健身计划（2016—2020 年）》等政策要求相匹配，在落实全民健身国家战略，不断完善全民健身公共服务体系，推动基本公共体育服务均等化，切实推动体育场地设施建设、全民健身活动普及的过程中发挥了重要作用。

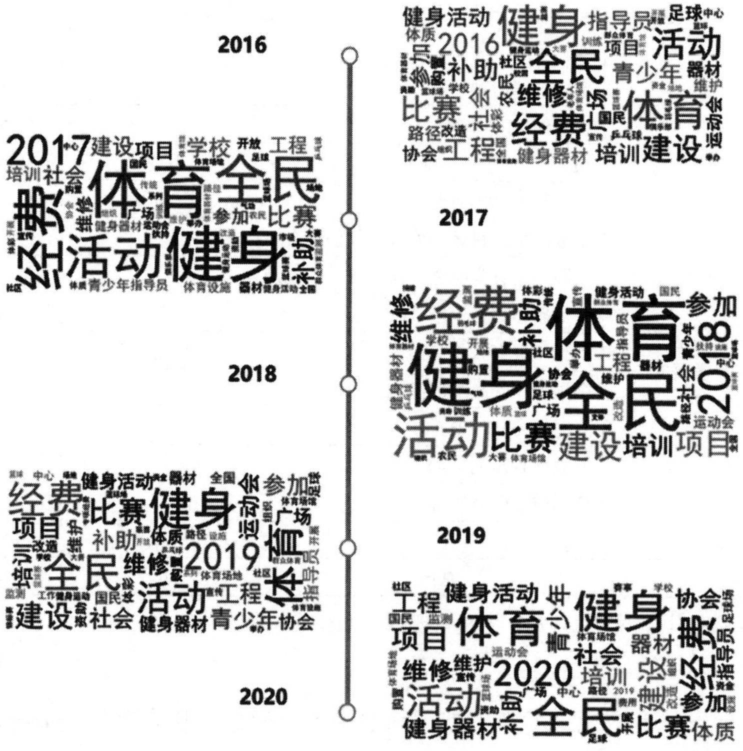

图 2   2016～2020 年地方体育彩票公益金资助项目高频词可视化图谱

资料来源：体育彩票公益金使用情况统计系统。

"十四五"初期，地方使用体育彩票公益金发展群众体育工作呈现以下趋势：①"全民健身"战略"全面健康"化，初步完成对全民健身和全民健康深度融合的探索；②"公共服务"部署"体系治理"化，通过政府购买公共服务提升体彩公益金资助效能成为常态；③"赛事活动"内涵"融合多元"化，群众体育赛事和竞技体育赛事逐步交融发展成为新举措；④"服务人群"重心"老少皆宜"化，体彩公益金资助项目覆盖人群在老年人和青少年两端实现重点推进；⑤"宣传科普"创新"科学数字"化，体彩公益金资助项目的科技含量提高和"数智"属性越发明显。可见体彩公益金使用与全民健身工作深化始终同频共振。

（三）公益金精准助力奥运争光计划

竞技体育是新时代体育强国建设的重要内容，也是彰显中华体育精神、展现国家形象、促进文化交融互通的重要平台。从国家体育总局本级彩票公益金的使用情况来看，体育彩票公益金对竞技体育领域的资助方向明确。1994~2022年，国家体育总局本级公益金用于竞技体育领域的部分共计124.21亿元，占国家体育总局本级使用公益金总支出比例约为33.21%。主要支出类别包括奥运争光计划纲要保障、运动队文化教育与科研、国家队转训基地改善条件、国家队训练津贴等，各年的使用领域根据政策有相应的调整。其中奥运争光计划纲要保障是公益金资助竞技体育领域的常有项目。1997~1998年，国家体育总局本级体育彩票公益金中奥运争光计划纲要保障的公益金补助了全国第八届运动会（上海）、第九届全国冬季运动会（长春）、第四届全国城市运动会（西安）、第三十四届世界体操锦标赛（天津）等大型赛事。随着体育彩票公益金筹集规模的不断扩大，体育彩票公益金对我国竞技体育领域的资助力度不断加大，以2014~2018年为例，国家体育总局本级彩票公益金在举办全国综合性运动会、高水平体育后备人才培养、支持国家队备战和参加国际综合性运动会等（见表4）领域进行资助，为中国体育代表团在索契冬奥会、里约奥运会、平昌冬奥会等赛事上取得优异成绩作出了重要贡献。

表4 2014~2018年国家体育总局本级体育彩票公益金竞技体育使用情况一览

单位：万元

竞技体育使用领域	2014年	2015年	2016年	2017年	2018年
全国综合性运动会办赛经费	2500	3100	3000	5000	2000
高水平体育后备人才培养	17235	18951	19580	20357	—
支持国家队备战和参加国际综合性运动会	—	8676.6	8780.61	35618.61	87751.61
支持西部省区竞技体育发展	—	—	—	360	
奥运争光计划纲要保障	2070.76	3069.64	—	—	
国家队训练津贴	2772.64	4606.96			
教育、科技、反兴奋剂与援疆援藏	—	1000.00			
军体器材项目购置维护	950				

资料来源：2014~2018年国家体育总局体育彩票公益金使用情况公告。

从地方体育彩票公益金对竞技体育领域的使用情况来看，资助额度较高的主要有改善训练比赛场地设施条件、支持运动队参加国际国内运动会、举办或承办区县级以上体育赛事、资助体育后备人才培养、补充运动员保障支出。以2019年为例，31个省级行政区划单位中，在竞技体育领域使用体彩公益金比例超过50%的省（区）分别是山西、河北、新疆、青海；在改善训练比赛场地设施条件方面投入最高的前五名省份为黑龙江、河北、山东、湖北、河南；在支持运动队参加国内国际运动会方面投入最高的前五名省份为广东、山东、河北、江苏、湖北；在举办或承办区县级以上体育赛事方面投入最高的前五名省（市）为江苏、广东、山西、浙江、北京（见图3），各省（区、市）在体彩公益金使用上因地制宜，侧重不同。

本文采用LDA（Latent Dirichlet Allocation，潜在狄利克雷分配）话题模型进行分析发现，随着新时期体育事业工作重点和策略的调整，体育彩票公益金资助竞技体育项目2014~2018年主要关注的是青少年体育人才的培养与储备以及专业运动员的日常训练与后勤保障。除此之外，各类各项赛事的举办与筹备、运动员的大赛备战与冲刺训练以及赛事的保障与运维也是竞技

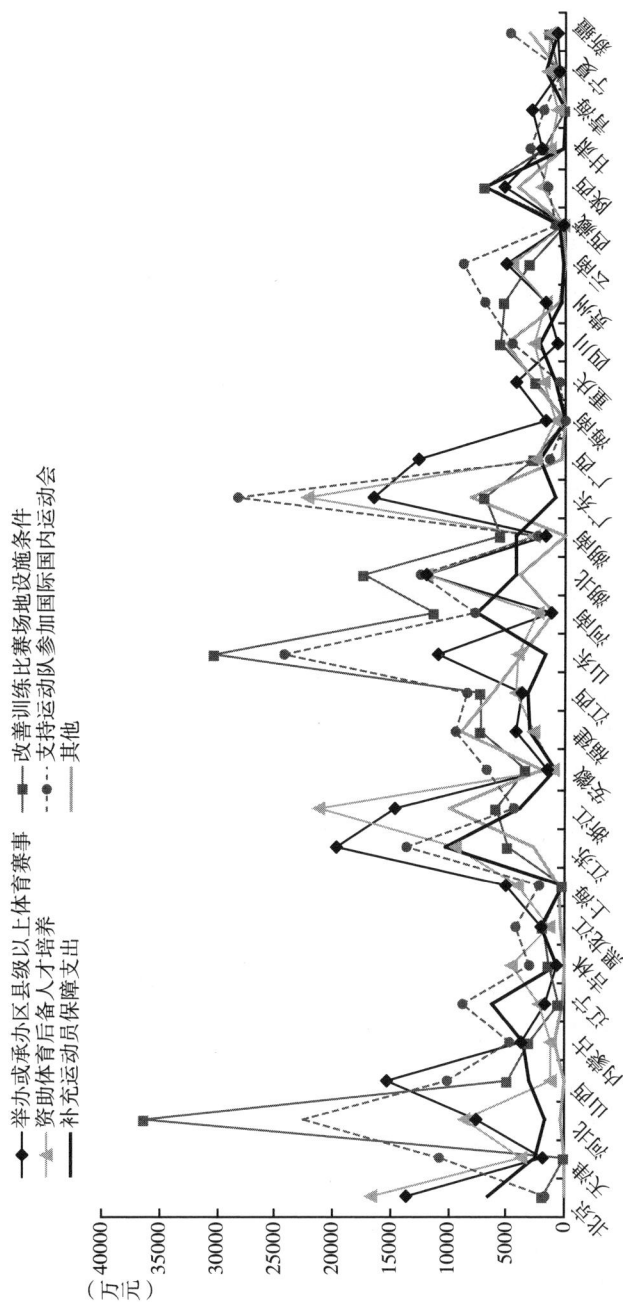

图 3 2019 年地方体育部门体育彩票公益金竞技体育工作重点

资料来源：体育彩票公益金使用情况统计系统。

体育公益金资助重点关注的领域。整体而言，体彩公益金资助竞技体育项目热门区域集聚，而群体项目惠及全国；资助金额较高的地区集中在长三角、成渝贵滇、京津冀地区等。

（四）公益金深度履行社会责任

全面履行社会责任是深刻诠释与践行责任体彩理念的根本要求。"建设负责任、可信赖、高质量发展的公益彩票"已经成为体育彩票工作者的广泛共识。根据分配原则，体育彩票公益金上缴中央部分作为中央集中彩票公益金的重要组成之一，主要用于补充社保基金、中央专项彩票公益金、民政部门与体育部门公益金等。30年来，除了助推全民健身和竞技体育事业外，中央专项彩票公益金主要用于抗震救灾、农村医疗救助、城市医疗救助、教育助学、未成年人校外教育事业、残疾人事业、红十字事业、文化、扶贫、法律援助、农村贫困母亲"两癌"救助等多项社会公益事业。以"十三五"为例，2016~2020年中央专项彩票公益金资助总额前十的项目依次是地方社会事业（200.00亿元）、残疾人事业（103.68亿元）、扶贫（100.00亿元）、医疗救助（90.00亿元）、教育助学及大学生创新创业（52.50亿元）、养老公共服务（49.93亿元）、未成年人校外教育事业（46.00亿元）、青少年学生校外活动场所等（38.81亿元）、文化事业（28.50亿元）、红十字事业（21.48亿元）（见图4）。

2016~2020年，中央专项彩票公益金资助呈现以下特点。其一，与国家战略匹配，坚实助力脱贫攻坚。"十三五"期间，中央财政共安排中央专项彩票公益金100亿元支持贫困革命老区脱贫攻坚。2020年中央专项彩票公益金向贫困程度深、脱贫任务重的革命老区县倾斜，大力度支持"三区三州"内的革命老区县和仍未脱贫摘帽的深度贫困革命老区县，支持中西部深度贫困革命老区县，建档立卡贫困人口数量多、巩固脱贫成果任务重的革命老区县。

其二，高度重视教育投入。据统计，以体育彩票公益金为重要组成部分的中央专项彩票公益金16个社会公益项目中，与教育相关的项目有6个，

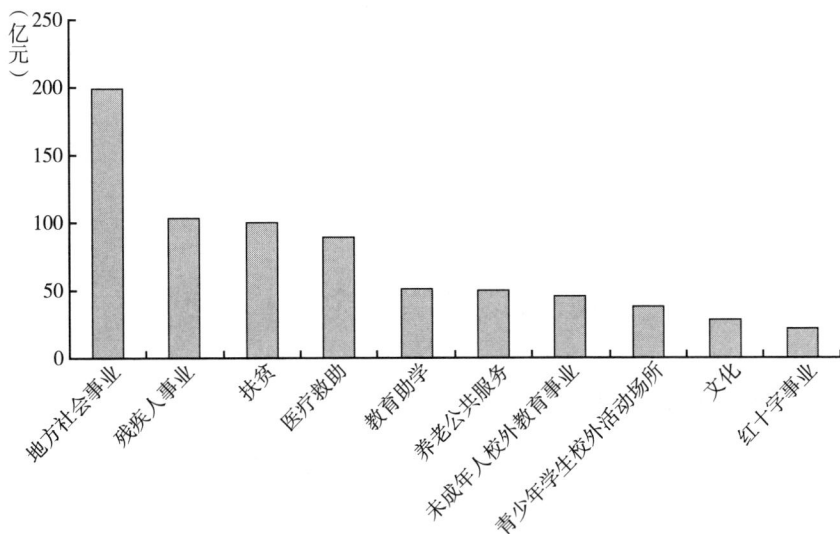

图 4 2016~2020 年中央专项彩票公益金资助总额前十项目

包括未成年人校外教育、乡村学校少年宫建设、教育助学、大学生创新创业、留守儿童快乐家园建设、足球公益事业。"十三五"期间，中央财政通过中央专项彩票公益金投入 38.8 亿元支持新建 8000 所乡村学校少年宫。加上"十二五"时期建成的 12000 所，支持建设乡村学校少年宫累计达 20000 所，总投入 72.65 亿元。"十三五"期间，共安排中央专项彩票公益金 50 亿元用于我国的教育助学"三项计划"，其中"滋蕙计划"奖励普通高中品学兼优的家庭经济困难学生 75 万人次；"励耕计划"资助小学、初中、普通高中和中职学校家庭经济特别困难教师 15 万人次；"润雨计划"资助普通高校家庭经济困难新生 80 余万人次，资助家庭经济特别困难幼儿教师 2.5 万人次。

其三，强调民生工程建设，重点资助医疗、养老、助残。医疗、养老是社会关注的话题，2015 年 10 月，党的十八届五中全会首次提出"推进健康中国建设"，"健康中国"上升为国家战略。"十三五"期间，中央专项彩票公益金对于"健康"的资助明显提质增效，其中医疗救助 90 亿元、养老公共服务 49.93 亿元。助残主要用于残疾人体育、盲人读物出版、盲人公共文化服务及残疾儿童康复救助、贫困智力精神和重度残疾人残疾评定补贴、残疾人助学、贫困重度残疾人家庭无障碍改造、残疾人康复和托养机构设备补贴、残疾人文化等方面。

由此可见，体育彩票公益金在民生福祉和社会保障中发挥着重要的作用，是名副其实"来之于民，用之于民"的公益彩票。

四　中国体育彩票公益金的未来使命

习近平总书记在党的二十大报告中明确提出："加强青少年体育工作，促进群众体育和竞技体育全面发展，加快建设体育强国。"这进一步明确了我们在新征程上的使命和任务，吹响了体育人扬帆起航再立新功的时代号角。处在新的历史时代，体育事业已经站在新起点，要成为实现中华民族伟大复兴的见证者、参与者和奉献者。作为体育事业的生命线，体育彩票公益金必将肩负新的历史使命，承担新的历史责任。

（一）全力支持与积极响应国家号召，做体育强国建设的推动者

《体育强国建设纲要》（国办发〔2019〕40号）（简称《纲要》）是指引新时代体育改革发展的总纲领，明确了中国体育未来30年的总体发展目标、战略任务和行动路线，赋予了新时代体育强国建设更为丰富的内涵。《纲要》提出，"到2050年，全面建成社会主义现代化体育强国，体育成为中华民族伟大复兴的标志性事业"，并针对群众体育、竞技体育、体育产业、体育文化和体育外交等领域提出战略任务和九个重大工程。九个重大工程包括体育场地设施建设工程、全民健身活动普及工程、青少年体育发展促进工程、国家体育训练体系构建工程、科技助力奥运工程、体育产业升级工程、体育文化建设工程、体育志愿服务工程和体育社会组织建设工程等。各级体育主管部门应充分利用好体育彩票公益金，通过创新公益金资助模式，紧扣《纲要》提出的战略任务，切实支持与推进九大工程建设，助力体育强国建设目标的顺利实现。

（二）主动回应与有效满足人民期待，做健康中国建设的推动者

习近平总书记指出："没有全民健康，就没有全面小康。""共建共享、全民健康"是健康中国建设的战略主题，也是主动回应与有效满足人民期待的根本体现。健康是促进人的全面发展的必然要求，是经济社会发展的基础条件，也是身体与心理的双重建设。现如今，体育已经远远超乎"身体活动和增强体质"的狭隘功能。体育功能的多元性及其所赋予的意义，已经使其成为完善自我品性与人格、促进自我发展、推动经济转型、实现国际文化融通的重要手段和工具。随着我国工业化、城镇化、人口老龄化进程不断加快，居民生活方式、生态环境、食品安全状况等对健康的影响逐步显现，慢性病发病、患病和死亡人数不断增多，群众治疗慢性病疾病的负担日益沉重。国内外众多研究证实，体育运动是促进人类身心健康、完善自我品格的重要载体。近30年来，体育彩票公益金在推动各年龄段人群参与体育活动、提高身心素质等方面发挥了不可或缺的保障作用。新时期健康中国建设仍然需要体育彩票公益金在场地设施与器材条件改善、群众性体育赛事活动开展、群众性体育组织建设、运动健康处方提供、科学健身指导等方面作出更多的贡献。

（三）大力弘扬与深刻践行责任意识，做责任体彩建设的推动者

大力弘扬责任意识，坚持"公益体彩，责任为先"的基本理念是使用好体育彩票公益金的重要前提。近年来，各级政府与主管部门结合实际，在倡导理性购彩、打击非法彩票、公开透明开奖、改善购彩环境和服务升级等方面取得系列成效。继2012年、2016年、2018年获得世界彩票协会责任彩票一级、二级、三级认证后，2023年国家体育总局体育彩票管理中心顺利通过世界彩票协会责任彩票四级认证，表明中国体育彩票在承担社会责任方面得到了世界认可。体育彩票公益金的使用效益是评价体育彩票社会责任的重要维度，而体育彩票公益金使用效益的评估又要以广大人民群众的获得感为根本标尺，即人民群众对公益金资助效益的切身感受是体育彩票公益金深刻践行责任意识的直接体现。因此，中国体育彩票公益金应主动对接群众需

求，让责任体彩建设真正落实到公益金的每一个具体资助项目中，让公益金资助真正成为有广度也有温度的暖人工程。

结 语

中国体育彩票公益金是实现体育事业健康、高质量发展的重要资金来源。近30年来，中国体育彩票公益金从无到有，公益金筹集、分配与使用的各项管理制度不断完善，在助推群众体育和竞技体育发展方面取得显著成效。新时期体育强国建设对体育彩票公益金的管理与使用提出了新要求。只有从人民的立场和角度出发，深入践行责任体彩的根本理念，才能完成新时代赋予中国体育彩票的新使命。

B.13
中国体育彩票社会综合价值研究

徐靖芮　王学实　陈洪平*

摘　要： 现阶段，理解彩票的社会价值需要把握当下社会结构与生活层次的差异，以及大众意识水平变迁的过程，以便对新时代彩票的社会价值定位有新的认识。本研究通过对 23 位访谈对象的半结构化访谈及编码分析，构建体育彩票社会价值概念模型，将体育彩票社会价值分解为公益价值、文化符号价值、体育与健康场景价值、个人功能价值、消费形式的第三次分配价值共五个价值维度，覆盖"贡献了一分力量""提高了公益意识""公益事业的一种方式""帮助更多的人""中奖""增加就业机会""体现公平公正的原则""传播全民健身理念""助力体育强国和健康中国战略"等 17 个价值要素，在宏观政策定位、运营流程优化和社会价值传播技术多样化等方面提出新时代彩票社会价值建构和实现策略。

关键词： 体育彩票　社会价值　彩票文化认同　彩票治理能力

　　改革开放以来，彩票事业迅速发展，"公益彩票""责任彩票""国家公益彩票""生活娱乐方式"等基于彩票本质属性的系列价值主张，伴随着社会结构、经济发展、文化特征等系统性因素的互动过程，集中展现了彩票所具有的本质属性内核与社会价值边界不断拓展的特征，这使得"十四五"

---

* 徐靖芮，公共管理学博士，武汉体育学院经济与管理学院副教授，硕士生导师，主要研究方向为体育公共服务与政策创新；王学实，武汉体育学院经济与管理学院教授，博士生导师，主要研究方向为体育人文社会学；陈洪平，武汉体育学院经济与管理学院教授，硕士生导师，主要研究方向为体育政策法规与体育人文社会学。

期间彩票事业的发展将面临人口结构转变与消费结构深度转型等新的挑战。所以如何在处理好购彩者与发行方"射幸合同"的契约属性和公益性的关系、高销量与高风险的关系、多网点销售和小群体购买、实体渠道销售和互联网技术发展的关系等系列实践议题的过程中系统定位并引导彩票社会价值的实现,为彩票高质量发展提供充分的理论支撑,是新时代责任彩票建设工作的难点,也是破解彩票发行公益性的价值目的论所引发的社会认知差异的重点问题,更是实现彩票治理体系和治理能力现代化的关键步骤。

一 彩票社会价值的基础理论与底层逻辑

不同时代、不同语境下彩票的概念边界在政治、经济、文化、历史传统等因素的共同作用下不断分化、延展与转变,因此彩票性质的演绎具有逻辑内核与边界拓展的特征。中国彩票发行的历史轨迹深刻地体现了现代彩票在保留原初作为机会游戏的过程娱乐性和结果不确定性的本质属性的同时,还融入了中国特色社会主义最本质的特征,刻画着大众意识水平变迁的过程,因此理解彩票社会价值是认识的过程性与真理的相对性、绝对性的辩证统一。

(一)价值的概念

价值是伴随某种排除而选择的认为值得达成或值得获得的客体,也是对客体的取向。[①] 齐美尔在《货币哲学》中明确区分了价值与效用,认为价值是指得到或实现它需要做出牺牲的客体所具有的满足含义。[②] 这一定义将价值与欲望关联,如果排斥这种关联,价值就变成超经验的神秘客体;如果只将价值限定在欲望满足层面,则价值沦为欲望的一个对象。因此价值概念的核心包含两方面:一是欲望,二是选择以及由此做出的牺牲。这一定义预示

---

① 陆学艺主编《当代中国社会结构研究报告》(全四册),社会科学文献出版社,2018。
② 〔德〕格奥尔格·齐美尔:《货币哲学》,朱桂琴译,金城出版社,2020。

着，对购彩者而言人们有遵从欲望选择的自由，同时，也必须承担由此可能带来某种损失或牺牲的责任。

（二）社会价值的概念

价值产生于选择，而价值选择的参照体系则构成了不同的价值类型。不同参照体系，是指文化体系中固有的意义一贯性的要求被转嫁到与该体系交叉但又具有不同性质的行为体系（包括社会体系和个性体系）之中。因此当文化价值被吸纳到社会体系中（被制度化）时，就是社会价值。社会价值是指通过选择过程，社会成员习得的关于什么是理想状态的观念。在终极意义上，社会价值是对选择什么样的欲望对象的过程予以制约的原则，是被行动者吸收到自身内部变成规范自身行为的标准。

（三）彩票社会价值的内涵界定

关于彩票的价值定位，应在承认彩票相关行动者选择不同目标的基础上，思考如何通过选择将欲望满足的目标与目的−手段的动因进行转化，通过意义一贯性引导行为者的价值一致，在有几种可能性的目标之间进行选择，将意义不一贯的他者排除。如"问题购彩者"的购彩行为就偏离了价值范畴，从欲望满足的心理机制进行解释可能更为有效，彩票的价值范畴需要由"目的−手段"和"欲望满足"转向"价值一贯性"的选择过程与规范习得。

彩票的社会价值是由彩票得到或实现它所需要做出的牺牲，以及客体所具有的满足含义，即被文化体系吸纳到社会体系的习得过程与意义一贯性共同构成的。因此，中国彩票的社会价值就需要建设责任彩票体系和对发行品种进行调整，依据社会结构变迁及人民对美好生活的向往，重新审视并梳理彩票在国民收入分配中的定位，回归制度理性与正义，呼唤购彩行为的自愿性与慈善性，这既是新时代对彩票社会价值内涵的界定，也是突破彩票发行销售及社会认知瓶颈的重要转折。

二 新时代体育彩票社会价值生成的内部治理机制

制度三大基础要素理论认为，制度中有规制性、规范性、文化-认知性三大基础要素，它们共同推动社会价值的选择与生成，并内化为理想状态的行为规范，但三大要素的秩序基础、扩散方式、情感反应各不相同；不同领域、不同组织的制度，其主导性要素也各异；在利益复杂、竞争激烈的领域或组织中，规制性是制度的主导要素。[①] 在公共权力领域，制度的规制性要素创造了基本秩序，而在相关的文化体系中，文化-认知性要素是主导要素，这些不同要素的组合共同推动社会体系中的行动者进行不同的基于意义一贯性的选择，由此形成相应的社会价值。

体育彩票的规制性也是由政治和经济领域制度所主导的，监督和惩罚力量确保了规则系统的稳定。例如，从 1985 年颁布的《国务院关于制止滥发各种奖券的通知》，到 2001 年颁布的《国务院关于进一步规范彩票管理的通知》，再到 2009 年颁布的《彩票管理条例》，国家始终坚持对彩票市场的严格监管，以保证彩票带来的社会福利以及公益属性。与此同时，中国体育彩票发行还需符合中国特色社会主义制度的价值观，要满足国家以及公众对中国体育彩票的公益属性的期待。因此，强制约束以及道德约束均是国家体育彩票稳定发展的基础，制度惩罚并不是体育彩票稳步发行的唯一手段，而应该只是维护体育彩票稳定发展的辅助手段。真正确保中国体育彩票朝健康的方向发展，还需要彩票发行利益相关方以及公众从内心形成道德自律以及约束。公众能理解中国体育彩票的社会价值才是考量彩票行业成熟发展的重要标志。

体育彩票的规范性需要基于彩票各利益相关方以共识性的彩票价值观来指导彩票运营中各环节的行为，进而形成彩票运营的规范或者共同遵守的职业道德。因此，这种规范性在很大程度上影响了体育彩票运营的大致走向，使其在

[①] W. 理查德·斯科特：《制度与组织：思想观念、利益偏好与身份认同》（第 4 版），姚伟译，中国人民大学出版社，2020。

运用过程中具有一种教育引导功能，引导中国体育彩票的正确发行以及购彩者理性购彩，同时在中国体育彩票发展的过程中使多方主体承担应有的社会责任，迸发出彩票运营制度的社会力量，形成该领域独有的价值观，从而更好地柔化中国体育彩票运营管理制度中的规制性要素，进一步让我国的体育彩票制度成为大众可信赖、有保障的体彩制度。中国体育彩票的规范标准应严格遵守国家体育彩票监管部门财政部的科学标准，而且应当系统全面地涵盖体育彩票运营的各个方面，以确保中国体育彩票治理机制可以很好地衍生出社会价值，使中国体育彩票在中国社会的发展过程中起到良好的引导作用。

体育彩票的文化-认知性要素塑造了彩票利益相关方各个角色的身份内涵，由此确保大众对国家公益彩票价值观的认同。近些年，中国体育彩票坚持责任彩票的理念，中国体育彩票责任彩票是指在依法合规运行、履行公益金筹集使命的基础上，对彩票发行销售过程参与者，以及对国家、对社会、对彩票行业及相关产业，在经济、法律、环境、慈善和伦理等方面承担的责任与义务。[①] 体育彩票制度中的文化-认知性要素具有特殊性，这是因为彩票本身带有一种公益性质，彩票公益金的使用及感知价值的传递是构建文化认同的有效途径。首先，彩票公益金的筹集是建立在公众自愿参与的基础上的，故彩票公益金的筹集在一定程度上表明社会公众对我国体育彩票制度形成相应的文化认同，而彩票公益金的使用也是对文化-认知性要素的一种反映，需要体育彩票公益金更多地投入体育赛事、体育教育、医疗、扶贫等社会领域，使广大群众享受到体育彩票所带来的民生福祉。除此之外，体育彩票本身的运营管理也为彩票制度的构建提供了文化认同，构建了体育与健康场景价值、文化符号价值及个人功能等社会感知价值。

综上，结合我国的体育彩票制度和基于制度的基本要素理论，规制性要素仍然是体育彩票制度建设中的基石，需要运用法律、奖惩等规制性要素构建出体育彩票制度的基础框架。在此基础上，构建体育彩票价值观体系，使

---

① 张弛、冯欣、王东萌：《中国体育彩票责任彩票内容体系研究》，《体育科学》2019 年（第 39 卷）第 9 期。

行业内的各主体形成共守的职业道德，促使更多人理性购彩，购彩后所筹集的体育彩票公益金惠及社会，成为推进社会建设的重要力量，这样可以进一步巩固体育彩票所形成的文化认同，协同提升新时代体育彩票治理能力。

三　新时代体育彩票社会价值概念模型探索

尽管有关社会价值概念的论述有所不同，但价值的选择受到多因素影响已经成为共识。基于对体育彩票社会价值概念的定义，在借鉴相关研究结论（见表1）的基础上，本研究运用扎根理论方法，进一步探索体育彩票社会价值概念模型中的相关要素。

（一）体育彩票社会价值概念模型

本研究运用扎根理论的质性研究方法，通过对23位彩票行业管理者进行半结构化的访谈及编码分析，构建体育彩票社会价值概念模型，将体育彩票社会价值分解为公益价值、文化符号价值、体育与健康场景价值、个人功能价值、消费形式的第三次分配价值共5个价值维度（见图1），同时提炼出"贡献了一分力量""提高了公益意识""公益事业的一种方式""帮助更多的人""中奖""增加就业机会""体现公平公正的原则""传播全民健身理念""助力体育强国和健康中国战略"等价值要素。数据显示了公益价值、文化符号价值、体育与健康场景价值、个人功能价值、消费形式的第三次分配价值等5个主范畴的排序，其中体育彩票的核心价值要素是促进社会公平，属于社会层面的价值范畴，包括促进就业、为社会扶贫救助等提供资金、调节社会矛盾、促进收入分配公平、缩小社会贫富差距等。

表1　社会价值维度研究相关维度的总结

作者	研究对象	维度
张吾龙等（2007）	舞龙运动	凝聚民族力量弘扬民族精神、传播优秀民族文化、体育健身与娱乐
陈帅（2008）	中国女子网球成就	政治价值、经济价值、文化价值、教育价值

作者	研究对象	维度
张艳萍等（2008）	体育舞蹈	审美价值、经济价值、娱乐价值
马襄城（2009）	荷球运动	推动全民健身、独特的健身价值、独特的健心价值、体育产业开发与创新的价值
王传友（2010）	北京奥运会	促进社会现代化与和谐社会建设、增强中华民族凝聚力、淬炼成熟国民心态、彰显政府高超执政能力、推动中国体育事业发展
于恒睿（2021）	乒乓球运动	经济价值、外交价值、文化价值、道德价值、运动健体价值
张振东等（2021）	全国民族运动会	促进民族团结的政治价值、释放生产潜力的经济价值、传承民族精神的文化价值、实现体育强国的健康价值
王军峰（2022）	延安木刻	塑造革命记忆的文化价值、图像证史的史料价值、社会动员的媒介价值
黄欣（2022）	健美操	文化价值、政治价值、经济价值

资料来源：张吾龙、杜晓红、邵磊：《舞龙运动的文化底蕴及其社会价值》，《体育文化导刊》2007 年第 4 期，第 90~91 页；陈帅：《中国女子网球成就的社会价值》，《广州体育学院学报》2008 年第 4 期，第 52~54 页；张艳萍、袁志华：《我国体育舞蹈"多元化"发展趋势及社会价值探析》，《成都大学学报》（教育科学版）2008 年第 2 期，第 79~81 页；马襄城：《荷球运动特征及其社会价值分析》，《体育文化导刊》2009 年第 10 期，第 45~48 页；王传友：《北京奥运会社会价值研究》，博士学位论文，苏州大学，2010；于恒睿：《我国乒乓球运动发展特征及社会价值研究》，硕士学位论文，吉林大学，2021；张振东、聂世轩、李国立、杜松健、黄迎乒：《汇聚民族团结正能量：全国民族运动会社会价值及其传承研究》，《体育学刊》2021 年第 4 期，第 22~27 页；王军峰：《作为新闻的木刻：延安木刻的新闻性及其社会价值》，《青年记者》2022 年第 21 期，第 101~103 页；黄欣：《大众健美操的社会价值分析》，《经济师》2022 年第 10 期，第 235~236 页。

（二）体育彩票社会价值要素分析

1. 公益价值

公益价值是由文化体系中彩票的社会价值生成。体育彩票的公益价值既是国家发行彩票的初衷，也是历史发展进程中彩票社会价值最为核心的体现。研究发现，体育彩票的公益价值包含"贡献了一份力量""提高了公益意识""公益事业的一种方式""帮助更多的人"等，其中"公益事业的一种方式"和"贡献了一份力量"被谈及最多。近年来，体育彩票强化了

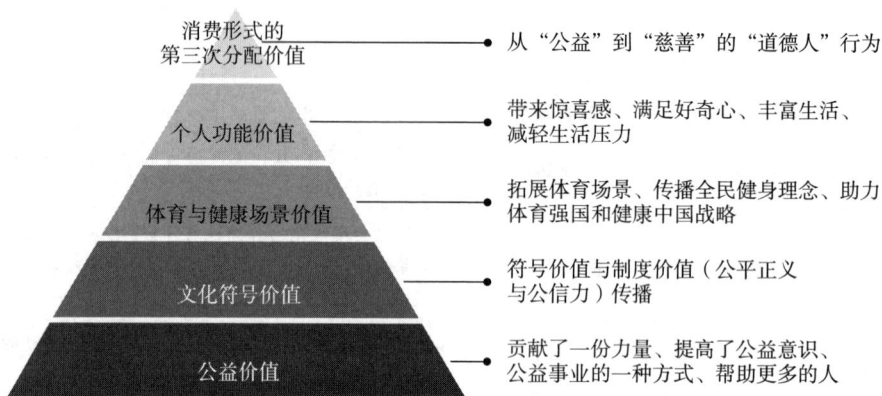

图 1　体育彩票社会价值概念模型

资料来源：笔者自制。

"责任为先、公益公信为核心"的价值理念，带动全国各级体彩机构开展了一系列有温度、有情怀的公益行动与实践，让公益体彩更加贴近公众，让体育彩票的公益形象更加深入人心，提升了公众对中国体育彩票的价值认同，引导更多人参与体彩公益，促进体彩事业健康高质量发展。在践行责任彩票、传播社会正能量的道路上，更少不了每一位中奖者、每一位购彩者的行动。

2. 文化符号价值

体育彩票文化传播是体育彩票产业的核心竞争力。① 中国体育彩票坚持建设"负责任、可信赖、高质量发展的国家公益彩票"，打造人民满意的"公益体彩、民生体彩、责任体彩、诚信体彩"，展示出体彩"公益、健康、乐活、进取"的形象。研究发现，"符号价值与制度价值（公平正义与公信力）传播"在文化符号价值中被谈及最多。可见这种责任价值的传播对于我国体育彩票的高质量发展起着至关重要的作用。同样在符号价值方面，体彩即开型游戏一直被赋予丰富的文化内涵，从人文历史到自然风光，更多人通过即开型体育彩票感受和领略祖国的悠久历史和美丽

---

① 姚寅歌：《湖北省体育彩票文化发展研究》，硕士学位论文，华中师范大学，2019。

风光。

3. 体育与健康场景价值

体育与健康场景价值是体育彩票的一种特色价值，具有双向正循环转化购彩者和体育爱好者的作用，旨在引导社会公众积极参与体育运动、助力实施体育强国和健康中国战略。研究发现，"拓展体育场景""传播全民健身理念""助力体育强国和健康中国战略"在体育与健康场景价值中被谈及最多。其中，在助力体育强国和健康中国战略方面，体育彩票公益金广泛支持了全民健身活动，有像广场舞、足球、篮球、乒乓球、羽毛球、登山等普及率相当高的群众运动，也有像钓鱼、信鸽、桥牌、国际象棋等小众的健身休闲活动。正是因为有了体彩公益金的支持，全国各地群众体育赛事和活动开展得有声有色、丰富多彩，对满足人民不断增长的健身健康需求发挥了重要作用。

4. 个人功能价值

个人功能价值是基于彩票在公众购彩过程中对个体的主观幸福感所产生的积极影响，尤其是基于彩票基本性质的一体两面性，以激发个体好奇心满足游戏本能的方式创建购彩者的心理账户（mental account）[1]，并以其独特的方式产生了非替代性的情绪价值、生活满意度以及其他积极功能。这些因素共同作用进一步影响个体健康的购彩行为和幸福感知。研究发现，"带来惊喜感""满足好奇心""丰富生活""减轻生活压力"在个人功能价值中被谈及最多。通过访谈笔者发现，年轻群体购彩更多的是一种个人娱乐体验，将体育彩票的娱乐性和大型赛事比如世界杯、奥运会密切关联，可以在生活之余给人带来很好的娱乐体验。通过实地调查和深入访谈笔者发现，大

---

① 心理账户最早由 2017 年获诺贝尔经济学奖的芝加哥大学教授理查德·塞勒提出。塞勒认为，每个人都有心理账户，把现实客观等价的支出或者收益在心理上划分到不同的账户中，通过该心理账户来进行各种各样的经济决策。心理账户可以用来解释人的不理性经济决策。比如，我们会把工资划归到靠辛苦劳动日积月累下来的"勤劳致富"账户中；把年终奖视为一种额外的恩赐，放到"奖励"账户中；而在既有认知中会把买彩票赢来的钱放到"天上掉下的馅饼"账户中。这种不同的归类导致人们对待等值的金钱会有不同的态度，并做出不同的决策行为。这一概念揭示了人类在进行财富决策时的心理认知过程。

部分购彩者更愿意通过体育彩票结交一些朋友，丰富购彩者的业余生活。

5.消费形式的第三次分配价值

消费形式的第三次分配价值是由文化体系向社会价值制度化转变过程中的彩票社会价值生成。消费形式的第三次分配价值体现在"从'公益'到'慈善'的'道德人'行为"。研究发现，"增加就业机会"和"提供税收收入"在消费形式的第三次分配价值中被谈及最多。因此，体育彩票的第三次分配价值能够更广泛地动员社会力量参与到国民收入分配中，从收入分配结构和社会结构层面缓解"不合理"和"无序性"问题，第三次分配所形成的社会收入的转移支付可以弥补财政转移支付的不足，慈善领域能够深入市场和行政难以涉足的领域，让社会分配更趋公平，确保社会健康运行。

（三）体育彩票社会价值结构关系

从体育彩票社会价值结构关系来看，体育彩票社会价值要素之间相互影响、相互制约。第一，体育彩票的公益性质进一步要求其制度价值（公平正义与公信力）得以彰显，而制度价值又是其文化价值的重要组成部分，两者的互动构成了体育彩票社会价值体系的基础；第二，在不断创设的体育与健康场景中，体育彩票所具有的个人功能价值与其所代表的文化符号价值不断互动，并不断以让渡价值的方式实现体育彩票社会价值的健康引导，对文化传播起到一定的推动作用，并进一步影响体育文化与健康价值的传播，三者往往同时发生又相互影响；第三，在新发展格局下，体育彩票反映的消费形式的第三次分配价值和体育与健康场景价值共同发力，对缔造体育美好生活提供了积极的推动力（见图2）。

四 新时代体育彩票社会价值建构和实现策略

本研究基于全过程负责任彩票的视角，将社会价值内嵌于彩票治理机制、运营流程与公众体验，以人民为中心，在宏观政策定位、运营流程优化和社会价值传播技术多样化等方面提出新时代体育彩票社会价值建构和实现策略。

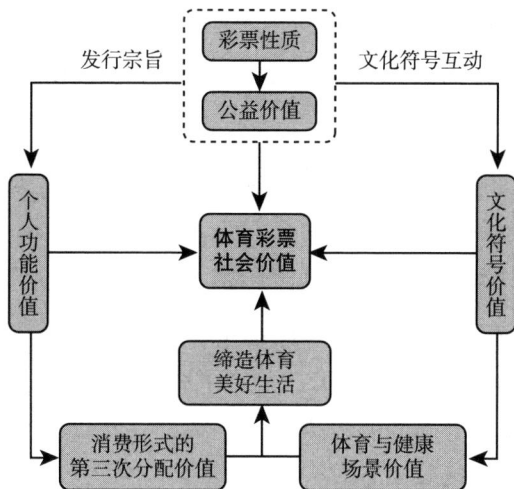

图 2 体育彩票社会价值结构

资料来源：笔者自制。

（一）以人民为中心，系统升级彩票社会价值体系

基于对彩票本质价值属性的梳理、社会价值互动选择等研究，笔者发现，对彩票社会价值的理解和定位是实现彩票治理体系和治理能力现代化的重要基础。新时代背景下，彩票的社会价值认知需要与时俱进。消费形态的转变、社会结构中的张力，以及中间社会阶层作为一种重要的结构性力量，都促使我们重新思考彩票的角色。这包括从社会阶层形态演变的视角来分析彩票市场结构的"内卷"过程，以及从消费形式的第三次分配的角度来理解彩票在推动治理体系和治理能力实现现代化过程中的作用。此外，还需要自下而上地关注购彩者的核心认知机制，即他们是如何从认知转变为具体的购彩行为的。

（二）联结体育消费，促进彩票消费行为的体验价值

国务院办公厅出台的《关于以新业态新模式引领新型消费加快发展的意见》和国家发展改革委等四大部委联合印发的《关于扩大战略性新兴产

业投资 培育壮大新增长点增长极的指导意见》这两份重要文件也将体育列为推动我国经济发展的新业态和新模式。体育竞赛表演活动及其场馆共同作为影响城市空间品质的重要因素，与空间及其被激活并嵌入意义的个体及社会认知密切关联，[①] 在自我表达、城市品牌魅力、在地文化真实性等可能驱动城市创新发展等核心因素中起到重要的关联作用。国家"十四五"发展规划中提出"加快发展健康、文化、旅游、体育等服务业"，体育在观赏型消费和参与型消费中与彩票消费具有双向促进作用，体育消费作为一种消费途径，参与到城镇化进程中，不仅再生产了城市的精神意义、美学价值与经济价值，而且能够有效激发消费需求，对相应的创新驱动因素具有较强的吸引与聚合作用，推进微观产业链的升级改造。

（三）基于体彩行业内部治理机制，完善体彩治理结构

目前，我国的体彩制度仍处于待完善阶段。基于对我国体彩制度与制度的三大基础要素综合分析，现阶段我国的体彩制度亟须构建具有规制性要素的基本制度框架，即涉及体育彩票相关的法律制度与激励制度，为新型体育彩票制度勾勒出明晰的规则框架，在此基础上进一步发挥规范性要素的功能，引导体彩运营的多方主体在规制性制度框架中形成共同遵守的职业道德，承担起各自的社会责任，迸发出能够凝聚社会的力量，只有这样才能激发文化-认知性要素的活力，从社会层面营造一种良好的体彩氛围，促使大众从更深层次感知体育彩票所带来的文化价值，为我国构建新时代彩票治理体系打下坚实的制度基础。

（四）科学传播责任彩票信息，引导公众重塑体彩价值认知

社会心理学实验表明，人们一旦为错误的信息建立了理论基础，就很难再让他们否定这条错误信息，这种信念固着（belief perseverance）现象证明

---

① D. A. Silver, T. N. Clark, *Scenescapes: How Qualities of Place Shape Social Life*, University of Chicago Press, 2016.

信念可以独立存在，并且当支持它的论据被否定时仍会存在。在体育彩票社会价值认知中，一些公众的偏见即一种信念固着。相关的心理学实验证明，公众越是想极力证明自身理论和解释可能是正确的，对挑战自己信念的信息就越封闭，纠正信念固着的唯一方法是解释相反的观念。这启发我们在体育彩票社会价值的引导过程中要注意倾听不同的声音，并重点关注相关价值认知偏见的观点来源（论点与论据事实支撑），依托多样化的媒介平台以政策叙事与事实正面回应、各个击破、有效纠正，再通过持续不断的责任彩票信息传播和联结日常的公益宣传使公众形成系统性认知，并将购彩行为与体育赛事观赏、参与体验，自身价值主张，日常生活仪式，情感表达等联系在一起，从而形成价值意义的一贯性，实现公众重塑对体彩价值的认知。

B.14
体育彩票业务架构在运营管理中的应用与实践

程书践　李璿　刘晓雪*

摘　要：　为促进体育彩票规范化、标准化与精细化运营，强化系统观念和结构化思维，体育彩票借鉴其他行业在业务架构方面的实践经验，把握彩票行业及业务特点，提炼出业务架构的基本概念，总结业务架构应用场景，形成了适合体彩的业务架构五层结构与一套设计方法，并在大量的实践中验证了业务架构的有效性。实践证明，业务架构对于实现体育彩票运营管理价值赋能是非常有益的，发挥着整体协同与联结作用，需要全系统继续更大范围、更广领域地推广与应用。

关键词：　体育彩票　业务架构　运营管理

一　体育彩票业务架构概述

（一）工作背景

业务架构作为基于组织整体与联结全局的先进方法，对于实现数字化转型、业务基础能力建设、强调整体协同与联结都发挥着重要作用。业务架构也是企业架构的重要组成部分，它可以确保数据架构、应用架构、技术架构

---

* 程书践，国家体育总局体育彩票管理中心运营管理处副处长；李璿，中体彩彩票运营管理有限公司综合运营中心职员；刘晓雪，中体彩彩票运营管理有限公司综合运营中心职员。

的传导与联结（见图1），是战略落地的承接载体。做好业务架构工作有助于强化组织整体协同，推动组织转型与变革。

当前，体育彩票进入新发展阶段，面临机遇的同时也面临诸多挑战。例如，各业务领域管理相对松散和割裂，需要常态化、精细化的管控手段；各类业务管控需要进一步融合协同，业务、数据与技术之间的传导需要更加顺畅，战略从规划到执行需要更加高效。这需要我们在实施路径上有所突破，找到系统性的解决方法作为顶层指导。

自2019年起，体育彩票系统把握自身行业规律及业务特点，深入研究企业架构、业务架构、流程管理等主流方法，研究行业模型及企业最佳实践，在运营管理中不断探索实践、反复验证、优化迭代。目前，已逐步沉淀总结形成适应体育彩票行业发展需要的业务架构。

（二）业务架构

体育彩票业务架构是对体育彩票全系统全部业务有机联系的结构化反映，将业务合理地分类、分段、分层，并进行展现，以合适的颗粒度满足发行机构、销售机构不同层级管理者对业务管控的需求，它是推动体育彩票业务流程化、规范化的主要手段；是推动体育彩票业务与技术有机衔接，支持实现数字化、智慧化的重要基础。

如表1所示，第一层（L1）业务总图反映体育彩票业务全貌，第二层（L2）呈现体育彩票相关业务域的业务主线价值增值过程和关联逻辑，第三层（L3）呈现体育彩票业务域内的不同业务场景，第四层（L4）、第五层（L5）则呈现体育彩票具体的业务执行步骤。

二　业务架构应用与实践

当前，体育彩票完成了业务总图、运营业务域、部分管控与支持域的上三层高阶架构与对末阶流程的梳理与发布。成果包括：1张业务总图、240

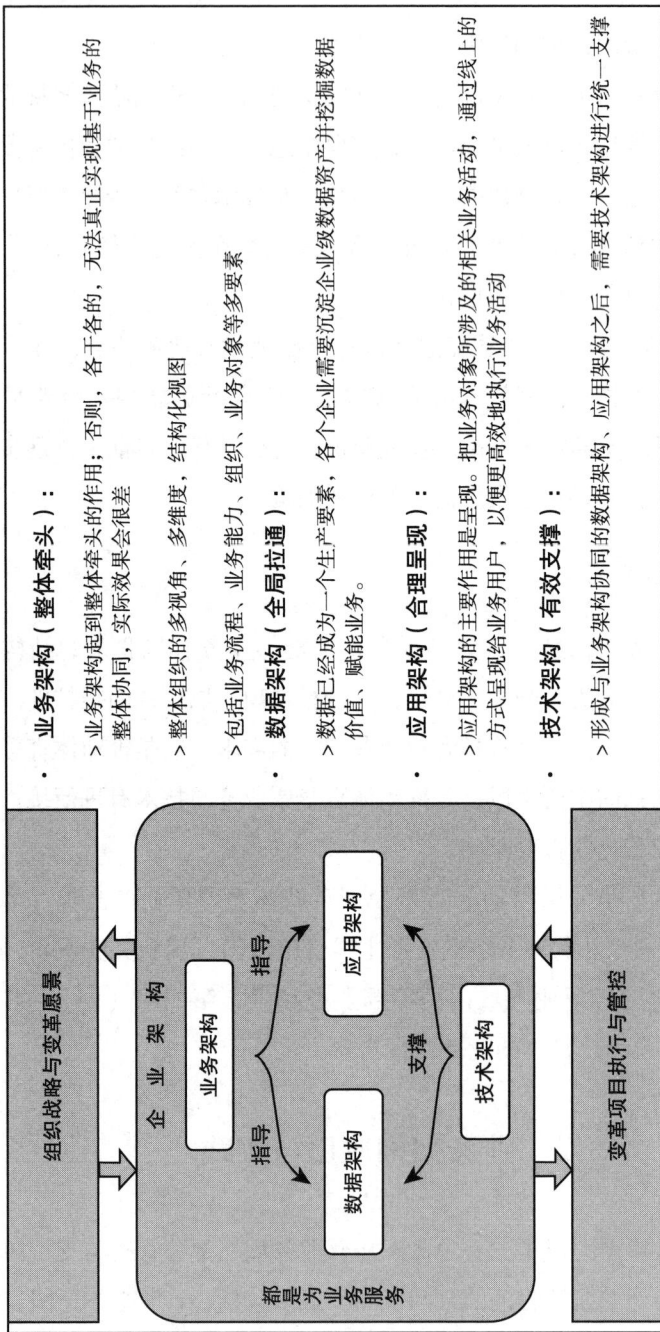

- 业务架构（整体牵头）：
> 业务架构起到对整体牵头的作用；否则，各干各的，无法真正实现基于业务的整体协同，实际效果会很差
> 整体组织的多视角、多维度，结构化视图
> 包括业务流程、业务能力、组织、业务对象等多要素

- 数据架构（全局拉通）：
> 数据已经成为一个生产要素，各个企业需要沉淀企业级数据资产并挖掘数据价值、赋能业务。

- 应用架构（合理呈现）：
> 应用架构的主要作用是呈现。把业务对象所涉及的相关业务活动，通过线上的方式呈现给业务用户，以便更高效地执行业务活动

- 技术架构（有效支撑）：
> 形成与业务架构协同的数据架构，应用架构之后，需要技术架构进行统一支撑

图 1 企业架构组成内容、各自定位与相互关系

资料来源：参考王旭东、魏炜等编著《业务架构解构与实践》（电子工业出版社，2022）中企业架构中主要架构的基本协同关系，结合笔者工作实践与理解修改自制。

余个单元业务集图、500 余个单元业务图、500 余个单元业务流程图、5 个端到端业务组装图。通过构建体育彩票业务全景图，分类分层展示体育彩票全系统的业务全貌，提高了全系统"一盘棋"的统筹能力，使体育彩票发行销售的相关参与方（业务侧、技术侧、财务侧）在同一语境与视角下开展工作。

表 1   体育彩票业务架构五层结构的内涵

层次	释义	
业务总图（L1）	以全局视角结构化展示体育彩票业务全貌，有利于全系统在同一语境和视角下开展工作	
单元业务集图（L2）	描述业务域的业务主线价值增值的过程，由同类业务下不同单元业务汇聚而成	单元业务集图（L2）、单元业务图（L3）属于高阶业务架构，帮助组织厘清体育彩票有哪些业务，并以合适的颗粒度分类、分段、分场景进行展示
单元业务图（L3）	描述业务域内不同的业务场景，能识别出完整连贯的业务过程、可被管理的业务成果、唯一的责任主体。单元业务的责任矩阵描述单元业务的范围和成果，明确业务的监管、主管、主办、参与咨询、告知方，反映统筹、协作、分工的关系	
单元步骤图（L4）	用于描述各单元业务的流程串接关系	单元步骤图（L4）、单元流程图（L5）属于末阶流程，用于规范业务流程，将经验管理转化为精细化管理，而业务流程化、流程规范化、规范信息化是数字化、智慧化转型的基础
单元流程图（L5）	用于描述各单元步骤的具体执行过程	

（一）促进业务流程化和信息化，保障业务安全规范运行

通过全面梳理及优化体育彩票业务流程，将"个人经验"沉淀为"组织能力"，同时解决运营中发现的断点和堵点，提升运营效率，防范业务风险。

在流程梳理方面，全面梳理业务流程，构建关键业务环节串接图，绘制业务流程图，划清业务边界，打破部门壁垒，确保跨部门、跨岗位沟通顺

畅，推动业务向规范化、流程化运营转变，解决"只见树木不见森林"的问题，保障各项业务安全稳定运行，防范业务风险。

在流程优化方面，首先，识别重要流程，明确流程目标。流程的重要性来自与战略的关联度，如与客户体验、风险防控、责任彩票、公信力、安全合规相关的业务流程。流程目标即流程要实现的业务目标。业务战略决定了流程所服务的对象、所提供的产出、所实现的价值定位，同样也决定了流程优化目标。其次，基于问题导向，优化业务流程。流程优化，即通过持续调整、完善流程来防范业务风险，改善客户体验，降低运营成本，提升运营效率与效能。在流程设计和实施过程中，要解决内容（业务内容、业务逻辑）和形式（流程规范）两方面的问题。

（二）基于业务价值链，厘清岗位职责，夯实主体责任

职能管理与流程管理横纵交织，一经一纬织成一块好布。职能管理以组织架构为重要支撑，以组织为单位，体现部门、岗位的专业分工，特点为纵向驱动。业务架构以流程管理为重要支撑，体现以客户为中心的业务价值创造与传递的过程，要特点为横向驱动，为明确工作定位、实现有效协同和授权提供管理基础。

业务架构中"L3业务责任矩阵与职责手册，以及L5单元流程图（部门泳道图）"，有助于体育彩票分业务场景系统梳理发行销售"端到端"不同层级部门、岗位职责，厘清分工与协同关系，实现无缝协作。同时，基于业务架构的以上成果，在技术工具的支持下，可快速便捷地提取、整理出部门与角色的职责，用于梳理岗位职责。

（三）以业务架构为牵引，构建一体化运营管理模型

基于业务架构及现有成果，促进合规管控、安全管理与风险防控一体化建设。以业务架构为纽带，能够快速、准确、全面地识别重大风险点、优化重构制度体系，梳理设置关键管控点。同时，以业务架构为蓝图，易于关联风险、制度、控制点等管理要素，实现在业务活动中落实合规管控要求，有

效防范"灰犀牛"风险与"黑天鹅"事件,有助于提升体育彩票全系统、全流程运营管理的规范性、严谨性,促进体育彩票安全生产、合规管控、风险防控能力的进一步提升。

(1)基于业务架构高阶成果与末阶流程,从正向对业务风险进行分层、分场景、分环节的系统梳理和识别,形成风险点清单,确保风险识别系统化,避免遗漏潜在风险点。同时,结合从逆向对历史事件进行分析,形成历史事件热力图,直观呈现风险"重点区域",补充风险库,持续对风险库进行维护管理。

(2)对标世界彩票协会安全控制标准,基于业务架构,横向明确业务领域,纵向识别关键管控事项、管控点及管理对象,提炼贯通全系统、全流程控制要求,促进全系统安全合规运营、支持风险防控全面落地。目前体育彩票安全运营控制规范覆盖即开型彩票、乐透数字型彩票、竞猜型彩票、渠道与销售管理、品牌宣传与营销推广、彩票开奖、彩票兑奖、客服管理(95086)8个业务领域,提炼形成69个控制事项、189个控制点、541条控制要求。

(3)基于业务全链条,以业务架构为抓手,按管理对象进行横向分类,按管理颗粒度进行纵向分层,建立分类、分层的立体化制度框架,确保制度建设紧跟战略要求,为业务发展奠定坚实基础。同时,与业务架构现有成果形成映射关系,并展示制度对业务的覆盖程度。

(四)推动业务流、信息流、资金流("三流")合一

以业务架构为基础,从业务流、信息流和资金流("三流")合一以及不同业务参与主体等维度,全面梳理实体店资金业务场景,通过综合调研、系统盘点等方式,不断细分业务场景,统筹考虑资金变动方式,推动业务场景全覆盖。以此为切入点,明确业务侧的业务场景与技术侧的系统数据之间的对应关系,建立动态联动更新机制。同步厘清技术侧的系统数据与财务侧记账科目之间的映射关系,查漏补缺,更新动态,促进业务、技术、财务融合,进一步规范彩票机构的资金管理,防范化解潜在风险。

（五）依托技术工具，加强业务架构资产治理与可视化呈现

业务架构需要适配技术工具给予支撑，尤其在积累了大量的业务架构资产后，技术工具更为关键与重要。2022年底，体育彩票上线了自研的业务架构可视化管理平台，对业务架构标准化设计、可视化呈现以及以业务架构为纽带推动一体化管理起到了重要作用，平台的上线产生了以下效果。

第一，业务架构资产化与可视化。促进业务架构成果更好地以分层分类的方式显现和展示，将所有的业务视图、业务流程固化到管理平台中，沉淀为体育彩票行业的重要资产，推动业务架构成果落地并得到更好应用。

第二，明晰与优化职责分工。厘清流程之间的关系，打破部门壁垒，打通跨部门、跨领域、跨层级间运转的流程，将流程细化到岗位。

第三，实现业务管理要素标准化和精细化管理。发挥业务架构纽带与桥梁的作用，促进风险防控、合规管控、安全管理等基础工作持续完善、协同运作，推动形成一体化、结构化、精益化的管理体系。

第四，提供标准化建模方法。按一套标准化的图形符号和规则进行建模和管理，旨在促进各层级、各领域人员统一理解与高效沟通，实现标准化、集成化与规范化的架构设计。

第五，提高业务架构自身管理效率。业务架构可视化管理平台解决了大量业务架构资产单靠手工管理难度大、维护变更没有例行化、查找使用不便利及价值发挥受限制等痛点问题，实现规范化管理，是覆盖业务架构全生命周期管理的技术工具。

三　体育彩票业务架构发展展望

近年来，越来越多的企业探索数字化转型，企业架构与业务架构的价值被广泛认可，这套联结全局的方法体系被提到举足轻重的地位，成为推动企业高质量发展的重要工具。国资委在国有企业深入实施数字化转型行动计划要点中明确提出，开展业务与数字化能力适应性评估，定期梳理优化转型架

构，保障业务架构、数据架构、应用架构、技术架构融合一致；聚焦企业全流程，加快数字技术应用和场景创新，提高全要素生产率等。①

业务架构是一项复杂的系统性工程和长期工作，要有久久为功的定力和多方的支持协助。经过几年研究与实践，体育彩票初步探索形成了业务与流程梳理、关联分析，承载与串联相关管理要素的方法，促进了运营管理规范化与精细化水平的提升。但距离上升到战略全局层面，推动管理流程与组织架构的优化、变革、创新、增质提效，提升精益化、智慧化水平，适应高质量发展要求，尚有一段路要走。未来，体育彩票业务架构工作需要加强整体统筹，全面布局，凝聚各方力量，推动各部门、各环节深度参与到业务架构各项工作中。

一是承接战略，加强顶层设计，提升业务架构自身的价值定位，推动业务能力提升，为战略落地提供有力抓手。

二是结合重点领域的业务提升工作，实现研用结合，持续在项目实践中完善业务架构资产，提高业务运营的专业性、严谨性，确保高效集约、安全可控，夯实诚信之基。

三是开展与领先企业、行业及领域参考模型的对标研究，找差距、补短板、扩优势，促进评价结果转化与应用，加快提升业务架构管理水平。

四是保持对业务架构、企业架构及数字化转型的新方法、新理念的持续跟踪与深度研究，进一步探索业务架构促进业务、资金、数据、技术深度融合的方法与路径，使其真正发挥桥梁作用，推动组织从思想到行动的整体转型。

---

① 《国资委：国企数字化转型工作进展》，网易，2023 年 7 月 9 日，https://www.163.com/dy/article/I978GNMR0532AH7Q.html。

区域篇

B.15
江苏体彩高素质专业化
基层队伍建设实践研究

朱长河 罗雪 吴伟俊 田婷*

摘 要： 基层队伍是体育彩票管理链条中的关键环节，是推动落实具体工作任务和实现体育彩票总体目标的保障条件，在推动我国体育彩票高质量发展、努力筹集公益金助力公益事业和体育事业发展的过程中，发挥着至关重要的作用。江苏省体育彩票管理中心实行的是分级管理体制，基层队伍的抓手主要是专管员队伍的建设，作为第一个建立专管员队伍的省级体彩中心，在基层队伍（主要是专管员队伍）建设方面始终探索前进，不断完善。从把牢政治标准、锚定专业化目标、推进信息化建设、强化责任落实四个方面入手，本文全面回顾近20年来特别是"十四五"时期江苏省体彩中心在推进基层队伍建设方面的实践，系统梳理在分级管理体制下为基层队伍提供组

* 朱长河，江苏省体育彩票管理中心原主任；罗雪，江苏省体育彩票管理中心责任彩票部职员；吴伟俊，江苏省体育彩票管理中心渠道管理部副部长；田婷，江苏省体育彩票管理中心渠道管理部职员。

织保障、制度保障、能力保障方面的工作经验，为其他省（区、市）体彩中心基层队伍建设提供启示和借鉴。

关键词： 江苏体彩　基层队伍建设　专管员　体彩中心　江苏省

江苏体彩专管员队伍从无到有、从小到大、从弱到强，走过了一段在改革中起步、在探索中前进、在实践中发展的不平凡的历程，而今已经发展成为一支专业化、知识化、懂经营、会管理的光荣队伍。随着体育彩票市场持续发展，体育彩票对渠道管理的要求越来越高，面对新形势、新挑战，江苏体彩专管员队伍不断加强队伍建设，提高人员素质，完善管理体制，为推动江苏体彩高质量发展再立新功。

一　江苏体彩基层队伍发展现状

（一）专管员队伍的创建

2005 年之前，各省（区、市）体育彩票管理中心〔简称"省（区、市）体彩中心"〕对实体店的管理主要依靠各级体彩机构，然而随着实体店规模不断扩大，这种粗放的管理方式已无法适应市场发展需要，信息传达不畅通、服务开展不及时、工作落实不到位等问题逐步凸显。2005 年初，江苏省体育局在全省体育彩票工作座谈会上针对体彩实体店"无人服务、无人指导、无人管理"的情况进行了全面分析和深入思考，决定在全省体彩系统建立专管员队伍，以进一步保障体彩销售秩序，完善实体店服务。2005 年 6 月中旬，115 名责任心强、基本素质高、服务意识好的优秀人才被录用，江苏体彩第一支专管员队伍正式建立。① 专管员作为连接体彩机构与实

---

① 本报告所有数据均来自江苏省体育彩票管理中心。

体店的桥梁，主要负责对区域内实体店的销售、宣传、维修等方面进行检查、指导、协调和提供服务。2009 年，江苏体彩进一步梳理细化了全省专管员职能，明确将招聘和管理专管员工作作为各级体彩机构常规性事务，专管员队伍得到持续稳定的发展。自此，专管员队伍建设作为一项"江苏经验"，陆续推广至全国。

（二）专管员队伍的发展

进入"十四五"时期，江苏体彩专管员队伍建设成果得到了进一步巩固，各项管理制度也不断完善，特别是建立、实施了长效规范的教育培训和考核监督机制。2023 年，江苏体彩从事一线服务管理的专管员有 401 人，平均年龄 38 岁，本科及以上学历占 60% 左右。为适应体育彩票事业发展的新需要，专管员的职能也从早期单一的销售服务拓展为围绕实体店开展责任彩票落实、风险防控管理、渠道发展、品牌建设与维护、营销推广以及设备维护管理等方面的服务、指导、监督和反馈。在推动体彩事业发展的进程中，一批优秀的专管员得到了锻炼，截至 2023 年，江苏体彩有 23 名专管员走上管理岗位，24 名专管员被选拔为省级责任彩票培训师，16 名专管员进入省体彩中心产品研究团队。

（三）专管员队伍的作用

在长期的实践中，专管员队伍逐渐成长为江苏体彩基层销售管理层的中流砥柱，在推动江苏体育彩票健康持续发展、努力筹集公益金助力公益事业和体育事业的过程中，发挥着至关重要的作用。

专管员是打通机构和实体店之间"最后一公里"的暖心助手。专管员是体彩战略和工作目标的直接落实者，也是连接机构和代销者的纽带，他们耐心为实体店做好形象包装、"体彩+"、新渠道建设、合规销售等方面政策的宣讲指导工作，把体彩机构的关爱支持及时传递给代销者。同时，通过月度信息报送、调研座谈等沟通机制，把代销者、销售员的意见建议及时反馈至省市体彩机构，为机构统筹做好新时期体彩销售规划、帮助实体店解决实际问题提供重要的信息参考，打通机构和实体店之间的"最后一公里"。

专管员是服务体育彩票万千实体店的多面能手。2023年，江苏专管员人均管理40余家实体店，作为基层管理者，他们频繁穿梭于辖区内的实体店之间，为实体店提供运营帮扶、设备维护、物料配送、政策宣讲、产品知识和销售技能培训等各类综合性服务，确保代销者和销售员熟悉产品特点、了解目标客户特性，保障实体店的正常销售秩序。2022年，江苏省体彩中心依托专管员开展各类业务培训千余场，体彩代销者和销售员培训覆盖率达到100%。

专管员是落实体育彩票风险防控和责任彩票要求的执行强手。专管员负责对代销者和销售员进行责任彩票培训和指导，开展合规销售巡检，帮助实体店做好引导理性购彩等责任彩票理念的传播工作。认真落实安全生产各项要求，悉心指导实体店及时解决设备故障，保障实体店安全运营。2023年，江苏体彩专管员基层队伍完成彩票销售场所安全生产两轮巡检，完成率100%；异常实体店巡检率为100%；完成9个地市"双随机一公开检查"，检查结果均为合规。

专管员是拓展体育彩票基层市场的创新巧手。近几年，专管员在继续巩固传统渠道的同时，亦借力江苏省体彩中心便利连锁渠道扶持政策等，积极拓展新渠道，为构建区域多元购彩场景贡献力量。2023年，江苏体彩新建自然人实体店1800个，办理退站1645个；新建法人实体店2858个。2023年江苏体彩小微渠道实体店数量为2620个，便利连锁渠道实体店数量为2301个，展示体验中心数量为181个，在全国居于前列。

二　江苏体彩基层队伍建设实施路径

（一）把牢政治标准，强化基层队伍政治能力

深入推进全面从严治党，涵养新时期基层队伍志气。江苏体彩将深入学习贯彻习近平新时代中国特色社会主义思想作为新时期队伍建设的首要政治任务，着力提升各级体彩机构党性教育的制度化、常态化水平。江苏体彩系统先后开展党史学习教育、主题教育活动，适时组织党建工作交流活动，持

续深化思想认识。江苏体彩队伍在省体育局"喜迎二十大 新思想一起学"知识竞赛中获一等奖，在全省体育系统"党在我心中"知识竞赛活动中获得二等奖。2020年，无锡市体彩中心获得第六届全国文明单位；2021年，苏州市体彩中心被评为市级文明单位；2022年，南京市体彩中心和无锡市体彩中心获得江苏省文明单位荣誉称号。

推动党建与业务融合，涵养新时期基层队伍朝气。江苏省体彩中心发布《江苏体彩责任彩票党员志愿行动倡议书》和《江苏体彩责任彩票行业共建倡议书》，创新打造基层服务新阵地，与江苏电信成立"党建联盟服务先锋队"。南京市体彩中心持续落实"值班书记"制度，南通市体彩中心与结对社区组建区域党建联盟，常州、淮安市体彩中心党支部被评为市级机关星级党支部。一批优秀基层人员积极投身党建与业务融合创新实践，并取得优异成绩。

加强行风建设，涵养新时期基层队伍正气。江苏体彩深入开展行风专项治理，持续强化基层队伍廉政建设，与中石化集团金陵石化公司合作组织"开展行风建设 践行责彩理念"现场教学活动，不断优化基层队伍行风作风。一批优秀专管员凭借扎实的工作作风和较强的敬业精神，得到所属区域行政部门的高度认可，无锡施颖婷、邱广东、姜宏敏，常州万涛、王传叶、顾烨等先后获评市级体育系统优秀共产党员；淮安戴向军被淮安市委、市政府评为2022年安全生产工作先进个人；盐城刘正溪被盐城市委宣传部授予"盐城市文明职工"荣誉称号。

完善制度建设，涵养新时期基层队伍锐气。自专管员队伍创建以来，江苏省体育局和省体彩中心坚持不断健全完善相关制度，推动专管员队伍的职业化、体系化建设。2015年，江苏省体育局印发《关于进一步加强体彩专管员队伍建设工作的意见》，实行体彩专管员"日常工作属地管理+工作绩效属地考核"机制。"十四五"期间，江苏省体彩中心出台《关于促进体彩基层队伍管理服务工作高质量发展的通知》，进一步明确了新时期专管员队伍的工作职责、建设目标，标志着专管员队伍建设进入新的发展阶段。

（二）锚定专业化目标，提升基层队伍专业综合能力

定期开展新任专管员上岗培训。江苏省体彩中心对于新任专管员队伍的

各项培训尤为重视，每年开展 1~3 次新任专管员上岗培训，培训内容涉及体彩管理制度、玩法规则简介、彩票市场运营理论、责任彩票、专管员职责和工作流程等综合业务知识，考核通过后方能上岗，并进入江苏体彩专管员系统进行统一管理。2023 年，江苏省有 46 名新任专管员通过考核，为江苏省专管员队伍注入了新鲜血液，专管员队伍得到进一步充实。

建立并完善基层队伍在职培训制度。江苏体彩着力构建"省-市-县"三级培训体系，综合利用线上课题式培训、碎片化微课培训、研讨式培训、集中面授培训等多种方式，提升基层队伍的业务素质、管理水平和服务水平。2023 年，江苏省体彩中心多次邀请南京大学、南京师范大学、苏州大学、南京警察学院等知名院校老师授课，开展各类在职专管员进修学习培训 6 场次，各地市体彩中心合计开展专管员培训 36 场次，组织线上培训课程 6 期，全省专管员培训完成率和通过率均达到 100%。

积极拓展学习交流平台。江苏体彩以重点项目、重要任务实施为契机，积极搭建省内各地区基层队伍的沟通交流平台，深入实施省市党建、风控、渠道、责彩、技术等专项工作联络员机制，积极促进地区之间分享先进经验，助力专管员提高实操水平。近年来，江苏各地市体彩中心纷纷举办了专管员技能比武活动，提升了专管员的培训能力、服务能力和综合素质，为推动全省业务发展提供了强有力的队伍支撑。同时，江苏体彩坚持"走出去""请进来"，积极加强本省专管员与兄弟省市同行的交流，以拓宽视野、开阔思路。2023 年，江苏体彩组织优秀基层队伍代表 7 人次分别赴湖北、安徽等省开展品牌宣传、责任彩票等领域的交流活动。

（三）推进信息化建设，赋能基层队伍服务管理能力

优化数据信息分析，为基层队伍配上"资源库"。江苏体彩加强数字化、信息化建设，定期向基层队伍提供全省销售数据分析周报、月报；"智慧大屏"实现地市级数据展示功能，为基层队伍进行管理决策、优化布局提供数据支持和参考。同时，结合责任彩票课题的开展，2021~2022 年江苏体彩面向社会公众和实体店开展问卷调查 1500 余人次，相继形成《理性购

彩宣传教育策略与实施》《健康心理在江苏体彩责任彩票建设工作中的应用研究》等研究成果，为基层责任彩票工作的开展提供智力支持。

完善信息系统服务，为基层队伍工作装上"码上通"。江苏体彩加快推进智慧体彩体系建设，着力提升渠道服务、实体店保障和公共服务信息化水平；开展终端机保险全流程信息化建设，对每台终端机实施二维码管理，帮助专管员实现终端机维修、保养的线上管理。2023年江苏体彩结合主题教育活动的开展，与江苏电信联合启动"服务保障线上大调研"，共收到有效调查问卷6850份，根据调研结果推出"码上服务"项目，帮助基层队伍更好地向实体店提供一站式响应服务。

健全监管平台建设，为基层队伍安上"千里眼"。江苏体彩优化合规销售预警监督和巡查方法，提升实体渠道管理数字化、智能化水平，利用帷胜管理系统、"智慧大屏"、"天翼看店"等平台开展实时动态监测，持续完善专管员巡店终端及系统管理，实现合规销售风险从监督、发现、预警、控制到问责的动态管理。江苏体彩与江苏电信合作开展"天翼看店"项目建设，并在部分实体店开展安全生产智慧门店项目试点。

（四）强化责任落实，完善基层队伍考核激励体系

优化考核评估，彰显干事创业导向力。近年来，江苏省体育局、省体彩中心面向地市和县区开展年度评估，对年度工作中表现突出的单位和个人通报表扬，2023年制定出台《江苏省体育彩票基层队伍考核奖励办法》，以有效激励基层干部奋勇争先、担当作为。

加强监督指导，强化担当作为执行力。江苏体彩持续完善95086客服电话、主任信箱等公众监督渠道，加强对基层队伍全方位管理和经常性监督，对未达序时进度及时提醒、跟踪督办，防止和纠正不作为、乱作为现象发生；指导市、县体彩机构根据基层管理工作实际建立风险库，针对各业务环节制定标准化、程序化操作规范。

鼓励创新创优，增强推动发展创新力。江苏省体彩中心编制了《江苏省体育彩票"十四五"创新发展规划》，与中体彩科技发展有限公司合作建

设技术创新和人才培养实践基地，共同投入资源，做好技术创新和信息技术人才的培养工作。近年来，江苏先后举办全省体彩系统"两在两同"建新功创新赛，"喜迎世界杯、争做竞彩达人"全省竞彩销售技能大赛和"小梦想 大乐透"全省乐透达人赛，积极营造创新氛围，激发队伍活力。

三　江苏体彩高素质专业化基层队伍建设的启示

事业发展，关键在人。党的二十大报告指出，全面建设社会主义现代化国家，必须有一支政治过硬、适应新时代要求、具备领导现代化建设能力的干部队伍。各级体彩机构要充分认识基层队伍在体彩事业中的重要战略意义，不断强化基层队伍建设，持续提升基层队伍服务和管理实体店的能力，为体彩事业高质量发展提供坚强保障。

一要加强组织保障。要坚持党建引领，把党建工作贯穿于基层队伍建设的全过程，下大力气抓好基层队伍思想建设工作，提升基层队伍政治素养；要健全上下联动、部门协同的组织体系和长效机制，统筹形成合力，推进基层队伍建设。

二要加强制度保障。要持续健全完善基层队伍管理制度和工作机制，包括但不限于聘用管理、报酬福利、晋升晋级、巡查监督、沟通协作、奖励惩罚、流动管理等方面，提升基层队伍工作规范性和工作效率，最大限度发挥基层队伍的整体效能。

三要加强能力保障。要建立基层队伍培训体系，为基层队伍提供系统化、科学化的培训路径；要探索建立基层队伍评价标准，创建基层队伍"能上能下"的良好局面，推动基层队伍整体能力和素质的提升；要重视基层队伍创新能力的培养，加强信息化建设，为基层队伍减负赋能。

B.16
云南即开型体育彩票销售管理实践研究

张辉 容东林 施霖*

摘 要: 云南即开型体育彩票深化对外宣传,让顶呱刮品牌走入边疆人民日常生活,提升大众认知;推行 ISO 质量管理、建立内部监控管理体系,提升规范运营质量;建设管理队伍、销售队伍,提升售彩服务质量;优化渠道建设,提升消费者购彩体验;发挥云南资源优势,结合特色民俗节日开展户外专题宣传活动,结合历史文化和非物质文化遗产设计发行主题即开型体育彩票等销售管理经验。云南体彩从满足人民群众多元化需求出发,充分结合地域特色,发挥即开型体育彩票文化宣传等综合价值,助力实现体育彩票高质量发展。

关键词: 云南体彩 即开型体育彩票 彩票销售代表

即开型体育彩票(简称"体彩即开票"或"即开票")上市以来,以"即买、即开、即兑",票面美观、大方等优势,在云南拥有一大批忠实拥趸。在 30 年的发展历程中,云南体育彩票(以下简称"云南体彩")始终坚持以人民为中心的发展思想,坚持国家公益彩票定位,结合云南欠发达省情实际,围绕发挥即开型体育彩票的综合价值,通过完善制度建设、强化队伍管理、优化渠道发展、开展特色营销等方式,不断深化社会公众对体彩即开票的认识,探索符合云南实际的体彩即开票发展路径。尤其近年来云南主题彩票的发行,更是很好地将云南省的体育产业发展与七彩云南的特色融入

---

* 张辉,云南省体育彩票管理中心主任助理;容东林,云南省体育彩票管理中心即开部主任;施霖,云南省体育彩票管理中心即开部职员。

即开票当中，赋予即开票更多的社会价值，通过即开票宣传地方文化、借助地方文化带动即开票销售从而筹集更多公益金，即开票不仅成为宣传云南文化的新名片，也全面提升了云南购彩者的体验和认同感。

一　云南体彩即开票发展取得的成效

为做好全国第五届少数民族传统体育运动会的资金筹集工作，1994年10月云南发行销售了"95民运会专用版第一期"即开票，拉开了云南体育彩票发展的序幕。30年来，云南体彩认真贯彻落实建设"负责任、可信赖、高质量发展的国家公益彩票"的总体目标，通过不断探索与创新尝试，走出了一条独具云南即开票特色的健康持续快速发展之路。

（一）履行使命，负责任地筹集公益资金

云南体彩认真履行销售机构职责与职能，不断加强对即开票工作的管理，规范即开票市场秩序，努力筹集公益金，促进体育事业和社会公益事业发展。2008年6月，体彩即开票顶呱刮在云南面世，当年体彩即开票筹集公益金1.98亿元①，全国排名第一。2008年至2023年，云南即开票共筹集公益金33.33亿元，年筹集公益金位列全国前五。

（二）塑造了顶呱刮公益公信品牌形象

云南体彩即开票始终秉承"来之于民，用之于民"的发行宗旨，努力营造和谐的市场环境，并持续不断地回报社会。多年来，所筹集的公益金注入"七彩云南全民健身工程"等惠民项目，为云南边疆各族群众改善体育设施作出了巨大贡献，提升了人民群众的获得感与幸福感。同时，通过规范销售、提升购彩体验、发行云南主题即开票、开展特色营销活动、开展地推宣传等，不断加深社会公众对顶呱刮公益公信品牌的认知。

---

① 除特别注明外，本报告数据均来自国家体育总局体育彩票管理中心。

（三）构建了符合云南实际的运营管理模式

2008 年即开票在云南开售伊始，销售代表模式便作为云南即开票的运营管理模式运行。此后，在管理过程中，为持续提升管理效能，云南体彩不断探索即开票运营管理模式，除销售代表模式外，还研究加快物流速度和库存前置，最终采用符合云南实际的即开票运营管理模式即销售代表模式，并不断在发展过程中优化完善该模式。

（四）建立了稳定的市场基础

云南体彩一直致力于深耕细作即开票市场，持续提升体彩即开票市场的渗透率，强化即开票基础彩种在客群规模扩大、渠道拓展、品牌宣传等方面的作用。从 2008 年以来，云南体彩即开票的市场份额居于全国前列，2019 年至 2023 年连续多年保持全国第一。在夯实传统渠道的基础上，云南体彩不断探寻渠道的多元化发展，满足客群购彩的便利性需求和提升购彩体验，发挥即开票"拉新名片"价值。

二 云南体彩即开票销售管理主要举措

（一）不断深化社会公众对体彩即开票的认识

30 年来，云南体彩在探索发展即开票的过程中，对即开票的认识也在不断深化，并重视对外宣传推广，强调让即开票"走出去"，提升广大公众对体育彩票的认知度。1994 年，云南即开票经历了从无到有，实现了零的突破。创业初期从零起步，从街头零售到广场营销，云南体彩"抱成团"整合资源谋发展，让即开票这个全新的事物逐步得到社会的关注与认识，直至慢慢被接受。2008 年，体彩即开票顶呱刮品牌面世，在新的发展阶段，云南体彩通过形式多样的宣传推广活动树立公益品牌形象、扩大品牌影响力，体育彩票逐步走进边疆人民群众的日常生活。在此期间，云南体彩也充分认识到即开票对云南体彩市场的重要性，自上而下地对即开票工作的重要性形成了统一认知，对即开票的发展始终保持高度关注，并持续不断地加大资源投入，挖掘即开票在云南的潜能。

（二）建章立制，不断提升规范运营质效

云南体彩制度建设一直处于不断发展和完善的过程中。自 2007 年起，云南省体育彩票管理中心（简称"云南省体彩中心"）在内部推行 ISO 质量管理，至 2023 年连续 17 年通过认证审核，在管理中遵循质量管理的基本原则，科学确立管理的方针、目标和职责，做到策划有方、控制有效、保证有力、改进有方，大幅提高了管理水平。2018 年，云南体彩在全省范围内开展内部控制管理体系建设，进一步完善了制度框架，制定内部控制管理手册，修订完善管理制度 43 个，绘制关键工作流程图 40 个，编制控制矩阵 40 个，规范重要表单 100 余个[①]，实现关键领域和全业务流程"管理制度化、制度流程化、流程岗位化、岗位标准化"。通过不断完善制度，云南体彩提升了整体运营管理质效。

（三）不断强化管理与销售两支队伍的建设

人才队伍是事业发展的核心之一，决定着业务发展和战略的实现，云南体彩始终高度重视管理队伍与销售队伍的建设，与时俱进，优化人员管理措施，完善人员培养机制，增强人员的执行力。

1. 管理队伍建设方面

在工作过程中，始终坚持依法治彩、坚持底线思维、坚持系统观念、坚持创新发展四个原则。持续提升管理队伍运营、管理水平，不断完善专管员工作规范，科学制定基层队伍考核评估措施，提升各分支机构对即开票工作的重视程度，合理设置即开票工作岗位，保证自上而下即开票业务均有专人管理，高效推进即开票各项工作。

---

① 数据来自云南省体育彩票管理中心。

2. 销售队伍建设方面

（1）销售代表队伍建设方面

销售队伍主要指销售代表和销售员。销售代表是指经云南省体彩中心授权，在规定区域内开展即开票业务工作的全职营销服务人员或专职组织机构，是连接销售机构和销售网点的桥梁。2008年6月，体彩顶呱刮即开票在云南销售，随之诞生的还有销售代表团队。2023年，云南体彩机构核定销售代表人数为256人。销售代表作为基层队伍中的一部分，是体育彩票链条管理中的关键环节，也是推动落实具体工作任务和实现体育彩票总体目标的保障条件，在推动云南省即开票高质量发展、努力筹集公益金助力公益事业和体育事业发展的进程中发挥了至关重要的作用。第一，销售代表弥补了云南体彩机构人员的不足，在做好销售代表本职工作的同时，还协助机构开展部分管理、培训、服务销售网点等工作；第二，在日常销售管理过程中，销售代表充分发挥主观能动性，利用其在本地自有资源等方面的优势，开展渠道拓展、户外地推、自主营销等活动，在云南体彩即开票的品牌宣传、渠道开发、购彩群体拓展等方面都发挥了积极作用；第三，云南地处高原，物流和交通欠发达，销售代表可以提前准备一定量的即开票，成为所在区县的即开票"小仓库"，在销售网点需要即开票时可快速响应并送达，弥补了物流在云南部分地区不能及时送达的缺陷。

云南销售代表队伍建设的核心是不断提高销售代表管理模式的运营效能。第一，健全管理制度。2010年至2018年是云南省即开票的低谷期，在此期间为保证云南即开票市场的稳定，云南体彩对销售代表的管理制度进行了多次修订，2022年制定了《云南省纸质即开型体育彩票销售代表管理实施方案》，强化了销售代表全职从业的要求，同时加强了对销售代表队伍的考核，提升了销售代表队伍的服务质量。第二，完善培养机制。通过专项培训、交流研讨、树立模范典型等方式，不断提升销售代表队伍的素养。2008年11月，云南体彩首届销售代表大会在昆明召开，全省200多名销售代表参加了会议，拉开了对销售代表队伍实行制度化培训的序幕。自此，云南每年均会对全省销售代表进行集中培训。2009~2016年聘请外单位或其他行业培训师为学员培训，自 2017 年起云南省体彩中心自行开发课程，并选择优秀销售代表到现场为其他学员培训，树立了榜样。经过多年建设，云南体彩形成了一支相对稳定、能力普遍较强的销售代表队伍。

（2）销售员队伍建设方面

在销售员队伍建设方面，不断加强对网点销售员即开票业务的培训，提升一线销售员对责任彩票、服务意识、即开票品牌的认知与网点经营能力。同时，完善基层销售员的管理制度，制定《云南省体育彩票实体渠道管理工作实施方案》，完善渠道的日常监督检查、周期性检查等工作机制，加强了对一线销售员的管理。

（四）销售渠道的发展

云南体彩始终重视促进渠道转型和发展，以满足购彩者多元化、多层次的需求。

一是加强对传统渠道的管理，推进传统渠道赋能。传统渠道作为云南体彩即开票的主要销售渠道，一直以来是云南体彩管理和服务的重点对象。云南体彩始终重视传统渠道的即开票基础工作，尤其是网点即开票的宣传推广和陈列展示工作，严格落实即开"五要素"，通过不断加强对网点的管理，网点销售员逐渐将即开票陈列展示作为日常工作。随着公众对生活品质需求的不断提升，云南体彩也对传统渠道的功能进行赋能，充分发挥渠道规模区位优势，将传统渠道打造成集彩票购买、公益实践、品牌宣传等于一体的多功能平台。截至 2023 年，已在 1350 个网点建立"温暖小站"，以便更好地服务社会公众。

二是优化渠道布局和结构。持续推进渠道拓展工作，优化业务发展模式，提高便利连锁渠道数量和运营质量。截至 2023 年，云南体彩拓展新型渠道达 3000 多个，涵盖药品连锁、便利连锁、商业综合体、体育场馆、交通枢纽等人流密集场所，基本形成了传统渠道、便利连锁、展示体验中心、社会网点等多类渠道并驾齐驱的销售格局。在销售渠道的发展中，即开票销售灵活、门槛低的特点使其发挥了销售渠道"拓展先锋"的积极作用。

（五）特色营销活动的开展

即开票以其票面精美和即时娱乐体验感强的特点，天然具有拉新属性和宣传属性。在体彩即开票发展的 30 年里，云南体彩结合地域及即开票特点，开展了一系列具有云南特色的业务活动，在开拓市场和扩大购彩人群的同时，进一步挖掘了即开票的价值。

一是发挥云南资源优势，积极开展特色营销活动。多元的民族文化，四季如春的气候和广大的农村、少数民族人口构成是云南的基本特点。结合地域特色，云南体彩充分利用得天独厚的自然人文条件，在乡镇赶集、民族特色节日和各类体育赛事上深挖市场潜力，开展特色营销和地推活动；除春节之外，在火把节、泼水节、目瑙纵歌节、花灯节、阿细跳月节等期间均会组织户外地推活动。通过不断开展户外营销宣传活动，扩大了购彩群体，公益体彩的品牌属性也更加深入人心。

二是挖掘即开票价值，推出云南主题即开票。2019 年云南体彩推出首套以云南特色体育和物产为元素的即开票"七彩云南"和"吉象如玉"，两款即开票因为具有鲜明的云南特色和美好的寓意，一经上市便深受购彩者的青睐，很快销售一空。首套云南主题即开票取得成功后，为进一步发挥即开票的综合价值，2020 年又上市了"茶马古道"和"永子"两款宣传云南特色历史文化和非物质文化遗产的主题即开票。此后，发行主题即开票逐步成为开展云南彩票业务的一项重点工作，《云南省"十四五"体育彩票发展规划》还提出"一张彩票画云南"工程。"十四五"期间，2022 年 7 月发行销售"中国腾冲"主题即开票，2023 年 8 月发行销售"绿动未来"主题即开票。2023 年 11 月，为配合中国首届户外运动产业大会在大理召开，同时响应云南省委"有一种叫云南的生活"的宣传号召，云南体彩发行销售了同名户外主题即开票。通过将云南特色体育赛事、高原训练基地、人文历史、特色物产、民俗风情、知名旅游景点等与即开票深度融合，利用即开票受众面广、印制精美等优势，发挥即开票在宣传云南、推介云南方面的综合价值，从而推动云南体彩与云南民族文化、旅游、体育等融合发展。

三 云南省体彩即开票发展的启示

党的二十大报告提出，要加快构建新发展格局，着力推动高质量发展。公益是体育彩票事业的底色，也是体育彩票高质量发展的基石，方寸彩票承载着公益民生与责任担当，广大人民群众是体育彩票发展的最强依靠。

作为体彩机构要牢记国家公益彩票的初心使命，践行以人民为中心的发展思想，通过责任彩票与公益彩票建设，实现稳步发展。把坚持以人民为中心落实到具体业务中就是要通过将责任彩票理念全面贯穿体育彩票发展全价值链的各环节，摒弃狭隘认识和本位主义，把体育彩票建设成为群众认可的、满足人民需要的公益责任平台。要树立以客户为中心的理念，从满足人民群众多元化需求出发，深入贯彻"全产品、全渠道、全价值链"管理思维，围绕"风险、品牌、渠道"三个维度，落实"强管理、强品牌、强渠道"理念，系统推进各项工作，牢牢把握即开票"拉新名片"的战略定位，发挥即开票基础彩种、绿色彩种的作用，进一步挖掘综合价值，实现高质量发展。

一是扩大客群规模，改善客群结构。发挥即开票"拉新名片"的价值，拓展购彩群体，提升即开票的市场渗透率，助力体育彩票整体客群规模增长，促进体彩与其他行业渠道间的有机融合，着力打破传统实体渠道的局限，加强户外销售管理，改善客群结构，推动体彩市场健康可持续发展。

二是以客户为导向，优化价值传播。结合即开票客群的多样化需求，通过创新主题票助力潜在市场的拓展。突出即开票的文化承载与价值传播作用，体现即开票"宣传载体"的定位价值，满足大众娱乐需求，助力体育文化、体育旅游、体育产业发展。

三是优化销售模式，提升管理效能。加强销售渠道管理服务，强化即开票基层队伍建设和考核评估，不断提升基层队伍管理和服务水平。落实即开票各类型渠道的铺票数量、库存指标等管理和服务要求，规范票务配送与基层队伍到店工作，提升工作效率。丰富各价位产品供给，优化库存结构，提高库存周转率，提升产品管理效能。

B.17
浙江体彩助力"共富"建设实践研究

王振璋　许利芳　温荟漪*

摘　要：　浙江体育彩票管理中心将自身发展融入国家发展大局，找准体育彩票在助力体育强国建设、区域经济社会发展和共同富裕示范区建设中的定位，构建了"1+5+10"的蓝图并付诸实践，践行了"来之于民，用之于民"的发行宗旨，丰富了体育彩票作为国家公益彩票的责任内涵，发挥了体育彩票多元化社会综合价值。浙江体彩在助力共同富裕示范区建设方面进行了以下探索：打造"共富浙江·温暖有光"党建品牌活动，坚持以人民为中心，切实帮扶困难人群，保障"共富"路径；结合地域特色设计发行"共同富裕"主题即开票，传播浙江省改革示范成效；与文旅部门协同开展营销宣传，为特色景点推介引流；拓展渠道，推动跨行业融合发展；开展数字人民币进店试点活动，让购彩者享受惠民福利；开展公益实践活动，推动惠民服务发展，将"乐善人生"理念送进千家万户。

关键词：　浙江体彩　共同富裕　公益事业

一　发展背景

浙江省体育彩票管理中心的前身为浙江体育奖券发行办公室，成立于

---

* 王振璋，浙江省体育彩票管理中心党总支书记、主任，浙江省体育局机关党委委员，浙江省杭州市上城区人大代表；许利芳，浙江省体育彩票管理中心党总支委员、办公室主任，浙江省杭州市上城区政协委员；温荟漪，浙江省体育彩票管理中心办公室职员、青工委主任，浙江省体育局共青团团委副书记。

1992 年 11 月。1996 年 8 月 8 日，经浙江省机构编制委员会办公室批准，浙江省体育彩票管理中心正式成立。30 年来，浙江体彩年销量从 1994 年的 2000 万元增长到 2023 年的 302 亿元，累计筹集公益金达 580 亿元，提供社会就业岗位 2.6 万多个[①]，为共同富裕示范区建设和高水平现代化体育强省建设以及社会公益事业的发展提供了强有力的支持。

2021 年 12 月底，浙江省人民政府与国家体育总局签署《关于支持浙江省体育领域高质量发展建设共同富裕示范区的合作协议》（简称《合作协议》），其中包括"支持浙江省体育彩票高质量发展；支持浙江省参与体育彩票管理机制优化研究，指导浙江省探索体育彩票销售创新；研发更多具有浙江特色的游戏产品"。这为未来 5~15 年浙江体彩继续走在前列、助力共同富裕示范区建设提供了政策依据和发展契机。

为贯彻落实浙江省人民政府与国家体育总局签署的《合作协议》，浙江体彩编制了助力共同富裕示范区建设"1+5+10"的整体蓝图，并于 2022 年 5 月 19 日召开新闻发布会，正式向社会发布。"1+5+10"，即围绕"共富浙江·温暖有光"1 个主题，推进筹集社会急需的公益金、着力稳就业惠民生、聚力山区 26 个县共同发展、销售人民满意的体育彩票、推进体彩数字化改革 5 条主线，实施开展体彩实体店帮扶、开通特殊群体就业绿色通道、设立"公益体彩·与你同行"专项基金、发行浙江文化特色主题彩票、持续开展"买体育彩票送景区门票"活动、助力山区 26 个县宣传"出圈"、举办"公益体彩·快乐操场"公益活动、开展全省普惠公益赛事活动、开展未来乡村青少年体育项目建设试点、开展体彩数字化改革"四个一"工程等 10 项举措。至 2023 年底，"1+5+10"蓝图正逐步变为现实，浙江共同富裕示范区建设的道路上也因有了浙江体彩的强力支撑变得越来越美好。

二 工作实践和成效

在共同富裕示范区建设征程上，浙江体彩始终秉承"来之于民，用之

[①] 本报告所有数据均来自浙江省体育彩票管理中心。

于民"的发行宗旨，围绕党委和政府的中心工作，用好体彩系统优势资源，助力共同富裕示范区建设。

（一）多措并举，保障共富路径

浙江体彩始终坚持以习近平新时代中国特色社会主义思想为引领，加强党的政治建设，把党建工作融入推动体彩高质量发展各项决策部署全过程，助推党建业务双融双促。围绕党委和政府的中心工作，浙江体彩持续推出"温暖有光"系列活动，打造体彩标志性党建品牌活动，开展"红动浙江·温暖有光""共富浙江·温暖有光""青春浙江·温暖有光"等活动。浙江体彩坚持以人民为中心的发展思想，积极助力残疾人、退伍军人、现役军人配偶及直系亲属、大学生等人群的就业，促进该类群体的就业增收。截至2023年底，浙江省代销者（销售员）为残疾人的实体店有137家，为退伍军人的实体店有366家，为现役军人配偶及直系亲属的实体店有34家。在高校内开展阳光邀约活动，助力大学生就业，2023年新增实体店中35周岁及以下代销者比例达到50%，大专及以上代销者比例达到56%。推出多项减负纾困方案，帮助实体店渡过难关，2021~2023年为全省实体店减轻经营负担超过9000万元。

（二）突出地方特色，彰显共富成效

浙江体彩依托即开型体育彩票的特色玩法，上市发行地方主题即开票，助力共同富裕建设。近年来，浙江体彩推出了"杭州2022"、"汽车迷"、"中国瓷·龙泉窑"、"为中国力量加油 亚运会"和"共富浙江"系列主题即开票。这些地方特色主题即开票既增加了体彩即开产品的文化内涵和价值，也成为公益体彩与地域文化有机结合的积极尝试。

特别是浙江体彩推出全国首款以共同富裕为主题的"共富浙江"系列即开型体育彩票，结合改革示范任务，确定6个篇章，分别为"绿水青山篇""非遗传承篇""赛事助力篇""名镇古村篇""场馆蝶变篇""冠军风采篇"，每个篇章由10个票面组成，展示浙江在生态、文化、历史、体育等方面的建设成果,为地方体育、文化、旅游产业的发展作出新的贡献、创造新的价值。每个篇章以"1+10"模式举行首发仪式,即1场全省首发式与10场票面所在地首发式,每场首发式结合当地近期具有影响力的活动,邀请当地党委和政府主要领导参加。以首篇"绿水青山篇"为例,其首发仪式结合体育公益项目启动仪式在浙江杭州举行,此后该篇章票面的仙居、江山、云和等10个地区陆续举办首发仪式。通过地方政府举办首发仪式,体彩的品牌影响力得到进一步扩大。截至2023年底,"共富浙江"系列主题即开票累计销售1.33亿元,筹集公益金2660万元。

(三)开展主题活动,助力区域发展

山区26个县是高质量发展建设共同富裕示范区的突破口和关键点。浙江体彩结合全省各地自然条件、资源禀赋,连续4年与省内地方政府、文旅部门开展"买体育彩票送景区门票"系列活动。截至2023年底已与丽水龙泉、衢州江山、温州苍南等9个地区开展合作,共送出309.78万张门票,累计投放门票价值2.79亿元。

体彩除具有公益属性外,也是一个拥有较多受众、覆盖面较广的宣传平台。2021年以来,浙江体彩发行了约2000万张乐透数字型彩票,覆盖近15000家销售网点,省市两级110多家媒体报道此事。此外还在百余种户外媒体做广告,广告位达千万个,曝光量达上亿次,为宣传推广当地旅游业作出了贡献。以首次合作的丽水龙泉为例,丽水龙泉是浙江山区26个县之一,因"九山半水半分田"的自然环境,曾困于层峦叠嶂之间,但其拥有国家级4A级景区百山祖国家公园,龙泉青瓷发祥地的青瓷小镇也备受欢迎,浙江体彩结合这一优势,与当地政府合作推出"乐购体育彩票,畅游天下龙泉"活动。活动期间,购彩者仅需在浙江省内体彩实体店购买指定形式体彩大乐透彩票,即可获赠景点门票,彩票即为门票,可直接前往景点游览,有效拉动吃、住、行、购、娱等各类消费,延长了消费链条,助力地方发展。

(四)跨界融合发展,实现合作共赢

2016~2023年,浙江体彩陆续与全家、罗森、十足、美宜佳等主要品牌

便利店合作开设便利连锁渠道 2400 余家；承接国家体育总局体育彩票管理中心小微零售渠道创新试点项目，与合作伙伴开设小微零售渠道 2900 余家；有序扩大展示体验中心试点范围，主要分布在大型商超、交通枢纽、商业步行街、体育场馆、写字楼园区等，促进渠道多业态发展。截至 2023 年底，展示体验中心实体店已经覆盖全省 11 个地级市和县级市义乌，共计 310 余家。新型渠道的发展壮大，既提升了购彩者的便利性和体验感，也填补了部分市场空白，实现了全省乡镇、街道体彩网点全覆盖，更为合作伙伴带来了新的发展空间。

（五）加强数字赋能，添彩百姓生活

2021 年 3 月，浙江省委全面深化改革委员会下发《浙江省数字化改革总体方案》，浙江省体育局于同年 5 月下发《浙江省体育数字化改革行动方案》，其中明确要建设体育彩票管理"一件事"项目。

浙江体彩积极响应号召，大力改进实体店征召办理流程和缩短时限，在"浙里办"App 上线浙江体彩管理"一件事"，将审批时限从原来的 1 个多月压缩到 8 个工作日内，平均为每个新建实体店节约成本 3000 元。以杭州亚运会为契机，浙江体彩与中国建设银行浙江省分行共同开拓"数币+共富+亚运"模式，在杭州、宁波、温州、湖州、绍兴、金华（含义乌）等 6 个亚运会数币试点城市的体彩实体店开展"数币浙里行、体彩助共富"活动。通过发放数字人民币红包、抽奖等多种玩法，让购彩者享受惠民福利，同时也大幅降低实体店缴费成本（0 手续费）。自 2022 年 10 月数币合作活动开展以来至 2023 年 11 月，浙江体彩数币缴款交易笔数共达 198 万笔，交易金额达 20.09 亿元。该项目被评为"浙江省数字人民币应用场景成果展示"先进案例。

（六）大力拓展新场景，公益惠民"零距离"

积极协助中奖者开展爱心捐助，与浙江省体育基金会联合设立"公益体彩·与你同行"专项基金，自 2022 年起，帮扶百余位生活困难的基层体

校教练员、专职教师以及体彩从业人员。与浙江省青少年发展基金会联合成立"浙江体彩公益专项基金",启动"未来乡村·体彩运动+"公益项目,通过"1+2+5+N"模式(捐建1套大型青少年体育设施、设计2条AI运动打卡线路、引导建设5家体育特色民宿、完成N个乡村青少年心愿)协助打造未来乡村建设健康场景。选择在山区26个县的乡村小学举办"公益体彩·快乐操场"公益活动,邀请儿童医院、爱心企业、冠军运动员共同将优质的体育培训、体育医疗、体育器材资源带到乡村,助推城乡儿童同标教育一体成长。以"运动振兴乡村"为切入点,在露营消费供需两旺的背景下,推出"百村万帐"活动,通过"体育+乡村"的新型产业模式缩小城乡差距。2019年,挑选3500家实体店设立体彩驿站,提供饮水、热饭、量血压等各类便民服务。从2018年开始在春运期间为手持站票和带小孩的乘客派送爱心小板凳,至2024年送出83000余张小板凳。通过走进医院、学校、企业等百家机构,普惠重点单位,浙江体彩将"乐善人生"理念送进千家万户。

三 浙江体彩助力"共富浙江"的启示

习近平总书记指出,"共同富裕是社会主义的本质要求,是中国式现代化的重要特征"。国家彩票作为第三次分配的重要途径,以其强大的筹资功能和公益属性被西方经济学称为"微笑纳税"产业,是实现第三次分配的"神奇之杖"。浙江体彩立足公益和民生,强化政治意识,提高政治站位,找准体育彩票在助力体育强国建设、区域经济社会发展和共同富裕示范区建设中的定位,构建了"1+5+10"的蓝图并付诸实践,在保障就业、减负纾困、推广公益和地方特色文化、助力地方经济发展、推动数字化创新、助学惠民等方面取得积极成效,践行了"来之于民,用之于民"的发行宗旨,丰富了体育彩票作为国家公益彩票的责任内涵,为更好地发挥体育彩票社会综合价值积累了宝贵经验。

当前,我国正处于实现"两个一百年"奋斗目标的历史交汇期,体育彩票需进一步深刻认识新时代我国社会主要矛盾的变化，不断适应消费形态和社会结构的转变，贯彻新发展理念，构建新发展格局，坚持以人民为中心的根本立场，坚持"来之于民，用之于民"的发行宗旨，围绕"建设负责任、可信赖、高质量发展的国家公益彩票"的总体目标，持续推进责任彩票建设，不断提升行业治理能力和治理水平，积极融入国家经济社会发展大局，以体育彩票高质量转型发展的新成果不断增强人民群众的获得感、幸福感、安全感。

B.18
河南体彩特色化品牌建设实践研究

王海新　胥艳芳　邹聪　张洁 *

摘　要： 河南省体彩中心发挥品牌引领优势，围绕"责任为先、公益公信为核心"的品牌建设思路，整合宣传资源，创新宣传方式，多措并举开展体彩品牌建设。在深耕体彩品牌公益活动、公益金项目建设的过程中，通过品牌管理、创新驱动、品牌与产品协同等手段，塑造了鲜明的、有温度的、有河南特色的体彩品牌形象。借助体育行政部门、当地权威媒体等塑造独特的体彩品牌形象，河南体彩品牌脱颖而出，为其他省（区、市）体彩中心品牌建设工作提供启示和借鉴。

关键词： 河南体彩　品牌建设　品牌形象　公益金项目

一　河南体彩品牌管理情况

（一）完善品牌管理措施

"一把手"工程。河南省体育彩票管理中心（简称"河南体彩中心"）历届领导班子重视品牌宣传，2000~2023年，品牌宣传工作一直由省体彩中心主要负责人主管、主抓。

设置独立的品牌部门。自2000年电脑型体育彩票在河南上市起，河南

---

* 王海新，河南省体育彩票管理中心主任；胥艳芳，河南省体育彩票管理中心公共关系部主任；邹聪，河南省体育彩票管理中心公共关系部副主任；张洁，河南省体育彩票管理中心公共关系部职员。

省体彩中心便设置了专门的品牌部门（宣传部），负责品牌传播和市场运营维护。2000~2023年，随着体育彩票在河南的稳步高质量发展，品牌宣传部门始终作为一个独立的业务部门，承担着统筹河南体育彩票品牌宣传工作，起到主导作用。

品牌引领，协同发力。在总局体彩中心的指导下，河南省体彩中心建立并持续完善了省体彩中心、地市体彩分中心、体彩实体店在内的三级品牌营销工作组织架构，成立了河南省体彩中心品牌宣传协调小组。其中，省体彩中心主要负责人担任组长，公共关系部担主责，涵盖产品玩法、渠道、责彩部室和地市体彩分支机构。各分支机构由部长（分支机构管理中层）和品牌主管具体落实，并发动体育彩票代销者参与品牌活动，通过个人社交媒体、实体店等，将参加活动的感受、体彩公益理念传递给其他销售人员和购彩者。各方整合协调，上下联动，形成合力，实现了河南体彩品牌工作的协同发力。发挥组织架构明晰优势，明确各级品牌管理责任，同时通过建立分支机构考评体系、设置分中心品牌营销奖等考核、激励方式，形成省级品牌工作的管理闭环。在河南体彩系统内营造了"比、学、赶、超"的品牌建设氛围。高效管理机制的建立，为高质量落实总局体彩中心全年品牌工作和开展本省特色品牌活动提供了坚强保障。

（二）规范品牌管理制度

2006年，在申请ISO质量管理体系认证的过程中，河南体彩系统梳理了市场宣传相关工作流程，印发了6项宣传制度，着手建立规范化的品牌管理制度。

2018年，河南体彩中心印发《河南体彩中心规章制度汇编》[①]，包含《体彩品牌宣传管理办法》《新闻稿件宣传管理办法》《广告发布管理办法》《固定宣传渠道建设与管理办法》《官方新媒体平台管理办法》等9个品牌相关制度。

2023年3月，河南体彩中心修订品牌管理制度，修订后的品牌营销类

---

① 《河南体彩中心规章制度汇编》2018年版。

办法共有 45 项，包括《自媒体运营安全生产管理暂行办法》《品牌营销活动安全生产管理办法》《关于借助体彩公益金资助的室内体育惠民项目和中国体育彩票健康/乐小星主题公园项目进行体彩宣传的指导意见》等。

2000~2023 年，河南省体彩中心省级品牌管理类制度不断完善，不仅为河南体彩开展品牌建设工作提供了规范依据，也为河南体彩品牌工作的高质量稳步推进提供了保障。

（三）建立品牌传播矩阵

2000~2023 年，河南省体彩中心重点推进品牌传播平台的搭建，坚持自有媒体和官方合作媒体"两条腿走路"。截至 2023 年底，河南体彩形成了传统媒体和新媒体一体化，自有媒体和多类型合作媒体携手并进、相互补充的品牌推广发布传播矩阵，加大了体彩品牌在河南的传播广度。各地市分支机构也通过建立市县级合作媒体、自有媒体以及销售人员的沟通群等建立基层品牌传播渠道。与此同时，2021 年，河南体彩聘请 26 名体育宣传专家和资深媒体宣传专家为"河南体彩品牌与公益发展顾问"，为河南体彩的品牌管理工作出谋划策。由此，河南体彩建立起既有广度又有深度的品牌传播矩阵，为快捷高效地发布各类体彩信息提供了平台保障。

二　河南体彩品牌建设实践

2000 年以来，河南体彩围绕"责任为先、公益公信为核心"的品牌建设思路，整合各类宣传资源，多措并举开展体彩品牌建设工作。

（一）以公益金资助项目宣传为发力点，锚定品牌宣传重点项目

1. 建章立制，为公益金宣传提供保障

2013 年，河南省体育局印发《河南省体育彩票公益金宣传管理暂行办法》①，

---

① 《河南省出台体彩公益金宣传管理暂行办法》，国家体育总局官网，2013 年 6 月 17 日，https：//www.sport.gov.cn/n20001280/n20745751/n20767297/c21221620/content.html。

河南成为全国为数不多的印发公益金宣传管理办法的省份之一。国家体育总局2018年印发《体育彩票公益金资助项目宣传管理办法》后，河南省也更新印发了《河南省体育彩票公益金资助项目宣传管理办法》。这些文件的印发为河南省体育彩票公益金资助项目宣传方式的不断优化升级提供了制度保障。

2. 全面落地，推动当地公益金项目宣传

2013~2023年，河南体彩每年按时在河南体彩自有媒体和合作媒体发布上年度公益金筹集和使用公告；各地市体彩分中心积极协调当地体育行政部门在其官方网站开辟"体育彩票"专栏；推动各地市体育行政部门在招标采购体彩公益金资助场地和器材的过程中，将"体育彩票公益金资助"牌匾设置和安装事项写入招标文件。

3. 立足特色，优化公益金项目宣传方式

2014年，国务院发布《关于加快发展体育产业 促进体育消费的若干意见》[①]，将全民健身上升为国家战略。"十三五"期间，以"让快乐和美好发生"这个品牌核心价值理念为统领，河南体彩持续优化升级体育彩票公益金资助项目宣传方式。

2018~2019年，河南体彩筹集发行经费300多万元，在各地市体育彩票公益金捐建的163个体育场馆、2880个健身路径的健身器材上设置安装"中国体育彩票捐助"标牌/铭牌。[②]

2020年，按照《河南省体育产业"十三五"发展规划》[③]要求，河南体彩申请专项经费201万元，用于支持宣传体彩公益金项目，通过省体彩中心统筹、地市体彩分中心具体落实的方式，在全省范围内筛选出72个体育彩票公益金捐建的笼式运动场，以悬挂体彩宣传牌匾、安装便民挂衣

---

① 《关于加快发展体育产业 促进体育消费的若干意见》，中华人民共和国中央人民政府网，2014年10月20日，https：//www.gov.cn/zhengce/zhengceku/2014－10/20/content＿9152.htm。

② 本报告所有数据来自河南省体育彩票管理中心。

③ 《河南省体育产业"十三五"发展规划》，河南省体育局官网，2016年11月25日，https：//tyj.henan.gov.cn/2016/11－25/1512121.html。

钩等方式，持续在城市"金角银边"的笼式运动场地对"体彩+便民"公益金项目进行宣传。在开展笼式运动场地宣传项目的过程中，河南体彩品牌宣传取得了意想不到的效果，为体育彩票主题公园的打造奠定了更加广泛的群众基础。

2021年，国家发展改革委、体育总局等七部门发布《关于推进体育公园建设的指导意见》①。根据该指导意见的要求，河南体彩跳出体育圈子，与园林绿化部门、城市管理部门、文化旅游部门等取得联系，先后在省内8个体育彩票公益金捐建的公园内，通过加装体彩宣传元素的方式，打造了8个中国体育彩票主题公园，包括位于郑州市锦和公园的中国体育彩票健康主题公园、位于濮阳市全民健身中心的中国体育彩票乐小星主题公园、位于焦作市的责任彩票主题公园以及位于三门峡市人民公园的曲艺文化公园等。与此同时，在河南省郑州、安阳、洛阳、南阳、鹤壁等地，"体彩+文旅"的品牌宣传工作也开展得有声有色。

4. 另辟蹊径，衔接中央专项彩票公益金项目

相较于宣传留存本省的体彩公益金，宣传中央专项彩票公益金项目难度更大。"十四五"以来，河南体彩梳理6项中央专项彩票公益金项目申报流程，印制宣传单，并通过体彩实体店展示和发放，既起到宣传作用，又用多元化信息赋能体彩实体店。2022年，河南省体彩中心与中央专项彩票公益金使用单位河南省红十字会联合开展了"微光行动 河南体彩邀您加入中华骨髓库 传递生命新希望"活动，活动在郑州、濮阳的10个体彩实体店进行，为跨界宣传体育彩票公益金做了一次有益的尝试，实现了品牌宣传渠道和宣传效果的"破圈"。

（二）持续公益助学，助力乡村振兴

2013年，秉承为河南乡村小学改善体育硬件设施的初心，河南省体彩

---

① 《关于推进体育公园建设的指导意见》，中华人民共和国中央人民政府网，2021年10月23日，https://www.gov.cn/zhengce/zhengceku/2021-10/30/content_ 5647758.htm。

中心向总局体彩中心申请加入"公益体彩 快乐操场"活动。以助力体育扶贫、乡村振兴为出发点，2013～2023年，河南体彩将"公益体彩 快乐操场"活动打造成朴实、"接地气"的河南特色公益活动。

2013年，向乡村小学提供体育器材、体育设施；从2014年开始，在捐赠过程中增加两节"快乐体育课堂"；2021年，融入爱心图书捐赠活动；2021年开始，与乡村体育教学深度融合，每年为其中10所受助小学提供为期一个学期的体育支教服务。2023年，在总局体彩中心的支持下，河南体彩在濮阳县五星乡堌堆明德小学"公益体彩 快乐操场"捐赠活动中融入"冠军公开课"；试点在新郑古城完全小学开展了秋季全员运动会，并首次把体育支教课程引入"公益体彩 快乐操场"项目。2013年以来，在总局体彩中心的支持下，河南体彩不断对项目进行优化升级，使得品牌传播有了更多的抓手，品牌内涵更加丰富，"公益体彩 快乐操场"逐渐成为河南体彩名副其实的口碑项目。据统计，每年报名期间，河南体育彩票网的网页曝光量、用户访问人数增长明显，活动启动直播的观看人数连续两年保持在近50万人次。2023年，项目活动微博话题阅读量共计647.9万次。

（三）创新传播渠道，打造河南特色品牌项目

借势热门IP提升品牌声量。河南广播电视台民生频道"小莉帮忙"是一档具有公益属性的帮扶类节目，定位帮助民众解决实际问题，服务民众，深受中原百姓的喜爱。该节目开启了河南帮扶类电视节目先河，长期稳居同时段收视率第一。基于"公益"这个共同内涵，2015年，河南省体彩中心与该栏目联合打造"体彩助莉"节目，两个品牌强强联合，相互借势，使品牌的各种资源实现有效整合。

在"体彩助莉"活动中，双方约定救助对象，如热点新闻事件中的主人公、身处人生中特殊困难时期的人和弱势群体等。由河南省体彩中心提供救助资金，河南广播电视台民生频道向社会公布救助热线电话，需要救助的对象可通过拨打电话向频道求助。

多渠道传播，扩大品牌宣传。"体彩助莉"节目于每周五晚18：30～

19：15 在河南广播电视台民生频道播出，其中 20 期精品节目被"小莉帮忙"官方抖音号转载。节目播出的同时，其文字版还被"小莉帮忙"微信公众号转发。

与此同时，河南省体彩中心也加强该节目在体彩实体店的传播，在拍摄捐助过程时，组织部分代销者代表对捐助对象进行慰问，在给捐助对象带来温暖的同时，增强代销者的职业自豪感；印制"体彩助莉"宣传单在全省1.6 万个实体店发放宣传，指引需要帮助的人进行电话求助；充分利用实体店内电视长期播放"体彩助莉"节目，进一步向实体店代销者、销售员、购彩者宣传体彩品牌。此外，河南体彩微信公众号转发"小莉帮忙"微信公众号刊发的"体彩助莉"，在全省进行的落地推广活动中播放"体彩助莉"短片。

跨界联合，赋能品牌高质量发展。有影响力的平台提升了体彩品牌的美誉度。从"体彩助莉"节目播出效果来看，热线电话端反响热烈，一年累计有 5 万多条相关信息；在移动网络端影响更大，自从节目上传抖音、微信客户端、快手之后，平均每期节目各平台点击量达到了上千万次，并且每年都有爆款节目进入热搜榜，很多感人的故事广为流传，很好地弘扬了主流价值观和体现了河南体彩公益帮扶的形象，引起了包括中央电视台、新华社、《人民日报》等全国数十家主流权威媒体的关注。其中外卖小哥苑冠华的视频被总局体彩中心选用，拍摄成"为爱奔跑"宣传片，并入围 2019 中国广告影片金狮奖网络人气影片投票环节。值得一提的是，凭借这个栏目，河南省体彩中心于 2022 年荣获中国体育彩票创新实践奖。

（四）强化品牌引领，差异化品牌营销协同发力

在品牌推广过程中，河南体彩明确各游戏产品定位与传播策略，找准品牌推广点，尤其注重对大盘基础游戏品牌的推广，开展专项市场调研，掌握年轻人的消费需求，将大乐透品牌宣传对象确定为更广泛的年轻购彩人群，从情感、生活等方面与购彩者建立联系。河南体彩举办了"乐透青年的超级幻想"地铁事件营销活动、"别让快乐跑了"房车巡游快闪+露营市集活

动、"乐透了就不同"品牌焕新线上视觉传播活动等。① 通过"在一起，乐透了！"与奶茶品牌益禾堂联名打造快闪店、落地推广乐透"超级快乐占领计划"等，开展了一系列跨界联动活动。

设计创意 IP，用沉浸式事件营销引爆全城热点，开展领取赠票、留言墙互动、拍照打卡、安卓终端机体验购彩等活动，通过线上线下双线出击的营销手法，迅速聚焦热度、引起关注、刷新感知，传递出大乐透的品牌价值，从而拉近与年轻人的距离，使产品形象更加深入人心。

（五）注重对内传播，着力提升机构品牌的影响力

发挥先进典型的引领作用。河南体彩结合"责任、公益、公信、快乐、关爱、进取"的品牌定位，持续挖掘典型人物的典型事迹，充分发挥先进人物典型故事的引领带动作用。积极参加总局体彩中心开展的"体彩追梦人"活动，顾晓天、邵环、孔素兰、谈政、陈凯、肖寒松、古占军等 7 人荣获"体彩追梦人"荣誉称号，7 人（9 人次）获提名奖。此外，河南体彩还策划了"河南省体彩诚信业主和优秀网点巡礼"专题采访活动、"出彩河南体彩人"表彰活动、"我和我的体彩故事"专题报道活动等。

体彩代销者是各项公益品牌活动的重要见证者。在河南，不论是在"公益体彩 快乐操场"报名学校评审工作和体育器材捐赠仪式上，在"中国体育彩票·新长城助学"活动中，还是在"体彩助莉"帮扶现场，都能看到体彩代销者的身影。他们受邀参加并到现场见证体彩公益活动，甚至参与互动、发表感言。这些代销者又通过个人社交媒体、实体店等，将参加活动的感受和体彩公益理念传递给其他销售人员、购彩者，增强了品牌的影响力。

基层品牌传播队伍下沉到代销者。在郑州、许昌、南阳、焦作等多个地市体彩中心，出现了由品牌主管牵头、众多体彩代销者自发参与组成的公益

---

① 《"体彩+"百花齐放仍需专精》，国家体育总局官网，2023 年 4 月 7 日，https：//www.sport.gov.cn/n20001280/n20067608/n20067637/c25432692/content.html。

小组，这些公益小组经常性地组织和参与到多项公益活动中，如公益植树、爱心送考、帮扶孤寡老人和留守儿童等困难群体、冬至送温暖等，不断赋予河南体彩公益新的内涵和生命力。

三　河南体彩品牌建设的启示

自 2017 年以来，总局体彩中心协同各省体彩中心开展品牌建设工作。中国体育彩票始终贯彻新发展理念，遵循体育彩票发展规律，不断探索高质量发展实践路径，通过深化共识、凝聚力量，取得了阶段性的积极成效，当然同时也面临困难和挑战。体彩机构充分认识到只有通过持续不断的品牌形象建设工作，才能构建品牌向上战略的"护城河"，实现体育彩票高质量发展的目标。

一是要树立全员品牌意识。每一位体彩人都应该成为品牌价值的创造者、品牌形象的维护者、品牌管理的参与者。体彩机构要借助品牌管理制度的修订与完善，有效提升运营效率。不断强化品牌理念的宣传、贯彻工作，切实让品牌意识扎根于每一位体彩人心中，渗透到每一个价值创造链条中。

二是全面推进品牌管理工作。体彩机构在谋划、部署、落实工作中要坚持品牌引领，通过优化省-市-实体店三级品牌营销工作组织架构、建立品牌协调小组机制等方式，切实推进"品牌与产品一体化"，落实"品牌与渠道一体化"，形成品牌与产品、渠道良性协同、多点发力的局面，共同塑造国家公益彩票的良好品牌形象。

三是要坚持创新驱动。体彩机构要不断创新传播内容形式，优化媒介传播资源，积极借助本地区体育行政部门的力量，打造具有本地特色的品牌IP，实现品牌价值的广泛传播。

B.19
以高质量党建引领四川
体育彩票高质量发展

陈万鹏　王　华　王光桓*

摘　要： 党的十八大以来，四川体彩以习近平新时代中国特色社会主义思想为指引，牢牢把握国家公益彩票基本定位，坚持以党建工作引领发展方向，深化风险防控、凝聚发展动力、履行公益责任，以党建工作带动业务发展，不断推动四川体彩在人才队伍、责任彩票、风险防控、市场营销、综合管理等方面取得了新进展、新成效、新突破，充分证明了高质量党建是高质量发展的引领和保障，为新时期体彩工作以党建促发展提供了有益启示和借鉴。

关键词： 四川体育彩票　责任彩票　高质量党建　高质量发展

党的十八大以来，四川体育彩票（简称"四川体彩"）高举习近平新时代中国特色社会主义思想伟大旗帜，全面融入四川体育发展战略部署，坚持党建引领、安全发展，努力建设负责任、可信赖、高质量发展的国家公益彩票，以高质量党建不断推动四川体育彩票事业高质量发展。全省体彩队伍展现出新气象，责任彩票迈出新步伐，风控能力实现新提升，市场拓展取得新突破，综合实力迈上新台阶。1994～2023年，四川累计销售体育彩票1170亿元，筹集公益金314亿元。2018年至2023年，四川累计销售体育彩

---

* 陈万鹏，四川省体育彩票管理中心党总支书记、主任；王华，四川省体育彩票管理中心主任助理兼综合部部长；王光桓，四川省体育彩票管理中心综合部职员。

票 711 亿余元，筹集公益金 177 亿余元，市场份额从 34.58% 提高到 66.84%，实体店数量从 6624 个增加到 10615 个。① 回顾四川体彩发展历程，最大的亮点就是以高质量党建工作推动体育彩票的高质量发展。主要体现在以下四个方面。

一 讲政治是首要原则，以高质量党建引领发展方向

四川体彩旗帜鲜明地讲政治，深入学习领悟习近平新时代中国特色社会主义思想，全面贯彻执行党和国家的方针政策和决策部署，有力保证了体育彩票事业沿着正确的方向健康发展。

（一）强化理论学习统一思想认识

四川体彩始终坚持把党的政治思想建设摆在首位，全面落实党建主体责任，深入学习贯彻党的十八大、十九大、二十大精神，扎实开展党史学习教育、"不忘初心、牢记使命"主题教育、学习贯彻习近平新时代中国特色社会主义思想主题教育，积极引导广大党员干部深刻领会"两个确立"的决定性意义，增强"四个意识"，坚定"四个自信"，做到"两个维护"。坚持把理论学习作为提高干部队伍政治素养和业务能力的重要手段，坚决把思想和行动统一到党中央决策部署上来，推动党中央决策部署同体彩事业实际紧密结合，形成思想统一、步调一致、整体发力的工作局面。

（二）强化支部建设淬炼战斗堡垒

四川体彩着力把基层党组织建设成坚强战斗堡垒，截至 2023 年底，四川省体育彩票管理中心（以下简称"四川省体彩中心"）党总支下设 7 个基层党支部，共有党员 94 名。党员干部充分发挥了先锋模范作用，带动全体员工展现出昂扬向上、团结拼搏、担当作为的精神面貌。2019 年至 2023

---

① 本报告所有数据均来自四川省体育彩票管理中心。

年，党总支、机关党支部、川北党支部先后被四川省体育局直属机关党委评为"五好党支部"，9人次被评为优秀党员、3人次被评为优秀党务工作者。

（三）强化党风廉政营造新风正气

四川体彩坚持把纪律规矩挺在前面，严格贯彻落实中央八项规定和四川省委省政府十项规定及其实施细则。面向全体员工深入开展廉洁从业专题警示教育活动、思想道德和作风建设专项治理，扎实开展全省体彩系统行风专项治理，组织党员干部到四川监狱博物馆、成都廉洁文化教育基地接受警示教育，制定了《员工利益冲突行为管理暂行办法》，组织员工签署廉洁从业承诺书，不断强化队伍廉洁意识，切实改进行业风气。

（四）依托党建工作推进队伍建设

四川体彩坚持干部能上能下，不断健全干部选拔任用、考核评价实施办法，积极培养提拔一专多能复合型人才，加大轮岗交流力度。2019～2023年，通过组织选拔、竞聘上岗等方式提拔任用年轻干部78人次，轮岗交流28人次，调整降职7人，辞退4人。干部能上能下、员工轮岗交流的氛围初步形成。

四川体彩坚持党建带团建，组织员工开展读书学习、青年志愿服务等活动，成立文体兴趣小组，积极组织体育健身活动和文艺展演活动，荣获2023年四川省体育局系统职工运动会气排球和健步走两项比赛冠军。

四川体彩坚持严管、突出厚爱，设立并颁发"四川体彩二十年贡献奖"，增强员工的荣誉感和向心力。新建员工食堂，解决员工工作用餐问题。为全体员工定制统一的工作服装，提升队伍形象。为员工购买职工住院医疗互助保险，解决了员工住房补贴和社保遗留问题。

二 保安全是底线要求，以高质量党建助推行稳致远

四川体彩党总支始终把习近平总书记关于防范化解重大风险的重要论述

作为防范化解体彩领域风险隐患的根本遵循，坚持底线思维，充分发挥党的政治优势和组织优势，从政治上全面检视体彩领域存在的业务风险、市场风险、管理风险、廉政风险等各类风险隐患，坚决打好防范化解体彩风险总体战，确保四川体彩行稳致远。

（一）深化底线意识

四川体彩深入贯彻国家体育总局《关于加强体育彩票领域风险防控工作的意见》和中央纪委国家监委驻体育总局纪检监察组监督意见书要求，强化风险防控政治自觉和责任担当。坚持每周党总支会会前学法，每月发布普法简报，每年开展彩票业务、安全生产突发情况应急培训演练，并将体彩业务风险识别、防范、应急处置相关内容作为风险防控培训工作的基础与关键性内容，把风险防控应急处置内容和案例警示教育全面融入基层业务培训，切实增强体彩从业者风险防控意识和能力。

（二）完善长效机制

四川体彩坚持以更强的政治领导力防范化解重大风险，不断完善上下贯通的组织领导体系。成立了党总支书记任组长、党总支副书记任常务副组长的风险防控、责任彩票建设、安全生产领导小组，全面领导风险防控工作；设立风险防控总监岗位和责任彩票部、安全管理部两个部门，专职负责风险防控、责任彩票和安全生产工作。组织签订风险防控和责任彩票建设责任书，按照"三管三必须"（管行业必须管安全、管业务必须管安全、管生产经营必须管安全）原则和安全生产清单将风险防控工作和责任分解压实到岗位人头。组建责任彩票督导小组，建立责任彩票社会监督员制度，深入督导各项措施落实落细。形成党总支书记亲自抓、风控总监牵头抓、党员干部带头抓、业务部门（分中心）具体抓、社会各界督导抓的组织领导机制。

四川体彩全面梳理体彩运营、管控和支持业务，不断完善风险防控制度体系，截至 2023 年底，共印发《四川省体育彩票管理中心风险防控工作规范（试行）》《四川省体育彩票管理中心突发事件总体应急预案》等 40 余个内控管理制度并编制成册，每年更新完善风险库和风险事件库。不断完善责任彩票建设制度，印发《四川省体育彩票管理中心责任彩票督导小组管理暂行办法》《四川省体育彩票管理中心关于加强责任彩票传播实施办法》等制度，每年公开发布社会责任报告。持续健全安全生产管理制度，截至2023年底，印发《四川省体育彩票管理中心党政领导干部安全工作责任制实施细则》《四川省体育彩票管理中心安全生产清单汇编》和火灾、汛情等应急处置预案共15项制度。

四川体彩在省体育局党组的支持下，纵向建立了省体育局、市（州）体育部门和体彩机构三方风险防控联动机制，形成了省体育局带头抓、市（州）体育部门协助抓、体彩机构具体抓的运行管理机制；横向依托财政、公安、市场监管、网信等部门形成了多方协调机制，2019~2023年，先后开展相关督查工作30余次。将风险防控、责任彩票建设和安全生产要求嵌入体彩业务流程，并分别设立年度专项考核奖励，按照"一票否决"原则严格过硬考核。

（三）狠抓执行落实

四川体彩党总支以问题为导向，站在全局和战略的高度扎实落实合规销售、督导检查、应急处置等各项风险防控措施，坚决防范业务风险转化为社会风险和政治风险。将法律风险防控嵌入全业务流程，四川省体彩中心各类制度办法、营销方案、业务合同均须进行合法合规性审查。将责任彩票要求融入业务工作，广泛深入开展关键业务责任审核。将安全生产融入业务环节，所有营销宣传活动均按照"一活动一方案"原则制定周密安全工作方案和突发事件处置预案。针对社会各界对体育彩票公益公信高度关注的情况，按照"全产品、全渠道、全价值链"管理思维，每年编制发布社会责任报告。

三 抓发展是第一要务，以高质量党建凝聚发展动力

四川体彩坚持用党的创新理论回答和解决新时代新征程四川体彩工

作面临的问题，把新发展理念贯穿体育彩票工作全过程和各领域，切实把党建成果转化为纵深推进四川体彩工作高质量发展的具体行动和实际成效。

（一）坚持系统观念创新品牌营销

四川体彩全面贯彻落实党中央"推动成渝地区双城经济圈建设"的重大决策部署，牢固树立"一盘棋"思想和一体化发展理念，与重庆市体彩中心签订了《深入学习贯彻党的二十大精神 推动川渝地区体育彩票事业高质量发展共建协议》《推动成渝双城经济圈建设体彩协同发展战略协议》，合作研发成渝地区双城经济圈建设主题即开型彩票"巴山蜀水"，并于2022年1月成功上市销售。

四川体彩充分挖掘四川特色和体育元素，打造满足人民群众对美好生活向往的体彩产品，助力区域经济文化发展。成功申报发行"炫青春 行大运""大运连连""大运到"3款成都大运会主题即开型彩票，2020~2023年累计销售3亿余元，充分展示了成都魅力和四川形象。与成都市政府合作，积极申请发行"公园城市 幸福成都"主题即开型彩票。

四川体彩在四川各级体育部门的支持下，积极融入体育强省建设，配合全民健身、青少年体育、竞技体育等赛事活动推进体彩品牌宣传推广和价值传递，打造特色鲜明的主题品牌活动，实现体育彩票和体育事业融合互动、双赢发展。

（二）坚持守正创新推进渠道建设

四川体彩通过开展阳光征召等方式，多方征召实体店，吸纳社会力量积极投身体彩公益事业，建立了覆盖全省城乡的实体店销售网络，为购彩者提供优质便利的服务。

四川体彩积极提升渠道硬件形象，2018~2021年，研究出台了实体店提档升级形象改造专项补助政策，全省实体店改造率达90%。2022年启动"体彩+"建设，将传统专营渠道打造成集彩票购买、娱乐社交、便民服务、公益实践、品牌宣传等于一体的多功能平台，帮助实体店增收引流；同时加强渠道培训和客服培训，不断提升渠道服务质量，提升客户购彩体验。

四川体彩主动创新求变，在建立全国首批展示体验中心后，不断开辟渠道新阵地。截至 2023 年底，在商业综合体、网红打卡地、夜市建设新潮时尚、舒适开放的体彩展示体验中心 98 个，覆盖 19 个市（州）；与红旗连锁、天猫小店、一心堂等合作建立便利连锁渠道 1402 个，实现互利共赢、共同发展；实施差异化策略，探索建立玩法主题店 100 余个，帮助渠道突出自身特色，提升市场竞争力。

（三）坚持问题导向提升管理水平

针对发展过程中出现的部门分工不细、队伍凝聚力不强、工作效率不高等问题，四川体彩党总支坚持问题导向，通过持续优化部门设置和人员配备、向体彩分中心放权并加强服务指导等措施，不断优化管理机制激发内生动力；通过完善员工绩效考核机制加强正向激励，有效增强员工工作主动性和积极性；通过引入"钉钉"办公管理系统，建立智慧体彩可视化平台，切实推进技术赋能提升管理效率。

四 惠民生是根本目的，以高质量党建坚守公益初心

四川体彩积极践行以人民为中心的理念，坚守国家公益彩票基本定位，努力让体彩发展成果更多地惠及民生，助力提升人民群众的获得感、幸福感、安全感。

（一）全方位投身公益事业

四川体彩不忘为民公益初心，1994～2023 年，累计筹集公益金 314 亿元，有力支持了体育、社会保障、扶贫助学等公益事业发展，为体育强国建设和社会经济发展作出了贡献。2019～2023 年，出资 25 万元帮助马边彝族

自治县弥补体育设施方面短板，向凉山州、广安市贫困家庭学生捐助 45 万元；累计资助四川体育职业学院、成都体育学院、成都师范学院等院校贫困大学生 86.2 万元，向中小学校捐赠体育教育物资 109 万元；向宜宾长宁和甘孜泸定地震地区捐赠抗震救灾款 90 万元。

（二）落实保就业具体举措

四川体彩主动作为，充分发挥体育彩票在保民生、保就业、稳市场主体方面的积极作用。利用渠道拓展，帮助更多群众以创业带动就业，通过开展阳光征召，对大学生、退役军人创业进行扶持，与各级政府就业服务管理部门合作开展创业推荐等方式积极扩大体彩实体店规模。截至 2023 年底，全省在售实体店达 10000 余个，为社会提供 20000 余个就业机会。出台实体店减负、增收、保障、纾困措施，自 2019 年起将新增实体店保证金降至 5000元；在省体育局、财政厅的支持下，2022 年 7 月起将超级大乐透和 7 星彩游戏实体店代销费比例从 8% 调整至 9%，有效增加实体店收入；自 2018 年起统一采购意外伤害险赠送给实体店销售人员；2020 年，为全省实体店采购防疫物资 201.8 万元，对符合要求的实体渠道给予一次性补助共计 342.2万元，阶段性提高实体店代销费 2864.7 万元，疫情背景下全省体彩实体店数量不降反升。

（三）保障购彩者合法权益

四川体彩始终贯彻党的群众路线，依法依规保障好、维护好、实现好购彩者的合法权益，致力于把体育彩票建设成为党和群众认可的、满足人民需要的公益责任平台。四川省体彩中心作为体育领域的窗口单位，坚持办人民满意的体育，践行群众路线，倾听群众呼声，回应群众关切，办理的群众诉求——《直面群众关切守护彩民合法权益》被省大数据中心评为"2022 年度四川省 12345 政务服务便民热线典型案例"。

五 四川体彩高质量党建实践的启示

四川体彩自 1994 年开始销售体育彩票以来，尤其是党的十八大以来的发展历程表明，高质量党建是推动体彩事业高质量发展的根本保证。

第一，高质量党建是体育彩票事业高质量发展的"指南针"。中国体育彩票是国家公益彩票。新征程上，体育彩票必须坚持党的全面领导，增强"四个意识"，坚定"四个自信"，做到"两个维护"，牢记"国之大者"，坚持以人民为中心的理念，始终保持体育彩票事业发展的正确政治方向。

第二，高质量党建是体育彩票事业高质量发展的"压舱石"。安全稳定是体育彩票事业发展的底线和保障。在体彩转型升级推动高质量发展的过程中，体育彩票机构要认真履行肩负的责任和使命，牢固树立安全发展理念，以严实的作风和有力的措施维护体育彩票行业安全稳定良好的发展态势。

第三，高质量党建是体育彩票事业高质量发展的"助推器"。面临新的历史阶段的新形势、新问题，体育彩票机构要全面贯彻新发展理念，推动党建与业务深度融合，不断激发党员干部干事创业的积极性，将高质量党建优势更好地转化为体育彩票事业高质量发展的优势。

宁夏体育彩票基础建设实践研究

纳莉　陈潇　田凯　郝广成*

摘　要：　宁夏体彩坚持党建引领，以体彩战略发展思路为指导，结合宁夏市场的特点，通过坚持抓基础工作推动宁夏体彩市场稳步发展，助力体彩事业高质量发展，对推动体育事业和社会公益事业发展发挥了重要作用。此外，本报告也展现了宁夏体彩中心在推进市场化运营、责任彩票、人才建设等方面的积极探索和实践，为体彩区域市场的发展提供了有益的借鉴和参考。

关键词：　宁夏体彩　体育事业　区域发展　基础建设

一　发展历程及现状

（一）市场稳定发展

宁夏回族自治区体育彩票管理中心（简称"宁夏体彩中心"）于2002年3月经宁夏回族自治区党委、政府批准成立。自中国体育彩票在宁夏正式上市以来，宁夏体彩从无到有、由小变大，逐步从成立之初的部门彩票发展成为推动体育事业和社会公益事业发展的国家公益彩票。多年来，宁夏体彩一贯秉承体彩事业是体育事业生命线的定位，坚持以人民为

---

* 纳莉，宁夏回族自治区体育彩票管理中心主任；陈潇，宁夏回族自治区体育彩票管理中心副主任；田凯，宁夏回族自治区体育彩票管理中心业务科渠道拓展模块负责人；郝广成，宁夏回族自治区体育彩票管理中心业务科市场营销模块负责人。

中心，以新发展理念破解发展难题，不断稳固拓展市场。宁夏体彩按照
"全产品、全渠道、全价值链"（简称"三全"）管理思维，落实"强党
建、防风险、转方式、增后劲、促发展"的总体方针，在加强风险防控、
践行责任彩票、丰富游戏营销、拓宽渠道建设等方面下大力气。实施"产
品+渠道"同步提升策略，狠抓技术赋能，提升游戏精细化管理，优化与
创新游戏营销场景，不断提升群众的参与感和体验感。同时，逐步降低准
入门槛、优化简化审批流程、加大渠道扶持力度、主动为销售网点赋能，
并积极探索多业态、跨界合作销售模式，推动融合发展。宁夏体彩新渠道
拓展成效显著，渠道数量和质量稳步提升，这不仅表明代销者、购彩者对
体彩的认可，更彰显了行业焕发的生机与活力，为销量逐年攀升奠定了扎
实基础。自中国体育彩票 2002 年在宁夏上市销售以来，至 2023 年，销售
总量已超过 179 亿元，累计筹集公益金近 49 亿元。特别是 2023 年，全区
体育彩票年销量首次突破 20 亿元，达到 22.49 亿元，筹集公益金 5.69 亿
元（见表1），全区销售终端规模达到 1800 余家，为全区提供 2800 多个就
业岗位，各项指标均创历史新高。①

表1 2002~2023 年宁夏体育彩票销量及公益金筹集量

单位：亿元

年份	2002 年	2003 年	2004 年	2005 年	2006 年	2007 年	2008 年	2009 年
销量	0.31	0.64	0.69	1.58	2.29	2.53	3.89	3.99
筹集公益金	0.11	0.21	0.24	0.54	0.78	0.86	1.19	1.23
年份	2010 年	2011 年	2012 年	2013 年	2014 年	2015 年	2016 年	2017 年
销量	3.79	4.59	4.19	6.35	14.32	8.68	10.12	11.61
筹集公益金	1.11	1.38	1.27	1.75	3.30	2.38	2.82	3.24
年份	2018 年	2019 年	2020 年	2021 年	2022 年	2023 年	2002~2023 年合计	
销量	16.46	14.03	13.30	15.61	18.10	22.49	179.56	
筹集公益金	4.18	3.72	3.74	4.17	4.67	5.69	48.58	

资料来源：宁夏回族自治区体育彩票管理中心。

① 本报告所有数据均来自宁夏回族自治区体育彩票管理中心。

（二）支撑体育事业发展

在体彩公益金的支持下，宁夏建成了一大批体育场馆、全民健身中心、健身步道、健身路径等。多年来宁夏大力实施全民健身场地设施补短板暨体育"康乐角"工程，建设了一批便民利民的中小型体育场馆、全民健身活动中心、健身步道、多功能运动场等多样化健身场地设施，公共体育服务设施不断完善，村级农民体育健身工程实现全覆盖，城市社区"15 分钟健身圈"基本形成。2023 年，宁夏人均体育场地面积达到 3.16 平方米，位于全国前列。体彩公益金支持举办各类体育赛事活动，已成为推动全民健身、促进全民健康、助力经济发展的重要抓手。宁夏全民健身活动由"一地一品"向"一地多品"发展。"丝绸之路"宁夏·银川马拉松赛、黄河金岸（吴忠）马拉松赛、石嘴山铁人三项公开赛、全国大漠健身运动大赛、六盘山登山节、农民篮球争霸赛等赛事活动的品牌效应开始显现，体育正不断为地区发展注入新活力。

（三）助力社会公益事业

宁夏体彩持续开展公益金巡礼、体彩社区运动会等公益活动，以"微光行动"为抓手，邀请优秀运动员为公益体彩助力；开展"公益体彩 快乐操场"特色体育课堂进校园活动，助力多项赛事，让宁夏人民在充分享受体育运动带来快乐的同时，深刻感知国家公益彩票的温度与热度，努力为体育事业高质量发展凝心聚力、营造氛围。

二　基础建设实践成效

（一）坚持党建引领，实现党建业务相融相促

（1）把"实"贯穿始终，以学促干出实招

宁夏体彩中心党总支部坚持以务实的原则抓落实。持续打造"政治引领+

融合发展+监督考核"三位一体党建品牌，扎实推进开展"一支部一品牌"活动。不断提升自身调查研究能力和水平，坚持"从市场中来、到市场中去"，同时委托第三方机构全面分析提高顺应市场发展的能力，并组织修订完善了91项管理制度。截至2023年底，全区各类渠道保有量超1800家，为购彩者提供了便利；全区共有841家"体彩爱心驿站"，为环卫工人、快递小哥等人群提供便利，致力把体彩店打造成公益、便民、时尚的城市名片；全区各地的展示体验中心以及步行街的快闪店，成为年轻人聚集的网红打卡地，带动更多的年轻人加入"微公益"行列，实现经济效益和社会效益"双提升"。

（2）把"准"贯穿始终，以学增智促提升

宁夏体彩中心围绕全面压实目标责任体系及全员学习管理机制，扎实推进高质量发展和统筹落实"风险、品牌、渠道"三个维度，系统推进各项工作落实，统筹推进责任彩票建设、风险防控、应急管理"三大体系"建设。2021年，宁夏体彩责任彩票建设在西北地区率先荣获总局体彩中心三级认证。宁夏体彩公益金大力支持全民健身、促进全民健康，2022年，宁夏体彩中心荣获"2018—2021年全区群众体育先进单位"。聚焦宁夏体彩责任彩票、转型发展、品牌推广、非理性购彩和人才实际情况，宁夏体彩中心沉下心抓住核心问题和要害环节，"接地气"多角度、多层次分析问题，做到摸清情况、找准症结、对症下药。将调查研究发现的问题梳理形成问题清单、责任清单和整改清单，并逐一摆出解决措施，精准落实到人。

（二）创新市场经营理念，优化运营管理方式

（1）夯实市场基础

通过深化精细化管理，全面提升实体店软硬件实力，科学制定即开票陈列展示、配送、巡检等基础管理指标，不断提升各类渠道经营水平；明确即开票"拓展先锋"的业务定位，大力开发即开票户外销售实体店高效运营模式，既丰富了渠道类型，也助力体育彩票整体客群规模增长；全面提升乐透数字型游戏精细化管理水平，促进乐透数字型游戏销量稳定增长和市场健康发展，逐步形成重点实体店"目标制定—门店筛选—方案策划—跟踪评

价—总结提升"的闭环管理；通过邀请全国知名培训讲师在全区就责任彩票建设、理性购彩倡导、竞猜玩法知识等内容进行多形式、多层次的巡讲，着力提升实体店经营能力和服务水平。

（2）丰富渠道功能

宁夏体彩持续发挥渠道在"全产品、全渠道、全价值链"管理思维中的引领作用，以客户为中心，持续优化客群结构，渠道类型和渠道功能发生了较大的变化，体育彩票价值链聚合体作用逐步显现。在总局体彩中心的支持和帮助下，通过用好、用准中央转移支付资金，加大渠道扶持力度，降低销售成本，扩大经营范围，主动为实体店赋能等多项举措，全面促进实体店经营改善。推进"体彩+"策略实施，积极采取多业态、跨界合作销售模式，先后与中国电信、中国移动、中国邮政、中国石油等区内龙头企业合作实现融合发展。2023年，全区销售渠道达到1800余家，比2020年增长近60%，形成以传统渠道为基本点、以新型渠道为发力点、异业合作为潜力点的多业态融合发展模式。

（3）统筹产品管理

宁夏体彩进一步明晰不同游戏产品价值定位，充分挖掘市场潜能，稳步打造"多人少买"市场格局。组织成立专项课题小组，挖掘基层优质案例，探索更符合全区经济特点的推广手段，结合市场销售动态，采取积极有效的措施，适时开展营销活动，出台实体店激励方案，不断激发市场活力。积极回应消费者的反馈，持续提高子品牌的曝光度，提升母品牌的影响力；以运动人群为目标客户进行引流，并延续大型杯赛竞猜游戏销售热度，提高新客户的留存率与转化率，提升竞猜游戏品牌的影响力。

（三）践行公益责任，提升品牌价值

（1）提升公益金使用感知度

在高质量转型发展的过程中，宁夏体彩不断创新体育彩票公益金使用和宣传机制，持续提升品牌价值。近年来，宁夏体彩积极发挥体育资源优势，不断塑造健康向上的体彩品牌形象，持续提升品牌美誉度，让越来越多的群众感知到"公益体彩在身边"。公益金使用方向、公益金资助项目宣传贯穿宁夏体彩品牌推广始终。宁夏体彩积极主动协助自治区体育局制定《宁夏回族自治区体育彩票公益金资助项目宣传实施细则（试行）》（宁体发〔2021〕12号），完善全区公益金使用单位的宣传和沟通检查机制。

（2）提升责任彩票社会形象

坚持开展宁夏体育彩票年度社会责任报告的编制、印刷及对外发布工作；通过新媒体平台广泛宣传社会责任报告相关视频，扩大社会责任报告的影响范围，鼓励并推动实体店向购彩者宣传责任彩票理念。在自治区党委、政府的领导和关心下，宁夏体育局党组连续两年向自治区人民政府报送《体育彩票销售管理工作报告》，得到了自治区主要领导的批示和充分肯定，体育彩票的社会价值和公信公益品牌价值不断提升。

（3）提升体育彩票品牌影响力

2012~2023年，宁夏体彩先后5次开展"公益体彩 快乐操场"活动，累计为全区170余所中小学捐赠价值260余万元的体育器材及补充师资力量；通过主办"奔跑吧·少年""享公益 动起来"等系列青少年体育活动，引导1万余名少年儿童参与体育、热爱体育、乐享运动，掌握体育技能。2023年，宁夏体彩中心开展关爱环卫工人公益捐赠活动，为环卫工人购买了价值50万元的实用物资，充分发挥了体育彩票的社会价值。2018年起组织举办了"温暖回家路，体彩公益行"免费送务工人员春节返乡公益活动，惠及1万多人。组织开展"新长城助学"活动，资助多名贫困大学生完成大学梦。努力在助力乡村振兴、推进青少年体育发展、支持社会公益事业发展方面作出积极贡献。

（四）强化风险防控，实现安全运营

（1）坚持依法治彩，保安全、促稳定

宁夏体彩中心积极应对彩票政策调控、市场销售波动带来的机遇和挑战，统筹做好政治风险、社会风险、廉洁风险、业务风险的防范工作，加强对网络舆情和社会热点等问题的研究，前置预防措施、健全应急处置机制。

全面落实自助终端销售彩票清查行动，持续与宁夏回族自治区公安、财政、网信等多部门开展联合打击行动，进一步完善非法彩票线索举报奖励办法。

（2）坚持风险防控，强监管、防风险

宁夏体彩中心不断深化风险防控、强化合规监管、筑牢安全屏障。坚持推广"一个举报、两个热线"监督机制，建立了"五级安全责任制"，将安全责任压实到基层末梢。自 2019 年起，已连续 4 年为全区实体店代销者和销售员购买商业保险，坚持把安全合规销售、责任彩票建设作为网点培训"第一课题"，常态化开展应急演练，不断提高代销者和销售员识别、防范和化解风险的能力，通过人防杜绝各类风险隐患。2022 年制定了《宁夏体育彩票管理中心突发事件总体应急预案》，建立了实体渠道管理系统、公共卫生、合规销售等 10 大类共 12 项突发事件专项预案及现场处置方案，持续开展桌面推演和应急演练，进行常态化法治宣传教育，提升体彩从业人员风险治理水平。

（3）提升技术支撑能力，筑防线、提水平

宁夏体彩通过建设内控工作系统、远程监控系统、智慧化分析系统等，不断提升技防能力，形成闭环管理，保障全区销售网点运行安全。高度重视新技术对彩票市场的推动作用，以信息化建设带动彩票市场的扩大与发展。截至 2023 年底，全区共 1130 家实体店被纳入远程监控系统，通过实体店电子海报机实时发布责任彩票、公益活动、品牌推广等信息。开展网络数据托管设备"双区域"建设，数据灾备能力得到质的提升。

三　基础建设工作启示

宁夏体育彩票持续抓基础建设，保持市场稳步发展，取得了显著的成效，总结经验主要有以下几点启示。

一是坚持党建引领，牢牢把握体育彩票根本定位和总体发展方向。宁夏体彩充分理解并坚决贯彻从政治上看彩票、管彩票、干彩票，即坚持以人民为中心，坚持党建引领，推动党建与业务融合。同时，宁夏体彩一直秉承体彩事业是体育事业的生命线的定位，坚持问题导向，按照"三全"管理思维，落实"强党建、防风险、转方式、增后劲、促发展"的总体思路，积极贯彻新发展理念，着力破解转型发展难题，不断稳固和拓展市场。

二是全面落实风险、品牌、渠道"三个维度"系统思维，因地制宜对本区域市场进行整体规划。坚持系统、全面、准确贯彻新发展理念，并结合宁夏市场自身特点，通过顶层设计，构建高效协同、安全可控、精细集约的运营管理体系，加强全领域、全流程、全链条安全运营、合规管控，不断提升运营管理质量与效益，为宁夏体彩市场的稳定发展提供坚实的安全保障。

三是聚焦重点领域和关键环节，制定切实举措，真抓实干。宁夏体彩在推进市场风险防控、全面践行责任彩票、创新开展游戏营销、强化品牌宣传、提升渠道规模与质量等方面，紧紧围绕风险、品牌、渠道"三个中心"，将市场运营工作落到实处。同时，宁夏体彩坚持向管理要效益，注重管理制度化、规范化、流程化，以精细、精致、精益为标准，将责任理念融入体育彩票文化基因，责任意识深入人心、责任管理成熟完善、责任渗透全面深入，不断提升各项业务运营管理效能，持续加强对各项运营指标的绩效评估，真正实现体育彩票高质量发展。

附录一
体育彩票大事记

刘春宏　单　玲　党大金　翟羽佳　王紫璇[*]

1984年

10月10日　中国田径协会和中国体育服务公司在北京销售"发展体育奖——一九八四年北京国际马拉松赛"奖券，这是新中国成立后第一次以彩票发行方式为体育赛事筹集资金。

1992年

7月　国家体育运动委员会正式成立体育彩票筹备组。

1994年

3月11日　《国务院办公厅关于体育彩票等问题的复函》（国办函〔1994〕30号）批准国家体委在全国范围内发行体育彩票。

4月5日　国家体委体育彩票管理中心成立。

＊ 刘春宏，国家体育总局体育彩票管理中心综合处处长；单玲，国家体育总局体育彩票管理中心综合处副处长；党大金，国家体育总局体育彩票管理中心综合处主任科员；翟羽佳，国家体育总局体育彩票管理中心综合处主任科员；王紫璇，国家体育总局体育彩票管理中心综合处科员。

7 月 18 日　国家体委发布《1994—1995 年度体育彩票发行管理办法》。

10 月　广东省开展计算机辅助销售传统型体育彩票的试点工作。

1995年

12 月 20 日　中国人民银行印发《关于加强彩票市场管理的紧急通知》（银发〔1995〕330 号），规范了彩票的定义，明确全国发行的彩票有中国福利彩票发行中心依据《中国福利彩票管理办法》发行的中国福利彩票，以及中国体育彩票发行中心依据《中国体育彩票管理办法》为召开大型综合性体育运动会筹集资金而一次性限地区发行的体育彩票。作为彩票发行机构，中国福利彩票发行中心、中国体育彩票发行中心负责对各自发行的彩票具体组织发行、拟定游戏规则、审批零售商资格、向社会公布彩票发行情况及所筹集资金使用情况。

1997年

2 月 21 日　国家体委印发《1997 年度体育彩票收益金上缴比例及管理暂行办法》（体彩字〔1997〕049 号），明确上缴国家体委的收益金全部用于补充大型运动会举办经费不足及全民健身计划的需要；省、区、市体委分配的收益金要专项用于落实奥运争光计划和全民健身计划；地、市、县体委分配的收益金要用于落实全民健身计划。

1998年

6 月　电脑型体育彩票于 1998 年 6 月 3 日在江苏正式上市发行，江苏也成为全国第一个正式发行电脑型体育彩票的省份。

9 月 1 日　国家体育总局、财政部、中国人民银行联合印发《体育彩票公益金管理暂行办法》（体经字〔1998〕365 号）。

1999年

1月25日　中国人民银行印发《关于加强彩票市场管理的通知》（银发〔1999〕36号），规定从7月1日起，即开型体育彩票500元以下实行现金返奖，500元以上由中奖者任选现金或实物方式兑奖。彩票机构要按照"统一软件、统一标准、统一游戏规则、统一组织管理"的要求，逐步推广电脑彩票。

12月23日　中国人民银行、财政部联合印发《关于移交彩票监管工作的通知》（银发〔1999〕429号），中国人民银行与财政部之间进行彩票主管职能的移交，移交工作按中央和省级两级进行。

2000年

3月1日　财政部印发《关于认真做好彩票发行和管理工作的通知》（财综字〔2000〕17号），明确从2000年4月1日起，体育彩票（包括即开型彩票和电脑彩票）一律以人民币现金形式兑付奖金，取消实物兑奖。

12月26日　财政部印发《关于同意国家体育总局发行足球彩票的批复》（财综〔2000〕12号），同意试点发行包括足球胜负彩票和足球进球彩票。

2001年

4月20日　湖北省电脑体育彩票摇奖球被人为破坏，公安部门立案侦破，5月17日抓获犯罪嫌疑人。

9月26日　财政部发布《关于核准〈中国足球彩票发行与销售管理办法〉及游戏规则的函》（财综〔2001〕65号）。

10月22日　足球彩票正式上市发行。

10月30日　国务院办公厅印发《关于进一步规范彩票管理的通知》

（国发〔2001〕35 号），明确彩票发行的审批权集中在国务院，任何地方和部门均无权批准发行彩票。国务院对年度彩票发行规模仍实行额度管理，从 2001 年起，适当扩大彩票发行规模，并对彩票公益金的分配比例进行调整。从 2002 年 1 月 1 日起，彩票发行资金构成比例调整为：返奖比例不低于 50%，发行经费比例不得高于 15%，彩票公益金比例不得低于 35%。按照"收支两条线"原则，对彩票发行收入实行专户管理。

11 月　中国足彩网上线运营。

12 月　中国体育彩票累计筹集公益金超过 100 亿元。

2002年

3 月 1 日　财政部印发《彩票发行与销售管理暂行规定》（财综〔2002〕13 号）。

5 月 18 日　国家体育总局体育彩票管理中心（简称"总局体彩中心"）发行的中国体育彩票第一套即开型足球彩票"2002 年世界杯十六强大比拼"上市。

6 月 14 日　国务院批准，从 2001 年至 2008 年财政部用彩票公益金安排 27.5 亿元专项公益金，用于支持第 29 届奥运会组委会举办 2008 年北京奥运会。

9 月　西藏电脑体育彩票销售系统正式开通。至此，全国（除港澳台地区外）所有省份都建成和开通了电脑体育彩票销售系统。

12 月 27 日　财政部印发《关于实行彩票市场春节休市制度的通知》（财综〔2002〕95 号），决定从 2003 年起，实行彩票市场春节休市制度，每年具体休市安排由财政部发文公布。

2003年

1 月　总局体彩中心自主研发的半热线、全热线兼容的销售系统启用。

4 月 22 日　财政部、中国红十字会总会联合印发《中国红十字会总会彩票公益金管理办法》（财社〔2003〕44 号）。

9 月 28 日　由安徽省体彩中心筹资捐赠的全国第一所体彩希望小学——蒙城县立仓镇路楼村体彩希望小学竣工并举行开学典礼。同时，全国第二所体彩希望小学在阜南县曹集镇举行开工典礼。

11 月　财政部印发《即开型彩票发行与销售管理暂行规定》（财综〔2003〕78 号）。

2004年

1 月　总局体彩中心启动体育彩票全热线系统建设工作。

3 月 20 至 25 日　陕西省西安市在组织即开型体育彩票销售中，发生了"宝马假彩票案"，案件发生后引起社会广泛关注。经过调查，假彩票案得以侦破，彩票承包商主要涉案人员杨某某因犯诈骗罪、行贿罪被判处有期徒刑 19 年，并处罚金 10 万元；孙某某因犯诈骗罪、盗窃罪被判处有期徒刑 17 年，并处罚金 7 万元；王某某因犯诈骗罪被判处有期徒刑 3 年，并处罚金 5000 元。陕西省体育彩票管理中心原主任贾某某因犯受贿罪、滥用职权罪被判处有期徒刑 13 年，依法没收受贿赃款 13 万元；陕西省体育彩票管理中心原副主任张某某因犯滥用职权罪、受贿罪被判处有期徒刑 7 年，依法没收受贿赃款 4 万元；陕西省体育彩票管理中心西安管理站原站长兼西安市体彩中心原负责人樊某因犯受贿罪、玩忽职守罪被判处有期徒刑 11 年，依法没收受贿赃款 9.4 万元。

5 月 12 日　财政部印发《关于扩大西南联网销售电脑体育彩票区域等有关问题的通知》（财办综〔2004〕72 号），7 星彩游戏于 2004 年 5 月 18 日起在除江苏、浙江外的全国 29 个省（区、市）销售，是国内首款大盘数字型游戏。所选号码与中奖号码全部相同且顺序一致则为中奖，单注最高奖金 500 万元。

5 月 15 日　财政部印发《关于暂停集中销售即开型彩票的通知》（财综

〔2004〕33 号）。从 2004 年 5 月 15 日起，在全国范围内暂停集中销售即开型彩票。

5 月 25 日 财政部印发《关于中央级彩票机构财务管理有关问题的通知》（财综〔2004〕36 号），规定中央级彩票机构暂作为一级预算单位在财政部开户，其财务收支不纳入行政主管部门的部门预决算，直接由财政部负责审核、管理和监督。

7 月 1 日 由司法部发布的《开奖公证细则（试行）》在全国范围内施行。该细则对开奖公证的目的、方式、程序和注意事项等作了明确规定，对于规范开奖公证程序，充分发挥公证监督职能，维护有奖活动秩序和社会公众利益，保障公证事业的健康发展，具有重要的意义。

10 月 16 日 国务院批准自 2005 年起取消彩票发行额度管理。

12 月 7 日 财政部印发《关于篮球彩票游戏规则的通知》（财办综〔2004〕248 号），批准在全国发行篮球胜负彩票和篮球胜负比分彩票。

12 月 8 日 财政部印发《关于调整 7 位数电脑体育彩票幸运彩 4、幸运彩 5 游戏规则的通知》（财办综〔2004〕229 号），体育彩票游戏排列 3、排列 5 从 7 星彩玩法中分离出来，自成玩法，单独摇奖，每日开奖。

2005 年

2 月 3 日 财政部印发《财政部办公厅关于篮球单场竞猜彩票游戏规则的通知》（财办综〔2005〕22 号），批准总局体彩中心在全国发行篮球单场竞猜彩票。该游戏由购彩者预测指定的单场比赛中比赛双方在上半场和全场比分值的个位数。

3 月 中国体育彩票全热线销售系统开始启用。

5 月 15 日 上海市电脑体育彩票全部实施热线销售。

6 月 13 日 财政部印发《关于调整足球彩票和网点即开型彩票资金构成比例的通知》（财综〔2005〕27 号），从 2005 年 9 月 1 日起，现已上市销售的足球彩票的资金构成比例调整为：返奖奖金 65%，发行经费 13%，公益金 22%。网点即开型彩票的资金构成比例调整为：返奖奖金 65%，发行经费 15%，公益金 20%；其他彩票的资金构成比例暂不作调整。

8 月 26 日 财政部印发《关于印发〈中国足球彩票胜负游戏规则〉等三个游戏规则的通知》（财办综〔2005〕120 号），调整足球彩票胜负游戏和进球游戏规则，增加中国足球彩票胜负游戏附加玩法"任选 9 场"游戏。

9 月 19 日 财政部印发《关于在北京市试点销售中国足球彩票单场竞猜胜负过关等 4 个游戏的通知》（财办综〔2005〕135 号），批准在北京地区发行销售浮动返奖的中国足球彩票单场竞猜游戏（北京单场），包括足球单场胜平负过关游戏、比分游戏、进球过关游戏和上下盘及单双过关游戏。23 日，北京单场正式上市发行。

10 月 全国统一的体育彩票全热线系统上线，大幅提高数据安全性，开启了体彩自主知识产权技术建设的新阶段。

11 月 总局体彩中心与中国扶贫基金会共同设立"中国体育彩票·新长城助学基金"，用于资助特困大学生，并在北京大学举行了捐赠仪式。

11 月 15 日 财政部印发《关于调整排列 3 电脑体育彩票游戏规则等问题的通知》（财办综〔2005〕155 号），对排列 3 玩法游戏规则进行调整，增加"当排列 3 玩法奖池奖金超过 10 亿元时，超出部分转入该玩法调节基金，专项用于支付各种不可预见情况下的奖金支出风险及设立特别奖"条款。

2006年

3 月 29 日 财政部印发《关于调整彩票公益金分配政策的通知》（财综函〔2006〕7 号），决定自 2005 年起，中央与地方按 50：50 的比例分配彩票公益金。

8 月 16 日 财政部印发《关于调整足球彩票游戏规则等问题的通知》（财办综〔2006〕72 号），同意增加中国足球彩票 6 场半全场胜负游戏和中国足球彩票 4 场进球游戏。

11 月 15 日　中国体育彩票国家数据及主控中心建设完成并投入试运行。

2007年

4 月　财政部印发《关于在黑龙江等 4 省销售电脑体育彩票的通知》（财办综〔2007〕34 号），高频游戏"快乐扑克"在黑龙江、安徽、四川和福建四省试点销售，游戏返奖率为 50%。

5 月 28 日　超级大乐透正式上市销售。

8 月 15 日　国家体育总局向各省、自治区、直辖市体育局下发《2007—2009 年体育彩票发展实施纲要》。

11 月 6 日　财政部、公安部、民政部、信息产业部、国家体育总局联合印发 2007 年第 36 号公告，要求停止非彩票机构主办网站彩票销售业务，整顿彩票机构利用互联网销售彩票业务，严厉查处和打击利用互联网非法销售彩票行为。

11 月 25 日　财政部印发《彩票公益金管理办法》（财综〔2007〕83 号），自 2008 年 1 月 1 日起实施。彩票公益金按政府性基金管理办法纳入预算，专项用于社会福利、体育等社会公益事业。

12 月 24 日　财政部、民政部、国家体育总局下发《关于彩票机构利用互联网销售彩票有关问题的通知》（财综〔2007〕84 号）。

2008年

3 月 13 日　总局体彩中心推出顶呱刮即开型体育彩票，开启了体育彩票即开票网点分散销售模式。

3 月 23 日　总局体彩中心在北京举行奥运主题即开票启动仪式，发行奥运主题即开票。

7 月 4 日　财政部、民政部、国家体育总局联合印发《关于调整即开型彩票公益金分配办法支持汶川地震灾后恢复重建等问题的通知》（财综〔2008〕52号），规定从2008年7月1日起，到2010年12月31日止，将中央集中的网点即开型和中福在线即开型彩票公益金全部用于四川汶川地区地震灾后恢复重建。

8月14日 顶呱刮入选"2008年春夏中国主流报纸十大流行语"（奥运专题）。

11月11日 财政部印发《关于山东省销售电脑体育彩票十一运夺金游戏的通知》（财办综〔2008〕85号），山东省体彩中心借本省承办第十一届全国运动会契机，申请发行十一运夺金高频游戏"11选5"，游戏返奖率提升至59%。从01至11的号码中任选1个或多个（最多8个）号码所组成。

12月8日 财政部印发《关于调整排列3、排列5电脑体育彩票发行销售管理有关问题的通知》（财办综〔2008〕99号），批准同意排列3、排列5电脑体育彩票实行全国统一开奖，各省分设奖池和调节基金、自行限号管理。

12月23日 体育彩票国内第一条即开票生产线正式投产，实现了即开票国内的生产和供应。

2009年

1月13日 财政部印发《关于调整中国足球彩票单场竞猜游戏规则和中国篮球彩票单场竞猜游戏规则的通知》（财办综〔2009〕12号），批准在全国发行足球单场竞猜游戏和篮球单场竞猜游戏。调整后的游戏为固定返奖单场竞猜游戏，包括足球胜平负、比分、总进球数、半全场胜平负4个游戏，和篮球让分胜负、胜负、胜分差、大小分4个游戏。

1月23日 财政部印发《关于调整中国足球彩票单场竞猜游戏规则和中国篮球彩票单场竞猜游戏规则的通知》（财办综〔2009〕12号），同意对中国足球彩票单场竞猜游戏和中国篮球彩票单场竞猜游戏规则进行调整，调整后返奖奖金、公益金和发行费比例分别按照69%、18%和13%计提。批准

9 个游戏规则《中国足球彩票单场竞猜胜平负游戏规则》《中国足球彩票单场竞猜比分游戏规则》《中国足球彩票单场竞猜总进球数游戏规则》《中国足球彩票单场竞猜上下盘及单双游戏规则》《中国足球彩票单场竞猜半全场胜平负游戏规则》《中国篮球彩票单场竞猜让分胜负游戏规则》《中国篮球彩票单场竞猜胜负游戏规则》《中国篮球彩票单场竞猜胜分差游戏规则》《中国篮球彩票单场竞猜大小分游戏规则》。

4 月 28 日　中国体育彩票竞猜游戏官方信息发布平台竞彩网正式上线。

5 月 1 日　足球彩票单场竞猜游戏率先在辽宁省试点上市发行，后逐步推广至全国。

5 月 4 日　国务院发布《彩票管理条例》（国令第 554 号），自 2009 年 7 月 1 日起施行。6 月 22 日，财政部、民政部、国家体育总局联合印发《关于贯彻落实〈彩票管理条例〉的通知》（财综〔2009〕39 号）。自 2009 年 7 月 1 日起正式施行，标志着彩票管理进入法治化、规范化的新阶段。

10 月 22 日　篮球单场竞猜游戏上市发行。

2010年

4 月 19 日　95086 客服热线建设项目启动。

4 月　中国体育彩票累计筹集公益金超 1000 亿元。

5 月 19 日　财政部印发《关于 2010 年足球世界杯竞猜型彩票有关事项的通知》（财办综〔2010〕48 号），同意以 2010 年世界杯为竞猜对象，试点发行 2010 年足球世界杯冠军竞猜游戏、冠亚军竞猜游戏和小组首名竞猜游戏。

9 月 26 日　财政部印发《电话销售彩票管理暂行办法》（财综〔2010〕82 号）和《互联网销售彩票管理暂行办法》（财综〔2010〕83 号）。

2011年

4月6日 体育彩票摇奖实况开始通过网络直播。

7月7日 位于北京市丰台体育中心的中国体育彩票开奖大厅对外开放，社会公众可持有效证件现场见证、监督体育彩票摇奖全过程。

2012年

1月18日 财政部、民政部、国家体育总局联合印发《彩票管理条例实施细则》（中华人民共和国财政部 中华人民共和国民政部 国家体育总局令第67号），自2012年3月1日起施行。

2月21日至22日 2012年全国体育彩票工作会议在北京召开，会议提出了要发扬"责任、诚信、团结、创新"的体彩精神。

3月2日 财政部印发《彩票公益金管理办法》（财综〔2012〕15号），于印发之日起施行。

4月5日 财政部印发《关于常规化发行冠军竞猜彩票游戏和冠亚军竞猜彩票游戏的通知》（财办综〔2012〕23号），批准常规化发行冠军竞猜彩票游戏和冠亚军竞猜彩票游戏。

12月 国家体育总局发布《体育彩票发展"十二五"规划》。

12月28日 财政部印发《彩票发行销售管理办法》（财综〔2012〕102号），于2013年1月1日起施行。

2013年

10月14日 财政部印发《关于批准在江苏省试点发行销售中国体育彩票虚拟体育竞猜足球游戏的通知》（财办综〔2013〕57号），同意在江苏省试点发行销售中国体育彩票虚拟体育竞猜足球胜平负游戏、中国体育彩票虚拟体育竞猜足球比分游戏、中国体育彩票虚拟体育竞猜足球总进球数游戏和中国体育彩票虚拟体育竞猜足球半全场胜平负游戏。

11 月 中国体育彩票累计筹集公益金超过 2000 亿元。

12 月 9 日 超级大乐透调整彩票资金构成比例，彩票发行费下调 1%，调节基金提升至 2%，彩票公益金比例不变。超级大乐透每期按彩票销售额的 51%、14% 和 35%，分别计提彩票奖金、彩票发行费和彩票公益金。

2014年

3 月 27 日 财政部印发修订后的《电话销售彩票管理暂行办法》（财综〔2014〕15 号），自 2014 年 4 月 1 日起施行。财政部 2010 年 9 月 26 日发布的《电话销售彩票管理暂行办法》（财综〔2010〕82 号）同时废止。

8 月 1 日 财政部印发《关于调整中国足球彩票单场竞猜 中国篮球彩票单场竞猜 中国体育彩票冠军竞猜和中国体育彩票冠亚军竞猜游戏规则的通知》（财办综〔2014〕57 号），批准将足球彩票单场竞猜各游戏、篮球彩票单场竞猜各游戏、冠军游戏和冠亚军游戏返奖率由 69% 调整为 73%，发行费由 13% 调整为 11%，公益金由 18% 调整为 16%，同时批准足球彩票单场竞猜各游戏、篮球彩票单场竞猜各游戏单场投注的奖金设置调整为固定奖金。9 月 2 日，全国联网单场竞猜游戏（竞彩游戏）的返奖率提升至 73%。

8 月 25 日 财政部印发《关于同意中国体育彩票排列 3 游戏规则变更上市销售实施方案的通知》（财办综〔2014〕59 号），排列 3 正式调整游戏规则，返奖率由之前的 50% 提高至 53%。

2015年

1 月 12 日 财政部、民政部、国家体育总局联合印发《关于开展擅自利用互联网销售彩票行为自查自纠工作有关问题的通知》（财综〔2015〕1 号）。

1 月　海南省体育娱乐视频电子即开彩票试点销售。

2 月 11 日　国家体育总局印发《体育总局关于切实落实彩票资金专项审计意见　加强体育彩票管理工作的通知》（体经字〔2015〕74 号），要求确保彩票发行销售过程的规范安全，确保彩票资金使用的规范合理。

10 月 21 日　财政部印发《关于进一步规范和加强彩票资金构成比例政策管理的通知》（财综〔2015〕94 号），规定自 2016 年 1 月 1 日起，彩票奖金、彩票公益金和彩票发行费比例进行调整。

11 月 1 日　全国 31 个省（区、市）全部开通即开型体育彩票第二代销售管理系统。

2016年

3 月　中国体育彩票累计筹集公益金超过 3000 亿元。

4 月 28 日　财政部、公安部、工商总局、民政部、体育总局联合印发《关于做好查处擅自利用互联网销售彩票工作有关问题的通知》（财综〔2016〕22 号）。

6 月　青岛、济南两城市进行便利连锁渠道试点工作。

7 月 6 日　体育总局印发《体育彩票发展"十三五"规划》。

11 月 6 日至 9 日　2016 年世界彩票协会年会在新加坡召开。总局体彩中心获颁世界彩票协会责任彩票二级认证证书。

2017年

7 月 11 日至 12 日　总局体彩中心在北京召开 2017 年上半年全国体彩市场形势分析会，明确了"建设负责任、可信赖、健康持续发展的国家公益彩票"的发展目标。

8 月 8 日　中国体育彩票统一发行与销售管理平台完成国家信息安全等保三级备案并通过测评。

2018年

4 月 中国体育彩票 App 上线。

6 月 总局体彩中心通过《中国体育报》和新华网首次向社会发布《中国体育彩票 2017 社会责任报告》。

8 月 8 日 财政部、中央文明办、国家发展改革委、工业和信息化部、公安部、民政部、文化和旅游部、人民银行、市场监管总局、体育总局、国家网信办、银保监会等十二部委联合发布公告（2018 年第 105 号），坚决禁止擅自利用互联网销售行为，严肃查处企业或个人违法违规网络售彩等行为，并加大实施失信联合惩戒力度。公告强调，截至目前，财政部尚未批准任何彩票机构开通利用互联网销售彩票业务。

8 月 16 日 财政部、民政部、国家体育总局联合发布《关于修改〈彩票管理条例实施细则〉的决定》（中华人民共和国财政部 中华人民共和国民政部 国家体育总局令第 96 号），并于 2018 年 10 月 1 日起施行，将"擅自利用互联网销售的福利彩票、体育彩票"定性为非法彩票。

12 月 7 日 国家体育总局印发《体育彩票公益金资助项目宣传管理办法》（体规字〔2018〕12 号）。

12 月 21 日 总局体彩中心通过世界彩票协会责任彩票三级认证。

12 月 全国联网单场竞猜游戏自主风控系统上线运营。

2019年

1 月 28 日 财政部、民政部、体育总局联合印发《关于调整高频快开彩票游戏和竞猜彩票游戏规则 加强彩票市场监管的通知》，调整高频快开游戏及单场竞猜游戏规则，调整高频快开游戏及单场竞猜游戏投注倍数范围，加强销售终端管理，停止高频快开游戏及单场竞猜游戏派奖和促销活动。

2 月 11 日 财政部印发《财政部关于变更中国体育彩票超级大乐透游

戏规则等有关事项的审批意见》（财综〔2018〕70号），批准自2019年2月18日起启用超级大乐透游戏新规则，调整了奖级和奖金设置、追加投注的奖金分配、浮动奖单注最低奖金设置、增设单期限赔机制，并调整部分奖级的中奖条件。

2月20日　自第19019期起，超级大乐透执行调整后的游戏规则，将6个奖级增加到9个奖级，一、二等奖追加投注奖金由60%上调至80%，多数固定奖的奖金设置有所提升，实现了3元最高可中1800万元。

2月　财政部、民政部、体育总局联合印发《关于加强高频快开游戏派奖促销管理的通知》（财综〔2019〕1号），对体育彩票高频游戏和福利彩票快开游戏规则进行调整，延长每期销售时间至20分钟，将1%的调节基金转至彩票公益金。

6月　浙江、四川两省进行商业综合体展示体验中心试点工作。

8月6日　25位体育彩票从业人员首次荣获"体彩追梦人"称号。

8月　第三代体育彩票全业务统一运营支撑平台（G3）项目启动。

9月9日　中国体育彩票累计筹集公益金超过5000亿元。

9月　《体育科学》杂志发表《中国体育彩票责任彩票内容体系研究》。

11月9日　中国体育彩票首家展示体验中心在浙江省杭州市滨江区宝龙广场开业。

2020年

1月28日　受新冠疫情影响，财政部发布《关于延长2020年彩票市场春节休市时间的公告》（中华人民共和国财政部公告2020年第5号），将2020年春节彩票休市时间调整为2020年1月22日0：00至2月9日24：00。

2月7日　财政部印发《关于做好疫情防控期间彩票发行销售工作有关事宜的通知》（财综〔2020〕2号），要求各级财政部门、财政部各地监管局、彩票机构妥善做好疫情期间彩票发行销售日常管理，积极支持彩票代销者降低疫情影响，保持彩票发行销售政策一致性以及保障彩票市场的整体稳定和正常秩序。

2月25日 总局体彩中心按照开市工作方案启动开市工作。2月26日，即开型彩票在重庆市恢复销售，其余省（区、市）即开型彩票于次日起陆续恢复销售。5月6日，北京地区各游戏恢复销售，随着北京市恢复销售，全国31个省（区、市）体育彩票均恢复销售。

10月11日 体育彩票7星彩游戏新规则正式实施。财政部印发《财政部关于变更中国体育彩票7星彩游戏规则的审批意见》（财综〔2020〕39号），自第20100期（2020年10月11日20：10开售）开始实施7星彩游戏新规则。本次主要调整了变更投注方式、各奖级奖金设置、摇奖方式和中奖资格。具体规则为从000000至999999中选取1个6位数字作为前六位、从0至14中选取1个数字作为最后一位，共同组成一注号码进行的投注。

10月18日 总局体彩中心在北京召开以"见证公益的力量"为主题的新闻发布会，体彩吉祥物"乐小星"正式亮相。

10月28日 财政部、体育总局联合印发《关于进一步调整单场竞猜游戏规则有关事宜的通知》，将单场竞猜游戏返奖奖金比例由71%调整为70%，调整销售时间，限制大额投注，进一步加强销售终端管理。

11月 国家体育总局印发《体育彩票品种审核管理办法》（体经字〔2020〕466号）。

12月 中国体育彩票代销者版App上线。

2021年

4月 总局体彩中心制定《中国体育彩票责任彩票管理手册》。

4月 总局体彩中心在武汉召开全国体育彩票工作会议，确定了"建设负责任、可信赖、高质量发展的国家公益彩票"的发展目标。

5月 总局体彩中心选择北京、山西、上海、江苏、浙江、湖北、湖南共7个省（市）进行小微零售渠道试点工作。

6 月 第三代体育彩票全业务统一运营支撑平台在山西省顺利完成了第一台传统终端切换并成功出票。

6 月 总局体彩中心通过世界彩票协会安全控制标准（WLA-SCS）认证。

9 月 总局体彩中心梳理分析体彩发行机构、31 家销售机构、4 家核心企业风险点及风险事件，形成第一版体育彩票《风险库》、《事件库》。

11 月 10 日 国家体育总局发布《国家体育总局"十四五"体育彩票发展规划》，首次纳入国家体育总局专项规划。

11 月 16 日 国家体育总局召开《2020 年中国体育彩票（1+31）社会责任报告》新闻发布会。中国体育彩票责任报告首次由国家体育总局联合党媒、党网进行权威发布，也是首次以体育彩票发行机构和 31 个省级销售机构的形式进行集体发布。

2022年

5 月 总局体彩中心首次提出"体彩+"概念，正式启动"体彩+"建设，推动传统渠道优化转型。

6 月 基于体育彩票《风险库》，组织全体各级机构进行风险防控措施检查，优化防控措施，形成了风险评估、措施执行、效果检查、优化改进的管理闭环，建立了科学的体育彩票风险管理长效机制。

7 月 第三代体育彩票全业务统一运营支撑平台项目正式全面承载体育彩票核心生产业务。

10 月 31 日 体育彩票"微光海洋"公益平台正式上线。

12 月 3 日 总局体彩中心荣获 DAMA（国际数据管理协会）"数据治理最佳实践奖"。

2023年

2 月 中国体育彩票累计筹集公益金超过 7000 亿元。

5 月　中国体育彩票亦庄数据中心获得工信部等六部委确认，被评定为国家绿色数据中心。

7 月 25 日　总局体彩中心的"密码技术服务系统"荣获工信部信息通信研究院"可信云 2022—2023 年度用户最佳实践"奖项。

12 月　总局体彩中心顺利通过世界彩票协会责任彩票四级认证，这是国内彩票行业首次通过世界彩票协会责任彩票四级认证。

12 月　体育彩票全国便利连锁渠道实体店数量超过 2.5 万家，展示体验中心实体店数量超过 2300 家，小微零售渠道实体店数量超过 3.1 万家，"体彩+"实体店 2 万余家。

12 月　依据国家标准《数据管理能力成熟度评估模型》（GB/T36073-2018），总局体彩中心通过数据管理能力成熟度评估认证，达到稳健级（3 级）。

附录二
部分体彩公益资助项目展示

薛　松　李国豪*

一　体彩公益金资助项目

中国体育彩票全国统一发行 30 年来，累计筹集的体彩公益金已超过 7800 亿元，不仅用于支持体育事业发展，还被广泛应用于补充社保基金、教育助学、法律援助、城乡医疗救助、乡村振兴、赈灾救灾等社会公益事业。以 2022 年为例，中央财政安排彩票公益金支出 637.68 亿元，分配给全国社会保障基金理事会 402.4 亿元，用于补充全国社会保障基金；分配给中央专项彩票公益金 168.22 亿元，用于国务院批准的社会公益事业项目；分配给民政部 33.53 亿元，用于资助老年人福利、残疾人福利、儿童福利等方面；分配给体育总局 33.53 亿元，用于落实全民健身国家战略，提升竞技体育综合实力，加快推进体育强国建设。

表 1　体彩公益金助力体育强国建设和健康中国建设资助项目展示

类别	项目名称	项目介绍	资金来源
体育场地设施建设	浙江温州百姓健身房	2017 年，浙江省温州市探索建设群众身边的室内健身场地——浙江温州百姓健身房。百姓健身房按服务半径不大于 1.5 公里或服务人口不少于 5000 人的标准进行统筹规划、科学布局，致力于打造"群众家门口的健身房"。80% 的百姓健身房免费开放，20% 实行公益低收费开放，单次不超过 5 元、包年不超过 365 元。截至 2023 年，温州已累计建成百姓健身房 423 家，20 多个体育社团组织提供的免费体育健身项目课程惠及群众 20 余万人次，注册会员约 9.9 万人，健身次数累计达 182 万人次。温州百姓健身房实现乡（镇）覆盖率 100%，村（社）覆盖率 82%	体彩公益金

*　薛松，国家体育总局体育彩票管理中心公共关系处主任科员；李国豪，国家体育总局体育彩票管理中心公共关系处科员。

续表

类别	项目名称	项目介绍	资金来源
体育场地设施建设	眉山市智慧体育公园建设	近年来,四川省眉山市围绕市民多元化的健身需求,新建、改建体育公园 20 个,面积约 70 万平方米,年服务人群 400 万人次。2022 年使用 1000 万元体育彩票公益金建成了东坡岛、彭山区毛河、尚义镇英勇社区 3 个智慧体育公园,让健身更科学、更有趣,又能无感采集运动信息、管理健康数据,实现数据互联互通,为人们科学健身提供精准指导	体彩公益金
	杜集区南山体育公园	南山体育公园位于杜集区矿山集街道南山村,于 2021 年底完成建设,2022 年投入使用,占地约 20 万平方米。南山体育公园建设共投入体育彩票公益金 150 万元,目前公园由南山村委会管理。南山体育公园现有室外场地 3 片、健身步道 9000 米。有健身路径 4 个,能进行羽毛球、乒乓球、篮球、空竹、太极拳、健身腰鼓、健身气功、骑行、登山、广场舞等群众体育活动	
	临沂滨河百里健身长廊	滨河百里健身长廊沿滨河景区水岸,建设了五环健身广场、凤凰广场、风帆广场、篮球广场、科普广场、阳光沙滩等 30 多处集中连片健身场地,包含标准田径场 1 个、标准足球场 1 个、水上运动基地 1 个、笼式足球、网球门球、羽毛球、篮球、乒乓球等场地 50 多片,安装了各类健身器材 2000 多件。作为目前山东省面积最大、设施最全的群众健身活动场所,自一期工程建成以来,每年在此开展"体育彩票杯"等各类赛事活动数百项次。目前已有 2300 万元体彩公益金用于建设百里健身长廊,此外,临沂市每年投入 400 多万元体彩公益金用于百里健身长廊的继续建设和设施维护,以及在健身长廊开展各级各类全民健身赛事活动	
全民健身	体彩乐走·中国体育彩票线上线下健身徒步走	2019~2020 年,中国体育彩票使用体彩公益金共计 200 万元,用于支持开展"体彩乐走·中国体育彩票线上线下健身徒步走"活动,吸引了全国 2000 万人参与,进一步提升了群众身体素质,扩大了运动人口规模。2022 年 5 月,"体彩乐走"活动首次走进高校,在昆明理工大学举办中国体育彩票健身徒步大会。2022 年 11 月,云南体彩与弥勒市政府共同举办了"体彩乐走·乐动弥勒"2022 中国体育彩票健身徒步大会暨弥勒首届儿童友好亲子运动会,让参与者感受运动的快乐、了解运动健康知识、加入全民健身的行列	体彩公益金
	黄河口(东营)马拉松	黄河口(东营)马拉松自 2008 年举办以来,至今已成功举办 15 次赛事,参赛选手从 3000 人发展到 3 万余人,是国内首批双金赛事,被评为世界田联"金标赛事"和中国马拉松"金牌赛事",是山东历史最长、唯一被评为"双金"赛事的马拉松赛事。自 2018 年至今,每年约有 600 万元体彩公益金用于支持此项赛事。2023 年,投入体彩公益金 520 万元用于赛事保障等方面	

类别	项目名称	项目介绍	资金来源
全民健身	南粤古驿道定向大赛	南粤古驿道定向大赛是广东省落实全民健身国家战略着力打造的品牌赛事。2016~2023 年，共举办南粤古驿道定向大赛 100 余场，到访全省 55 个古道乡镇和 74 个古村落，走过 2000 多公里的古道旧巷，吸引了 37 个国家及地区超 500 万人次和 6000 多个村民家庭参与体验赛事活动，辐射带动 42 个市县举办南粤古驿道红色徒步、定向、航空飞行、自行车、汽车集结等系列赛事和活动超 100 场。截至 2023 年，体彩公益金共投入 4250 万元助力南粤古驿道定向大赛活动开展	体彩公益金
青少年体育	吉林"百万青少年上冰雪"	吉林省"百万青少年上冰雪"系列活动面向不同水平及年龄段的青少年和儿童开展体验课、训练营、U 系列比赛等系列活动，激发青少年参与冰雪运动的热情，同时通过进行师资培训提高教练员、教师冰雪运动教学水平，进一步促进冰雪运动专业化、国际化。自 2015 年以来，体育彩票公益金为吉林省投入青少年冰雪运动经费超过 7700 万元，公共冰雪场地、器材设施等 3.5 亿元，支持冰雪运动特色学校配备冰雪运动器材。自 2020 年以来，全省共举办"百万青少年上冰雪"系列活动达 1000 余场，青少年直接参与规模超过 40 万人次，为国家培养了一批冬季项目优秀后备人才	体彩公益金
竞技体育及训练保障	内蒙古冰上运动训练中心	内蒙古冰上运动训练中心是第十四届全国冬季运动会的主场馆，"十四冬"的开幕式和所有冰上项目都在这里举办。场馆坐落在海拉尔区东山组团核心区，由速度滑冰馆、短道速滑馆、冰球冰壶馆、运动员公寓四大建筑组成，总投资 10.47 亿元，总占地面积 18.3 万平方米，建筑面积 9.6 万平方米，整个场馆能够同时容纳 9000 名观众。内蒙古冰上运动训练中心从建设、日常维护到器材添置，体育彩票公益金都起到了不可替代的作用。内蒙古冰上运动训练中心在呼伦贝尔建成后，方便了当地业余队伍、中小学进行冰上项目训练，还可举办、承办各级高水平赛事。目前，内蒙古冰上运动训练中心已面向市民，尤其是面向中小学生免费开放，为"带动三亿人参与冰雪运动"助力	体彩公益金
	河北奥林匹克体育中心	河北奥体中心总建筑面积 36 万平方米，总投资 30 多亿元，由一座可同时容纳 6 万人的体育场和 5 座体育馆综合体组成，该中心集教学、科研、训练和全民健身四大功能于一体，不仅可以满足体育训练、体育比赛、体育交流等专业化需求，同时也可满足开展全民健身活动的需求，奥体中心的建成为促进全省竞技体育和群众体育的发展发挥了重要作用。截至目前，累计已有超过 20 亿元体彩公益金用于支持河北省内这一最大的综合性体育场馆的建设	

续表

类别	项目名称	项目介绍	资金来源
竞技体育及训练保障	济南市体育运动学校	济南市体育运动学校是济南市唯一的中等体育专业运动学校,负责济南市篮球、排球、沙排、射击、射箭、自行车、举重、摔跤、柔道、跆拳道、拳击、散打12个运动项目后备人才的选拔、培养和组队,代表济南市参加省以及全国青少年体育比赛。2007年底,在体彩公益金的支持下,新建各类训练场馆24个,包括17个室内训练馆和7个室外训练场。2020年,体彩公益金投入2675万元,主要用于体育器材购置、场馆维修维护、物业管理、训练参赛等方面。2021年至2022年,体彩公益金又投入1043万元,用于济南市第八届青少年运动会、公寓维修、校园应急维修、校园综合运行保障等方面	体彩公益金

表2 体彩公益金助力社会公益事业资助项目展示

类别	项目名称	项目介绍	资金来源
乡村振兴	农民体育健身工程	针对农村体育设施缺乏,农民参加体育健身活动困难的情况,国家体育总局从2006年开始在全国范围实施农民体育健身工程。农民体育健身工程的实施将"一场两台"(一片标准篮球场、两张乒乓球台)建在广大农民的身边,让农民享受到与城市居民同等的体育设施和健身条件。近年来,在体育彩票公益金的支持下,农民体育健身工程已经覆盖全国57万个行政村。例如,江西省从2006年开始实施农民体育健身工程,如今已覆盖近万个行政村;广东省利用体育彩票公益金在全省19498个行政村全部建设了农民体育健身工	体彩公益金
	农民体育工程	程,在1139个乡镇建设农民体育健身工程;山东省从2012年至2014年,在体彩公益金的支持下,累计为全省3035个贫困村建设健身设施,每村按6万元预算,共投入1.8亿元;2009年至2014年,重庆市资助建设247个健身广场,新增农村健身场地面积83万平方米,日均锻炼8万人次,年均锻炼3000万人次,惠及农民近千万人	体彩公益金

类别	项目名称	项目介绍	资金来源
文化事业	国家艺术基金项目	以体彩公益金为重要组成部分的中央专项彩票公益金支持的文化公益事业,由国家艺术基金管理中心组织实施,主要用于支持艺术创作生产、传播交流推广和人才培养等项目,以促进艺术事业健康繁荣发展。国家艺术基金自2013年成立以来,围绕舞台艺术和美术两大艺术门类,已累计投入资金约55.7亿元,资助作品创作、演出展览和人才培养项目7116项。在彩票公益金的持续支持下,国家艺术基金资助推出了一批有思想深度、有艺术高度的优秀作品,培养了一批有能力、有才华的领军人才。截至目前,由国家艺术基金资助的1161项传播交流推广项目在国内外展览演出,惠及群众约1500万人次	中央专项彩票公益金
救灾赈灾	汶川地震灾后重建	2008年5月,经财政部批准,财政部、民政部、国家体育总局联合下发了《关于调整即开型彩票公益金分配办法支持汶川地震灾后恢复重建等问题的通知》。从2008年7月1日起,到2010年12月31日止,将中央集中的顶呱刮即开型体彩公益金全部用于汶川地震灾后重建,其间共为灾区筹集38亿多元公益金。在北川、汶川、什邡、绵竹、青川等地,每一个崭新的小区、每一所设施齐全的学校、每一条平坦的道路,都有体彩顶呱刮汇聚的爱心和力量	体彩公益金
教育助学	"润雨计划"	"润雨计划"主要是资助农村地区、边远地区和少数民族地区遇到特殊困难的学校、教师和学生。具体包括家庭经济特别困难幼儿教师资助项目、普通高校家庭经济困难新生入学资助项目、困难学校基础设施建设项目等。比如,2022年中央专项彩票公益金为"润雨计划"共支出17399.07万元,资助支持云南、河北、青海、内蒙古、贵州等11个省(区)遭遇暴雨洪涝灾害等突发紧急事件的中小学、幼儿园585所,支持吉林、西藏、新疆、内蒙古教育系统疫情防控工作,帮助地方解决教育改革发展中遇到的特殊困难	中央专项彩票公益金

类别	项目名称	项目介绍	资金来源
教育助学	"励耕计划"	"励耕计划"用于支持家庭经济特别困难的教师,重点资助因遭受自然灾害、突发事故或重大疾病等原因造成家庭经济特别困难的教师,在实施过程中向农村地区、边远地区和少数民族地区倾斜。2022年中央专项彩票公益金"励耕计划"支出60173.72万元,资助中西部22个省(区、市)和新疆生产建设兵团家庭经济困难教师57525人,资助标准为1万~5万元;资助四川、陕西、云南、贵州等8个省份75个区县开展走教教师资助项目,参与教师1495人	中央专项彩票公益金
	"滋蕙计划"	"滋蕙计划"资助对象为普通高中及中等职业学校的应届毕业生,通过高考、高职单招考入全日制普通高等院校(含高职)的家庭经济困难新生。2022年,中央专项彩票公益金"滋蕙计划"支出20000万元,资助中西部22个省(区、市)和新疆生产建设兵团普通高校家庭经济困难新生324351人,一次性补助其从家庭所在地到被录取院校之间的交通费和入学后短期生活费,资助标准为考入省(区、市)内院校的新生每人500元,考入省(区、市)外院校的新生每人1000元	
医疗救助	农村贫困母亲"两癌"救助专项基金	农村贫困母亲"两癌"救助专项基金是全国妇联于2011年在中央专项彩票公益金的支持下设立的,用于实施农村贫困母亲"两癌"(宫颈癌和乳腺癌)救助项目。2021年,农村贫困母亲"两癌"救助项目调整为低收入妇女"两癌"救助项目。2011年至2022年,中央专项彩票公益金累计投入24.82亿元,对24万余名农村"两癌"贫困患病妇女每人实施1万元的救助	中央专项彩票公益金
	红十字事业	中国红十字会"天使阳光基金"先心病患儿救助项目于2011年被中央专项彩票公益金纳入资助范围,每年投入2000万元支持先心病患儿的救助工作。"白血病儿童救助"公益项目得益于中国红十字会"小天使基金",是2005年成立的我国第一个救助白血病儿童的专项基金。中央专项彩票公益金通过资助这两个基金项目支持中国红十字会开展先心病儿童救助和白血病儿童救助工作。2009年至2021年,中央专项彩票公益金大病儿童救助项目已累计支持资金21.452亿元,救助患儿74898人(白血病患儿55749人,先心病患儿19149人)	

类别	项目名称	项目介绍	资金来源
医疗救助	中华骨髓库建设	2019 年中央专项彩票公益金有 4.37 亿元用于红十字事业,其中直接支持中华骨髓库的彩票公益金达 9040.5 万元。2001~2022 年,直接用于中华骨髓库建设的彩票公益金累计达到 17.3351 亿元。截至 2023 年 9 月,中华骨髓库库容已超 328 万人份,累计为 11.6 万余名血液病患者提供人类白细胞抗原(HLA)配型检索服务,实现 16000 例造血干细胞捐献,其中向国(境)外 30 个国家和地区的 373 个血液病患者捐献造血干细胞	中央专项彩票公益金
养老公共服务	农村幸福院建设	农村幸福院作为一种新型的农村养老模式,是指由村民委员会进行管理,为农村老年人提供就餐、文化娱乐等照料服务的公益性活动场所,包括农村老年人日间照料中心、托老所、老年灶、老年人活动中心等。为支持和帮助农村幸福院建设,经国务院批准同意,财政部从 2013 年起连续 3 年每年为此投入中央专项彩票公益金 10 亿元。项目实施第一年,在中央专项彩票公益金的支持下,全国实际建设农村幸福院 38613 个,超额 15.8% 完成建设目标。2013 年至 2015 年,财政部共投入 30 亿元中央专项彩票公益金用于支持农村幸福院建设,共建设农村幸福院 10 万个	中央专项彩票公益金
	开展居家和社区养老服务改革试点	"十三五"时期,财政部安排中央专项彩票公益金 50 亿元开展居家和社区养老服务改革试点。在此期间,国家先后支持了五批 203 个试点地区发展居家和社区养老服务,试点覆盖全国 31 个省(区、市)(含新疆生产建设兵团)60% 的地级市(区、州)。项目试点资金以打造居家和社区养老服务发展软环境和软实力为主,以硬件设施建设为辅,项目重点支持包括设施建设、智慧养老技术应用、专业人才培养、标准化建设和购买服务等方面。中央专项彩票公益金撬动地方投入资金超过 180 亿元、社会投资超过 130 亿元,形成了中央和地方、政府和市场多元投资的良好格局	
	居家和社区基本养老服务提升行动项目	2021 年,中央财政通过中央专项彩票公益金支持实施居家和社区基本养老服务提升行动项目,支持项目地区按规定实施家庭养老床位建设,提供居家养老上门服务。经过地方申报、审核遴选等工作环节,财政部、民政部共同确定辽宁省沈阳市等 42 个地区实施 2021 年居家和社区养老服务提升行动项目,并给予中央专项彩票公益金支持。2022 年,经申报推荐、遴选、评审等程序,财政部、民政部共同确定了河北唐山市等 42 个地区实施 2022 年居家和社区基本养老服务提升行动项目。还对 2022 年的项目提出了明确的工作目标,即通过中央专项彩票公益金支持,面向经济困难的失能、部分失能老年人建设 10 万张家庭养老床位,提供 20 万人次居家养老上门服务	

类别	项目名称	项目介绍	资金来源
法律援助	"中彩金"法律援助项目	以体彩公益金为重要组成部分的中央专项彩票公益金设立法律援助项目(简称"中彩金"法律援助项目),对农民工、残疾人、老年人、妇女和未成年人等弱势群体开展法律援助。该项目实施的目的是降低法律援助门槛、扩大法律援助范围,使更多困难群众获得必要的法律援助服务,通过法律的途径依法维护自身的合法权益。由彩票公益金助力的法律援助项目,为弱势群体撑起了"保护伞"。据统计,截至2021年底,中央专项彩票公益金资助达13.8亿元,获得免费法律咨询帮助的群众以百万计,已为受援群众挽回损失或取得利益418亿余元	中央专项彩票公益金

二 "微光行动"——体彩公益实践

作为国家公益彩票,体育彩票所筹集的公益金被广泛应用于社会保障、教育、医疗、体育、法律援助等与民生紧密相连的方方面面,为社会公益事业和体育事业发展作出了重要贡献。中国体育彩票坚持以人民为中心,在为国家筹集公益金的同时,积极履行社会责任,全国各地的体彩机构在当地自主开展"微光行动"系列公益活动,从教育助学到助力青少年体育,从医疗救助到便民服务,体彩以其特有的方式为公益事业贡献着力量。其中,中国体育彩票开展的"公益体彩 快乐操场""体彩·新长城""同心溢彩AED捐赠""爱心驿站"等多项公益活动引起社会强烈反响,传递了向上向善的正能量。

表3 "微光行动"公益活动展示

类别	项目名称	项目介绍	资金来源
全民健身	"公益体彩进社区"活动	广东"公益体彩进社区"活动免费为社区居民提供体质监测和健康咨询服务,将全民健身活动送到群众的家门口,倡导健康、快乐的生活方式。自2019年以来,广东体彩每年在全省范围内开展大约200场该活动,各地体育项目协会、街镇文化站、企业、社区、学校、社会团体等纷纷参与其中	体彩发行费

续表

类别	项目名称	项目介绍	资金来源
青少年体育	"享公益 动起来"青少年体育夏令营	宁夏体彩开展的"享公益 动起来"青少年体育夏令营邀请7~16周岁的青少年,围绕网球、篮球、街舞、体适能、花样跳绳等项目开展为期5~10天的夏令营活动。活动全程免费,旨在对孩子们的速度、力量、耐力、灵敏、柔韧、协调、律动、沟通等能力进行培养,让孩子们在锻炼身体的同时,提高社会交际能力、团队协作能力。活动自2019年开展以来,先后走进银川市、吴忠市和石嘴山市,吸纳超300名青少年参与者	体彩发行费
教育助学	"公益体彩 快乐操场"	"公益体彩 快乐操场"是总局体彩中心于2012年发起的公益活动,以向偏远地区乡镇学校捐赠体育器材、用品为主要方式,助力乡村体育教育事业。截至2022年底,"公益体彩 快乐操场"活动已累计走进全国3862所学校,送去的体育器材及兴趣课堂惠及学生人数超过百万。与此同时,多地体彩对"快乐操场"活动内容进行扩容,与高校合作,支持优秀师生赴乡村学校开展体育支教服务,以送专业体育课堂的方式帮助乡村学校解决体育教学难题	体彩发行费及体彩"乐善基金"
公益助学	"体彩·新长城"	"体彩·新长城"助学活动是总局体彩中心与中国扶贫基金会自2005年起开展合作的项目,主要向家庭困难的大学生提供资金支持,帮助学子们顺利完成学业。截至2021年底,"体彩·新长城"先后资助了26个省(区、市)超过3300名优秀大学生,累计投入助学资金超过1400万元	体彩发行费及体彩"乐善基金"
	"爱心书屋"捐赠活动	山东体彩、云南体彩开展的"爱心书屋"捐赠活动旨在满足乡村居民的学习需求,丰富群众文化生活,同时为乡村儿童提供课后学习交流平台,培养其良好的读书习惯。2008年至2012年,山东体彩先后向全省16个地市的学校和幼儿园捐建爱心书屋,包括书屋建设及书架、桌椅、书籍、电脑等物资捐赠,累计投入200余万元。云南体彩在昭通市威信县双河乡和扎西镇干河村荒田苗寨援建了爱心书屋,共投入30余万元	体彩发行费
	"旭日"助学活动	贵州体彩开展"微光行动"之"旭日"助学活动,为中小学及高等院校学子提供经济帮助。活动自2018年启动以来,已走进14所中小学及高等院校,累计捐赠266万元、受助人数逾1500人	

续表

类别	项目名称	项目介绍	资金来源
乡村振兴	"公益体彩 文体下乡" 活动	河北体彩开展的"公益体彩 文体下乡"活动面向省内红色根据地、乡村开展文体设施捐赠和慰问活动。捐赠物品包括篮球架、漫步机、骑马机、乒乓球台、广场舞音响、空竹等，改善了当地的健身条件，丰富了乡村文化娱乐生活，对促进乡村全面振兴起到了积极的作用。截至2021年，活动共走进省内石家庄、张家口、承德、保定等7个地市开展捐赠和慰问活动，为广大乡村群众带来价值近80万元的文体设施	体彩发行费
	"臻心计划"青少年心理健康指导服务中心援建项目	山西体彩开展的"臻心计划"青少年心理健康指导服务中心援建项目旨在影响和带动心理学专业从业人员以志愿者身份参与到乡村青少年心理辅导、心理健康辅导员培养、亲职教育指导等工作中来，进而促进乡村青少年心理健康辅导教育工作水平的提升。截至目前，该项目共投入150万元为山西省8个欠发达地区分别援建一所乡村学校青少年心理健康指导服务中心	
医疗救助	"同心溢彩 AED 捐赠" 活动	2021年，中国体育彩票首度联合爱心企业开展"微光行动"之"同心溢彩 AED 捐赠"活动，为北京、陕西、广东、浙江四省市的39个全民健身场所、11个商业综合体捐赠50台 AED 设备，并对场馆工作人员、周边体彩店代销者进行了急救培训，通过多地、多场公益活动向公众普及使用 AED 的相关知识，让尽可能多的公众知道如何使用 AED 设备实施急救。据了解，2022年8月7日，在广州宝岗体育场，体彩捐赠的 AED 设备成功救治一名男子	体彩"乐善基金"
便民服务	体彩设立"爱心驿站"	全国各地多家体彩实体店开设便民服务角，为社区居民无偿提供急救、饮水、充电、打气等设备，或收集旧衣物、组织公益捐赠，为户外工作者提供早餐等。各级体彩机构对实体店自发的便民服务进行规范化建设和引导，打造"爱心驿站"（也称公益驿站或体彩驿站），帮助体彩代销者以更规范、更有组织的方式践行公益理念，承担社会责任，同时也将公益的温度从行业传递到社会。截至2022年，浙江体彩已建成3500个体彩驿站服务点和1200个爱心漂流伞服务点，覆盖近400个乡镇和街道，超过2400个社区。浙江体彩驿站配置电冰箱、微波炉、电子血压计、书籍、便民药箱、漂流伞等，为环卫工人、快递小哥、出租车司机、交警等户外工作者提供便利服务，市民只要看到"体彩驿站"标识牌即可进入免费使用相关物品；安徽体彩设立"爱心驿站"，为城市环卫工人及其他户外高温工作人群提供歇脚喝茶、消暑纳凉等免费服务；河南洛阳旅游业相对发达，当地的体彩"爱心驿站"主要为环卫工人、公安交警、市民和外来旅游人士等免费提供临时休息、饮水、急救、打气、充电等服务，解决户外工作者和游客等人群在实际生活和工作中可能面临的困难和问题	其他

续表

类别	项目名称	项目介绍	资金来源
其他	"体彩助莉"系列公益活动	河南体彩联合河南广播电视台民生频道《小莉帮忙》栏目共同打造"体彩助莉"系列公益活动并共同设立"体彩助莉"基金,为需要帮助的人提供经济或物资方面的支持,并在电视栏目中播出。该项目自2015年发起,截至2021年12月31日,共播出293期节目,投入313.5万元爱心基金,帮助了全省293个困难家庭和个人,在当地具有广泛的社会影响力	体彩发行费
	"体彩爱行走"活动	江苏体彩开展的"体彩爱行走"活动,通过募集参与者的爱心步数,由江苏体彩匹配捐赠爱心基金为公益项目助力。2015~2021年,活动累计参与人次约39万,江苏体彩匹配捐赠168万余元,为省内多所体彩希望小学援建电脑教室,为扬州天海职业技术学校建设老年服务与管理实训室、计算机教室和烹饪实训室,为苏北困难学校援建体彩爱心食堂等	体彩发行费

附件1 2020~2022年彩票公益金筹集分配情况和中央集中彩票公益金安排使用情况公告

财政部公布2020年彩票公益金筹集分配情况和中央集中彩票公益金安排使用情况

一 2020年全国彩票公益金筹集情况

2020年,全国发行销售彩票3339.51亿元。分机构看,福利彩票机构发行销售彩票1444.88亿元,体育彩票机构发行销售彩票1894.63亿元。分类型看,发行销售乐透数字型彩票2219.08亿元,竞猜型彩票749.17亿元,即开型彩票294.20亿元,视频型彩票67.95亿元,基诺型彩票9.11亿元,占彩票销售总量的比重分别为66.5%、22.4%、8.8%、2.0%、0.3%。

根据现行彩票管理规定,彩票公益金来源于彩票发行销售收入和逾期未兑奖的奖金。彩票发行销售收入中，根据不同彩票品种，彩票公益金提取比例有所不同，主要有以下5种类型：一是乐透数字型彩票，其中，全国性乐透数字型彩票，彩票公益金提取比例约为36%，彩票奖金和彩票发行费提取比例约为51%和13%；地方性乐透数字型彩票，大部分彩票游戏的彩票公益金提取比例分别为29%，彩票奖金和彩票发行费提取比例分别为58%和13%。2020年乐透数字型彩票筹集彩票公益金722.91亿元。二是竞猜型彩票，大部分彩票游戏的彩票公益金提取比例为21%，彩票奖金和彩票发行费提取比例分别为70%和9%，2020年竞猜型彩票筹集彩票公益金153.05亿元。三是即开型彩票，彩票公益金提取比例为20%，彩票奖金和彩票发行费提取比例分别为65%和15%，2020年即开型彩票筹集彩票公益金58.84亿元。四是视频型彩票，彩票公益金提取比例为22%，彩票奖金和彩票发行费提取比例分别为65%和13%，2020年视频型彩票筹集彩票公益金14.95亿元。五是基诺型彩票，大部分彩票游戏的彩票公益金提取比例为30%，彩票奖金和彩票发行费提取比例分别为58%和12%，2020年基诺型彩票筹集彩票公益金2.79亿元。2020年逾期未兑奖奖金15.28亿元。综上，2020年共筹集彩票公益金967.81亿元。

二 2020年全国彩票公益金分配情况

根据国务院批准的彩票公益金分配政策，彩票公益金在中央和地方之间按50：50的比例分配，专项用于社会福利、体育等社会公益事业，按政府性基金管理办法纳入预算，实行财政收支两条线管理。地方留成彩票公益金，由省级财政部门商民政、体育等有关部门研究确定分配原则。中央集中彩票公益金在全国社会保障基金、中央专项彩票公益金、民政部和体育总局之间分别按60%、30%、5%和5%的比例分配。

2020年中央财政当年收缴入库彩票公益金480.6亿元，加上2019年度结转收入3.99亿元，共484.59亿元。经全国人大审议批准，2020年中央财政安排彩票公益金支出298.64亿元。考虑收回结余资金、补充预算稳定调节基金等因素，收支相抵，期末余额144.18亿元。按上述分配政策，分配给全国社会保障基金理事会113.82亿元，用于补充全国社会保障基金；分配给中央专项彩票公益金165.85亿元，用于国务院批准的社会公益事业项目；分配给民政部9.48亿元，用于资助老年人福利、残疾人福利、儿童福利等方面；分配给国家体育总局9.48亿元，用于落实全民健身国家战略，提升竞技体育综合实力，加快推进体育强国建设。

三　2020年中央专项彩票公益金安排使用情况

2020年，中央专项彩票公益金165.85亿元的具体支出安排如下：

（一）未成年人校外教育9.2亿元。该项目由教育部组织实施，主要用于支持全国中小学生研学实践教育基地和全国中小学生研学实践教育营地等。

（二）乡村学校少年宫建设9.92亿元。该项目由中央文明办组织实施，主要用于新建乡村学校少年宫修缮装备补助，及已开展活动的乡村学校少年宫运转补助。

（三）教育助学10亿元。该项目由中国教育发展基金会组织实施，主要用于奖励普通高中品学兼优的家庭经济困难学生，资助家庭经济特别困难的教师，资助家庭经济困难的大学新生入学交通费和短期生活费，并救助遭遇突发灾害的学校。

（四）大学生创新创业0.5亿元。该项目由教育部组织实施，主要用于支持创新创业教育优质课程建设、教师创新创业教育教学能力培训、"青年红色筑梦之旅"等活动开展。

（五）医疗救助18亿元。该项目由国家医疗保障局组织实施，主要用于资助困难群众参加城乡居民基本医疗保险，并对其难以负担的基本医疗自付费用给予补助。

（六）养老公共服务9.93亿元。该项目由民政部组织实施，主要用于支持地方开展居家和社区养老服务改革试点。

（七）扶贫事业 20.6 亿元。该项目由原国务院扶贫办组织实施，主要用于支持贫困村村内小型生产性公益设施建设。

（八）文化公益事业 1 亿元。该项目由国家艺术基金管理中心组织实施，主要用于支持艺术创作生产、传播交流推广和人才培养等项目。

（九）残疾人事业 22.28 亿元。该项目由中国残疾人联合会组织实施，主要用于残疾人体育，盲人读物出版、盲人公共文化服务，以及残疾儿童康复救助、贫困智力精神和重度残疾人残疾评定补贴、助学、贫困重度残疾人家庭无障碍改造、残疾人康复和托养机构设备补贴、残疾人文化等方面支出。

（十）红十字事业 3.75 亿元。该项目由中国红十字会总会组织实施，主要用于贫困大病儿童救助、中国造血干细胞捐献者资料库、红十字会人道救助救援、红十字生命健康安全教育、失能老人养老服务、人体器官捐献等项目。

（十一）法律援助 1.5 亿元。该项目由中国法律援助基金会组织实施，主要用于为农民工、残疾人、老年人、妇女家庭权益保障和未成年人提供法律援助服务。

（十二）农村贫困母亲"两癌"救助 3.02 亿元。该项目由中国妇女发展基金会组织实施，主要用于救助患有乳腺癌和宫颈癌的农村贫困妇女。

（十三）留守儿童快乐家园 0.15 亿元。该项目由中国儿童少年基金会组织实施，主要用于为农村留守儿童校外活动场所配置设施并开展关爱服务。

（十四）出生缺陷干预救助 3 亿元。该项目由中国出生缺陷干预救助基金会组织实施，主要用于出生缺陷救助、检测、防治宣传和健康教育等工作。

（十五）足球公益事业 3 亿元。该项目由体育总局委托中国足球发展基金会组织实施，主要用于支持青少年足球人才培养和社会足球公益活动。

（十六）支持地方社会公益事业 50 亿元。该项目主要由中西部等地区结合实际情况统筹使用，重点用于养老、扶贫、基本公共文化等社会公益事业发展薄弱环节和领域，改善其落后现状，以促进全国各地社会公益事业的协调发展。

财政部公布2021年彩票公益金筹集分配情况和中央集中彩票公益金安排使用情况

一　2021年全国彩票公益金筹集情况

2021年，全国发行销售彩票3732.85亿元。分机构看，福利彩票机构发行销售彩票1422.55亿元，体育彩票机构发行销售彩票2310.30亿元。分类型看，发行销售乐透数字型彩票1618.92亿元、竞猜型彩票1342.99亿元、即开型彩票544.11亿元，基诺型彩票226.83亿元，乐透数字型、竞猜型、即开型、基诺型彩票销售量分别占彩票销售总量的43.3%、36.0%、14.6%、6.1%；视频型彩票销售0.01亿元。

根据现行彩票管理规定，彩票公益金来源于彩票发行销售收入和逾期未兑奖的奖金。彩票发行销售收入中，根据不同彩票品种，彩票公益金提取比例有所不同，主要有以下5种类型。一是乐透数字型彩票。其中，全国性乐透数字型彩票，彩票公益金提取比例约为36%，彩票奖金和彩票发行费提取比例分别约为51%和13%；地方性乐透数字型彩票，大部分彩票游戏的彩票公益金提取比例为34%，彩票奖金和彩票发行费提取比例分别为53%和13%。2021年乐透数字型彩票筹集彩票公益金567.67亿元。二是竞猜型彩票。大部分彩票游戏的彩票公益金提取比例为21%，彩票奖金和彩票发行费提取比例分别为70%和9%。2021年竞猜型彩票筹集彩票公益金283.64亿元。三是即开型彩票。彩票公益金提取比例为20%，彩票奖金和彩票发行费提取比例分别为65%和15%。2021年即开型彩票筹集彩票公益金108.82亿元。四是基诺型彩票。彩票公益金提取比例为30%，彩票奖金和彩票发行费提取比例分别为58%和12%，2021年基诺型彩票筹集彩票公益金68.05亿元。五是视频型彩票。彩票公益金提取比例为21%，彩票奖金和彩票发行费提取比例分别为67%和12%。2021年视频型彩票筹集彩票公益金0.002亿元。2021年逾期未兑奖奖金18.48亿元。综上，2021年共筹集彩票公益金1046.66亿元。

二 2021年全国彩票公益金分配情况

根据国务院批准的彩票公益金分配政策，彩票公益金在中央和地方之间按各50%的比例分配，专项用于社会福利、体育等社会公益事业，按政府性基金管理办法纳入预算，实行财政收支两条线管理。地方留成彩票公益金，由省级财政部门商民政、体育等有关部门研究确定分配原则。中央集中彩票公益金在全国社会保障基金、中央专项彩票公益金、民政部和体育总局之间分别按60%、30%、5%和5%的比例分配。

2021年中央财政当年收缴入库彩票公益金520.46亿元，加上2020年度结转收入144.18亿元，共664.64亿元。经全国人大审议批准，2021年中央财政安排彩票公益金支出502.7亿元。考虑收回结余资金、补充预算稳定调节基金等因素，收支相抵，期末余额156.14亿元。按上述分配政策，结合上年结余等情况，分配给全国社会保障基金理事会310.89亿元，用于补充全国社会保障基金；分配给中央专项彩票公益金139.99亿元，用于国务院批准的社会公益事业项目；分配给民政部25.91亿元，用于资助老年人福利、残疾人福利、儿童福利等方面；分配给体育总局25.91亿元，用于落实全民健身国家战略，提升竞技体育综合实力，丰富体育供给，推动群众体育和竞技体育协调发展，加快推进体育强国建设。

三 2021年中央专项彩票公益金安排使用情况

2021年，中央专项彩票公益金139.99亿元的具体支出安排如下：

（一）中小学生校外研学实践活动1.9亿元。该项目由教育部组织实施，主要用于支持全国中小学生研学实践教育基地、营地，开展中小学研学实践教育活动。

（二）乡村学校少年宫建设2.83亿元。该项目由中央文明办组织实施，主要用于脱贫县新建乡村学校少年宫修缮装备补助以及已开展活动的乡村学校少年宫运转补助。

（三）教育助学 10 亿元。该项目由教育部委托中国教育发展基金会组织实施，主要用于资助中西部地区家庭经济困难的普通高校新生到校报到的交通费和入学后短期生活费，资助家庭经济特别困难教师，资助遭遇突发紧急事件的学校或相关单位。

（四）幼儿普通话教育 0.31 亿元。该项目由教育部组织实施，主要用于对新疆、西藏、内蒙古、四川、甘肃、青海、云南有关民族地区农村（乡村、镇区、镇乡接合地区）幼儿园教师，开展国家通用语言文字应用能力培训，加快推进幼儿普通话工作。

（五）低收入家庭高校毕业生就业帮扶 0.49 亿元。该项目由教育部组织实施，主要用于面向全国低收入家庭高校毕业生开展线上线下就业能力培训。

（六）医疗救助 19.8 亿元。该项目由国家医保局组织实施，主要用于资助困难群众参加城乡居民基本医疗保险，并对其难以负担的基本医疗自付费用给予补助。2021 年该项目实际执行中调整收回资金 0.17 亿元。

（七）居家和社区基本养老服务提升 11 亿元。该项目由民政部组织实施，主要用于为符合条件的经济困难失能、部分失能老年人建设家庭养老床位、提供居家养老上门服务。

（八）欠发达革命老区乡村振兴 20 亿元。该项目由国家乡村振兴局组织实施，主要用于支持欠发达革命老区统筹实施必要的农村人居环境整治和公益性基础设施建设、促进脱贫劳动力就业增收、发展农业特色产业等。

（九）文化公益事业 5 亿元。该项目由国家艺术基金管理中心组织实施，主要用于支持艺术创作生产、传播交流推广和人才培养等项目。

（十）残疾人事业 25.2 亿元。该项目由中国残联组织实施，主要用于残疾人康复、残疾人体育、盲人读物出版、盲人公共文化服务等。

（十一）红十字事业 6.06 亿元。该项目由中国红十字会总会组织实施，主要用于大病儿童救助、中国造血干细胞捐献者资料库、红十字人道救助救援、红十字生命健康安全教育、人体器官捐献等项目。

（十二）法律援助 1.3 亿元。该项目由司法部委托中国法律援助基金会组织实施，主要用于开展对农民工、残疾人、老年人、妇女和未成年人等群体的法律援助。

（十三）低收入妇女"两癌"救助 2.87 亿元。该项目由全国妇联委托中国妇女发展基金会组织实施，主要用于救助符合条件的患有乳腺癌和宫颈癌的农村低收入妇女。

（十四）出生缺陷干预救助 2.58 亿元。该项目由国家卫生健康委委托中国出生缺陷干预救助基金会组织实施，主要用于出生缺陷救助、出生缺陷检测、出生缺陷防治宣传和健康教育。

（十五）罕见病诊疗水平能力提升 0.64 亿元。该项目由国家卫生健康委委托中国医学科学院北京协和医院组织实施，主要用于罕见病多学科诊疗、罕见病遗传检测、罕见病诊疗能力培训。

（十六）支持地方社会公益事业发展 30 亿元。该项目主要支持社会公益事业发展相对落后的中西部地区、原中央苏区和山东沂蒙革命老区等，促进区域协调发展。

财政部公布2022年彩票公益金筹集分配情况和中央集中彩票公益金安排使用情况

一 2022年全国彩票公益金筹集情况

2022 年，全国发行销售彩票 4246.52 亿元。分机构看，福利彩票机构发行销售彩票 1481.31 亿元，体育彩票机构发行销售彩票 2765.22 亿元。分类型看，发行销售乐透数字型彩票 1554.18 亿元，竞猜型彩票 1809.27 亿元，即开型彩票 594.47 亿元，基诺型彩票 288.6 亿元，占彩票销售总量的比重分别为 36.6%、42.6%、14.0%、6.8%；视频型彩票销售 0.0059 亿元。

根据现行彩票管理规定，彩票公益金来源于彩票发行销售收入和逾期未兑奖的奖金。彩票发行销售收入中，根据不同彩票品种，彩票公益金提取比例有所不同，主要有以下 5 种类型：一是乐透数字型彩票。其中，全国性乐透数字型彩票，彩票公益金提取比例约为 36%，彩票奖金和彩票发行费提取比例分别约为 51% 和 13%；地方性乐透数字型彩票，大部分彩票游戏的彩票公益金提取比例为 37%，彩票奖金和彩票发行费提取比例分别为 50% 和 13%。2022 年乐透数字型彩票筹集彩票公益金 551.24 亿元。二是竞猜型彩票。大部分彩票游戏的彩票公益金提取比例为 21%，彩票奖金和彩票发行费提取比例分别为 70% 和 9%。2022 年竞猜型彩票筹集彩票公益金 381.76 亿元。三是即开型彩票。彩票公益金提取比例为 20%，彩票奖金和彩票发行费提取比例分别为 65% 和 15%。2022 年即开型彩票筹集彩票公益金 118.89 亿元。四是基诺型彩票。彩票公益金提取比例为 30%，彩票奖金和彩票发行费提取比例分别为 58% 和 12%。2022 年基诺型彩票筹集彩票公益金 86.58 亿元。五是视频型彩票。彩票公益金提取比例为 21%，彩票奖金和彩票发行费提取比例分别为 67% 和 12%。2022 年视频型彩票筹集彩票公益金 0.0012 亿元。2022 年逾期未兑奖奖金 14.12 亿元。综上，2022 年共筹集彩票公益金 1152.59 亿元。

二　2022年全国彩票公益金分配情况

根据国务院批准的彩票公益金分配政策，彩票公益金在中央和地方之间按各 50% 的比例分配，专项用于社会福利、体育等社会公益事业，按政府性基金管理办法纳入预算，实行财政收支两条线管理。地方留成彩票公益金，由省级财政部门商民政、体育等有关部门研究确定分配原则。中央集中彩票公益金在全国社会保障基金、中央专项彩票公益金、民政部和体育总局之间分别按 60%、30%、5% 和 5% 的比例分配。

2022 年中央财政当年收缴入库彩票公益金 539.46 亿元，加上 2021 年度结转收入 156.14 亿元，共 695.6 亿元。经全国人大审议批准，2022 年中央财政安排彩票公益金支出 637.68 亿元。按上述分配政策，结合上年结余等因素，分配给全国社会保障基金理事会 402.4 亿元，用于补充全国社会保障基金；分配给中央专项彩票公益金 168.22 亿元，用于国务院批准的社会公益事业项目；分配给民政部 33.53 亿元，用于资助老年人福利、残疾人福利、儿童福利等方面；分配给体育总局 33.53 亿元，用于落实全民健身国家战略，提升竞技体育综合实力，加快推进体育强国建设。2022 年执行中共收回结余资金 0.19 亿元，中央集中彩票公益金实际安排支出 637.49 亿元。收支相抵，期末余额 58.11 亿元。

三 2022年中央专项彩票公益金安排使用情况

2022 年，中央专项彩票公益金 168.22 亿元的具体支出安排如下：

（一）乡村学校少年宫项目 1.48 亿元。该项目由中央文明办组织实施，主要用于脱贫县已开展活动的乡村学校少年宫运转补助。

（二）中小学生校外研学实践活动项目 1.9 亿元。该项目由教育部组织实施，主要用于支持中小学生研学实践教育基地、营地开展学生研学实践教育活动，以及改善教育教学基本条件。

（三）大学生创新创业教育项目 1 亿元。该项目由教育部组织实施，主要用于建设国家级创新创业学院和国家级创新创业教育实践基地。

（四）低收入家庭高校毕业生就业帮扶项目 0.89 亿元。该项目由教育部组织实施，主要用于面向全国低收入家庭高校毕业生开展线上线下就业能力培训。

（五）幼儿普通话教育项目 0.31 亿元。该项目由教育部组织实施，主要用于对新疆、西藏、内蒙古、四川、甘肃、青海、云南等省份的有关民族地区农村（乡村、镇区、镇乡结合地区）幼儿园教师，开展国家通用语言文字应用能力培训，加快推进幼儿普通话教育工作。

（六）教育助学项目 10 亿元。该项目由中国教育发展基金会组织实施，主要用于资助中西部地区普通高校家庭经济困难新生入学报到的交通费和入学后短期生活费，资助家庭经济困难教师，资助中西部地区符合条件的县域或乡镇中心学校音乐、体育、美术专业教师到师资力量薄弱的农村学校开展本专业教学工作过程中产生的交通费，支持面向中西部地区教师开展特殊、急需的培训工作，资助遭遇突发灾害、紧急事件或在教育发展过程中遇到特殊困难的学校。

（七）居家和社区基本养老服务提升行动项目 11 亿元。该项目由民政部组织实施，主要用于为符合条件的经济困难失能、部分失能老年人建设家庭养老床位、提供居家养老上门服务。

（八）法律援助项目 1.3 亿元。该项目由司法部委托中国法律援助基金会组织实施，主要用于开展对农民工、残疾人、老年人、妇女和未成年人等群体的法律援助。

（九）文化公益事业项目 5 亿元。该项目由国家艺术基金管理中心组织实施，主要用于支持艺术创作生产、传播交流推广和人才培养等项目。

（十）出生缺陷干预救助项目 2.58 亿元。该项目由国家卫生健康委组织实施，主要用于出生缺陷检测、出生缺陷救助、出生缺陷防治宣传和健康教育等工作。

（十一）罕见病诊疗水平能力提升项目 0.64 亿元。该项目由国家卫生健康委组织实施，主要用于疑难罕见病患者多学科诊疗、罕见遗传病患者遗传检测和遗传咨询、医生罕见病诊疗能力培训。

（十二）欠发达革命老区乡村振兴项目 20 亿元。该项目由国家乡村振兴局组织实施，主要用于支持欠发达革命老区统筹实施必要的农村人居环境整治和公益性基础设施建设、促进脱贫劳动力就业增收、发展农业特色产业等。

（十三）足球公益事业项目 1.43 亿元。该项目由国家体育总局委托中国足球发展基金会组织实施，主要用于青少年足球人才培养和足球公益活动。

（十四）医疗救助项目 19.8 亿元。该项目由国家医保局组织实施，主要用于补充城乡医疗救助基金，支持各地资助城乡困难群众参加城乡居民医疗保险，并对其难以负担的个人自负费用给予补助。2022 年该项目实际执行中调整收回资金 0.04 亿元。

（十五）低收入妇女"两癌"救助项目 2.87 亿元。该项目由全国妇联委托中国妇女发展基金会组织实施，主要用于救助符合条件的患有宫颈癌或乳腺癌的城乡低收入妇女及开展"两癌"防治知识宣传活动。

（十六）"阳光驿站"项目0.2亿元。该项目由全国妇联委托中国儿童少年基金会组织实施，主要用于在安徽、江西、四川三省建设200个"阳光驿站"，为农村留守儿童提供活动场所，并根据需求开展各类主题实践活动，提供家庭教育指导、心理疏导等关爱服务。

（十七）残疾人事业项目25.2亿元。该项目由中国残疾人联合会组织实施，主要用于残疾人康复、残疾人体育、盲人读物出版、盲人公共文化服务等。

（十八）红十字事业项目5.89亿元。该项目由中国红十字会总会组织实施，主要用于大病儿童救助、红十字人道救助救援、红十字生命安全健康教育、中国造血干细胞捐献者资料库、人体器官捐献等项目。

（十九）支持地方社会公益事业发展项目56.73亿元。该项目主要支持社会公益事业发展相对落后的西藏、新疆、革命老区等，以促进全国各地社会公益事业的协调发展。

附件2　2020～2022年度体育总局本级体育彩票公益金使用情况公告

国家体育总局2020年度本级体育彩票公益金使用情况公告

国家体育总局公告　第52号

2020年度，按照财政部批复的预算，国家体育总局本级使用彩票公益金94848万元，用于开展群众体育和竞技体育工作。根据《彩票管理条例》《彩票管理条例实施细则》《彩票公益金管理办法》等相关规定，现将2020年度国家体育总局本级体育彩票公益金使用情况公告如下：

一　群众体育工作方面

（一）用于援建公共体育场地设施和捐赠体育健身器材2438万元

1. 实施全民健身设施项目。立足于推进基本公共体育服务均等化，逐步改善我国特别是中西部地区的体育场地设施条件，不断提升全国人均体育场地面积。充分发挥新全民健身示范工程引领作用，调整优化实施方案，进一步解决了人民群众"健身去哪儿"问题。

2. 资助高水平后备人才基地建设（含足球训练中心）。资助湖北省开展高水平体育后备人才基地建设工作，主要用于改善其训练、教学、科研条件，为体育后备人才培养工作打牢基础。

（二）用于资助或组织开展全民健身活动5805万元

1. 开展 U 系列赛事体系建设。贯彻落实《体育总局办公厅关于印发全国青少年 U 系列竞赛工作方案的通知》，加快实施青少年体育 U 系列赛事工程，资助各项目开展青少年 U 系列比赛。推动各级各类体校体育后备人才的培养，举办全国体校 U 系列线上比赛，设射击、拳击等 9 个比赛项目，来自 31 个省（区、市）378 个单位的 5801 名运动员参赛。开展全国各级各类体校教练员、管理人员线上培训，共计培训 3030 人。

2. 开展青少年冬夏令营及亲子活动。组织开展冬夏令营培训大纲制定及统筹设计，制定《2020 年全国青少年体育冬夏令营专业技术人才培训课程大纲》。围绕青少年线上、线下活动，就其服务内容、对象、流程和效果等开展冬夏令营培训评估。加强青少年体育户外营地及青少年体育俱乐部建设，进一步完善《全国青少年户外体育活动营地等级评定办法及细则》，组织开展青少年体育俱乐部星级划分与评定标准研制修改，开展青少年体育俱乐部参评试评。开展"圆梦工程·全国武术冬夏令营"，对山西、江西、内蒙古、青海等 9 个省（区）的 60 多个贫困县，培训近 1000 名乡村基层体育教师，实施体育志愿服务，服务总时长超过 14500 小时，约 1 万名农村未成年人直接受益。开展全国线上亲子体育活动和线上体育赛事活动，参与人数达 84 万人次。支持湖北省线上亲子体育活动，以"宅家云动，点亮湖北"为主题，包含四大部分 20 个体验项目，活动持续时间达 4 个月以上，参加家庭达 49.6 万个，活动网络访问点击量超 5000 万次。

3. 开展全民健身和赛事活动。在疫情防控常态化的形势下，以线上线下结合的方式，开展"全民健身日""九九重阳""我与冠军 PK"等全民健身赛事活动，推动广大人民群众自觉健身、便利健身、科学健身、文明健身，促进体育生活化。举办棋牌网络系列赛事活动、中华武术大讲堂、全球太极拳网络大赛、居家健身故事评选、全国广播操工间操云比赛、"梦想中国"公益足球活动等全民健身赛事活动，形成全民健身活动新业态，满足群众便捷、高效、智能化的健身需求。举办全国新年登高健身大会，掀起全民健身活动热潮。举办全国老年体育健身系列培训班、全国老年体育健身系列活动以及居家健身抗击疫情作品征集展示、全国老年人健步走大联动活动，丰富广大老年人群的在疫情期间的文化体育生活。

（三）用于组织开展全民健身科学研究与宣传2361万元

1. 组织开展全民健身科学研究与宣传活动。开展第五次国民体质监测和 2020 年全民健身活动状况调查，完成监测和调查全国数据采集、审核、录入、复核等数据初步处理和基本统计分析报告工作。建设运营全民健身微信公众号，每日推送全民健身信息，向公众宣传全民健身政策法规，报道全民健身工作动态，推广科学健身知识，营造良好的全民健身氛围。开展大众体育信息搜集、研究服务，及时了解大众体育发展情况，特别是新冠疫情暴发时，收集整理各类居家健身方法，为全国全民健身工作开展提供借鉴。

2. 开展国家体育锻炼标准、全民健身志愿服务和社会体育指导员相关工作。开展现行国家体育锻炼标准实施情况研究评估工作。面向各省（区、市）体育部门开展"十三五"时期社会体育指导员发展情况调研，出版《中国社会体育指导员发展报告（2016—2020）》蓝皮书。拍摄、制作社会体育指导员理论培训视频课程共 56 课时，组织社会体育指导员开展线上全民健身指导直播课 90 次。编写《社会体育指导员考核鉴定操作手册》，修订健身教练考核标准和游泳指导员（高级）考核实施细则，录制职业社会体育指导员大众健身指导视频，编制职业能力提升课程。举办职业社会体育指导员展示交流活动暨 2020 年 I-FIT 健身教练专业大会。开展健身气功站点建设，培养健身气功教学骨干 360 名，培训学员 3120 名，新建站点和中心站点 180 个。开展广西新时代文明实践中心全民健身志愿服务活动，在广西 10 个新时代文明实践中心建设试点县（市、区）以及脱贫攻坚挂牌督战县开展全民健身志愿服务"五个一"活动。

3. 开展教练员及青少年俱乐部管理人员培训。举办全国青少年体育俱乐部管理人员培训班、体育传统项目学校体育教师培训班和青少年户外体育活动营地技术人员及管理人员培训班，各类培训人数共计达 6081 人。支持湖北省开展本省教练员培训工作。

4. 开展青少年体质健康干预。开展全国青少年科学健身指导普及活动，居家防疫期间，编写出版了儿童青少年居家健身指导丛书，并在微信公众号、体育总局居家健身方法检索平台等持续推出居家健身推文 160 余篇。推进青少年"健康包"工程，92 家单位报送的 132 件作品，经过初评、专家评审后，有 11 件被纳入科普素材库。探索开展"云科普"活动，创作系列科普动画及开设"专家直播间"广泛传授科学健身知识，总触达人次逾 8000 万，运动打卡挑战赛和科学健身知识竞赛受众达 7.8 万余人。创编青少年科学健身系列科普作品，出版儿童青少年科学健身系列科普图书，创编《爱眼操》，启动科学健身动作素材库建设，创作"运动与健康"科普动画，拍摄健身误区科普视频，开发科学健身素材管理系统等。继续开展"近视防控"试点工作，为试点学校学生进行了视力筛查及干预，并结合科普活动宣传推广近视防控科普知识。

5. 开展全民健身宣传活动。支持 2020 年中国体育文化博览会线下筹备、体育文化线上数字展区、中华优秀传统体育文化线上推介、线上论坛、视频拍摄、宣传制作等相关工作。充分发挥全民健身宣传在推广中华体育文化、提升国家形象、增强国家软实力、助力体育强国建设的积极作用。

二 竞技体育工作方面

（一）用于奥运争光计划纲要保障项目28488万元

奥运争光计划纲要保障项目作为备战经费的重要补充，主要保障冬季项目实施跨界跨项跨季选材举措，完成全项开展全面参赛特定目标任务，以及在北京冬奥会前租用驻训场地等各项经费开支。

（二）用于运动队文化教育与科研386万元

以运动员为核心，以教练员为首要，聚焦竞技体育的发展，优化服务保障。完善中国运动员文化教育网和体教联盟 App 的信息化建设，不断提升运动员文化教育水平。完善教练员培训管理，组织教练员岗位培训和继续教育培训班 36 次，培训教练员 3600 多人次。开展国家级教练员和科学训练讲座线上培训，聚焦备战两个奥运，将体能训练、心理训练、反兴奋剂等重点领域纳入培训专题，150 人完成国家级培训，683 人完成科学讲座培训。全面推行初级教练员岗位培训合格考试，全国 38 个考点共 30206 人次教练员通过"自主学习、集中考核"新模式参加了考试。

（三）用于重大奥运场地设施建设51250万元

落实中共中央办公厅、国务院办公厅印发的《关于以 2022 年北京冬奥会为契机大力发展冰雪运动的意见》，围绕总局备战 2022 年北京冬奥会目标任务项目，加大对地方用于冬季奥运会重点项目的场地设施支持力度，着力提升和改善科学训练条件。

（四）用于备战杭州亚运会和巴黎奥运会梯队建设129万元

支持湖北省做好备战杭州亚运会和巴黎奥运会梯队建设，大力推进后备人才梯队建设，保障年轻运动员的日常训练和参赛，取得较好效果。

（五）用于改善训练条件3991万元

支持西藏、内蒙古、湖北等省（区）改善竞技体育训练条件。为运动队购置训练比赛装备和器材，促进竞技体育水平不断提高，助力竞赛成绩实现新突破。促进国家足球竞技后备人才培养，提升足球竞技水平，输送足球后备人才，营造良好足球赛事氛围。打造滑板、攀岩训练场地，助力队伍开展正规、连续、集中的专业训练，促进后备人才建设。

国家体育总局2021年度本级体育彩票公益金使用情况公告

国家体育总局公告 第59号

2021年度，按照财政部批复的预算，国家体育总局本级使用彩票公益金259084万元，用于开展群众体育和竞技体育工作。根据《彩票管理条例》《彩票管理条例实施细则》《彩票公益金管理办法》等相关规定，现将2021年度国家体育总局本级体育彩票公益金使用情况公告如下：

一　群众体育工作

（一）用于全民健身场地设施建设18900万元

推动落实"带动三亿人参与冰雪运动"，支持地方建设100多个群众滑冰场试点项目，完善群众冰雪场地设施，为广大群众参与冰雪运动提供条件。支持地方建设小型健身中心等全民健身场地设施。支持相关省份实施

"全运惠民工程",让当地人民群众共享全运成果。组织第三方专业机构对中央集中彩票公益金支持地方的健身设施项目进行现场评估,督促各地保质保量按要求完成项目建设任务。推进全民健身场地设施政策研究、全民健身信息服务平台建设。

(二)用于开展全民健身赛事活动10189万元

1. 有序开展第十四届全运会群众赛事活动。第十四届全运会群众赛事活动共设比赛类 15 个大项、142 个小项,展演类 4 个大项、43 个小项。积极引导全国各地举办丰富多彩的"我要上全运"赛事活动,在此基础上选拔出参加全运会群众赛事活动的运动员。除在陕西省进行 8 个项目的决赛外,全运会群众比赛赛场分布到全国 18 个省(区、市)。比赛项目共有7024 名运动员参加了 1767 场决赛;展演项目共展示 723 个视频、7184 人参赛,参赛队伍实现了 31 个省(区、市)全覆盖,网络投票总数超过 6600万张,视频浏览量超过 7200 万人次,充分体现了第十四届全运会"全民全运,同心同行"的主题。同时,根据我国综合性运动会办赛计划,对第十四届全运会举办地陕西省给予新增比赛项目及群众组比赛项目办赛经费补助。

2. 组织开展各项全民健身主题活动。在疫情防控常态化条件下,积极稳妥组织举办全国新年登高健身活动、全民健身日、"行走大运河"全民健身健步走活动等主题活动,通过举办示范活动、广泛宣传报道等方式,加强全民健身品牌赛事活动建设,充分体现活动的公益性和示范性,动员、引导地方层层响应,鼓励地方政府和社会力量共同参与,积极开展便民、利民、惠民的群众身边的活动,丰富群众文体生活,培养积极健康的生活方式,展现奋发向上的精神风貌。

3. 举办全民健身示范赛事活动。推动举办"健康中国我行动"全国广播体操工间操云比赛、2021 年新春网络健身大联欢活动、"九九重阳"全国老年人体育线上健身展示活动、"2021 年跑遍中国"线上马拉松系列赛、全民健身公益两项赛等赛事活动。通过线上与线下结合、集中和持续交替、传统与新兴并举、兼顾知识技能传授普及等方式，深入开展群众喜闻乐见、时尚休闲、民族民间等形式多样、项目齐全、丰富多彩的全民健身赛事活动，为广大健身群众创造参与机会，提供比赛平台，营造全民参与体育健身的良好氛围，不断掀起全民健身活动热潮。

4. 大力发展群众冰雪运动等全民健身活动。组织开展第八届全国大众欢乐冰雪季、"滑向 2022"系列赛事、全民滑雪体能大比武等品牌赛事活动，发挥引领、示范、带动作用，组织中国冰雪运动成果展，传播冰雪运动文化，增加群众对运动项目的技能、特点、渊源的了解，推动各地形成各具特色的群众性冰雪品牌活动，推动"南展西扩东进"战略和"带动三亿人参与冰雪运动"目标的实现。支持举办第十九届中国西藏登山大会，支持开展全国滑雪登山邀请赛、冰雪文化展、户外运动文化互动夜等系列活动，助力经济社会发展。

（三）用于全民健身普及及推广7451万元

1. 积极施行国家体育锻炼标准。支持各省（区、市）常态化开展国家体育锻炼标准达标测验活动，推广国家体育锻炼标准电子证书，全年全国达标测验活动场次近 600 场。支持定点帮扶县开展国家体育锻炼标准达标测验活动。探索政府指导、市场主运营的双轮驱动社区健身服务模式。开展国家体育锻炼标准修订研究工作。

2. 开展社会体育指导员和全民健身志愿服务工作。开展社会体育指导员"冰雪进校园"活动、全国社会体育指导员交流展示大会等示范性活动，拍摄社会体育指导员"云上冬奥会"系列宣传片。践行"我为群众办实事"活动，开展"科学健身指导公益课堂"社会体育指导员全民健身志愿服务活动，组织 90 节线上直播课，剪辑成 900 余个小视频指导人民群众科学健身。支持健身气功项目开展社会体育指导员培训和全国气功项目走基层巡回系列活动。加强信息化平台建设，支持建设"社会体育指导"App，推广使用社会体育指导员信息系统，提升社会体育指导员工作信息化水平。支持各地开展国家级社会体育指导员培训工作和全民健身志愿服务活动，全年全国共培训 4600 余名国家级社会体育指导员，开展各类全民健身志愿服务活动300 余场。加大滑雪项目社会体育指导员的职业鉴定力度和滑雪项目考评员培训师培养力度。支持举办全国体育行业职业技能大赛，以赛事带动体育行业职业技能水平提升。

3. 完成第五次全国国民体质监测和全民健身活动状况调查。在 2020 年完成第五次国民体质监测和全民健身活动状况调查数据采集基础上，开展数据统计分析和论证。完成第五次国民体质监测公报和 2020 年全民健身活动状况调查公报发布。

4. 开展县域足球、业余足球教练员培训工作。完成首批 101 个全国县域足球典型推荐工作。支持各省（区、市）开展中国业余足球教练员培训工作，全年全国培训 2107 名中国业余足球教练员。推动全国县域社会足球赛事活动开展。

（四）用于青少年体育项目推广与提升11127万元

1. 开展各项目青少年 U 系列赛事。积极落实《全国青少年 U 系列竞赛工作方案》，支持全国各省（区、市）、各项目中心、协会举办青少年 U 系列赛事和全国体校 U 系列赛事，不断提高青少年竞赛供给，发现培养优秀体育人才，切实发挥竞赛在促进青少年后备人才培养中的重要作用，为体育强国和健康中国建设打下良好的基础。支持北京体育大学开展篮球、排球、手球、冰球、田径、游泳等项目体育后备人才培养工作，探索国家主导的贯通化体育青训人才培养模式。

2. 开展青少年体育师资培训。2021 年，举办全国青少年体育俱乐部管理人员培训班、体育传统特色学校体育教师培训班和青少年户外体育活动营地技术人员和管理人员培训班。

（五）用于青少年体育事业发展14283万元

1. 开展后备人才培养。为进一步加强体育后备人才培养工作，支持各省（区、市）119 所"国家重点高水平体育后备人才基地"建设工作，主要用于改善训练、教学科研条件。支持各省（区、市）开展青训中心试点工作，以开展青少年运动训练为重点内容，为培养青少年体育后备人才提供立体式、全方位、科学性和体系化保障。支持全国部分体校、武校开展足球、冰球后备人才培养工作。

2. 开展全国各级各类体校教练员、管理人员培训。继续实施《全国各级各类体校教练员人才教育培训规划》，累计举办全国各级各类体校教练员、管理人员培训班 22 期，培训 4414 人次。

3. 打造青少年体育俱乐部赛事体系建设。委托全国体育运动学校联合会组织开展全国青少年体育俱乐部联赛，采用线上线下相结合的办赛模式，线上设游泳、武术、蹦床项目，根据线上项目特点开发"全国青少年体育俱乐部联赛"小程序，进行注册报名、传参赛视频、裁判员评分等工作。

4. 开展全国青少年科学健身指导普及活动。实施青少年科学健身"云科普"工作，开展"科普动画短视频"展播和"专家直播间"活动，总播放、阅读量达到 1.2 亿人次。开展"体教融合"青少年科学健身科普试点工作和"体教融合"青少年体质健康干预试点工作，在北京等 14 个省（区、市）重点开展"体教融合"青少年健身科普试点工作，通过科学健身大讲堂、运动技能培训、科普作品发放等形式开展多样化的科普活动。在江苏等 5 个省（区、市）启动青少年体质健康干预试点工作，创编运动干预方案，录制教学指导视频。普及体育运动项目知识，组织编写《夏季奥运会小百科》和《冬季奥运会小百科》科普绘本，对 47 个夏季奥运会的体育运动项目和 15 个冬季奥运会的体育运动项目进行了多角度的趣味讲解。

5. 开展体教融合宣传工作。组织各大媒体开展体教融合宣传工作，解读政策措施，挖掘改革典型，为体教融合工作营造良好氛围。

6. 支持二青会冬季赛事组织。支持天津、河北、吉林、黑龙江、安徽二青会冬季赛事组织活动，提高青少年体育赛事水平。

（六）用于青少年体育运动普及7177万元

1. 打造"奔跑吧·少年"全国儿童青少年健身活动体系。组织开展

"奔跑吧·少年"儿童青少年主题健身活动，会同教育部等 5 部委启动"奔跑吧·少年"儿童青少年主题健身活动，全面推进各地广泛开展各类儿童青少年赛事活动，2021 年，活动体系覆盖 1800 多万名儿童青少年。开展"奔跑吧·少年"儿童青少年主题健身活动评估工作，为规范和指导"奔跑吧·少年"儿童青少年主题健身活动高质量开展，持续提升我国儿童青少年体育活动的质量和效益，构建活动评估指标体系，委托武汉体育学院开展活动政策与评估体系研究。支持登山中心、手曲棒垒中心、体操中心、棋牌中心等开展"奔跑吧·少年"儿童青少年主题健身活动系列活动。资助武术中心开展"圆梦工程·全国武术冬夏令营"活动。

2. 开展青少年冬夏令营。支持西藏自治区开展全国青少年体育冬夏令营（西藏站）活动，推广普及各体育项目，提高西藏青少年体育运动技能和锻炼水平。

3. 支持小篮球项目推广。开展《小篮球场地建设与器材配备规范使用指南》课题研究，规范小篮球运动推广。发起"小篮球一起玩"线上推广活动，丰富疫情期间居家学习课余生活。给予中国小篮球系列活动赛事补贴和支持，全年共计 12695 支参赛球队，91779 名队员参与，举办比赛 29350 场。

（七）用于购买中国足球协会服务5000万元

开展国家足球队交流活动及训练比赛项目，支持国家足球队国际交流活动和集训备战。支持第十四届全运会足球项目。开展"我爱足球"中国民间争霸赛，为全国足球爱好者打造高质量的足球交流平台。开展足球专业技术人才培养项目，培训各类裁判员 700 余人。

（八）用于全民健身宣传701万元

向四川省、云南省、西藏自治区、甘肃省、青海省和新疆维吾尔自治区赠订《中国体育报》，传递体育事业最新政策和体育工作最新动态。实施老体育人宣传文化教育项目，推出了一批具有特色的纪录片、专题片和专题文章，反响热烈。筹备中国体育文化博览会，推广中华体育文化；编纂《中国体育年鉴》，客观载录我国体育事业发展的历程；开展中国奥运人语录活动，弘扬中华体育精神和冬季奥林匹克精神。

二 竞技体育工作

（一）用于奥运争光计划纲要保障项目62822万元

奥运争光计划纲要保障项目作为备战经费的重要补充，主要用于冬季项目实施跨界跨项跨季选材及相关驻训保障，完成全项开展全面参赛特定目标任务。

（二）用于运动队文化教育与科研250万元

组织实施2期国家级教练员岗位培训班及6期全国教练员科学训练讲座，培训教练员涉及816人次。修订完善初级教练员岗位考试大纲和试题库，调整考试组织形式，组织远程在线计算机考试，涉及12000多名教练员，共34000多人次报名参加考试。组织开展国家队科研人员培训班，组织开展了全国体育科普讲解大赛、体育科普援藏活动、第一批体育科普项目的指南编制工作、体育科普扶贫活动、体育科普政策研究、体育总局科普信息平台的建设、体育总局重点实验室管理办法评估等工作，助力体育强国建设。

（三）用于改善高水平训练基地条件和国家队共建工作17174万元

1. 支持地方打造高水平体育训练基地。落实《体育强国建设纲要》和《"十四五"体育发展规划》，适应新形势下竞技体育事业发展，发挥各地方训练基地在本项目领域和当地的辐射和带动效应。按照突出重点、先行先试、积极稳妥、量力而行的原则，首批选择了位于四川、上海、福建、海南、云南、辽宁等省（市）的6个体育训练基地进行重点支持。基地覆盖了我国的东中西部主要地区，项目上以乒乓球、羽毛球等传统优势项目为重点，兼顾集体球类等重点项目及高原训练的需要，且具有较为完备的基础条件并多次承担国家队集训任务，对国家队现有布局训练基地能够形成有效补充。通过更新基地配套体能训练、专项训练、机能测试、训练监控、损伤康复、恢复再生等器材设施和基地科学化、数字化、智能化升级，不断提升各训练基地训、科、医、教、服一体化保障的条件和能力，服务竞技体育事业高质量、可持续发展。

2. 开展国家队共建工作。支持江苏省做好单板滑雪国家集训队备战2022年北京冬奥会的训练及其他保障工作，取得较好效果，比赛成绩实现了历史性突破。

（四）用于重大奥运参赛训练场地设施建设99650万元

落实中共中央办公厅、国务院办公厅印发的《关于以2022年北京冬奥会为契机大力发展冰雪运动的意见》，围绕总局2022年北京冬奥会参赛目标任务项目，加大对地方用于冬奥重点参赛项目的训练场地设施支持力度，着力提升和改善科学训练条件。

（五）用于全国体育设施改善条件4360万元

加强冬季运动体育场地设施建设，重点改善我国中西部地区专业训练场地设施条件，夯实冬季运动发展基础，提高冬季运动项目竞技水平，推动冰雪运动发展。

国家体育总局2022年度本级体育彩票公益金使用情况公告

国家体育总局公告 第65号

2022年度，按照财政部批复的预算，国家体育总局使用彩票公益金335332万元，用于开展群众体育和竞技体育工作。根据《彩票管理条例》

《彩票管理条例实施细则》《彩票公益金管理办法》等相关规定，现将2022年度国家体育总局彩票公益金使用情况公告如下：

一　群众体育工作

（一）引导推动建设完善群众身边的健身设施19800万元

支持地方建设77个小型健身中心、小型体育公园等群众身边的全民健身场地设施。贯彻落实《关于构建更高水平的全民健身公共服务体系的意见》《全民健身计划（2021—2025年）》"深化体卫融合"有关要求，支持地方结合健身设施建设开展运动促进健康项目试点，试点项目共7个。组织第三方专业机构对中央集中彩票公益金支持地方的健身设施项目进行现场评估，督促各地保质保量按要求完成项目建设任务。推进全民健身场地设施政策研究、全民健身信息服务平台建设运维。

（二）积极稳妥开展全民健身赛事活动22361万元

1. 推动开展社区运动会等群众身边、小型多样的赛事活动。推动各地因地制宜、因时制宜广泛开展社区运动会等群众身边赛事活动，鼓励、支持县处级及以下的街道、乡镇和企事业单位举办多种形式的社区运动会，丰富群众身边的赛事活动。通过彩票公益金转移支付地方的方式给予资金支持，重点支持县级及以下活动。在全民健身信息服务平台开设"社区运动会"专区，集中展示各地社区运动会开展情况。征集社区运动会典型案例，挖掘社区体育的优秀做法，为全国各地提供经验借鉴。

2. 推动全国各地广泛深入开展全民健身主题活动。以"贯穿全年、覆盖全国、人群多样、特色鲜明"为目标，持续开展新年登高、"行走大运河"全民健身健步走、纪念"发展体育运动 增强人民体质"题词、全民健身日、农民丰收节、九九重阳老年人体育健身活动、大众冰雪季等各项全民健身主题活动，推动各地广泛开展贴近群众、方便参与、形式多样的全民健身赛事活动，发挥好体育在增强人民体质、满足人民群众对美好生活向往、有效促进各民族交往交流交融、助力乡村振兴等方面的多元作用。

3. 支持举办全国性单项群体赛事活动。支持举办全国性单项群体赛事活动，带动社区运动会广泛开展。既包括全民健身走（跑）、跳绳联赛、乒乓球城市挑战赛等群众喜爱、参与度高、简便易行的赛事活动，也包括全国轮滑系列赛事活动、模拟飞行全民线上打榜赛等时尚新潮类赛事活动以及滑雪定向、冰雪大篷车等冰雪类项目。通过投入一定的政府性资金举办群众赛事活动，调动社会力量的积极性，激发市场活力，进一步满足群众多样化健身需求。

4. 开展社会体育指导员和全民健身志愿服务工作。举办全国社会体育指导员交流展示大会活动、国家职业健身教练专业大会，拍摄"运动系统慢性疾病运动处方"科学健身公益推广视频，创编"我们奔跑在路上"主题健身操，充分利用北京冬奥会等重大时间节点和假期开展科学健身指导，发挥社会体育指导员队伍科学健身指导力度，提升社会体育指导员的社会地位和影响力。启动全国社会体育指导员全民健身志愿服务及故事征集活动，持续开展全民健身志愿服务项目库征集活动，开展"科学健身·志愿服务伴你行"主题示范活动，带动全国志愿服务活动。开展全民健身志愿服务社区项目，积极发挥社区志愿服务示范效应，引领带动各地方结合实际开展形式多样的全民健身志愿服务活动，推进全民健身志愿服务制度化、常态化。

（三）全民健身普及与推广10462万元

1. 推动广大群众积极参与全民健身。委托人民网开展"人民爱健身"科学健身服务平台建设，为群众提供科学健身产品300多篇（次）。支持各地方、总局各中心（协会）积极开展国家体育锻炼标准和运动水平等级标准达标活动，全年14.1万人参加国家体育锻炼标准达标活动，发放电子证书12.7万份，达标率89.94%。通过颁发达标证书、等级证书等多种手段，进一步激发群众主动参与全民健身的热情，让老百姓享受"晋段升级"的快乐。

2. 推动全民健身普及与文化宣传。助力中国体育文化博览会线上线下筹备，组织编纂《中国体育年鉴》(2021)，开展体育档案维护和数字化建设。开展高危险性体育项目经营活动行政执法监督检查。向四川省、云南省、西藏自治区、甘肃省、青海省和新疆维吾尔自治区的乡镇、学校等基层单位赠订《中国体育报》，持续宣传全国体育战线在加快建设体育强国过程中的生动实践及有益经验，展现了体育凝心聚力的重要社会价值，满足了西部边远地区人民群众日益增长的精神文化需要。

（四）青少年体育推广与提升4311万元

开展全国各级各类体校教练员、管理人员培训 9 期，累计培训 4800 余人，支持 22 个省（区、市）举办教练员培训班，累计举办 23 期，培训 2500 人次。开展青少年体育师资培训，举办全国青少年体育俱乐部管理人员培训班，提供 30 余门课程；举办 6 期青少年户外体育活动营地技术人员和管理人员培训班。开展青少年体育赛事第三方评估和课题研究，不断提高青少年体育理论研究水平和对赛事的管理和监督力度。开展全国青少年科学健身指导普及和儿童青少年心血管健康调查干预等工作，线上"云科普"覆盖 1.32 亿人次、专家直播间观看达 125 万人次，覆盖 12 个省（区、市）近 3 万名学生。开设媒体专版，运营微信公众号，创编科普读物，开发"体教医融合健康包"课程，营造青少年体育宣传良好氛围。

（五）支持青少年后备人才培养50195万元

1. 支持各地持续加强青训工作。为充分保护和鼓励基层单位培养输送优秀后备人才的积极性，进一步加强体育后备人才培养工作，支持体校或青少年训练单位，主要用于改善训练、教学科研条件。开展重点项目体校布局，支持各省（区、市）开展青训中心试点工作，以青少年运动训练为重点内容，为培养青少年体育后备人才提供立体式、全方位、科学性和体系化保障。

2. 开展青少年 U 系列赛事。贯彻落实《全国青少年 U 系列竞赛工作方案》，支持各地、各项目举办青少年 U 系列赛事和训练营，开展奥林匹克和反兴奋剂教育活动，不断提高青少年竞赛供给，发现培养优秀体育人才，切实发挥竞赛在促进青少年后备人才培养中的重要作用，为体育强国和健康中国建设打下良好的基础。

3. 支持青少年足球发展。支持全国足球发展重点城市、部分女足青训重点单位以及部分省市体校武校开展足球青训工作，广泛开展青少年足球赛事，提高青少年足球训练水平。

（六）开展"奔跑吧·少年"儿童青少年主题健身活动6200万元

会同教育部等 5 部委启动"奔跑吧·少年"儿童青少年主题健身活动，支持各地广泛开展各类儿童青少年赛事活动，2022 年全国有近 2000 万名儿童青少年参与。

（七）开展体教融合宣传8600万元

充分利用中国教育电视台媒体传播力和体教融合内容生产、制作能力，在体教融合新闻资讯、赛事观摩、校园体育、体育文化及思政、成果展示、体育运动普及、公共宣传等七大类节目提质增效，节目总计时长 2407.5 小时，超过 2021 年实际播出量 307.5 小时。通过发挥国家级教育传播平台的公益属性，推动体教融合宣传工作落实落细，进一步提升了体教融合宣传效果和影响力。

二　竞技体育工作

（一）支持竞技体育人才培养和训练基地条件改善75260万元

1. 开展优秀竞技后备人才"选星计划"。围绕"大心脏"、"大个子"、"大力量"以及各地急需的专项竞技人才进行大范围选材，组织开展选拔测试。选材项目涵盖了田径、游泳、篮球、排球等 30 多个项目，推荐及向社会公开招募人数达 246956 人，选拔测试人数 136187 人，覆盖全国 29 个省（区、市）293 个地市州 940 个区（县）19386 个乡镇（街道），23098 个中小学、体校及社会俱乐部。各地方结合实际，分类分项分批组织省级训练营共 310 余期，参训人数 24125 人，通过运动表现和集中测试并结合机能、素质、形态、专项等综合评估，纳入省级竞技体育培养体系人数 4819 人，向有关项目国家二线、三线队伍（或集训队）等输送 820 人，涉及田径等 21 个夏奥项目和 16 个冬奥项目。总局有关运动项目管理中心、有关全国性体育社会组织举办国家训练营 26 期，参训试训人数 3019 人，纳入后备梯队及跟踪培养 568 人。

2. 支持地方共建国家集训队。按照建设体育强国的总体部署，为完善举国体制与市场机制相结合的竞技体育发展模式，充分调动省区市、社会力量与积极性，进一步提高国家队人才培养质量，推动竞技体育全面发展，通过与省市合作共建国家集训队和支持地方建队等方式，培养高水平人才。结合省市的现有资源及人才优势，与安徽省、广西壮族自治区、甘肃省、山东省分别合作共建手球、水球、曲棍球、橄榄球 4 个项目各级国家集训队；与天津、河北、辽宁、黑龙江、上海、浙江、福建、山东、河南、湖北、湖南、广东、广西、四川等地共建轮滑、滑板、龙舟、卡巴迪、霹雳舞等项目 19 支国家集训队；支持河北、西藏、新疆等地组建冬季及三大球项目队伍。

3. 支持高水平运动员培养。按照"以赢的目标做好巴黎奥运会备战工作"的整体部署，进一步发挥竞技体育举国体制优势，实行全项目备战。对在东京奥运会上未获得参赛资格的小项和在奥运赛场上"一轮游"的小项，以及攀岩、滑板、冲浪、霹雳舞、小轮车等新兴项目，田径、游泳、水上、自行车等基础体能类项目和柔道等交手对抗类项目中现已纳入视野的150 余名优秀竞体人才进行重点培养，实行尖子运动员单飞计划，帮助运动员制定专项培养计划，聘请高水平教练员团队，加强综合性保障，进行高水平培养。

4. 支持国家队训练基地条件改善。按照竞技体育"十四五"强基固本工程安排，在 2021 年工作基础上，继续扩大支持范围，进一步加大对西部省市的支持力度，支持天津、河北、湖北、广西、海南、西藏、陕西、甘肃、青海、新疆、宁波等 11 个省（区、市、计划单列市）共 11 家国家队训练基地对标国际一流的标准，改善条件，进一步提高科学训练保障水平。支持攀岩单项场地改造，为解决奥运新设项目攀岩国内备赛场地缺乏问题，对标国际大赛场地特点和欧洲岩馆标准，在北京、浙江、山东、湖北、湖南、海南、重庆、贵州、西藏等地改造了 9 个符合奥运会等国际大赛标准的攀岩场地。

5. 支持举办赛事活动。支持天津、河北、山西、内蒙古、辽宁、黑龙江、江苏、浙江、安徽、福建、江西、山东、河南、湖北、湖南、广东、四川、贵州、云南、陕西、甘肃、青海、宁夏、新疆等 24 个省（区、市）的 37 个市县举行排球、足球等项目赛事活动 900 余场。

6. 购买中国足球协会服务。开展国家足球队交流活动及训练比赛，支持各级国家足球队出访参赛及集训备战。2022 年度中国国家男子足球队参赛场数总计 10 场，胜场数为 3 场；男足国家队、U23 男足和男足选拔队共计完成集训 189 天，实际参训 253 人次。中国国家女子足球队参加国际比赛场数 19 场，参加国际比赛胜场数为 12 场；完成三期总计 212 天集训，实际参训 131 人次。

（二）支持重大奥运参赛训练场地设施建设71367万元

落实中共中央办公厅、国务院办公厅印发的《关于以 2022 年北京冬奥会为契机大力发展冰雪运动的意见》，围绕总局 2022 年北京冬奥会参赛任务目标任务项目，加大对地方用于冬奥会重点参赛项目的训练场地设施支持力度，着力提升科学训练条件。贯彻落实《体育强国建设纲要》，结合体育援疆援藏和对口帮扶工作任务，加大对欠发达地区竞技体育场地设施的支持力度，着力改善训练保障条件。

（三）奥运争光计划纲要保障65000万元

奥运争光计划纲要保障项目作为备战经费的重要补充，主要用于租用冬季项目驻训场地、跨界跨项跨季选材及相关驻训保障和集体球类项目相关训练保障。支持冰雪项目国家集训队日常训练备战和北京冬奥会期间的训练场地使用及相关保障服务。保障跨界跨项队伍的国内外训练、器材采购、聘请外教、科技服务购买、场地租用等服务；贯彻落实集体球类项目"走出去"战略，全力保障冰球国家队训练和参赛，有效提升了国家队的竞技实力。

（四）运动员文化教育与科研1776万元

开展运动员文化教育服务和信息平台运营维护工作。组织实施 6 期"全国教练员科学训练讲座"、2 期"国家级教练员岗位培训班"和 1 期"教练员岗位培训师资培训班"，培训教练员涉及 956 人次。开展体育高端智库建设。组织开展实施 1 期"正高级运动防护师岗位培训班"。修订完善初级教练员岗位考试大纲和试题库，组织远程在线计算机考试，涉及 17000多名教练员、运动员和体育爱好者，共 48000 多人次报名参加考试等。

附录三
体育彩票发展规划政策文本目录

1. 《2006—2010 年体育彩票发展规划》（体经字〔2006〕387 号，国家体育总局，2006 年 8 月 1 日）

2. 《2007—2009 年体育彩票发展实施纲要》（体经字〔2007〕447 号，国家体育总局，2007 年 8 月 15 日）

3. 《体育彩票发展"十二五"规划》（体经字〔2011〕188 号，国家体育总局，2012 年 5 月 5 日）

4. 《体育彩票发展"十三五"规划》（体经字〔2016〕451 号，国家体育总局，2016 年 7 月 8 日）

5. 《体育彩票发展"十三五"规划（修订稿）》（体彩字〔2019〕38 号，国家体育总局体育彩票管理中心，2019 年 2 月 27 日）

6. 《"十四五"体育彩票发展规划》（体发〔2021〕3 号，国家体育总局，2021 年 11 月 10 日）

附录四
世界彩票协会责任彩票等级认证四级证书

附录五
"体彩追梦人"名单

一　2019年"体彩追梦人"

序号	姓名	事迹方向	省市	岗位
1	万祖洪	公益善举	安徽	代销者
2	李齐心	公益善举	湖北	代销者
3	时明祥	公益善举	山西	代销者
4	沈永翔	公益善举	浙江	机构工作人员
5	陈强	公益善举	青海	代销者
6	房艳	公益善举	江苏	代销者
7	袁秀丽	公益善举	陕西	代销者
8	徐禧	公益善举	天津	代销者
9	陈倩琳	爱岗敬业	福建	专管员
10	林章宁	爱岗敬业	广西	专管员
11	罗长生	爱岗敬业	西藏	专管员
12	赵晓红	爱岗敬业	黑龙江	代销者
13	夏耀鑫	爱岗敬业	云南	机构工作人员
14	隋虹军	爱岗敬业	辽宁	专管员
15	曾小泉	爱岗敬业	湖南	专管员
16	王伟	诚实守信	山东	销售员
17	何晓兵	诚实守信	重庆	销售员
18	涂传花	诚实守信	江西	代销者

续表

序号	姓名	事迹方向	省市	岗位
19	刘恩祥	求实创新	贵州	代销者
20	宋守宜	求实创新	河北	专管员
21	周荣鑫	求实创新	内蒙古	机构工作人员
22	顾晓天	求实创新	河南	机构工作人员
23	曾伟	求实创新	四川	退休人员
24	翟英	求实创新	新疆	代销者
25	薛佛宝	求实创新	广东	专管员

二 2020年"体彩追梦人"

序号	姓名	事迹方向	省市	岗位
1	马宁	公益善举	辽宁	机构工作人员
2	李国良	公益善举	浙江	销售员
3	李琼	公益善举	贵州	代销者
4	连建烨	公益善举	海南	代销者
5	邵环	公益善举	河南	代销者
6	高晓荣	公益善举	山西	代销者
7	谈雪莉	公益善举	甘肃	代销者
8	寇军	公益善举	安徽	专管员
9	詹力珂	公益善举	四川	机构工作人员
10	谭树兵	公益善举	湖北	专管员
11	谭蕾	公益善举	湖南	代销者
12	樊新刚	公益善举	新疆	代销者
13	王荣夏	爱岗敬业	陕西	代销者
14	王斌	爱岗敬业	天津	专管员
15	江家印	爱岗敬业	江西	专管员
16	李永琴	爱岗敬业	云南	机构工作人员
17	李光明	爱岗敬业	吉林	专管员
18	李斌	爱岗敬业	西藏	机构工作人员

序号	姓名	事迹方向	省市	岗位
19	杨燕玉	爱岗敬业	福建	专管员
20	张杰	爱岗敬业	河北	机构工作人员
21	张秋节	爱岗敬业	重庆	专管员
22	陆晓春	爱岗敬业	上海	专管员
23	陈玉涛	爱岗敬业	青海	销售员
24	崔胜利	爱岗敬业	山东	代销者
25	谢妙武	爱岗敬业	浙江	机构工作人员
26	王玲玲	诚实守信	黑龙江	销售员
27	孔素兰	诚实守信	河南	代销者
28	李凯华	诚实守信	江苏	代销者
29	杨步红	诚实守信	宁夏	代销者
30	何瑞刚	诚实守信	浙江	代销者
31	陈贞丰	诚实守信	广东	代销者
32	胡宁	诚实守信	广西	代销者
33	胡来根	诚实守信	安徽	代销者
34	耿玉珍	诚实守信	北京	销售员
35	马海瑞	求实创新	宁夏	机构工作人员
36	杜炳钊	求实创新	广东	代销者
37	英春艳	求实创新	内蒙古	代销者
38	赵文涛	求实创新	山东	机构工作人员
39	夏雪美	求实创新	江西	专管员
40	曾荣莲	求实创新	重庆	代销者

三 2021年"体彩追梦人"

序号	姓名	事迹方向	省市	岗位
1	马凤忍	公益善举	河北	代销者
2	王宝	公益善举	江苏	代销者
3	王海英	公益善举	云南	代销者

序号	姓名	事迹方向	省市	岗位
4	刘贵荣	公益善举	云南	机构工作人员
5	杨永相	公益善举	贵州	代销者
6	郑惠君	公益善举	江苏	代销者
7	谈政	公益善举	河南	代销者
8	程丛乐	公益善举	天津	代销者
9	程葆唐	公益善举	安徽	代销者
10	蔡洲	公益善举	浙江	销售员
11	廖文庆	公益善举	四川	代销者
12	王亚情	爱岗敬业	福建	专管员
13	韦云珍	爱岗敬业	广西	机构工作人员
14	白玛仁青	爱岗敬业	西藏	机构工作人员
15	杨佐山	爱岗敬业	山东	代销者
16	张文建	爱岗敬业	广东	机构工作人员
17	张有海	爱岗敬业	青海	机构工作人员
18	周美红	爱岗敬业	上海	机构工作人员
19	胡玉良	爱岗敬业	浙江	机构工作人员
20	段绍贵	爱岗敬业	重庆	代销者
21	程鑫	爱岗敬业	湖北	专管员
22	裴旭科	爱岗敬业	山西	机构工作人员
23	田晓鹏	诚实守信	吉林	代销者
24	刘远波	诚实守信	辽宁	代销者
25	刘青静	诚实守信	海南	代销者
26	陈凯	诚实守信	河南	代销者
27	陈勇	诚实守信	江西	销售员
28	武占勇	诚实守信	宁夏	代销者
29	胡彩文	诚实守信	陕西	销售员
30	桂叶飞	诚实守信	广东	代销者
31	郭爱	诚实守信	新疆	代销者
32	许克正	求实创新	内蒙古	机构工作人员
33	李志宇	求实创新	黑龙江	专管员

续表

序号	姓名	事迹方向	省市	岗位
34	李晟	求实创新	重庆	专管员
35	李浠浠	求实创新	湖北	销售员
36	张希堂	求实创新	山东	机构工作人员
37	俞肇辉	求实创新	北京	机构工作人员
38	袁魁	求实创新	甘肃	代销者
39	程斌	求实创新	上海	代销者
40	傅郑	求实创新	湖南	代销者

四　2022年"体彩追梦人"

序号	姓名	事迹方向	省市	岗位
1	马文刚	公益善举	山东	代销者
2	王立霞	公益善举	天津	代销者
3	古占军	公益善举	河南	销售员
4	旦增绕杰	公益善举	西藏	专管员
5	甶红玲	公益善举	安徽	销售员
6	冯杨	公益善举	江苏	代销者
7	麦永青	公益善举	广东	代销者
8	肖寒松	公益善举	河南	专管员
9	余正芳	公益善举	湖南	代销者
10	陆强	公益善举	贵州	代销者
11	陈咏	公益善举	福建	代销者
12	陈建新	公益善举	青海	代销者
13	周森	公益善举	安徽	代销者
14	屈萍	公益善举	甘肃	代销者
15	丰勇东	爱岗敬业	辽宁	专管员
16	王竞	爱岗敬业	山西	机构工作人员
17	付香帅	爱岗敬业	河北	机构工作人员

序号	姓名	事迹方向	省市	岗位
18	孙赵和	爱岗敬业	北京	销售员
19	周龙丰	爱岗敬业	辽宁	专管员
20	梁城	爱岗敬业	江西	专管员
21	鲍庆平	爱岗敬业	湖南	代销者
22	吕萍	诚实守信	北京	销售员
23	任春香	诚实守信	重庆	代销者
24	吴斌	诚实守信	四川	销售员
25	娄占涛	诚实守信	吉林	代销者
26	栾海	诚实守信	辽宁	代销者
27	唐雪梅	诚实守信	新疆	代销者
28	黄伟博	诚实守信	陕西	代销者
29	韩振	诚实守信	广西	销售员
30	王达富	求实创新	海南	机构工作人员
31	龙书勋	求实创新	湖北	代销者
32	李志明	求实创新	内蒙古	机构工作人员
33	李坚	求实创新	江苏	机构工作人员
34	李俊麟	求实创新	重庆	代销者
35	倪永	求实创新	云南	机构工作人员
36	栾秀丽	求实创新	吉林	机构工作人员
37	高彦宁	求实创新	宁夏	代销者
38	曹铭华	求实创新	海南	代销者
39	崔焕琦	求实创新	黑龙江	代销者
40	鲁琳	求实创新	上海	机构工作人员

五 2023年"体彩追梦人"

序号	姓名	事迹方向	省市/企业	身份
1	王英	公益善举	甘肃	代销者
2	方观富	公益善举	上海	代销者
3	孙海林	公益善举	重庆	销售员

续表

序号	姓名	事迹方向	省市/企业	身份
4	李文英	公益善举	四川	代销者
5	李超	公益善举	山东	代销者
6	汪为东	公益善举	安徽	代销者
7	张乐乐	公益善举	河南	销售代表
8	张晓原	公益善举	四川	机构工作人员
9	陈占军	公益善举	湖北	销售员
10	周仙女	公益善举	江西	代销者
11	黄斌	公益善举	湖南	代销者
12	王玮	爱岗敬业	内蒙古	代销者
13	白育斌	爱岗敬业	山西	机构工作人员
14	冯莉	爱岗敬业	山西	代销者
15	刘海花	爱岗敬业	黑龙江	代销者
16	孙明华	爱岗敬业	新疆	专管员
17	杨俊	爱岗敬业	青海	专管员
18	肖旭	爱岗敬业	广东	机构工作人员
19	邹兴	爱岗敬业	西藏	机构工作人员
20	张正光	爱岗敬业	云南	代销者
21	张燕蔚	爱岗敬业	上海	机构工作人员
22	周泽梅	爱岗敬业	广西	代销者
23	章思洁	爱岗敬业	福建	专管员
24	裴路辉	爱岗敬业	印务	机构工作人员
25	黎才礼	爱岗敬业	海南	代销者
26	王阳	诚实守信	黑龙江	代销者
27	兰建祥	诚实守信	河北	代销者
28	孙永召	诚实守信	江苏	代销者
29	汪银发	诚实守信	安徽	代销者
30	周茂诚	诚实守信	山东	代销者
31	曾利儒	诚实守信	辽宁	代销者
32	王冰	求实创新	吉林	机构工作人员
33	王岩	求实创新	印务	机构工作人员
34	元岳	求实创新	运营	机构工作人员
35	方舟	求实创新	骏彩	机构工作人员
36	方睿	求实创新	湖北	机构工作人员
37	叶胜琼	求实创新	陕西	代销者

续表

序号	姓名	事迹方向	省市/企业	身份
38	冯永勤	求实创新	贵州	机构工作人员
39	刘飒	求实创新	北京	机构工作人员
40	刘静	求实创新	宁夏	代销者
41	许科	求实创新	宁夏	机构工作人员
42	纪瑞林	求实创新	天津	专管员
43	李子砚	求实创新	北京	机构工作人员
44	李文灼	求实创新	广东	机构工作人员
45	李建东	求实创新	吉林	机构工作人员
46	余闽远	求实创新	运营	机构工作人员
47	宋波	求实创新	江苏	机构工作人员
48	陈兆云	求实创新	云南	机构工作人员
49	陈洪文	求实创新	福建	专管员
50	祝春武	求实创新	浙江	代销者
51	姚建	求实创新	辽宁	机构工作人员
52	秦熔	求实创新	重庆	代销者
53	聂小兵	求实创新	骏彩	机构工作人员
54	索南公保	求实创新	青海	代销者
55	高云英	求实创新	河南	机构工作人员
56	黄河	求实创新	科技	机构工作人员
57	章震	求实创新	浙江	机构工作人员
58	霍乾	求实创新	运营	机构工作人员

Abstract

Since its inception in 1994, the China Sports Lottery ("CSL") has remained steadfast in its commitment to serving as a national public welfare lottery. By integrating into the overall development of national social economy and sports undertakings, the organization takes public welfare as the core and people's well-being as the priority to advance public welfare undertakings, and build a sports power. Over the span of 30 years, the CSL Public Welfare Fund surged from RMB 225 million in 1994－1995 to RMB 91.578 billion by 2023, contributing approximately RMB 783.217 billion to China's non-tax revenue.

As the first Blue Book of Sports Lottery, this paper comprises four main parts: general report, sub reports, special reports, and regional reports, including a total of 20 reports. This comprehensive overview examines, from various angles, the sports lottery work over the past three decades, and offers relevant recommendations for improvement.

In the past 30 years, the CSL has embarked on a path marked by internal driving forces, progressive reform, and innovative growth. The CSL has navigated through stages of initial exploration, post-trough adjustments, and transformations following rapid growth. It has continuously understood, summarized and deepened the law of lottery market development focusing on the main contradictions in each stage. A talent pool, centered around Party building principles, has been developed. The CSL emphasizes compliance management and rigorous risk control, advocates for responsible gaming practices to ensure healthy growth, and upholds public welfare and trust to establish transparent sports lottery operations. It also promotes channel expansion to improve service capability, diversifies product offerings to meet diverse needs, reinforces technological and digital construction to enhance operational capabilities, and elevates operations management for increased specialization and refinement. Through efforts across various aspects, the CSL has continuously consolidated the foundation for the transformation of sports lottery, forming a systematic concept of high-quality development within the industry. This includes forging strategic consensus on the national sports lottery system, mobilizing resources for growth, and advancing a series of practices for transformation development.

Among them, Sports Lottery in Jiangsu, Sports Lottery in Yunnan, Sports Lottery in Zhejiang, Sports Lottery in Henan, Sports Lottery in Sichuan, and Sports Lottery in Ningxia have all shown unique regional characteristics while conducting fundamental tasks like product operations, brand building. These efforts align with the high-quality development strategy for sports lottery.

Over the past 30 years, the CSL has also contributed to building a sports power, improving people's livelihood, promoting public welfare undertakings, and serving the overall economic and social situation. By consistently allocating lottery proceeds towards social welfare projects, the CSL has also played a significant role in earthquake relief, medical support, and educational assistance. At the same time, the sports lottery supports the world of sports. The sector creates jobs, increases tax revenue, and propels the growth of associated sectors, contributing to social and economic development. In addition, the CSL has established a unique sports lottery brand while catering to the varied cultural and entertainment preferences of the public, and inheriting sports culture and core socialist values. Public welfare is crucial in developing sports lottery with Chinese characteristics. Maximizing the social public welfare value of sports lottery not only aligns with the original intention of national lottery issuance, but also epitomizes the core manifestation of the lottery's social value throughout the historical evolution of sports lottery.

Keywords: China Sports Lottery; High-quality Development; Social Value

Contents

I General Report

Abstract: This report mainly studies the development history, overall issuance, sales, and comprehensive social value of the China Sports Lottery. Since the China Sports Lottery was uniformly issued nationwide in 1994, its fundamental position as a national public welfare lottery has been firmly established. Overall, a healthy trend is gathering steam as the China Sports Lottery stays committed to making steady progress, coordinating development and security, and effectively improving its quality while promoting growth within a reasonable range. With the significant development of China's socio-economic landscape and sports industry, the China Sports Lottery has demonstrated its unique pluralistic social value in comprehensive aspects including social public welfare, sports and health, culture and entertainment, and economic development by centering on public welfare and prioritizing people's livelihoods.

Keywords: Sports Lottery; Issuance Management; Comprehensive Social Value; High−Quality Transformation and Development

II Sub Reports

Abstract: Over the past three decades, the instant sports lottery has emerged as a significant source of national public welfare funds. Its product themes and price points have been diversifying, accompanied by enhancements in brand image and awareness. Furthermore, its production, printing, and safety standards have preliminarily reached international leading levels. Its distribution channels are continuously expanding and its structures are consistently diversifying. As the instant sports lottery market enters a new era, how to better adapt to the changing market and customer demand is the biggest challenge facing the instant sports lottery. Looking ahead, the instant sports lottery will maintain its position as a national public welfare lottery and its attributes of health and green. It will actively contribute to the dissemination of traditional Chinese culture, the promotion of sportsmanship, and the enrichment of the spiritual lives of the people.

Keywords: Instant Sports Lottery; Public Welfare Lottery; Green and Healthy; Comprehensive Value

B.3 Report on the Development of Lotto and Numbers Sports Lotteries from 1996 to 2023

Chen Xianjie, *Guo Ruihua*, *Jiang Linna*, *Zhang Guo and*

Yang Yufei / 056

Abstract: According to the report, the paths of lotto and numbers games have become clearer with years of development. Their product structures are gradually well-established and their brand promotion methods are becoming more diverse. Additionally, steady progress has been made in channel building, with continued efforts made to strengthen operational capabilities. However, despite these advancements, lotto and numbers games still face challenges such as low brand recognition, limited channel coverage, and insufficient lottery credibility. Issues like illegal sales and high-stake betting still exist in the market. In the future, there is a need to change game rules, expand sales channels, enhance brand promotion, and efficiently and orderly increase customer base. This requires creating a development environment that helps garner more value recognition, constructing a sustainable supply chain that provides enduring momentum for development, and ensuring the steady development of lotto and numbers games.

Keywords: "Super Lotto"; "Seven Stars"; Brand Promotion; Value Recognition

B.4 Report on the Development of Toto Sports Lottery (2001−2023)

Wang Lemeng, *He Yan*, *Huang Xin*, *Ren Xueying and Guo Yijie* / 076

Abstract: Over 22 years (2001−2023) of exploration and development, the toto sports lottery has seen comprehensive improvements in the market scale, funds raised for public welfare, and market operation and management capabilities. It has become a crucial force supporting the development of the sports lottery industry.

This report has summarized the toto sports lottery's achievements, such as its contributions to the development of China's public welfare and sports sectors, its issuance and sales levels, and international industry exchanges and cooperation. Additionally, the report indicates the challenges of this lottery, such as the need to enhance channel service capabilities, the relatively small player scale, the urgent need to optimize the player structure, and difficulties in the cultivation and guidance of a healthy gambling concept. In the future, the toto sports lottery will step into the stage where risk prevention and control will be further strengthened and sports characteristics will be emphasized to promote the high-quality development of the sports lottery.

Keywords: Toto Sports Lottery; China's Public Welfare; Channel Service; Risk Prevention and Control

B.5 Responsible Gaming Practice of China Sports Lottery
(2016-2023) *Huang Yi, Li Yifan and Yu Jiao* / 089

Abstract: Since its issuance, the China Sports Lottery has been associated with social responsibilities and the fulfillment of social responsibilities as per high standards is essential for the high-quality development of the sports lottery in the new era. Since the middle of the 13th Five-Year Plan period, the responsible gaming practice of the China Sports Lottery has been systematically implemented according to the World Lottery Association's Responsible Gaming Framework and given the actual situation of sports lottery development. A responsible gaming management system covering all products, channels, and value chains has been established based on a responsible gaming content system with the China Sports Lottery's characteristics. The system can adapt to the two-level sports lottery management system. In 2023, the China Sports Lottery Administration Centre became the first lottery organization on the Chinese mainland to pass the highest-level responsible gaming certification by the World Lottery Association. However, there is still room for further improvements in promoting the transformation of public awareness, establishing a market trend of "More Players with Less Stake", preventing and assisting in problem gambling. Consistently strengthening the responsible gaming practice is a reflection of the China Sports Lottery's dual responsibilities for both the country and the industry, an important measure representing industry self-discipline, and the solid guarantee to achieve high-quality sports lottery development.

Keywords: China Sports Lottery; Responsible Gaming; The China Sports Lottery Administration Centre; World Lottery Association

B.6 Report on the Development of Sports Lottery Brand Building
(1994−2023)　　*Chi Shuang, Wu Chusong and Wang Chun* / 101

Abstract: Since 1994, the China Sports Lottery has firmly established a people-centered development concept and kept pace with the development and progress of China and society to fulfill its public welfare mission and social responsibilities entrusted by the country with practical actions. As a national public welfare lottery, the China Sports Lottery has followed the issuance principle of "From the People, For the People" and consistently practiced the core brand value of "prioritizing responsibility and focusing on public welfare and credibility", to continuously enhance brand image while advancing brand building. Through 30 years of exploration and development, the brand awareness and reputation of the China Sports Lottery have continued to rise. Internally, it adheres to the core spirit of the brand, and externally, it resonates with the emotions of the general public. The brand image of responsibility, public welfare, and credibility has gradually gained recognition from the general public.

Keywords: Sports Lottery; Brand Values; Brand Spirit

B.7 Report on the Development of Sports Lottery Channels
 (1994-2023)
Yan Shiyi, Liu Shu, Wang Zhaojun and Qian Yutong / 114

Abstract: By 2023, sports lottery has 226,00 physical, these stores were established and collectively constituted sports lottery channels. Different management approaches are adopted based on the type of store. The core focus of sports lottery channel construction lies in establishing and maintaining a large number of stores of various types, granting them various business functions such as product sales, brand promotion, marketing, and responsibility compliance, and ensuring a satisfactory gambling environment for consumers. The development of sports lottery channels has undergone different stages, from the simple replication and expansion of a single channel to the coordinated development of multiple types of channels, . from the extensive management of a "one-size-fits-all" to the refined management of classified policies and local conditions, channels have provided strong support for the stable development of sports lottery in the past 30 years. In order to meet the development needs of the new situation, the China Sports Lottery Administration Centre has made clear the ideas of high-quality transformation and development of the channel. This approach includes the following aspects: 1) strengthening effective customer coverage and gradually achieving the coordinated development of various types of channels by providing easier ways for customers to buy lotteries and optimizing consumer experiences; 2) improving the gambling environment, refining service processes, advancing the responsible gaming practice, and continuously enhancing customers' healthy gambling experiences; 3) safeguarding the bottom line of compliance, strengthening standardized management, fostering innovation, and lay the foundation for the high-quality development of the sports lottery.

Keywords: Sports Lottery; Responsible Gaming; Channel Management

B.8 Report on the Development of Sports Lottery Technologies
(1997－2023)

Dong Hongfang, Liang Kemin, Yang Chunmei, Wang Lan,

Li Wanghao, Cui Congmin, Su Zihan and Zhi Wenshuang / 126

Abstract：Focusing on the developments of China Sports Lottery technology field, this report traces a development journey covering the computer-based semi-hotline lottery sales system, the full hotline sales system with real-time online data, the second-generation system based on unified games release and management, and the third-generation unified operation support platform for comprehensive sports lottery business. Through the research, this report discovers that the iteration and upgrading of sports lottery technologies are driven by both internal needs and external technological changes, improving the quality and efficiency of technological systems. The continuous advancements in technological systems' safety and stability can empower the development of various other business sectors of sports lottery.

Keywords：Sports Lottery; Technical System; Data Center; Safety Protection

B.9 Report on Sports Lottery Operations Management in 2023

Cheng Shujian, Liu Jialei, Jiang Dongyang,

Sun Xu, Li Xuan and Men Yongsheng / 138

Abstract：As a crucial pillar for the modernization of sports lottery governance capabilities, operations management serves as the driving force behind the digital transformation of the sports lottery and the institutional guarantee for its high-quality development. Since 2020, the The China Sports Lottery Administration Centre has gradually conducted relevant research and practices regarding the background, objectives, content, and implementation path of sports lottery operations management, with preliminary results achieved. Through the establishment of an operations management system, the transformation and development of the sports lottery have been further promoted and the quality and efficiency of sports lottery operations have been enhanced. A high-efficiency model has been adopted to empower business development, create value, provide lottery products and services that meet the needs of players, and promote process-based and standardized operations management. This report analyzes and assesses the concept and current development status of sports lottery operations management, the building and innovation of operations management systems, the challenges facing operations management, and future prospects. It works to improve the overall efficiency of sports lottery operations, achieve refined operations, promote deep integration of business and technology, enhance risk prevention and control capabilities, and contribute to the steady and sustained development of the sports lottery industry.

Keywords: Sports Lottery; Operations Management; System Building; Refined Operations

Abstract: Human resources are the crucial support for promoting the development of the sports lottery industry. The tremendous achievements made in the sports lottery over the past 30 years are inseparable from the efforts and contributions of staff at various levels of sports lottery organizations and practitioners. Over the years, sports lottery organizations have strengthened the overall leadership of the Party, reinforced the concept that human resources are the primary resources for development, and given play to the advantage of "coordinated national response" to prioritize the development of a strong and competent talent team. With the core focus on enhancing their quality and capabilities and ensuring complete institutional mechanisms, efforts have been made to build the high-caliber and professional personnel for sports lottery, thereby ensuring the realization of objectives of various work tasks. In the new era, the sports lottery industry should continue to advance talent team building, strengthen the overall leadership of the Party, enhance political guidance, and ensure policy and resource support.

Keywords: Sports Lottery; Sports Lottery Talent; Political Guidance; Overall Leadership of the Party

Ⅲ   Special Reports

B.11   Research on the Responsible Gaming Content System of the Sports Lottery   *Zhang Chi, Feng Xin and Wang Lemeng* / 160

Abstract: The nationally licensed sports lottery must clarify the responsible gaming content system and effectively fulfill its social responsibilities. Countries (regions) developed in the lottery industry generally have a well-established responsible gaming content system. However, in developing responsible gaming, these countries (regions) also face challenges such as a lack of unified criteria for identifying problem gambling behavior and a lack of effective mechanisms to verify the implementation of responsible gaming. In China, the management of responsible gaming in the sports lottery industry still faces challenges such as a relatively weak legal foundation, and the need to further strengthen the alignment between the responsible gaming system and the public health system. The China Sports Lottery, with a focus on emphasizing its positioning as a national public welfare lottery, should adhere to the principles of law-based lottery governance and innovation-driven development. Efforts should be made to enrich the content in work areas such as Research Gaming Design, Channels, Technologies, Branding, Team, Player Education, Stakeholder Engagement , Reporting and Measurement, and establish a responsible gaming content system with Chinese characteristics for the sports lottery.

Keywords: Sports Lottery; Responsible Gaming; Social Responsibility; Content System; China

B . 12　China Sports Lottery Public Welfare Fund: Institutional

Evolution, Development Achievements and Future Mission

Zhang Yehan, Zhang Fengyun and Luo Lei / 182

Abstract: As the "lifeline" of sports undertakings and the "booster" of public welfare undertakings, the China Sports Lottery Public Welfare Fund has made significant contributions to the establishment of a public sports service system, the construction of a strong sporting nation, and the advancement of public welfare undertakings. The fund embodies the China Sports Lottery's brand concept of "Supporting Public Welfare Through Sports Lottery, Promoting Public Good for Happy Life" and its principle of "From the People, For the People". The institutional evolution of the China Sports Lottery Public Welfare Fund can be categorized into four stages: exploration, reinforcement, governance, and efficiency improvement. Over the past 30 years, the China Sports Lottery Public Welfare Fund has made a significant breakthrough in the fund raising scale, thereby comprehensively promoting the implementation of the National Fitness Strategy and the Olympic Glory Plan. Meanwhile, the fund has continually contributed to public welfare undertakings such as earthquake relief, assistance for education, support for the disabled, poverty alleviation, and legal aid through the full practice and interpretation of the development concept of "Responsible Sports Lottery". Looking ahead, the China Sports Lottery Public Welfare Fund should fully support and actively respond to the national call to build China into a "strong sporting nation". It should proactively fulfill and effectively meet the expectations of the people to become a promoter of the Healthy China Initiative. Additionally, it should vigorously promote a sense of responsibility to become a practitioner of "Responsible Sports Lottery".

Keywords: Sports Lottery; Public Welfare Fund; Public Welfare Sports Lottery; Responsible Sports Lottery

B.13 Study on the Comprehensive Social Value of
China Sports Lottery

Xu Jingrui, *Wang Xueshi and Chen Hongping* / 205

Abstract: As China enters a new phase of modernization, comprehending the social value of lotteries necessitates a full appreciation of the differences in the existing social structure and living standards and the changing process of the public's awareness. This provides a new understanding of the social value orientation of lotteries in the new era. This study, through semi-structured interviews and coding analysis of 23 interviewees, constructs a conceptual model for the sports lottery's social value. It decomposes the sports lottery's social value into five value dimensions: public welfare value, the value of the third distribution of consumption forms, personal functional value, cultural symbol value, and the value of sports and health scenarios. These dimensions cover 17 value elements, including making a contribution, raising public welfare consciousness, providing an approach for public welfare undertakings, helping more people, winning prizes, increasing employment opportunities, reflecting principles of fairness and justice, disseminating the concept of national fitness, and supporting the "Strong Sporting Nation" strategy and the Healthy China Initiative. Strategies for constructing and realizing the social value of the lottery in the new era are proposed in terms of macro policy orientation, optimization of operation processes, and diversification of social value communication techniques.

Keywords: Sports Lottery; Social Value; Lottery Culture Recognition; Lottery Governance Ability

B.14 Application and Practice of Business Structure in
Sports Lottery Operations Management

Cheng Shujian, *Li Xuan and Liu Xiaoxue* / 218

Abstract: To enhance the systematic, standardized and refined operation of sports lottery, as well as the system concept and structured thinking, this study draws on the practical experience of other industries in business structure, combined with the business characteristics of the lottery industry, to put forward the basic concept of business structure. By further summarizing the application scenarios of business structure, a five-layer business structure suitable for sports lottery and a set of design methods have been developed and verified in a large number of practices. Practices have proved that business structure is highly advantageous for maximizing the value of sports lottery operations management. As a factor to coordinate and connect the whole, business structure deserves broader promotion and application across the system.

Keywords: Sports Lottery; Business Structure; Operations Management

IV   Regional Reports

B. 15   Research on the Development of a High-quality

Professional Grassroots Team of Sports Lottery in

Jiangsu Province

Zhu Changhe, Luo Xue, Wu Weijun and Tian Ting / 226

Abstract: As a key part in the sports lottery management, grassroots teams ensure the successful implementation of specific tasks and the realization of overall objectives within the industry. They are crucial in driving the high-quality growth of China's sports lottery and raising funding for public welfare and sports initiatives. In accordance with the system of level−to−level administration, the Jiangsu Sports Lottery Administration Centre ("Jiangsu SLAC") focuses on building a team of lottery representatives for a well-run grassroots team. As the first provincial sports lottery administration centre to establish a team of lottery representatives, Jiangsu SLAC has always explored and moved forward, constantly improved in China regarding grassroots team development, particularly lottery representatives. This paper extensively reviews Jiangsu SLAC's practical efforts in advancing grassroots team construction over the past 20 years, particularly during the "14th Five-Year Plan" period, focusing on upholding political standards, setting professional objectives, promoting information construction, and reinforcing responsibility implementation. In a systematic way, the paper highlights Jiangsu SLAC's experience in furnishing organizational, systemic, and capability support for grassroots teams within the system of level-to-level administration, aiming to offer enlightenment and reference for similar efforts in sports lottery centres across other provinces, autonomous regions, and municipalities.

Keywords: Jiangsu Sports Lottery; Grassroots Team Construction; Lottery Representative

B.16　Research on the Sales Management Strategies of

　　　　Yunnan's Instant Sports Lottery

Zhang Hui, Rong Donglin and Shi Lin / 234

Abstract: A comprehensive overview of the evolution of Yunnan's instant sports lottery is presented, with particular emphasis on the region's distinctive experience in sales management. These include increasing brand recognition, such as the instant scratch game "Ding Gua Gua", through robust publicity efforts, implementing ISO quality management standards to enhance internal monitoring management systems for standardized operation, fostering a skilled team of management and sales personnel to elevate service quality, optimizing channels for a better consumer experience, leveraging Yunnan's resource strengths for outdoor marketing campaigns intertwined with local folk festivities, and creating theme-based instant sports lottery tied to historical and (intangible) cultural heritage. In view of the diverse needs of the public, Sports Lottery in Yunnan combines regional characteristics effectively, leveraging the role of instant sports lottery in cultural promotion, to facilitate the high-quality development of the sports lottery industry.

B.17 Research on Supporting "Common Prosperity"

Construction of Sports Lottery in Zhejiang Province

Wang Zhenzhang, Xu Lifang and Wen Huiyi / 242

Abstract: Zhejiang Sports Lottery Administration Centre has integrated its own development into the overall situation of national progress. By defining the role of sports lottery in advancing sports power construction, regional economic and social growth, as well as in establishing a demonstration zone for common prosperity, the organization has devised and implemented the "1 + 5 + 10" blueprint. This blueprint, rooted in the principle of "from the people and for the people", has expanded the role of sports lottery as a national public welfare initiative, highlighting the multifaceted social values inherent in sports lottery operations. Sports Lottery in Zhejiang has undertaken various initiatives to support the establishment of a common prosperity demonstration zone. These efforts include launching a "warm and bright" Party-building brand activity, emphasizing the people-centered approach to effectively support those in need, and ensuring the path towards "common prosperity". Additionally, the organization has developed and released "Common Prosperity" themed instant lottery tickets that reflect regional characteristics to showcase the reform achievements of Zhejiang Province. Moreover, collaborations with the culture and tourism department have been forged to enhance marketing efforts, highlighting unique tourist attractions. There are also efforts to widen distribution channels and encourage integrated development across different industries, activities such as piloting digital RMB inclusion in retail outlets to benefit the players, and public service projects to boost people-benefiting services and spread the message of "Sports Lottery for a Better Life" to numerous households.

Keywords: Sports Lottery in Zhejiang; Common Prosperity; Public Welfare

B.18 Research on the Characteristic Brand Construction of
Sports Lottery in Henan Province

Wang Haixin, Xu Yanfang, Zou Cong and Zhang Jie / 249

Abstract: Henan Sports Lottery Administration Centre (" Henan SLAC "), leveraging brand leadership, follows a branding philosophy of "responsibility as a priority, public welfare and public trust as the core". By integrating publicity resources and innovating promotion methods, the organization takes various measures to enhance sports lottery brand construction. In the process of advancing welfare initiatives and funding projects, Henan SLAC has created a unique and resonant sports lottery brand image rooted in Henan culture. This is a result of strategic brand management, a commitment to innovation, and the synergy between brand and product offerings. Leveraging partnerships with sports administrative bodies and local media outlets, Henan SLAC has emerged as a standout in shaping the sports lottery brand image, serving as a beacon for branding efforts in other provinces, autonomous regions, and municipalities within the sports lottery sector.

Keywords: Sports Lottery in Henan; Brand Building; Brand Image; Public Welfare Fund Project

B.19 Leading the High-quality Development with High-quality
Party Building of Sport Lottery in Sichuan Province

Chen Wanpeng, Wang Hua and Wang Guanghuan / 258

Abstract: Since the 18th CPC National Congress, Sports Lottery in Sichuan has embraced Xi Jinping Thought on Socialism with Chinese Characteristics for a

New Era, emphasizing the principles of the national public welfare lottery, persisting in using Party-building to lead the direction of development. By enhancing risk management, creating drivers for growth, and fulfilling public welfare obligations, the organization has leveraged Party-building initiatives to advance business growth. These efforts have resulted in significant progress in talent development, responsible gaming, risk prevention and control, marketing, and overall management. Sports Lottery's success in Sichuan also underscores the vital role of high-quality Party-building as a cornerstone for high-quality development, serving as a valuable model for integrating Party-building endeavors with sports lottery operations in the new era.

Keywords: Sports Lottery in Sichuan; Responsible Gaming; High-quality Party Building; High-quality Development

B.20　Research on Infrastructure of Sports Lottery in

Ningxia Province

Na Li, Chen Xiao, Tian Kai and Hao Guangcheng / 267

Abstract: Sports Lottery in Ningxia devoted to leadership guided by Party building principles, seeks to align the strategic growth of the sports lottery sector with the market traits unique to Ningxia. By focusing on foundational work, Ningxia SLAC has contributed to the steady growth of Ningxia's sports lottery market for high-quality development of the sports lottery industry, playing an important role in promoting the development of sports and social welfare undertakings. In addition, the report highlights the active exploration and practice of Ningxia SLAC in promoting market-oriented operation, responsible gaming, and talent construction, providing valuable reference for the development of regional sports lottery markets.

Keywords: Ningxia Sports Lottery; Sports Undertakings; Regional Development; Infrastructure Construction

社会科学文献出版社

皮 书

智库成果出版与传播平台

✦ 皮书定义 ✦

皮书是对中国与世界发展状况和热点问题进行年度监测，以专业的角度、专家的视野和实证研究方法，针对某一领域或区域现状与发展态势展开分析和预测，具备前沿性、原创性、实证性、连续性、时效性等特点的公开出版物，由一系列权威研究报告组成。

✦ 皮书作者 ✦

皮书系列报告作者以国内外一流研究机构、知名高校等重点智库的研究人员为主，多为相关领域一流专家学者，他们的观点代表了当下学界对中国与世界的现实和未来最高水平的解读与分析。

✦ 皮书荣誉 ✦

皮书作为中国社会科学院基础理论研究与应用对策研究融合发展的代表性成果，不仅是哲学社会科学工作者服务中国特色社会主义现代化建设的重要成果，更是助力中国特色新型智库建设、构建中国特色哲学社会科学"三大体系"的重要平台。皮书系列先后被列入"十二五""十三五""十四五"时期国家重点出版物出版专项规划项目；自2013年起，重点皮书被列入中国社会科学院国家哲学社会科学创新工程项目。

皮书网

（网址：www.pishu.cn）

发布皮书研创资讯，传播皮书精彩内容
引领皮书出版潮流，打造皮书服务平台

栏目设置

◆关于皮书

何谓皮书、皮书分类、皮书大事记、
皮书荣誉、皮书出版第一人、皮书编辑部

◆最新资讯

通知公告、新闻动态、媒体聚焦、
网站专题、视频直播、下载专区

◆皮书研创

皮书规范、皮书出版、
皮书研究、研创团队

◆皮书评奖评价

指标体系、皮书评价、皮书评奖

所获荣誉

◆2008年、2011年、2014年，皮书网均
在全国新闻出版业网站荣誉评选中获得
"最具商业价值网站"称号；
◆2012年，获得"出版业网站百强"称号。

网库合一

2014年，皮书网与皮书数据库端口合
一，实现资源共享，搭建智库成果融合创
新平台。

皮书网

"皮书说"
微信公众号

S 基本子库
SUB DATABASE

中国社会发展数据库（下设 12 个专题子库）

紧扣人口、政治、外交、法律、教育、医疗卫生、资源环境等 12 个社会发展领域的前沿和热点，全面整合专业著作、智库报告、学术资讯、调研数据等类型资源，帮助用户追踪中国社会发展动态、研究社会发展战略与政策、了解社会热点问题、分析社会发展趋势。

中国经济发展数据库（下设 12 专题子库）

内容涵盖宏观经济、产业经济、工业经济、农业经济、财政金融、房地产经济、城市经济、商业贸易等 12 个重点经济领域，为把握经济运行态势、洞察经济发展规律、研判经济发展趋势、进行经济调控决策提供参考和依据。

中国行业发展数据库（下设 17 个专题子库）

以中国国民经济行业分类为依据，覆盖金融业、旅游业、交通运输业、能源矿产业、制造业等 100 多个行业，跟踪分析国民经济相关行业市场运行状况和政策导向，汇集行业发展前沿资讯，为投资、从业及各种经济决策提供理论支撑和实践指导。

中国区域发展数据库（下设 4 个专题子库）

对中国特定区域内的经济、社会、文化等领域现状与发展情况进行深度分析和预测，涉及省级行政区、城市群、城市、农村等不同维度，研究层级至县及县以下行政区，为学者研究地方经济社会宏观态势、经验模式、发展案例提供支撑，为地方政府决策提供参考。

中国文化传媒数据库（下设 18 个专题子库）

内容覆盖文化产业、新闻传播、电影娱乐、文学艺术、群众文化、图书情报等 18 个重点研究领域，聚焦文化传媒领域发展前沿、热点话题、行业实践，服务用户的教学科研、文化投资、企业规划等需要。

世界经济与国际关系数据库（下设 6 个专题子库）

整合世界经济、国际政治、世界文化与科技、全球性问题、国际组织与国际法、区域研究 6 大领域研究成果，对世界经济形势、国际形势进行连续性深度分析，对年度热点问题进行专题解读，为研判全球发展趋势提供事实和数据支持。

法律声明

　　"皮书系列"（含蓝皮书、绿皮书、黄皮书）之品牌由社会科学文献出版社最早使用并持续至今，现已被中国图书行业所熟知。"皮书系列"的相关商标已在国家商标管理部门商标局注册，包括但不限于LOGO（▦）、皮书、Pishu、经济蓝皮书、社会蓝皮书等。"皮书系列"图书的注册商标专用权及封面设计、版式设计的著作权均为社会科学文献出版社所有。未经社会科学文献出版社书面授权许可，任何使用与"皮书系列"图书注册商标、封面设计、版式设计相同或者近似的文字、图形或其组合的行为均系侵权行为。

　　经作者授权，本书的专有出版权及信息网络传播权等为社会科学文献出版社享有。未经社会科学文献出版社书面授权许可，任何就本书内容的复制、发行或以数字形式进行网络传播的行为均系侵权行为。

　　社会科学文献出版社将通过法律途径追究上述侵权行为的法律责任，维护自身合法权益。

　　欢迎社会各界人士对侵犯社会科学文献出版社上述权利的侵权行为进行举报。电话：010-59367121，电子邮箱：fawubu@ssap.cn。

社会科学文献出版社